教育部人文社会科学重点研究基地成果
中国语言文学国家"双一流"建设学科成果

汉语方言语法研究丛书

顾问 邢福义 张振兴

主编 汪国胜

# 浚县方言语法研究

辛永芬 ◎ 著

中国社会科学出版社

图书在版编目（CIP）数据

浚县方言语法研究 / 辛永芬著. —北京：中国社会科学出版社，2022.4
（汉语方言语法研究丛书）
ISBN 978 – 7 – 5203 – 9633 – 2

Ⅰ.①浚… Ⅱ.①辛… Ⅲ.①北方方言—语法—研究—浚县 Ⅳ.①H172.1

中国版本图书馆 CIP 数据核字（2022）第 020429 号

| 出 版 人 | 赵剑英 |
|---|---|
| 责任编辑 | 张　林 |
| 特约编辑 | 王文琴 |
| 责任校对 | 李　剑 |
| 责任印制 | 戴　宽 |

| 出　　版 | 中国社会科学出版社 |
|---|---|
| 社　　址 | 北京鼓楼西大街甲 158 号 |
| 邮　　编 | 100720 |
| 网　　址 | http://www.csspw.cn |
| 发 行 部 | 010 – 84083685 |
| 门 市 部 | 010 – 84029450 |
| 经　　销 | 新华书店及其他书店 |

| 印刷装订 | 北京君升印刷有限公司 |
|---|---|
| 版　　次 | 2022 年 4 月第 1 版 |
| 印　　次 | 2022 年 4 月第 1 次印刷 |

| 开　　本 | 710×1000　1/16 |
|---|---|
| 印　　张 | 21.5 |
| 字　　数 | 339 千字 |
| 定　　价 | 128.00 元 |

凡购买中国社会科学出版社图书，如有质量问题请与本社营销中心联系调换
电话：010 – 84083683
版权所有　侵权必究

# 总　　序

20 世纪 80 年代以来，随着汉语方言研究的拓展和深化，方言语法的研究越来越受到学界的关注和重视。这一方面是因为方言语法客观上存在着不同程度的不容小视的差异，另一方面，共同语（普通话）语法和历史语法的深入研究需要方言语法研究的支持。

过去人们一般认为，跟方言语音和词汇比较而言，方言语法的差异很小。这是一种误解，让人忽略了对方言语法事实的细致观察。实际上，在南方方言，语法上的差异还是不小的，至少不像过去人们想象的那么小。当然，这些差异大多是表现在一些细节上，但就是这样一些细节，从一个侧面鲜明地映射出方言的特点和个性。比如湖北大冶方言的情意变调[1]，青海西宁方言的左向否定[2]，南方方言的是非型正反问句[3]，等等，这些方言语法的特异表现，既显示出汉语方言语法的丰富性和复杂性，也可以提升我们对整体汉语语法的全面认识。

共同语语法和方言语法都是对历史语法的继承和发展，它们密切联系，又相互区别。作为整体汉语语法的一个方面，无论是共同语语法还是历史语法，有的问题光从本身来看，可能看不清楚，如果能将视线投向方言，则可从方言中获得启发，找到问题解决的线索和证据。朱德熙和邢福义等先生关于汉语方言语法的许多研究就是明证。[4] 可见方言语法对于共同语语法和历史语法研究的重要价值。

---

[1] 汪国胜：《大冶话的情意变调》，《中国语文》1996 年第 5 期。
[2] 汪国胜：《从语法角度看〈现代汉语方言大词典〉》，《方言》2003 年第 4 期。
[3] 汪国胜、李曌：《汉语方言的是非型正反问句》，《方言》2019 年第 1 期。
[4] 朱德熙：《从历史和方言看状态形容词的名词化》，《方言》1993 年第 2 期；邢福义：《"起去"的普方古检视》，《方言》2002 年第 2 期。

本《丛书》由教育部人文社会科学重点研究基地华中师范大学"语言与语言教育研究中心"筹划实施并组织编纂，主要收录两方面的成果：一是单点方言语法的专题研究（甲类），如《武汉方言语法研究》；二是方言语法的专题比较研究（乙类），如《汉语方言疑问范畴比较研究》。其中有的是国家或教育部社科基金项目的结项成果，有的是作者多年潜心研究的学术结晶，有的是博士学位论文。就两类成果而言，应该说，当前更需要的是甲类成果。只有把单点方言语法研究的工作做扎实了，调查的方言点足够多了，考察足够深了，有了更多的甲类成果的积累，才能更好地开展广泛的方言语法的比较研究，才能逐步揭示汉语方言语法及整体汉语语法的基本面貌。

出版本《丛书》，一方面是想较为集中地反映汉语方言语法的研究成果，助推方言语法研究，另一方面，也是想为将来汉语方言语法的系统描写做点基础性的工作。《丛书》能够顺利面世，得力于中国社会科学出版社张林编辑的全心支持，在此表示衷心的感谢。《丛书》难免存在这样那样的问题，盼能得到读者朋友的批评指正。

汪国胜

2021 年 5 月 1 日

# 序

　　读辛永芬《浚县方言语法研究》，颇有耳目一新的感觉：一种官话方言的语法，竟有如此丰富的特点，而这些特点，又是放在一个颇具特色的框架中来描写和论述的，因而显得特别鲜明。

　　方言语法的研究，是汉语语法研究的一个重要方面。其所以重要，不是因为它可以提供一本完整的语法教材，以便别人来学习这种方言的语法，而是因为它可以为整个汉语语法的研究，为汉语语法发展历史的研究，为全人类语言在语法方面的理论研究做出其特有的贡献。作为一支重要的方面军，汉语方言语法研究往往还可以为另外的两支方面军——汉语语法史研究和汉语共同语的语法研究提供参考、佐证和启发。以上所说，才是方言语法研究理论价值的所在，由此也决定了方言语法研究的角度和方法有别于共同语语法研究，方言语法研究著作的写法有别于普通话语法著作的写法。对一种方言语法论著理论价值的评判，虽有诸多方面，但是我想最重要的一点就是要看它是否能揭示出一种方言在语法上的特点，尤其是那些具有理论意义的特点，尤其是系统上的特点，揭示得有多准确、多深刻。试想，如果离开对方言语法特点的发掘、揭示、分析，以及对这些特点的成因的探究和解释，只是套用共同语语法的系统作一番不分轻重不辨异同的全面描写，那么纵有许多本的《×县方言语法研究》发表，除了供后来的研究者作研究素材，其本身又有多少理论价值呢？

　　其实要对方言语法特点进行发掘、揭示和分析，以及对这些特点的成因进行探讨解释，都是很不容易的。方言语法的特点藏于活的口语之中，没有一定的理论素养，没有对汉语语法历史和对现在汉语共同语以及姐妹方言语法的了解，往往缺乏敏感，熟视无睹，难以发现；就算有所发现，但一开始它总是零星的，表面的，要把规律揭示出来，要搞清某个现象的本质，还必须下功夫去调查、分析、比较。而且，当我们只知道一个特点的时候，常常难以对它有很准确的或比较深刻的认识，就像瞎子在还没有摸遍整匹大象以前，哪怕把大象的一条腿都细细摸遍了，还是只能觉得它像一根柱子。必须从点到面，又从面到点；从零星特点到系统特点，又从系统特点出发看个别特点，不断反复地进行考察和探究，才能真正看清各个特点的本质。每个方言的语法都是自成系统的，有些特点借用现成的普通话语法的描写系统根本无法说明，有时甚至无法从这个世界上已有的语法术语中找到一个术语来概括，而这样的特点偏偏可能是方言语法研究可能对语法研究做出特殊贡献的重要特点，这时又必须另辟蹊径，而如何既以普通话语法为参照系，又不生搬硬套，既借鉴普通话或别种语言的研究结论，又善于摆脱其影响，避免削足适履，都是很考人的。至于对一个语法特点的成因进行解释更非易事，除了要有汉语史的相关知识和语言演变机制的理论知识，还必须有广阔而又细密的眼光：一方面要看汉语史上的事实，一方面要把本方言的现象放在更广的地域背景下，在与其他方言尤其是邻近方言的比较中，从历史过程在不同地方的投影中发现演变的线索，还要对本方言或相关方言的语言事实进行洞幽烛微式的细致考察。方法上，则必须把历史比较法和内部拟测法很好地结合使用。有了这些，才能得到经得起推敲的结论，避免猜测式的甚至主观武断的结论。"成似容易实艰辛"，在阅读本书时，我们似乎时时可以想象到作者也经历了以上所说的种种艰辛。

　　按照上面所说关于方言语法研究成果理论价值的观点，还有进行一项严谨科学的方言语法研究工作其过程之艰辛，本书作者下了多少功夫，本书是否有理论价值，有什么样的理论价值，我想无须由我来多说，学界同人在阅读本书之时，自会有公正的评价。

　　是为序。

**施其生**
2006 年 11 月 25 日凌晨于日本东京寓所

# 目 录

## 第1章 绪论 ……………………………………………………… (1)
### 1.1 浚县概况 …………………………………………………… (1)
1.1.1 地理历史概况 ……………………………………… (1)
1.1.2 人口文化概况 ……………………………………… (2)
### 1.2 浚县方言概貌 ……………………………………………… (4)
1.2.1 语音词汇概貌 ……………………………………… (4)
1.2.2 语法概貌 …………………………………………… (8)
### 1.3 河南方言研究现状 ………………………………………… (10)
### 1.4 研究目的、思路和方法 …………………………………… (12)
1.4.1 研究目的和思路 …………………………………… (12)
1.4.2 研究方法 …………………………………………… (12)
### 1.5 语料来源和体例说明 ……………………………………… (13)
1.5.1 语料来源 …………………………………………… (13)
1.5.2 体例说明 …………………………………………… (13)

## 第2章 音变 ……………………………………………………… (15)
### 2.1 儿化 ………………………………………………………… (15)
2.1.1 儿化的形式 ………………………………………… (15)
2.1.2 儿化的范围和语法意义 …………………………… (18)
2.1.3 形容词短语的小称儿化 …………………………… (21)
2.1.4 关于小称问题的讨论和思考 ……………………… (29)
### 2.2 子变韵（Z变韵） …………………………………………… (31)
2.2.1 子变韵的形式 ……………………………………… (32)
2.2.2 子变韵的特点、语法功能和语法意义 …………… (33)

2.2.3 子变韵、儿化韵与基本韵 ……………………………… (39)
2.2.4 子变韵的来源 …………………………………………… (40)
2.3 D变韵 …………………………………………………………… (44)
2.3.1 动词变韵 ………………………………………………… (45)
2.3.2 形容词变韵 ……………………………………………… (56)
2.3.3 D变韵的来源 …………………………………………… (67)

## 第3章 重叠 ……………………………………………………… (73)
3.1 各种重叠 ………………………………………………………… (74)
3.1.1 名词重叠 ………………………………………………… (74)
3.1.2 量词、数量短语重叠 …………………………………… (76)
3.1.3 动词重叠 ………………………………………………… (77)
3.1.4 形容词重叠 ……………………………………………… (79)
3.1.5 副词重叠 ………………………………………………… (84)
3.1.6 拟声词重叠 ……………………………………………… (85)
3.2 重叠的方式、语义功能和语法功能 …………………………… (86)
3.2.1 重叠的方式 ……………………………………………… (86)
3.2.2 重叠的语义功能 ………………………………………… (87)
3.2.3 重叠的语法功能 ………………………………………… (89)
3.3 其他生动形式 …………………………………………………… (90)
3.3.1 Axyz 式 …………………………………………………… (90)
3.3.2 Axy 式 ……………………………………………………… (91)
3.3.3 xA 和 xyA 式 ……………………………………………… (91)

## 第4章 副词 ……………………………………………………… (93)
4.1 各类副词 ………………………………………………………… (93)
4.1.1 时间频率副词 …………………………………………… (94)
4.1.2 程度副词 ………………………………………………… (103)
4.1.3 范围副词 ………………………………………………… (108)
4.1.4 情状副词 ………………………………………………… (110)
4.1.5 否定副词 ………………………………………………… (113)
4.1.6 语气副词 ………………………………………………… (117)
4.2 "没""有"和"没有" …………………………………………… (124)

4.2.1 没［m̩⁴²］ ………………………………………………（124）
　　4.2.2 冇［mau²⁴］ ……………………………………………（127）
　　4.2.3 没冇［m̩⁴² mau²⁴］ ……………………………………（129）
第5章 助词 ……………………………………………………………（132）
　5.1 各类助词 ………………………………………………………（132）
　　5.1.1 体貌助词 …………………………………………………（133）
　　5.1.2 结构助词 …………………………………………………（148）
　　5.1.3 时间助词 …………………………………………………（151）
　　5.1.4 能性助词 …………………………………………………（154）
　　5.1.5 语气助词 …………………………………………………（154）
　5.2 "嘞" ……………………………………………………………（160）
　　5.2.1 "嘞"的意义和用法 ………………………………………（160）
　　5.2.2 "嘞"的共现与兼并 ………………………………………（169）
　　5.2.3 "嘞"的来源 ………………………………………………（171）
　5.3 "不咋" …………………………………………………………（176）
　　5.3.1 "不咋"的语法意义 ………………………………………（177）
　　5.3.2 "不咋"类语气词的方言分布和来源问题 ………………（181）
第6章 介词 ……………………………………………………………（186）
　6.1 各类介词 ………………………………………………………（188）
　　6.1.1 引进时间处所的介词 ……………………………………（189）
　　6.1.2 引进施事受事的介词 ……………………………………（194）
　　6.1.3 引进关涉对象的介词 ……………………………………（198）
　　6.1.4 引进工具依据的介词 ……………………………………（202）
　　6.1.5 引进原因目的的介词 ……………………………………（207）
　6.2 "在" ……………………………………………………………（208）
　　6.2.1 "在"的语音形式、意义和用法 …………………………（209）
　　6.2.2 "在"之间的语源关系 ……………………………………（214）
第7章 连词 ……………………………………………………………（217）
　7.1 联合连词 ………………………………………………………（218）
　　7.1.1 跟ᴰ［kɛ²⁴］ ………………………………………………（218）
　　7.1.2 再者说［tsai²¹³ tʂʅ⁵⁵ ʂɥə²⁴］ …………………………（218）

7.1.3 甭说［piəŋ⁴² ʂʮə²⁴］ ………………………………………（219）
7.1.4 不光［pu⁴²kuaŋ²⁴］……还［xai⁴²］…… ………………（219）
7.1.5 不是［pu⁴² ʂʅ²¹³］……斗是［tou²¹³ ·ʂʅ］ …………（220）
7.1.6 不递［pu⁴²ti²¹³］ …………………………………………（220）
7.1.7 斗是［tou²¹³ ·ʂʅ］……也［iɛ⁵⁵］ …………………（220）
7.2 偏正连词 ………………………………………………………（221）
  7.2.1 汤为［tʻaŋ²⁴ ·uei］ ………………………………………（221）
  7.2.2 就/斗是［tɕiou²¹³/tou²¹³ ·ʂʅ］ …………………………（221）
  7.2.3 除ᴰ［tʂʻʮə⁴²］ ……………………………………………（222）
  7.2.4 不管［pu²⁴kuan⁵⁵］、甭管［piəŋ⁴²kuan⁵⁵］、
      冲［tʂʻuəŋ²¹³］、脆［tsʻuei²¹³］ ……………………（222）
  7.2.5 要是［iau²¹³ ·ʂʅ］……（嘞话［·lɛ ·xua］）、
      要［iau²¹³］……（嘞话［·lɛ ·xua］） ………………（223）
  7.2.6 望望儿［uaŋ²¹³uɐr³⁵］ ……………………………………（223）
  7.2.7 为ᴰ［uɛ²¹³］ ………………………………………………（224）
  7.2.8 免嘞［mian⁵⁵ ·lɛ］、省嘞［ʂəŋ⁵⁵ ·lɛ］ ……………（224）

# 第 8 章　句法格式 ………………………………………………（225）

8.1 各类句法格式 …………………………………………………（226）
  8.1.1 判断格式 ……………………………………………………（226）
  8.1.2 比较格式 ……………………………………………………（226）
  8.1.3 双及物格式 …………………………………………………（226）
  8.1.4 被动格式 ……………………………………………………（227）
  8.1.5 述补格式 ……………………………………………………（227）
  8.1.6 动词拷贝格式 ………………………………………………（227）
  8.1.7 疑问格式 ……………………………………………………（227）
8.2 反复问格式 ……………………………………………………（228）
  8.2.1 反复问格式的形式 …………………………………………（228）
  8.2.2 反复问格式的类型 …………………………………………（233）
  8.2.3 "吗"字类是非问空缺的成因 ……………………………（236）
8.3 处置格式 ………………………………………………………（237）
  8.3.1 有标记处置式：(A) +在/弄ᴰ/把 B + VP ………（240）

8.3.2　代词复指型处置式：（A/B）+V$^D$+复指性
　　　　　代词+X ……………………………………… (242)
　　8.3.3　处置格式的来源 ………………………………… (249)
8.4　能性述补格式 ………………………………………………… (251)
　　8.4.1　能性述补格式的类型 …………………………… (252)
　　8.4.2　能性述补格式中"了"的性质 …………………… (259)
　　8.4.3　能性述补格式的来源 …………………………… (261)

第9章　浚县方言的语法系统及特点 ……………………………… (268)
9.1　修饰性语法意义系统及表达特点 ………………………… (269)
　　9.1.1　体貌意义 ………………………………………… (269)
　　9.1.2　量意义 …………………………………………… (270)
　　9.1.3　情态意义 ………………………………………… (272)
　　9.1.4　语气意义 ………………………………………… (273)
　　9.1.5　时间意义 ………………………………………… (275)
　　9.1.6　程度意义 ………………………………………… (276)
　　9.1.7　情状意义 ………………………………………… (277)
　　9.1.8　范围意义 ………………………………………… (277)
　　9.1.9　处置意义 ………………………………………… (278)
　　9.1.10　被动意义 ………………………………………… (278)
　　9.1.11　比较意义 ………………………………………… (279)
　　9.1.12　指称意义 ………………………………………… (279)
9.2　结构性语法意义系统及表达特点 ………………………… (281)
　　9.2.1　格意义 …………………………………………… (281)
　　9.2.2　逻辑关系意义 …………………………………… (283)
　　9.2.3　功能标记意义 …………………………………… (284)

第10章　结语 ………………………………………………………… (286)
参考文献 ……………………………………………………………… (289)
附录1　常用子变韵例词 …………………………………………… (320)
附录2　D变韵例词表 ……………………………………………… (324)
附录3　发音合作人情况简表 ……………………………………… (327)
增订本后记 …………………………………………………………… (329)

# 第1章 绪论

## 1.1 浚县概况

### 1.1.1 地理历史概况

浚县位于河南省北部,地处太行山东麓与华北平原的过渡地带。地理坐标为东经114°14′52″至114°45′12″,北纬35°26′00″至35°54′42″,[①]属中纬度地区。卫河蜿蜒纵贯全境,淇河沿西部边界南流。县境东和东南与滑县为邻,南和西南与延津、卫辉毗连,西界隔淇河与淇县相望,西北与鹤壁市搭界,北和东北与汤阴、内黄接壤,浚县现属河南省鹤壁市。

浚县地质属华北坳陷区,横跨内黄隆起和汤阴地堑两个构造单元,83%的面积为第四系所覆盖。地势自西南向东北和缓倾斜,一般海拔70米。地貌以平原为主,河流、岗丘和小山错落期间。平原面积占总面积的82%。西部为淇河平原,东部为卫河平原和黄河故道平原。火龙岗斜卧中北部,绵亘20余公里。6座小山平地矗立,岩矿资源丰富。卫河、淇河、共产主义渠汇流境内,成为浚县主要地表水资源。

浚县地处中华民族的发祥地,历史悠久,远在6000年前,先民已在淇河下游地带繁衍生息。4000年前开发火龙岗两侧的沃土。商都迁

---

① 这个地理坐标数据是2006年版《浚县方言语法研究》中记录的,来源于1990年版《浚县志》中的记载。1992年大赉店镇被划归为鹤壁市,2008年钜桥镇被划归鹤壁市淇滨区管辖。谷歌地图查询到的浚县最新行政区划的地理坐标是114°25′56″至114°75′89″,北纬35°44′87″至35°84′25″。

殷后，浚地称黎，为畿内地。西周属卫，春秋属晋，战国属魏，秦分属三郡。西汉初年置黎阳县，至今 2100 余年。其间，浚地曾为郡、军、府、州治所。东晋时丁零族翟辽据此称王。唐初黎州曾辖四州八县。宋、金、元为浚州，曾分置卫县、临河县。明初降州为县，始称浚县，至今 600 余年。

### 1.1.2 人口文化概况

长久以来，浚县民间一直流传着这样的口头语："问我老家在何处，山西洪洞大槐树""问我祖先在哪里，山西洪洞老鸹［·kuə］窝"。这种朴实的民间流传并不只是单纯的传说，它较高程度地反映了历史的真实。据史书记载，元朝末年，中原地区（包括浚县）发生了较长时间的军事混战，频仍的战争使人口"十去七八"。另外，流经这个地区的黄河、卫河当时是"十年八淹"，加上灾后的各种瘟疫造成了浚县人口大减，到洪武三年（1370），浚州人口不足 5000 人，所以降州为县。洪武八年（1375），首次由山西洪洞一带向浚县迁民。洪武二十一年（1388）、二十五年（1392）、永乐三年（1405）又三次向浚县迁民（《浚县志》，1990）。大规模的迁民，加上明政府对移民实行了一系列的有力措施，人口繁衍很快，到明隆庆五年（1571），浚县人口已增至 65264 人。清朝和民国时期人口虽也有几次起伏，但总的还是呈增长趋势。新中国成立之后，社会安定，天灾减轻，恶性传染病得到控制，非正常死亡大幅度减少，生产得到发展，人们生活水平得到提高，出生率上升，浚县出现第一个人口增长高峰期，1958 年，总人口达 38.6 万人。1974 年，浚县开始实行计划生育，控制人口过快增长，1985 年，总人口增长到 54.98 万人。2005 年，浚县（新行政区划）总人口为 65.7 万人。2018 年，浚县总人口为 71.95 万人。

浚县人口中，汉族占绝对优势，少数民族皆由外地迁入。最新统计资料显示，全县有 6 个民族，其中汉族占全县总人口的 99.97%，少数民族 5 个，有回族、藏族、壮族、满族和蒙古族，共计 185 人，占 0.03%。其中回族和满族于明末清初迁入，分别在县城、新镇和屯子定居。民国年间，马、徐、海、李姓回族相继迁入。蒙古、藏、壮族都是新中国成立后因婚姻、工作等关系迁入的。

浚县是一座历史文化名城，紧傍县城的大伾山、浮丘山为豫北少有的自然景观，大伾山也是我国文字记载最早的名山之一。《尚书·禹贡》记载，大禹疏河"东过洛汭，至于大伾"。大伾山平地拔起，山势奇特，石崖壁立，松柏苍翠，自古即为河朔一大胜景。后赵时期依崖而凿就的大石佛，高22.29米，在中国北方最大。山上文物古迹荟萃，亭台洞阁错落，楼宫殿宇棋布，碑碣林立，摩崖题记琳琅满目，不少帝王将相、文人墨客曾登山览胜。浮丘山东崎大伾、西环卫水、南毗旷野、北枕古城，形势壮观，气象峥嵘。山上有凿于唐代的千佛寺石窟，近千尊浮雕形态各异，栩栩如生。另有建于明代的碧霞宫，占地万余平方米，殿宇80余间，规模宏大，布局严谨，雕梁画栋，富丽堂皇。

浚县历史上也是名流辈出，春秋时期卫国黎人（今浚县）端木赐（字子贡）是孔子七十二贤中的佼佼者，为当时杰出的外交活动家和商业经营家。西汉黎阳人（今浚县）贾护是《左氏春秋》的重要传人，与西汉经学家、数学家刘歆齐名。隋末唐初，王梵志以白话诗著称，其撰写的诗文也是当今语言研究重要的参考文献。明代王越"出将入相，文武全才"，官至兵部尚书，总制三边军务，累立战功，并作过百篇诗文。

浚县悠久的历史孕育出丰富多彩的民间艺术。浚县泥玩曾远到美国展示过风采。社火玩会种类之多、分布之广为豫北少见，有高跷、狮子、秧歌、花船、腰鼓、龙灯、竹马、背歌、抬老四、抬翘板、大头舞、放焰火等20种。浚县流行的剧种也较为多样，有豫剧、大平调、乐腔、二夹弦、大锣戏、大弦戏、京剧、无调腔、坠子、河南曲剧等十余种。曲艺的种类也颇多，并带有浓厚的乡土气息，其主要形式有评书、坠子、道情、莲花落、快板书、相声、山东快书、山东琴书、三弦等。此外，源远流长的民间故事和民间歌谣更是世代相传，经久不衰。①

总之，几千年来，前人在浚县这块土地上创造了灿烂的文化和辉煌的业绩，为这块土地上的后人们铺就了非常厚重的历史文化积淀。

---

① 有关浚县地理历史、人口文化等方面的材料参考了《浚县志》（1990）和浚县人民政府门户http：//www.xunxian.gov.cn/xunxian/zjjx/dlhj/index.html。

## 1.2 浚县方言概貌

自古以来，浚县人口中占绝对优势的一直是汉族，其他几个少数民族都是后来从外地迁入的，因此，汉语一直是全县境内通用的语言。但在语言发展的历史长河中，明初大量来自山西的移民方言与浚县本土方言之间有过深度的接触与融合，至今，浚县方言中还有相当多的语言现象跟山西方言（包括晋语）有着千丝万缕的联系，比如"圪头词""分音词""子变韵""D 变韵"，① 等等。

浚县位于豫北晋语区和中原官话区的交界地带，原归属于浚县并部分保留入声的大赉店镇 1992 年被划归为鹤壁市，2001 年，钜桥镇的大辛庄、小辛庄、郭小屯、姜庄和钮靳庄五个自然村又被划归为鹤壁市。这样一来，浚县境内已基本没有入声。依据李荣（1985）、贺巍（1985b）对官话次方言进行分区的标准（即古入声的分派情况），浚县最新行政区划中八镇两乡的方言属于中原官话郑开片。②

### 1.2.1 语音词汇概貌

浚县有八镇两乡，即城关镇、黎阳镇、屯子镇、钜桥镇、卫贤镇、小河镇、新镇镇、善堂镇、王庄乡、白寺乡。③ 根据各地的语音特点，浚县方言又可分为两个区。城关镇、黎阳镇、卫贤镇、小河镇、新镇

---

① "子变韵"是指名词变韵，即方言中使用变韵形式表达普通话中"子尾词"的意义。2006 年成书之际，研究者多数认为"子变韵"的构词语素来源于"子"。笔者也这么认为。经过十多年的深入调查与研究，我们认为这个构词语素可能不完全来源于"子"，可能还包括"儿"缀或者"子"与"儿"缀的混用或叠置。具体的讨论可参看辛永芬、庄会彬发表在《中国语文》2019 年第 5 期的文章《汉语方言 Z 变音的类型分布及历史流变》。

② 贺巍先生在《河南山东皖北苏北的官话》（稿）（1985b）中，将浚县方言划归为中原官话郑曹片。《中原官话的分区》（稿）（2005）对中原官话的分片重新做了调整，把浚县方言从郑曹片中划出，但在中原官话的其他小片中也未见到浚县方言。《中国语言地图集》第二版（2012：55），浚县方言归属于中原官话郑开片。

③ 八镇两乡是 2006 年时的行政区划，2008 年钜桥镇全部划归为鹤壁市管辖，行政区划发生了变化。截至 2020 年 6 月，浚县下辖 4 个街道、7 个镇：卫溪街道、浚州街道、黎阳街道、伾山街道、善堂镇、屯子镇、新镇镇、小河镇、卫贤镇、王庄镇、白寺镇，县政府驻浚州街道。为了保持原书的基本面貌不改变，本书仍采用原来的行政区划。

镇、善堂镇、王庄乡、白寺乡中东部以及屯子镇东南部为第一方言区。钜桥镇、屯子镇西北部以及白寺乡西部为第二方言区。两个区的差别主要表现在语音方面，即 tʂ 组声母与 ts 组声母的分混及其发音存在着明显的不同。第一方言区内 tʂ 组声母与 ts 组声母分得很清，与普通话相比，这两组声母的实际发音部位都稍靠后一点。第二方言区内 tʂ 组声母与 ts 组声母完全混在一起。钜桥镇、白寺乡西部地区的人多把 tʂ 组声母读为 ts 组声母，但发音部位比第一方言区的 ts 组声母又稍靠后一点，像舌叶音又非舌叶音。而屯子镇西北部地区的人则多把 ts 组声母读为 tʂ 组声母，但发音部位比第一方言区的 tʂ 组声母稍微靠前了一点。另外，第二方言区内屯子镇西北部与汤阴县搭界的极少数地区因受汤阴话（属于豫北晋语）影响，还保留有个别入声音节。词汇和语法方面，两个区的差别很小，与本研究相关的一些不同现象，我们将在后面的章节中予以描述。

本书以第一方言区城关镇的语言为主要研究对象。城关镇是县城所在地，在语音、词汇和语法方面颇具代表性。

城关镇的声、韵、调系统如表 1–1、表 1–2、表 1–3 所示：

表 1–1　　　　　　　　声母（23 个，包括零声母）

| p 布步别帮本 | p' 怕盘批派胖 | m 马妹门忙模 | f 飞冯负费风 | |
| t 到道夺定都 | t' 太同谈疼听 | n 难怒内年女 | l 兰路连落龙 | |
| k 贵跪故干共 | k' 开葵看抗苦 | | x 灰红胡化话 | ɣ 鹅岸欧硬袄 |
| tɕ 杰精经节结 | tɕ' 秋丘齐旗全 | | ɕ 修休旋玄线 | |
| ts 糟祖增最栽 | ts' 仓昌曹醋从 | | s 散苏僧丝三 | |
| tʂ 招主争真周 | tʂ' 巢潮处虫初 | | ʂ 税扇书生师 | ʐ 认绕若日然 |
| ø 闻严危午闰而言缘 | | | | |

说明：

声母 [n] 拼开口呼和合口呼时，实际音值是 [n]，拼齐齿呼和撮口呼时，实际音值是 [ɲ]。[ɣ] 是北方许多方言中较有特色的舌根浊擦音，出现的条件是原零声母音节开口呼（即疑母和影母部分一、二等字）的前面，与合口呼、齐齿呼、撮口呼零声母音节呈互补分布，从音位上考虑可以合并，但容易掩盖实际的发音特点。另外从系统上看，[ʐ] 的实际音值也是浊擦音，跟 [ɣ] 形成了一种平行关系，因此这里单独列了出来。

表 1-2　　　　　　　　　　韵母（42 个）

| ɿ 资词思字死 |  | i 第地以急踢 | u 故鹿绿木堵 | y 雨虚欲女吕 |
| ʅ 支知吃日师 | ʅə 蛇舌车哲惹 |  |  |  |
| a 八爬辣马打 |  | ia 架夹牙挖掐 | ua 花刮夸挖抓 |  |
| ə 河割喝可鹅 | ər 耳二而 |  | uə 过落郭活握 | yə 确药脚学嚼 |
| ɛ 百拍色麦黑 |  | iɛ 野接铁介歇 | uɛ 国或惑 | yɛ 靴缺月雪掘 |
| ʮ 主出书输除 | ʮə 说拙 |  |  |  |
| ai 盖开买海柴 |  |  | uai 怪帅怀快外 |  |
| ei 倍妹配肥给 |  |  | uei 桂贵雷推泪 |  |
| au 饱保桃烧熬 |  | iau 条教尿笑料 |  |  |
| ou 斗丑收抠偶 |  | iou 流九丘袖有 |  |  |
| an 胆三竿含安 |  | ian 间衔咸检连 | uan 短酸官船晚 | yan 权园宣卷弦 |
| ən 根肯很摁认 |  | in 紧林邻心勤 | uən 魂温准春顺 | yən 云群运勋军 |
| aŋ 党桑帮房昂 |  | iaŋ 讲枪想阳凉 | uaŋ 光床装双王 |  |
| əŋ 庚坑生捧硬 |  | iəŋ 灵星经清英 | uəŋ 横红翁东通 | yəŋ 琼穷炯雄用 |

说明：

[a] 包括三个音值，在 [ai uai an ian uan yan] 里是前 [a]，在 [a ia ua] 里是央 [ᴀ]，在 [au iau aŋ iaŋ uaŋ] 里是后 [ɑ]。

[ə] 在 [ʅə]、[ʮə] 中的实际音值是 [ə]，只是个韵尾，[ʅ] 和 [ʮ] 是主要元音；在 [ə ər uə yə] 中实际音值是 [ɤ]；[ə] 与 [p]、[pʻ]、[m] 相拼时略带 [u] 介音，严式标音应是 [pʷɤ]、[pʻʷɤ]、[mʷɤ]；[ə] 在 [uən yən iəŋ uəŋ] 里只是一个过渡的流音，不是主要元音；[yəŋ] 里的 [ə] 实际音值是 [ɷ] 为主要元音。

表 1-3　　　　　　　　　　声调（4 个）

| 阴平 | 24 | 高竹积笔黑月服 |
| 阳平 | 42 | 穷寒鹅急匹局合 |
| 上声 | 55 | 古口好五展走比 |
| 去声 | 213 | 近盖抗汉共岸六 |

与普通话相比，声母方面的主要差别表现在三个方面：一是浚县方言中，除唇音和唇齿音以外的其他声母，其实际发音部位比普通话都靠后一些。二是浚县方言的 [n] 声母有两个变体，以后面所拼韵母的洪、细为互补的条件，洪音前读 [n]，细音前读 [ȵ]。三是在普通话

中读零声母音节的开口呼影母字和部分开口呼疑母字，如"挨""袄""呕""暗""饿""熬""藕""牛"等浚县方言大都读为[ɣ]声母音节。

韵母方面，浚县方言里出现了几个跟普通话不同的[ɿə、yə、ɛ、uɛ、ʮ、ʮə]韵。[ɿə]韵主要来自中古假摄开口三等麻韵的章组字和日母字以及山摄三等薛韵的知、章组字和日母字，如"遮""车""蛇""惹""哲""舌""折""热"等。[yə]韵主要来自中古宕摄开口三等药韵的精组、见组和影母字以及江摄开口二等觉韵的见组字和晓母字，如"雀""嚼""削""脚""却""药""钥""觉""确""乐""学"等。[ɛ]韵来源比较复杂，中古曾摄开口一等德韵、梗摄开口二等陌韵、梗摄开口二等麦韵的字现多读[ɛ]韵，如"默""德""勒""则""刻""黑""白""宅""客""额""麦""摘""策""革""核"等。其他读[ɛ]韵的字只是零星的几个，如"腮""鳃""斋""挨""骇""猎""涩""瑟"等，它们分别来自蟹摄咍韵、蟹摄皆韵、咸摄叶韵、深摄辑韵、臻摄质韵。读[ɛ]韵的字绝大部分是中古时期的入声字。[uɛ]韵所辖的字很少，常用的只有曾摄合口一等得韵的"国""或""惑"三个字。[ʮ]韵主要来自遇摄合口三等鱼、虞韵的知、庄、章组和日母字，如"住""除""助""数""书""朱""如""儒"等。[ʮə]韵字也很少，常用的只有山摄合口仙韵的"说""拙"。另外，果摄合口一等戈韵的"戈""课""科""棵""颗""和""禾"等，蟹摄合口一等灰韵的"内""雷""累""儡"等，止摄合口三等脂韵的"垒""类""泪"等都仍读合口。通摄合口三等钟韵精组的"纵""松""颂"，日母字"冗"，影母字"容""镕"等，梗摄合口三等的庚、清韵字"荣""顷""倾"等都读撮口的[yəŋ]韵。通摄合口三等烛韵精组的"足""粟""俗"读撮口的[y]韵。

浚县方言的声调有四个，分别是阴平24、阳平42、上声55和去声213。跟普通话相比，中古时期入声字的变化规律不同。普通话是入归四声，浚县方言是古清入和次浊入归阴平，全浊入归阳平。

词汇方面，浚县方言有相当一部分与山西方言（包括晋语）具有一致性的圪头词①、分音词。圪头词如"疙瘩""圪节儿""圪痂[tʂa⁵⁵]""圪查""圪巴儿物体表面滋生或黏附的脏东西""圪蚤""圪应""圪糙""圪针""圪蹬单腿跳""圪吱咯吱""圪歪""圪料"等。分音词如"不拉扒""不了 [·lə]用手来回地抚摸""胡拉""骨轮滚""骨撸捯""扑撩飘""吱唠叫""滴溜吊""呜挛团""窟窿孔""克郎ᶻ腔""圪棱埂""劫垃儿狭窄的小空间""胡落活落""曲恋蜷""扑棱蓬"等。

浚县方言的合音词极为丰富，也是河南方言的一大特色。如"一、二、三、四、五、六、七、八、九、十"跟普遍量词"个"的合音，分别读作"[yə²⁴]、[lia⁵⁵]、[sa²⁴]、[sʐ²¹³]、[ŋuə⁵⁵]、[lio²¹³]、[tɕ'iɛ²⁴]、[pa²⁴]、[tɕio⁵⁵]、[ʂʐ⁴²]"。其他合音词也有很多，如"知ᴴ知道 [tʂo²⁴]""甭不用 [piəŋ⁴²]""咋怎么 [tsa⁵⁵]""啥什么 [ʂa⁵⁵]""镇这么 [tʂən⁴²]""恁那么 [nən²¹³]""俺我们 [ɣan⁵⁵]""恁你们 [nən⁵⁵]""起ᴴ起来 [tɕ'iɛ⁵⁵]""出ᴴ出来 [tʂ'ɥai²⁴]""里ᴴ里头 [liou⁵⁵]""外ᴴ外头 [uæ²¹³]""顶ᴴ顶上 [tio⁵⁵]""底ᴴ底下 [tiɛ⁵⁵]""地ᴴ地下 [tiɛ²¹³]"等。另外，儿化韵、子变韵、和 D 变韵也属于合音现象，它们涉及构词法和句法方面的问题，我们将在后面的专节里进行讨论。

### 1.2.2 语法概貌

浚县境内各个地区在语法方面的表现基本一致，但也有一些细微的差别。和本书研究相关的一些不同现象，我们将根据实地调查的情况在以后的章节中予以描述。这里以城关镇的语法现象为代表，谈一谈浚县方言的语法概貌。

浚县方言表示语法意义的手段主要有音变、重叠、附加、格式和语序等，我们就从各种语法手段及它们所表达的语法意义谈起。

浚县方言有成系统的儿化韵、子变韵和 D 变韵。它们都是由基本韵变来的，与基本韵有整齐的对应关系。其中儿化韵既是小称标记，也是名词性标记，并负载有一定的感情色彩和轻松、随意的口语色彩。另

---

① "圪"在浚县方言里有多个读音：[kɛ²⁴] [k'ɛ²⁴] [kɛ⁴²] [k'ɛ⁴²]，具体读音随文标注。

外，一部分表示事物度量衡特征或数量的形容词跟指量词语等构成的短语也有基本韵跟儿化韵的对立，与普通话不同的是浚县方言形容词短语的这种儿化是小称形式，与名词、量词的指小功能具有同一性（详见1.3）。子变韵（也称 Z 变韵），是方言中的子尾或相当于子尾的成分与前一语言成分的合音形式（王福堂 1999），浚县方言里的子变韵不和子尾词并存并用，它的语法功能是名词性标记，一般表示一类事物的统称。D 变韵包括动词变韵、形容词变韵、介词变韵和地名词变韵，其中介词变韵和地名词变韵没有明确的语法意义，动词变韵和形容词变韵可以表示体意义、格意义、程度义和祈使语气义等。

与普通话或其他方言一样，浚县方言还可以用重叠、附加虚词或功能相当于虚词的语言成分来表示一定的语法意义。重叠方面，浚县方言在可重叠的范围、重叠所涉及的句法层次、具体的重叠形式及其语法功能上有自己的表现，如名词的重叠形式"A 儿 A 儿"，基式反映的是事物的形状概念，重叠之后语义特征中都包含有"A 状"的意思，即由概念性的词语变为描述性的词语。在附加虚词或功能相当于虚词的语言成分方面，主要表现在浚县方言拥有许多普通话没有或跟普通话不尽相同的一批虚词、虚成分。比如表示处所的相当于普通话"在"的介词跟普通话在来源和虚化程度上都有不同。表否定的副词"冇""没""没冇"是不同时期所形成的相同的语义成分，其用法也显示出了不同于普通话或其他方言的一些特点。"嘞"是整个河南方言很具一致性的语言成分，是汉语史上不同成分经过不同的路径向同一语音形式演化的结果。

浚县方言表达语法意义的格式和语序大体上跟普通话或其他官话相同，但也有一些特殊的表现。如反复问格式属于"VP - neg - VP"与"VP - neg"互补型。表示处置意义时，除了使用有标记的"（A）在/弄$^D$/把 B + VP"格式，还可以使用"（A/B）+ V$^D$ + 复指性代词 + X"。能性述补格式既不同于普通话也不同于其他南方方言。首先是能性述补格式的标记不同。普通话与南方方言主要使用"得"类标记，浚县方言使用"了［·liau］"。其次是语序不同。普通话或南方方言基本是使用"V 得 C""V 不 C"语序，浚县方言使用"VC 了""V 不 C（了）"语序，带宾语的能性补语格式浚县方言表现更为复杂（详见 8.4

能性述补格式)。

## 1.3 河南方言研究现状

关于河南方言研究,我们见到最早的文章始于20世纪五六十年代,有《洛阳方言中的一些语法现象》(赵月朋1958)、《中和方言的"吥"、"骨"、"圪"》(贺巍1959)、《中和方言的代词》(贺巍1962)和《获嘉方言韵母变化的功用举例》(贺巍,1965)等,其中贺巍先生的成果颇丰,七八十年代及之后,贺先生又陆续发表了《获嘉方言的连读变调》(1979)、《获嘉方言的表音字词头》(1980)、《济源方言记略》(1981)、《获嘉方言韵母的分类》(1982)、《获嘉方言形容词的后置成分》(1984a)、《洛阳方言记略》(1984b)、《河南省西南部方言的语音异同》(1985a)、《河南山东皖北苏北的官话》(稿)(1985b)、《冀鲁豫三省毗连地区的方言分界》(1986)、《获嘉方言的轻声》(1987)、《获嘉方言的代词》(1988)、《获嘉方言的语法特点》(1990)、《获嘉方言的疑问句》(1991)、《中原官话的分区》(稿)(2005)等多篇文章。可以说贺先生一直致力于河南方言的相关研究,其研究范围涉及语音、词汇和语法等多个方面,尤其是对豫北地区的音变现象,贺先生第一个从系统化的角度进行了详细描写和分析,为本研究提供了极为宝贵的研究思路和研究方法。

与贺巍先生同时或稍后比较关注河南方言研究的还有周庆生(《郑州方言的声韵调》,1987)、丁声树(《河南省遂平方言记略》,1989)、宋玉柱(《林县方言的几个语法特点》,1982)、王森[《荥阳(广武)方言的合音词和分音词》,1994];《济源方言形容词的级》,1996;《郑州荥阳(广武)方言的变韵》,1998)、李宇明(《泌阳方言的儿化及儿化闪音》,1996a;《泌阳话性质形容词的重叠及有关的节律问题》,1996b)、赵清治(《长葛方言的动词变韵》,1998)、刘冬冰(《开封方言记略》,1997)等,他们分别从语音系统、音变、词汇、语法等方面对一些单点方言进行了研究,这些成果也是本研究极为宝贵的参考文献。

除此之外,还有一些散见于各地学报或其他学刊的文章,也都是立足于单点方言中的某个方面进行描写和分析的。主要有严兆厚的《信阳方言中的特殊语言现象》（1989）、许仰民的《信阳方言的声韵调系统及其特点》（1994）、华培芳、华书琴的《荥阳方言合音词例释》（1995）、丁全的《南阳方言韵母说略》（1995）、《南阳方言中的程度副词》（2000）、《南阳方言中的特殊副词》（2001）、龚熙文的《洛阳方言的动词形容词考释》（1996）、李素娟的《禹州方言中助词"哩"的用法》（1998）、安华林的《信阳方言特殊的语法现象论略》（1999）、翟富生的《关于濮阳方言的"咧"》（1999）、李静的《平顶山方言语流音变的调查》（1999）、陶玉霞、王东的《河南罗山县朱堂话的"得"》（2000）、葛本成的《信阳方言词语散论》（2000）、王芳的《安阳方言中的语缀"的"》（2000）、刘冬冰的《关于开封方言研究的视野》（2001）、赵江的《洛阳方言中的若干古语词》（2002）、张邱林的《陕县方言的儿化形容词》（2003）、陈卫恒的《林州方言"子"尾读音研究》（2003）、张辉的《南阳方言的名词重叠式》（2004）、谢书民的《商丘方言的儿化音变》（2004）、庞可慧的《豫东方言的语法特点》（2005）、郭熙的《河南境内中原官话的"哩"》（2005）等。其中有关浚县方言的研究只见到了高永奇的《浚县方言中的体貌系统初探》（2001）和辛永芬的《河南浚县方言的动词变韵》（2006）、《河南浚县方言的子变韵》（2006）三篇文章。

  研究专著方面的成果非常少，到目前为止还没有见到一部有关河南方言语法研究的专书。有几部河南方言研究的著作也都是注重语音、词汇系统的详细描写，语法多为举例性的，没有系统深入的研究。所见到的著作有《河南方言资料》（卢甲文等 1984）、《洛阳方言志》（曾广平等 1987）、《获嘉方言研究》（贺巍 1989）、《洛阳方言研究》（贺巍 1993）、《河南方言研究》（张启焕等 1993）、《郑州方言志》（卢甲文 1992）、《河南省志·方言志》（邵文杰等 1995）和《洛阳方言词典》（贺巍 1996）等。

  显然，跟晋语、其他官话以及南方方言相比，河南方言研究还比较落后，尤其是语法方面，还没有人对任何单点方言做过系统的研究。当然，这跟河南方言与普通话较为接近不无关系，但这并不意味着河南方言没有东西可写，关键是我们得真正下功夫去挖掘。本书即以浚县方言整个语法系统为研究对象,力图通过对浚县方言种种语法现象深入细致的描写、分析和探讨,勾画出这一单点方言语法的整体面貌和重要特点,为河南方言语法研究尽一点绵薄之力。

## 1.4 研究目的、思路和方法

### 1.4.1 研究目的和思路

本选题是浚县方言语法研究,意图通过对浚县方言种种语法现象的描写、分析和探讨,勾画出这一单点方言语法的整体面貌和重要特点,为汉语方言语法研究、现代汉语语法研究以及语言类型学研究等提供翔实可靠的语言材料,并为其他单点方言的语法研究提供一些可资借鉴的东西。

吕叔湘先生(1990)在《中国文法要略》1982年的"重印题记"中提到:"语法书可以有两种写法:或者从听和读的人的角度出发,以语法形式(结构、语序、虚词)为纲,说明所表达的语法意义;或者从说和写的人的角度出发,以语法意义(各种范畴、各种关系)为纲,说明所赖以表达的语法形式。这两种写法各有所长,相辅相成,很难说哪一种写法准比另一种写法好"。吕先生的《要略》是从两个方面入手,分成"词句论"和"表达论"两部分来写的。受吕先生这一思路的启发,我们从浚县方言的实际出发,把浚县方言的语法手段分为音变、重叠、副词、助词、介词、连词和句法格式,先侧重从各种具体的语法形式入手,探讨它们所表达的语法意义,最后再以各类语法意义为纲,把赖以表达这些语法意义的各种手段或各种语法形式进行系统性的归纳,一方面勾勒浚县方言语法系统的整体面貌,另一方面总结浚县方言语法系统的重要特点。

### 1.4.2 研究方法

本选题在研究方法上力求做到以下三点:

第一,立足于本方言区以及周边地区的第一手调查材料,从方言实际出发,联系语言学的科学理论和已有的研究成果,详尽地描写浚县方言的各种语法现象，科学地归纳浚县方言的语法规律。

第二，注重横向和纵向的比较，找准浚县方言在整个汉语方言以及汉语史上的位置，尽可能准确地勾画出浚县方言语法的整体面貌和重要特点。比较是语言研究的生命，具有方言特色的各种语言现象都是在比较中得以显现的，因此，本书在对方言现象进行详细描写的基础上，尽可能在横的方面与普通话、周边方言或其他方言的相关现象进行比较分析，纵的方面与古代汉语或近代汉语中的相关现象进行比较分析，努力探求方言现象背后隐藏着的普遍规律以及方言里特殊现象的演变机制和演变轨迹。

第三，不拘泥于固定的研究手法，针对具体问题，或从现象中总结、归纳语法规律，或根据已有经验和线索进行假设之后再予以求证，或二者并用，只要有利于说明方言语法事实、揭示方言语法规律就行。

## 1.5 语料来源和体例说明

### 1.5.1 语料来源

书中有关浚县方言以及周边县市方言的语料主要来自笔者的田野调查。笔者系浚县县城人，18 岁考入大学之前从未离开过浚县，参加工作之后也常回家，并与家人保持着密切的联系，可以说地道的浚县话。做论文期间曾三次回家乡进行调查，最近一次是 2005 年 11 月。这一次调查是在原有的基础上又进行了一些核实并扩大了调查范围，除本县的八镇两乡外，还对周边县市的 12 个方言点进行了较为详细的调查。与本研究相关的方言例句或是笔者自拟并经过核实得来的，或是笔者在调查过程中和日常生活中记录得来的。有关发音合作人的情况见文后附录三。

### 1.5.2 体例说明

本书标音一律采用国际音标，行文中在音标外加上方括号"［ ］"。非轻声音节的调值用数字标示，标在音节的右上方，如"吃［tʂ'ʅ²⁴］、盘［p'an⁴²］、起［tɕ'i⁵⁵］"。轻声音节不标调值，只用圆点标在音节的前面，如"了［·lə］、过［·kuə］、嘞［·lɛ］"。

方言语料中尽量采用本字标写，本字不明的或考不出本字的用同音字替代，具体所用同音字将随文注明，不做统一标注。无同音字可写时用"□"并后加国际音标标示。如："□［tʂaŋ⁴²］放、□［iæ⁴²］人家"。

浚县方言中的音变现象特别丰富，为行文方便，都做统一标注。子变韵在本韵字右上方加标"Z"，如"盘ᶻ、老婆ᶻ"，常用的子变韵音节以举例的形式用附录列在文后。D变韵在本韵字右上方加标"D"，如"吃ᴰ、亮ᴰ"，书中所见的D变韵音节与基本韵的对应形式用附录列在文后，以便查找。合音词在前字的右上方加标"H"，第一次使用时在后面加注合音音标并用小号字做出说明，如"里ᴴ［liou⁵⁵］'里头'的合音、起ᴴ［tɕ'iai⁵⁵］'起来'的合音"。有些合音字合音前的词语不甚清楚，仍用"□"加国际音标标注，如"［iæ⁴²］"我们推测应该是"人家"的合音，但不能完全确定，因此仍标为"□［iæ⁴²］人家"。另外，与子变韵和D变韵功能相同的零形式变韵，必要时在本韵字右上方加标"0"，如"竹⁰、挂⁰"。

与方言例句相对应的普通话意思，在例句后用小号字加以说明，较容易理解的或不做说明或只做个别字词的说明。如"他吃ᴰ一碗饭。他吃了一碗饭。""冰糕不能泄⁰不停、不节制些儿吃。"

不合语法的句子用"＊"标在例句前面，如"＊他叫同学选成班长了"。两可的情况用"/"标示，如"你慢ᴰ些儿/点儿走"其中"些儿"和"点儿"两可。例句中加标"（）"的，表示可用可不用的情况，如"他吃嘞些多（家）"。

# 第 2 章　音变

　　就汉语来说，音变现象在普通话和各个方言里都有，如普通话的儿化、温岭方言的变音（李荣 1978）、南部吴语的小称（曹志耘 2001）、信宜方言的变音（叶国泉等 1982）、晋中的"嵌 L 词"（赵秉璇 1979）、长海方言动词的儿化（厉兵 1981）、湖北大冶话的情意变调（汪国胜 1996）等。但作为一种语法手段，既成系统又成规模涉及范围又广的音变在豫北的晋语区和中原官话区有很突出的表现。本章对浚县方言里的儿化、子变韵和 D 变韵进行深入细致的描写和分析，并从语法化的角度探讨子变韵和 D 变韵的历史来源、构拟它们发展演变的历史轨迹。

## 2.1　儿化

　　浚县方言有儿化现象，跟普通话以及其他有儿化现象的方言一样，浚县方言的儿化韵与基本韵也是呈系统地对应，但儿化对前一音节基本韵的影响、具体的儿化形式、儿化所涉及的范围等与普通话及其他方言不尽相同。

### 2.1.1　儿化的形式

　　浚县方言的儿化使其前一音节的基本韵发生变化，形成儿化韵，即儿化韵是由基本韵变来的。基本韵有 42 个，除 [ər] 韵外，其他韵母都可以儿化，儿化后合并为 19 个。儿化韵与基本韵的对应关系如下（括号内是对应的基本韵）：

| | | | |
|---|---|---|---|
| ɿər（ɿ） | | | |
| ʅər（ʅ ʅə） | | | |
| ʮər（ʮ ʮə） | | | |
| ɤr①（ə） | | | |
| ɐr（a aŋ） | iɐr（ia iaŋ） | uɐr（ua uaŋ） | |
| or（ɛ ai au an） | ior（iau ian） | uor（uai uan） | yor（yan） |
| ər（ɿ ʅ ei ou ən ɤŋ） | iər（i iɛ） | uər（u uə ən） | yər（y yə yɛ） |
| ʮr（ʮ） | ir（i in iou iəŋ） | ur（u uei uən uəŋ） | yr（y yən yəŋ） |

浚县方言的"儿"单用或在"儿童""女儿"等复合词中读 [ər⁴²]，儿化时跟前一音节的韵母合音，对前一音节韵母的韵尾和主要元音产生影响，使得原韵尾失落，变为卷舌的 [r]，主要元音音值大都发生了改变。由于儿化对前一音节韵尾和元音音值的这种影响，使得基本韵儿化之后，有一些原来不同的韵母变得相同了，如 [ɛ ai au an] 四韵的儿化韵母都是 [or]，单字音基本韵不同的"拍 [p'ɛ²⁴]" ≠ "泡 [p'au²⁴]"、"牌 [p'ai⁴²]" ≠ "盘 [p'an⁴²]"，儿化后的"拍儿 [p'or²⁴]" = "泡儿 [p'or²⁴]"、"牌儿 [p'or⁴²]" = "盘儿 [p'or⁴²]"。

值得注意的是，浚县方言中基本韵为 [ɿ ʅ ʮ i u y] 的音节儿化后，大多数都存在两读现象（儿化韵的两种读音分别用 A、B 表示）。如：

| 例词 | 基本韵 | 儿化韵 | |
|---|---|---|---|
| | | A | B |
| 子 | [tsɿ⁵⁵] | [tsɿər⁵⁵] | [tsər⁵⁵] |
| 刺 | [ts'ɿ²¹³] | [ts'ɿər²¹³] | [ts'ər²¹³] |
| 丝 | [sɿ²⁴] | [sɿər²⁴] | [sər²⁴] |
| 侄 | [tʂʅ⁴²] | [tʂʅər⁴²] | [tʂər⁴²] |
| 池 | [tʂ'ʅ⁴²] | [tʂ'ʅər⁴²] | [tʂ'ər⁴²] |
| 师 | [ʂʅ²⁴] | [ʂʅər²⁴] | [ʂər⁴²] |
| 柱 | [tʂʮ²¹³] | [tʂʮər²¹³] | [tʂʮr²¹³] |

---

① 2006 年版《浚县方言语法研究》中这个韵母的儿化韵记作 [ɣər]，先调整为 [ɣr]。

续表

| 例词 | 基本韵 | 儿化韵 ||
|---|---|---|---|
| | | A | B |
| 数 | [ʂʅ²¹³] | [ʂʅər²¹³] | [ʂʅr²¹³] |
| 鼻 | [pi⁴²] | [piər⁴²] | [pir⁴²] |
| 米 | [mi⁵⁵] | [miər⁵⁵] | [mir⁵⁵] |
| 滴 | [ti²⁴] | [tiər²⁴] | [tir²⁴] |
| 兔 | [tʻu²¹³] | [tʻuər²¹³] | [tʻur²¹³] |
| 路 | [lu²¹³] | [luər²¹³] | [lur²¹³] |
| 裤 | [ku²¹³] | [kʻuər²¹³] | [kʻur²¹³] |
| 屈 | [tɕʻy²⁴] | [tɕʻyər²⁴] | [tɕʻyr²⁴] |
| 雨 | [y⁵⁵] | [yər⁵⁵] | [yr⁵⁵] |

形成这种两读并存现象的原因可能有两个。一是语音的渐变性所致。支持这个原因的依据有两点：从儿化韵的结构看，A 式是拼合型的，前一音节的基本韵跟 [ər] 还未完全融合，还处于拼合的状态，理论上应该是先发生的形式。B 式是融合型的，前一音节的基本韵跟 [ər] 已经完全融合，即 B 式从一开始发音，舌头就处于翘起的状态，理论上应该是后发生的形式。从使用人的年龄层次来看，A 式多存在于老年人的口音中，B 式多存在于青年人的口音中，就是说 A 式是旧形式，B 式是新形式，这恰好跟理论上的结论相对应。第二个原因跟语言接触有关。从我们调查的情况来看，浚县的八镇两乡中，读 A 组的有王庄乡大部地区、屯子镇、白寺乡、钜桥镇，读 B 组的有王庄乡东北部、善堂镇、小河镇、新镇和卫贤镇，城关镇和黎阳镇正好居于这两个区域之间，是两读并存。从周边县市的情况来看，北部、西部的安阳、汤阴、鹤壁倾向于拼合型的读音，东部、南部、西南部的内黄、濮阳、滑县、延津、卫辉、淇县倾向于融合型的读音。这种地理上的类型分布，给位于过渡地带的浚县城关镇和黎阳镇留下了明显的语言接触痕迹。综合以上两个原因可以推测，浚县方言儿化韵的演变趋势是融合型的 B 式将逐渐取代拼合型的 A 式。

### 2.1.2 儿化的范围和语法意义

#### 2.1.2.1 儿化的范围

普通话中不成音节的"儿"有三个来源，① 浚县方言中不成音节的"儿"不止三个来源，我们归成四类：

(a) 里→儿：这儿、那儿、哪儿
(b) 日→儿：今儿个、夜儿个、前儿个、几儿、生儿
(c) 候→儿：时儿
　　少→儿：多儿多少
(d) 儿→儿：桌儿、盘儿、个儿、趟儿、包儿、玩儿、明儿、宽儿、天天儿、轻轻儿、一齐儿

(a)、(b) 只限于几个特殊的词，虽成系统，但不具有能产性，不能随意类推。(c) 只是偶发的合音变形现象。(a)、(b)、(c) 三类儿化词不在本节讨论的范围之内。(d) 中的"儿"本是名词后缀，用来指小，后进一步扩展到量词、形容词、动词、副词等词类，形式上与前一音节融合产生了儿化词。其中一部分儿化意义由名词的单一指小扩展到量词、形容词短语小称标记；有一部分儿化词，指小意义磨损之后儿化只是名词性标记成分；与此同时，儿化现象还产生出亲切、喜爱的感情色彩，轻松、随意的口语语气等引申意义。

#### 2.1.2.2 儿化的语法意义

（一）小称标记

作为小称标记的儿化主要分布在名词、量词、形容词短语当中。小称式与非小称式（包括子变韵）在表义上存在着对立。如：

名词：

非小称式：河　池　树　篮$^Z$② 雨　老鼠　秤砣　水沟　碗　刀　盒$^Z$　箱$^Z$　鱼　布袋　疙瘩

小称式：河儿　池儿　树儿　篮儿　雨儿　老鼠儿　秤砣儿　水沟

---

① 普通话中的儿化韵来源于"儿""里""日"，如"小鸡儿""这儿""今儿"等。
② 这里的上标"Z"是浚县方言的子变韵，即浚县方言用变韵表示普通话或其他方言中的子尾或相当于子尾的词。浚县方言的子变韵详见本章第二节。这里的"篮"基本韵是 [lan⁴²]，子变韵是 [læ⁴²]。

儿　碗儿　刀儿　盒儿　箱儿　鱼儿　布袋儿　疙瘩儿

这些词用基本韵或子变韵时，是指一类事物，不分大小。用儿化韵即小称式时，是表示该事物较非小称的同类事物小。

量词：

非小称式：A 一块　一条　一把　一沓$^z$　一片　一根　一阵　一段

　　　　　B 一筐　一桶　一袋$^z$　一桌$^z$　一锅　一壶　一车$^z$　一箱$^z$

小称式：A 一块儿　一条儿　一把儿　一沓儿　一片儿　一根儿　一阵儿　一段儿

　　　　B 一筐儿　一桶儿　一袋儿　一桌儿　一锅儿　一壶儿　一车儿　一箱儿

A 组是真量词，B 组是临时借用量词。量词是表示事物计量单位的，用基本韵或子变韵时，这个单位不分大小，用儿化韵时，表示这个单位比通常的小。

形容词短语：

非小称式：镇高　恁们短　多宽　不多大　冇多深　两指长　不多

小称式：镇高儿　恁们短儿　多宽儿　不多大儿　冇多深儿　两指长儿　不多儿

一部分表示事物的度量衡特征或数量的形容词跟具有指量意义或数量意义的成分等构成的短语也有基本韵跟儿化韵的对立。与普通话不同，浚县方言形容词短语的这种儿化是小称形式，跟名词、量词的指小功能具有同一性，只不过名词、量词的指小是指同类事物或同类单位的较小者，具有直观性，形容词短语的指小是把形容词短语所表示的事物度量衡方面的程度量或数量往小里说，是较为抽象的指小。浚县方言形容词短语的这种小称儿化在范围、意义、分布等方面都有自己的特点，是一种特殊的儿化现象，我们将在下文的小节中专做讨论。

（二）名词标记

汉语方言的演变历史显示：伴随着"儿"尾向儿化韵的过渡，"儿"的指小意义逐渐受到磨损，大量的儿化词失去了指小的意思，儿化只成了一种名词性标记成分。而作为名词性标记成分的儿化,其活动的范围同时也越出了作为小称标记的活动范围,由名词、量词扩展到了形容词和动词。如:

A 生词儿 小四儿 八哥儿 歌儿 腊八儿 法儿 药方儿 书架儿

B 话把儿 个儿 相片儿 胡茬儿 信封儿 粉条儿

C 刺儿 印儿 包儿 画儿 塞儿 垫儿 数儿 盖儿 夹儿 刷儿

D 尖儿 黄儿 明儿 弯儿 差儿 干儿 好儿 小儿 空儿

A 组是名词,显然已经没有指小的意思,儿化跟 B、C、D 组一样,只是一种标记成分。儿化前 B 组不能单说,C 组是动词,D 组是形容词,儿化后都成为名词,传统的观点认为,这里的儿化有改变词性的作用。我们同意赵元任先生(1979:117)的说法,认为 B、C、D 组中的儿化跟 A 组的儿化是同一的,都是名词标记。

### 2.1.2.3 儿化的引申意义

(一)亲切、喜爱的感情色彩

较小的东西往往是可爱的,容易让人产生亲近的情愫,因此有一部分儿化词表示的是儿化的引申意义,即亲切、喜爱的感情色彩。如:

A 花儿 小胖儿 歌儿 说话儿 调儿 琴弦儿 饺子馅儿 老师儿

B 一堡儿 一趟儿 一晌儿 一下儿 一家儿 一半儿 一遍儿 一顿儿

C 玩儿 一蹦一跳儿 吃吃喝儿喝儿 偷偷摸儿摸儿

D 红红儿嘞 偷偷儿嘞 轻轻儿嘞 酸酸儿嘞 辣辣儿嘞

儿化前 A 组、B 组、C 组、D 组分别是名词、量词、动词、形容词,但这些词儿化后并没有改变意义和词性,只是增添了亲切、喜爱的感情色彩。

(二)轻松、随意的口语色彩

轻松、随意的口语色彩也是儿化的引申意义。如:

事儿 价儿 单儿 嗓儿 打嗝儿 冇法儿 及早儿 药方儿 笔画儿

官儿 胆儿 双儿 号儿 散伙儿 裂璺儿 打春儿 有劲儿 做伴儿

亲切、喜爱的感情色彩和轻松、随意的口语色彩是儿化的引申意义，它们跟小称标记和名词标记不在一个层面上，可以跟小称标记或名词标记相容并存。如"水珠儿"中的儿化既是小称标记，又表达了喜爱、亲切的感情色彩，同时也显得轻松、随意。"数儿"中的儿化既是名词性标记，同时又具有轻松、随意的口语语气。有时候，亲切、喜爱的感情色彩和轻松、随意的口语语气也是一致的，二者也可以相容并存。如"唱歌儿""一家儿"即有喜爱、亲切的感情色彩，又有轻松、随意的口语语气。可见，儿化的引申意义与其语法意义相随相伴，属于不同的层面。

儿化产生、演变的过程可图示如下：

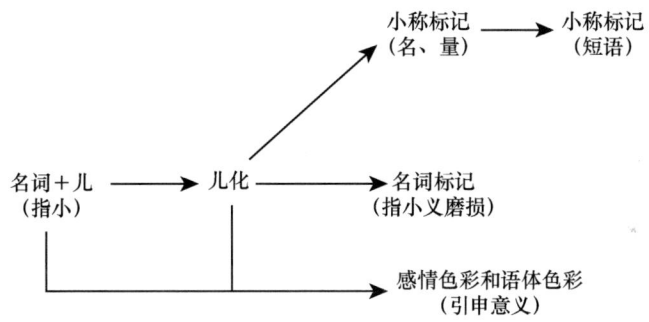

### 2.1.3 形容词短语的小称儿化

小称是现代汉语及汉语方言广泛具有的语法范畴，最初是由名词而来的，用来称小。普通话及其他各方言的小称形式不尽相同，有"儿化""儿尾""囝尾""仔尾""变音""变调""重叠"等。浚县方言的小称形式是儿化，但跟普通话或其他方言表现不同的是，这种小称儿化不仅可以作用于名词、量词，还可以作用于形容词短语，并与其非小称形式构成了语义上的对立。

从语音形式上看，浚县方言直接作用于形容词的儿化有三种：一种是形容词本身直接儿化，如"尖儿""黄儿""明儿"等，这里的儿化是名词性标记成分；第二种是形容词重叠之后儿化，如"红红儿嘞"

"大大儿嘞""酸酸儿嘞"等，这里的儿化是伴随着重叠发生的，语法功能上不独立，只是为重叠式增添了一种喜爱、亲切的感情色彩。第三种是形容词位于具有指示程度意义或数量意义的成分后可以发生儿化，如"镇高儿""恁们长儿""三米深儿""冇多粗儿""不大儿"等。这里的儿化是小称形式，但它并不是形容词本身的小称，而是形容词与其前加成分所组成的短语的小称。

#### 2.1.3.1 形式和意义

语言是线形排列的，形容词短语的儿化从形式上看只是形容词的儿化，儿化后的语音形式是"儿"音节跟其前面的形容词音节合二为一。如：

镇高儿→［tʂən²¹³kor²⁴］　　恁们长儿→［nən²¹³·mən tʂʻɐr⁴²］

三米深儿→［san²⁴mi⁵⁵tʂʻər²⁴］　不多宽儿→［pu²⁴tuə⁵⁵kʻuor²⁴］

这里的"高儿""长儿""深儿""宽儿"在句法上不独立，或者说它们是黏着性的，当它们跟表示指示程度意义或数量意义的成分构成形容词短语时才可以表示一定的语法意义。就是说，形容词的单独儿化形式与其非儿化形式并不能构成语义上的对立，而是整个形容词短语儿化之后跟其非儿化形式的形容词短语构成了语义上的对立，即不是"高儿"与"高"对立，"深儿"与"深"对立，而是"镇高儿"与"镇高"对立，"三米深儿"与"三米深"对立。因此，我们认为这里的儿化不是黏附在形容词上的，而是黏附在整个形容词短语上的。如果将形容词记作 A，形容词的前加成分记作"指量（包括指示义和数量义）"，那么"指量 + A + 儿"的结构层次是"［指量 + A］儿①"。"指量 + A"框架实际上包含了说话人确认的程度量或数量，"［指量 + A］儿"是把这个已经确认的程度量或数量再往小里说。

能进入这种小称儿化框架的"指量"成分受到一定的限制。一般是具有指示程度意义（包括肯定的、否定的和疑问的）的或数量意义的成分，主要有"镇""镇们""恁""恁们""不多/冇多""不""多"和数量义短语。

---

① "儿"不是个独立形式，因此这里"儿"与"指量 + A"之间省去" +"，在形式上跟实际情况更接近。

能进入这种小称儿化框架的形容词也是封闭性的，一般是描写事物度量衡特征和数量的单音节形容词，主要有"大、长、短、沉、重、高、低、粗、细、厚、薄、宽、远、深、稠、多" 16 个。形容词短语儿化后的意义即小称义，是将形容词短语所表示的事物度量衡方面的程度量或数量往小里说。例如"他恁那么高"，意思是指他的个子很高。但如果说"他恁高儿"，则是把他的个子往小里说，意思是他的个子低。"吃$^D$①镇这么多"是说吃的数量多，如果说"吃$^D$镇多儿"，则是把数量往小里说，意思是吃得少。有几个表示负面特征的度量衡形容词不能进入这种小称儿化框架，如"小、窄、近、稀"，表示数量的"少"也没有这种小称形式。

### 2.1.3.2　常用格式分析

在下文的格式分析中，我们把"指量+A"称为基式或非小称式，"［指量+A］儿"称为小称式。

（一）［程度指示代词+A］儿

浚县方言的程度指示代词有"镇""镇们""恁""恁们"四个。前两个是近指，相当于普通话的"这么"，后两个是远指，相当于普通话的"那么"。带词缀"们"的形式有强调的意思。它们都可以进入"［程度指示代词+A］儿"，并与其基式形成对立。请看下面的例句：

(1) a. 他长$^D$镇高。
　　 b. 他长$^D$镇高儿。
(2) a. 她嘞②腰恁们粗。
　　 b. 她嘞腰恁们粗儿。
(3) a. 剩$^D$镇多饭。
　　 b. 剩$^D$镇多儿饭。

a 组使用的是基式，"程度指示代词+A"表示对 A 本身程度的指

---

① 这里的上标"D"表示的是浚县方言的动词、形容词、介词、地名词的变韵。在浚县方言中，动词、形容词、介词、地名词都有变韵现象，其中动词、形容词变韵之后表示与基本韵不同的语法意义。介词和地名词变韵之后语法意义和功能不发生改变。关于浚县方言的动词、形容词、介词、地名词变韵，见 2.3。这里的"吃"基本韵是 [tʂʻʅ²⁴]，变韵是 [tʂʻʅ²]，"吃$^D$"的意思是"吃了"。

② "嘞"音 [·lɛ]，是浚县方言很有特色的一个语言成分，相当于普通话的"的、地、得、呢"等，详见 5.2。例子中的意思随文注解。

示或夸张；b组使用的是小称式，"［程度指示代词＋A］儿"表示把"程度指示代词＋A"所表示的程度量或数量往小里说。a组和b组在语义上形成一种对立。例（1）a是说他长了这么高，带有往大里夸张的意味，例（1）b是把高度往小里说，意思是说他长得高度小，或者说他长得矮。例（2）a是说她的腰那么粗，是往大里说，例（2）b是把粗的程度往小里说，意思是说她腰粗的程度小，或者说她的腰细。例（3）a是说剩了那么多饭，是往大里说，例（3）b是把数量往小里说，意思是说饭剩得数量小，或者说饭剩得少。

　　这里的"往小里说"是指语法意义，而非词汇意义。所以有一些表示负面意义的A也能进入这种小称框架。比如"短、低、细、薄"它们表示事物度量衡的负面特征，与程度指示代词结合有"很A"的意思。比如"这件儿衣裳恁短"是说这件衣服很短。"这件儿衣裳恁短儿"，其中的"恁短儿"往小里说是指比"很短"程度还小的"短"。

　　表示度量衡特征或数量的形容词是有方向性的，其中负面方向表现为有界，即不能无限期延长，正面方向表现为无界，可以无限期延长。例如表示长度的"长""短"，用图表示是：

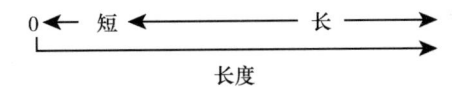

```
0 ←── 短 ←────── 长 ──────→
            长度
```

　　正面意义的形容词往小里说，是向负面意义的形容词靠近或转化，如"镇长"往小里说是"镇长儿"，就是"长"的程度低，可以理解为向"短"靠近，或者就是"短"。负面意义的形容词往小里说是往负面再移动一次，实际上是对负面意义的一次强调。如"镇短"往小里说是"镇短儿"，就是"非常短"的意思。

　　"［程度指示代词＋A］儿"在语法功能上跟非小称形式完全相同。在句中可以作谓语、补语、定语。作定语时，表示数量的形容词小称不加结构助词"嘞"，其他要加结构助词"嘞"。如：

（4）他家嘞院墙恁高儿。他家的院墙不高。

（5）我比ᴰ他低镇多儿。我比他低这么一点儿。

（6）一个小时只干ᴰ镇多儿活儿。一个小时只干了这么一点儿活儿。

（7）天冷，恁厚儿嘞盖的不中。天冷，这么薄的被子不行。

因为"[程度指示代词＋A]儿"表示往小里说，跟表示限定意义的范围副词"只、只满、满共、只有、才、斗"语义上一致，因此常跟这些副词搭配使用。如：

（8）你只买ᴰ恁多儿哟。你只买了那么一点儿呀。

（9）那个坑只满镇深儿。那个坑只有这么一点深度。

（10）他家离学校才镇远儿。他家离学校就没多远。

（11）满共镇多儿，都给ᴰ你吧。总共这么一点儿，都给了你吧。

（12）这个箱ᶻ斗镇沉儿，你能提动。这个箱子就没多重，你能提动。

（二）［数量短语＋A］儿

这种格式中的量词有限制，只能是表示事物度量衡单位的量词或临时借用的表示度量衡的量词，如"毫米、米、尺、公斤、斤、指指头、人"等。形容词方面也有限制，表示数量的"多"不能进入此格式。

"［数量短语＋A］儿"在表义上与非小称形式的"数量短语＋A"也构成了一种对立。非小称形式表示一种客观的描述，小称形式是将同样数量所代表的度量衡特征往小里说。如：

（13） a. 这条河三米深。

　　　 b. 这条河三米深儿。

以上a、b两个句中的数量并没有改变，a句只是客观的描述，b句表示说话人认为这个数量所代表的度量衡特征在程度上比较小。如例（13）a是客观描述这条河有三米深，例（13）b表示说话人认为这条河"三米深"是一个比较小的深度，言外之意是说这条河不深或这条河浅。再如：

（14） a. 他有五十斤重。

　　　 b. 他才有五十斤重儿。

（15） a. 学校嘞院墙一人高。

　　　 b. 学校嘞院墙才一人高儿。

这种情况与施其生先生（1997b）所说的汕头方言的数量词小称性质相同，但表达的意义稍有不同。汕头方言数量词的小称意义是把事物的数量往小里说，小称标记"団""団呢"是附着在整个数量短语上的。如："两车団呢煤好做呢两车煤顶什么用？"，其中"団呢"附着在数量短语"两车"上，表示说话人把"两车"往小里说。浚县方言里的小称标记儿化是附着在形容词短语上的，是把这个数量所表示的程度往小里说，而不是把数量往小里说。比如例（14）中的"五十斤重儿"是把"五十斤重"往小里说，不是把"五十"往小里说。

"［数量短语＋A］儿"跟"数量短语＋A"一样，在句中可以作谓语、补语、定语，作定语时要加结构助词"嘞"。如：

（16）那条蛇只满一指粗儿。<small>那条蛇只有一指头粗。</small>

（17）他两年只长<sup>D</sup>一公分高儿。<small>他两年只长了一公分。</small>

（18）俺姐做<sup>D</sup>个一尺长儿嘞裙儿，短嘞不得了。<small>我姐做了一条一尺长的裙子，短得不得了。</small>

由"数量短语＋A"引申而来的一种用一般名词成分来比况数量的结构，如"巴掌大""指头粗""拳头大"，也有小称形式。小称式的意义和用法同"［数量短语＋A］儿"。如：

（19）巴掌大儿一片儿个地张儿够弄啥呀？<small>巴掌大一小片儿地方够干什么呀？</small>

（20）那棵树长嘞些慢，一年了才指头粗儿。<small>那棵树长得很慢，一年了才一指头粗。</small>

（21）那个小猫儿只有拳头大儿一点儿。<small>那只小猫只有拳头大小。</small>

"［数量短语＋A］儿"也常跟表示限定意义的范围副词"只、只满、满共、只有、才、斗"等组合。如上面的例（16）、例（17）、例（20）、例（21）。

（三）［多＋A］儿

这个格式里的"多"一个是程度疑问代词，用在疑问句中表示询问程度。"［多＋A］儿"和"多＋A"也构成了一种语义对立。用基式"多＋A"时，只是客观的询问，用小称式"［多＋A］儿"时，包含了询问者对所问程度不高的心理预设，即询问者预先假设所问的程度是一个小程度。如：

（22）a. 得多长？

b. 得多长儿？

（23）a. 他家离这儿有多远？

b. 他家离这儿有多远儿？

例（22）a 和例（23）a 只是客观地询问长度、路程，没有心理预设。例（22）b 和例（23）b 表示询问者预设长度不长、路程不远。

这个格式中的 A 也有条件限制，表示负面意义度量衡特征的"短、低、细、薄"以及表示数量的"多"不进入此格式。

（四）［不/冇+多+A］儿

跟"［多+A］儿"不同，这个格式里的"多"是指示程度的，跟"镇""镇们""恁""恁们"语义上一致。"冇［mau²⁴］"相当于普通话的"没"或"没有"，"不/冇+多+A"的结构层次是"［不/冇+多］+A"，即"不"或"冇"先跟"多"组成一个指示低程度量的成分"不多"或"冇多"，然后再修饰 A，因此性质上还是"指量+A"。

"不/冇多+A"本身是对程度高的否定，或说是指一个低的程度，但它还有小称式。对程度高的否定和把程度往小里说语义上是一致的，因此小称式"［不/冇+多+A］儿"是把一个低的程度量再往小里说。

表示事物度量衡特征或数量的形容词有方向性，对正面意义的形容词进行否定是向负面意义的形容词靠近或转化，这同把正面意义的形容词往小里说本质上相同，因此"［不/冇+多+A］儿"的格式义应该是向负面方向两次移动的结果，即对 A 的负面意义的肯定。这个解释正好跟我们在调查中了解到的浚县人的共同语感相契合。如"不多宽儿"的意思，浚县人普遍认为就是"窄"。"冇多远儿"的意思，浚县人普遍认为就是"近"。如：

（24）他女婿嘞个儿不/冇多高儿。他女婿的个子很低。

（25）恁仨［sa²⁴］加起ᴴ［tɕ'iai⁵⁵］"起来"的合音也不/冇多沉儿。你们三个加起来也很轻。

这个格式中的 A 也有条件限制，表示负面意义度量衡特征的"短、低、细、薄"以及表示数量的"多"不能进入此格式。

"［不/冇+多+A］儿"在句中可以作谓语、补语，还可以直接指代所描述的事物。如：

（26）那条蛇不/冇多粗儿。那条蛇不粗。

（27）走ᴰ不/冇多远儿又回来了。走了没多远又回来了。

（28）汤做嘞不/冇多稠儿。汤做得比较稀。

（29）我不要恁宽，不/冇多宽儿斗够了。我不要那么宽，很窄一条就够了。

"［不/冇＋多＋A］儿"也常跟表示限定意义的副词组合。如：

（30）只满长$^D$不/冇多大儿。只长了没多大。

（31）那条路斗修$^D$不/冇多宽儿。那条路修得就比较窄。

（五）［不＋A］儿

"不＋A"是对A的否定，语义上跟"不/冇＋多＋A"一致，只不过在否定的程度上比"不/冇＋多＋A"又进了一层。"［不＋A］儿"则是把"不＋A"再往小里说。从A所表示的方向性来说，否定A即"不＋A"和把"不＋A"往小里说方向也一致，即"不＋A"和"［不＋A］儿"是同向的，都是向负面方向的移动。"不＋A"是一次移动，"［不＋A］儿"是两次移动。如：

（32）a. 他嘞个儿不高。

　　　b. 他嘞个儿不高儿。

例（32）a否定的是"高"，"不高"是向"低"靠近或者就是"低"，即"不高"可能是"低"，也可能是"不高也不低"。例（32）b是把"不高"再往小里说，等于对"高"又进行了一次否定，因此"［不＋高］儿"的格式义应该是对"高"的负面意义"低"的肯定，即"低"的意思。

表示负面意义度量衡特征的"短、低、细、薄"不进入这一格式。

"［不＋A］儿"在句中可以作谓语、补语和定语，也可以直接指代事物。如：

（33）那个西瓜不大儿。那个西瓜很小。

（34）买$^D$不多儿。买了一点儿。

（35）不远儿嘞路，一会儿斗到了。路很近，一会儿就到了。

（36）我要不长儿都中了。我要很短一点儿就行了。

"［不＋A］儿"还可以跟"一＋量儿"结合构成同位性偏正结构，二者是解注式的定中关系。如：

（37）屋后只不大儿一片儿，啥也盖不成。屋后只有很小一片儿地方，什么也盖不成。

（38）我只满掰$^D$下来不长儿一节儿。我只掰下来很短一节儿。

（39）那个墙不高儿一点儿，一翻斗过去了。那个墙很矮，一翻就过去了。

（40）你那棉袄套$^D$不厚儿一层儿棉花。你的棉袄套了很薄一层棉花。

"［不＋A］儿"也常跟表示限定的副词搭配。如上边例（37）、（38）。

形容词短语的小称儿化不独浚县方言有，河南的大部分地区普遍都有。据笔者调查，豫北的安阳、汤阴、鹤壁、淇县、卫辉、内黄、濮阳、滑县、延津、长垣，豫西的陕县、宜阳、洛阳、巩县，中部的郑州、许昌、平顶山，豫东的开封、商丘，豫西南的南阳、唐河等地都有这种小称儿化现象。只是各地所使用的具体儿化形式、可进入小称儿化框架的形容词和"指量"成分不尽相同。相比较来说，浚县方言对形容词的限制稍显严格一些，到了淇县、延津等地，许多表示负面意义的形容词或一些不表示度量衡特征的形容词也可以进入这种小称框架，如"小、轻、窄、近、稀、红、热、冷"等。虽然河南大部分地区普遍都有形容词短语小称儿化，但对这种现象做过报道的只见到张邱林的《陕县方言的儿化形容词》（2003）。张文没有把儿化形容词（实际上是形容词短语儿化）跟小称联系起来，只客观地对这种现象及所表达的意义进行了描写。

### 2.1.4 关于小称问题的讨论和思考

#### 2.1.4.1 表示小称的语法手段

从已经报道过的情况来看，普通话及各地方言表示小称的手段主要有三种：一种是附加语缀，如晋语里的"圪"（黄伯荣 1996；侯精一 1999；邢向东 2002）、湖北天门话的"伢"（黄伯荣 1996）、南昌方言的"子"（熊正辉 1979）、汕头方言的"囝""囝呢"（施其生 1997b）、广东廉江的"仔"（林华勇 2005a）等。一种是重叠，如山西的晋中、临汾、太谷、文水（黄伯荣 1996；乔全生 2000），陕西的宝鸡、神木（黄伯荣 1996；邢向东 2002），西南官话区的重庆、贵阳、昆明（范继淹 1962；涂光禄 1987；张宁 1987）等。一种是音变，如普通话及其他方言里的儿化、南部吴语的小称音变（曹志耘 2001）、信宜方言的变音（叶国泉、唐志东 1982）、广西容县方言的小称变音（周祖瑶 1987）、广东曲江龙归土话的小称（伍巍 2003）、湖北阳新方言的小称音变（黄群建 1993）等。浚县方言的小称形式是儿化，属于用音变手段来表达小称意义的方言之一。

### 2.1.4.2 与小称相关的句法问题

小称本来由名词的称小而来，最初的小称标记只作用于名词，后来逐渐扩展到量词、数量词、形容词、动词等。学界对小称的认识和研究也基本局限在词法方面，认为小称是词法范围里的标记形式，只起到区别词义、改变词性、表小或增添感情色彩等作用。但许多方言事实显示，有些小称现象在词法的范围里无法得到合理的解释，如表示数量、程度量的小，表示动作量的轻等意义是句法层面的东西，也只在句法的层面才能彰显其意义。

第一次揭示出小称也可以附加在短语上的是施其生先生，他在《汕头方言量词和数量词的小称》（施其生 1997b）一文中明确区分了量词小称和数量短语（施先生在文中称为数量词）小称，认为"量词小称表示事物的单位较非小称的同类单位小"，"数量词小称的意义是把事物的数量往小里说"。它们的结构也不同，量词小称的结构是"数词+量词小称"，数量短语小称的结构是"［数词+量词］+小称"。也许是方言中同类现象不够丰富或是挖掘得不够深入，这种思路一直没有得到回应。现在我们在河南的广大地区发现了作用于形容词短语的小称形式，性质上与施先生所报道的数量短语小称是同一的，同类现象在广东的廉江方言中也得到了揭示（林华勇 2005a）。实际上我们发现，就在已经报道过的方言中也同样存在着短语小称。如陕县方言、信宜方言、容县方言里的形容词后面可以附加小称，但形容词前必须有表示程度的指示代词等成分，显然，这里的"形容词+小称"没有独立的语法意义，小称是加在整个形容词短语上的。另外，从信宜方言和容县方言的材料看，一些数量词后面的小称也是附加在整个数量短语上的。如"七尺布［tʃʻet⁵⁵tʃʻik⁵⁵pu³³］"用变音［tʃʻet⁵⁵tʃʻiŋ↑pu³³］意思是"才七尺布"（信宜）。"两只竹蟀［leŋ¹³tsik⁵tsuk⁵tɐt⁵］"用变音［leŋ¹³tsiŋ↑tsuk⁵tɐt⁵］意思是"才两个蟋蟀"（容县）。

从本质上看，小称义从词法扩展到句法也有其合理的语义基础。最初的名词指小是基于事物的有大有小，对其中的较小者予以标注就成为小称标记。后来扩展到量词，量词是表示事物单位的，事物的单位也有大有小，语义上跟名词的大小相同，而且汉语的量词绝大部分是"由普通名词演变而成的"（王力 1980）。事物的大小和事物单位的大小从抽象的角度看都含有数量义，而属于句法层面的数量短语和形容词短语也正好都含有数量义，这正是小称从名词、量词扩展到数量短语和形容词短语的语义基础，如果从这个角度来概括，小称的语法意义应该是对小数量义的一种标记。

施其生先生在另一篇文章《论汉语词组的"形态"》（2003）中说："汉语缺乏像印欧语那样的狭义的形态，但是有类似于印欧语'形态'的构形手段，如一些表示语法意义的虚成分（词缀、虚词）、重叠、音变（变音或变调）等。如果不囿于印欧语的语法概念，客观地面对汉语的事实，我们发现在方言和普通话里，有一些用以构形的手段，可附着在词组上，给整个词组增添某种语法意义（包括修饰性的或结构性的），有些并可改变词组的结构功能。换一个角度看，词组加上这些手段，便在词汇意义之外增加了某种语法意义，或有了某种特定的语法功能，这和词的形态变化在功用上并无二致"。汕头方言、廉江方言、陕县方言、信宜方言、容县方言和浚县方言中，附加在短语之上的小称标记正是这种情况的写照。实际上，汉语方言中跨词法和句法层级的语法手段还有许多，这也是汉语语法的特点所在。浚县方言中还有许多跨层级的语法现象，我们将在以后的章节中逐步予以揭示。

## 2.2 子变韵（Z 变韵）

子变韵最初是 20 世纪 50 年代后期，人们在河南北部的方言调查中发现的，它是以韵母的变化来表示普通话子尾词的一种现象。这种变韵与基本韵的对应情况复杂，"具有和'子'尾相同的语法功能，使名词如附后缀，而且有这种变韵的方言一般不再有通常的'子'尾，因此人们倾向于把它看成是一种和儿化韵相似的变韵。而且即使方言中发生这种变韵的名词后面并不写出'子'尾，人们也仍然认为它是由'子'参与，采取和儿化韵相同的生成方式（合音）构成的，把它叫作'子化韵'或'子变韵'。"[①] 但是，后来人们一时难以确定其中参与构词的

---

① 引自王福堂《汉语方言语音的演变和层次》（1999：135—136）。

是不是"子",又把它叫作"Z 变韵"或"Z 变音"。20 世纪 70 年代以后,在山西中部和河南中部的许多方言中都发现了这种变韵,对这种变韵也有了更多的报道和研究(贺巍 1981；1982；1989；侯精一 1985；1988；沈慧云 1983；田希诚 1986；乔全生 1995；刘冬冰 1997；王森 1998；王福堂 1999；陈鹏飞 2003)。后来研究者发现,有的变韵还伴随着变调的发生,如晋语中入声字的子变韵母一律变读成舒声调；有的只以变调的形式表示子尾的意思,如山西垣曲的子变调。目前学界已基本确定,子变韵就是子尾或相当于子尾的成分与前一语言成分的合音形式。

同河南的获嘉、济源、郑州、荥阳、开封,山西的阳城、晋城、陵川、和顺、闻喜等地一样,浚县方言有成系统的子变韵母(Z 变韵)。和其他一些有子变韵母同时也有子尾的地区不同,浚县方言中基本上没有子尾与子变韵母并存现象,普通话或其他方言中的子尾词或相当于子尾的词,浚县方言是用子变韵、儿化韵或基本韵表示的。少数几个子尾词是从别的方言或普通话中吸收进来的,如"橘子、椰子"是从南方来的,"饺子、包子"是受普通话的影响,浚县方言固有成分分别叫作"包儿、菜(肉、糖)包$^z$"。

浚县方言的子变韵是由基本韵变来的,二者有固定的对应关系,并各成系统。子变韵系统中,有些韵母形式上跟基本韵相同,即没发生变化,但当它们表示子变韵的语法意义时,我们看作零形式变韵,就是说这部分韵母既属于基本韵系统又属于子变韵系统。浚县方言的子变韵规律具有普遍性,但不具有周遍性,不能任意类推。子变韵是名词化标记成分,表示一类事物的统称。在意义和表达功能上它与基本韵、儿化韵具有不平衡的互补关系。

### 2.2.1 子变韵的形式

浚县方言的子变韵是由基本韵变来的,子变韵有 34 个,其中 19 个是变韵形式,15 个是零形式(与基本韵母形式相同),它们组成了子变韵系统,具体对应关系如下(括号里是所对应的基本韵):

| ʅau (ʅ) | | u (u) | y (y) | | |
|---|---|---|---|---|---|
| ʅau (ʅ ʅə) | | uɛ (uɛ) | | ʮə (ʮə) | |
| ɤau (ə) | i:au (i iɛ) | uau (uə) | yau (yɛ yə) | ʮau (ʮ) | ər (ər) |
| ɛu (ɛ ai ei) | | uɛu (uai uei) | | | |
| ou (ou) | iou (iou) | | | | |
| æ (an) | iæ (ian) | uæ (uan) | yæ (yan) | | |
| æu (a au) | iæu (ia iau) | uæu (ua) | | | |
| ən (ən) | in (in) | uən (uən) | yən (yən) | | |
| æŋ (aŋ) | iæŋ (iaŋ) | uæŋ (uaŋ) | | | |
| əŋ (əŋ) | iəŋ (iəŋ) | uəŋ (uəŋ) | yəŋ (yəŋ) | | |

变韵系统的四呼跟基本韵的四呼相匹配；变韵之后出现了基本韵中没有的形式，如［ʅau、ʮau、ɤau、ʮau、i:au、uau、yau、ɛu、uɛu、æ、iæ、uæ、yæ、æu、iæu、uæu、æŋ、iæŋ、uæŋ］；有些基本韵母不同的变成了相同的，如［ʅ、ʅə］变成［ʅau］，［yɛ、yə］变成［yau］，［ɛ、ai、ei］变成［ɛu］，［uai、uei］变成［uɛu］，［a、au］变成［æu］，［ia、iau］变成［iæu］；有些跟基本韵形式相同，我们视为零形式变韵，即变韵之后的形式与原韵母相同。如［u、y、uɛ、ʮə、ou、iou、ən、in、uən、yən、əŋ、iəŋ、uəŋ、yəŋ、ər］；变韵系统中出现了一个长元音韵母［i:au］，跟基本韵中的［iau］不同，如"茄$^Z$［tɕ'i:au$^{42}$］≠桥［tɕ'iau$^{42}$］""鸡$^Z$［tɕi:au$^{24}$］≠郊［tɕiau$^{24}$］"。

### 2.2.2 子变韵的特点、语法功能和语法意义

#### 2.2.2.1 子变韵的特点

第一，子变韵中有 15 个和基本韵形式相同，当它们表示子变韵的语法意义时，是零形式变韵，即形式变同原韵母。从另一个角度可以说这一部分韵母形式上为基本韵系统和变韵系统所共有。如：

|   | 基本韵 | 子变韵 |
|---|---|---|
| 胡 | 胡说 [xu⁴² ʂʯə²⁴] | 长胡 [tʂʻaŋ⁴² xu⁴²]长胡子 |
| 锯 | 锯开 [tɕy²¹³ kʻai²⁴] | 锯 [tɕy²¹³]锯子 |
| 扣 | 扣碗儿 [kʻou²¹³ uor⁵⁵] | 扣 [kʻou²¹³]扣子 |
| 盆 | 盆栽 [pʻən⁴² tsai²⁴] | 盆 [pʻən⁴²]盆子 |
| 引 | 引导 [in⁵⁵ tau⁵⁵] | 药引 [yə²⁴ in⁵⁵]药引子 |
| 领 | 领人 [liəŋ⁵⁵ zʅ⁴²] | 领 [liəŋ⁵⁵]领子 |

第二，普通话及其他方言中的子尾词或相当于子尾的词，在浚县方言中大部分都可以用子变韵表示，但不是全部，也有不用的情况。有的只能用基本韵，如"轿、尺、豹、杯、厂"；有的只能用儿化韵，如："歌儿、鸟儿、卷儿（考试卷）、饼干儿、稿儿、燕儿、胆儿"；还有的是零形式变韵，如："虫、镜、豆、兔、袖、妗、竹"。同一韵的词基本一致，但不完全一致，如同是 [au] 韵的词："枣、嫂、豹、狍、稻、包、刨、帽、脑、罩、哨、稿、羔、号、槽、刀、桃"，其中"枣、嫂、豹、狍、稻"只有基本韵；"稿、槽、号"只有儿化韵；"包、刨、帽、脑、罩、哨、羔、刀、桃"既有子变韵，又有儿化韵。

零形式变韵和基本韵形式上虽然相同，但还是可以区分开的。同一韵的相当于子尾的词如果有一部分变韵，那么不用变韵的是基本韵形式；同一韵的相当于子尾的词如果都没有变，这一韵就是零形式变韵。像上面的"轿"基本韵是 [iau]，子变韵应该是 [iæu]，但"轿子"在浚县方言中只说 [tɕiau²¹³]，用的是基本韵。就是说，"轿"在浚县方言中不用相当于子尾的变韵形式表示。"胡"的基本韵是 [u]，"胡子"在浚县方言只说 [xu⁴²]。这种情况既可以理解为零形式变韵，也可以理解为像"轿"一样没有相当于子尾的形式。但如果同一韵的所有相当于子尾的词都用原基本韵，我们不能说这一韵的词都没有相当于子尾的形式。比如同是 [u] 韵的"屋、步、铺、斧、麸、肚、秃、兔、炉、谷、裤、瓠、卒、竹、柱、梳"，不能说它们都不用相当于子尾的形式，或者不能说到了 [u] 韵相当于子尾的形式就不存在了。因此从系统的观点出发，我们把这一韵的形式分析为零形式变韵，即变韵形式与原基本韵形式相同。不过这里还有一个问题，就是如果把这一韵的形式都看成零形式变韵，其中的那些实际上是基本韵的形式就无法区分开了。这是一个难题，目前还没有更好的办法，只能根据与普通话和其他方言的对当形式进行大致的判断，或根据这个词的句法功能进行判断。如"胡"作为名词，在普通话或其他方言中基本上都以子尾或相当于子尾的形式存在，因此可以大致判定"胡"在浚县方言里是零形式变韵。再比如在浚县方言里"秃"作形容词和作名词的形式相同，而同样情况的"小、尖、瞎、瘸"却用基本韵和子变韵来区分形容词和名词的功能，因此也可以类推出，"秃"作名词时是零形式变韵。

由于"子"与词根的结合面不同，普通话及其他方言的子尾词或相当于子尾的词在范围、数量上又有差异。浚县方言的子变韵也不完全和普通话或其他方言中的子尾词或相当于子尾的词对等。从浚县方言本身来看，子变韵具有普遍性，没有周遍性，可以基本类推，不能任意类推。如上边所列举的［au］韵词，在普通话中都可以用子尾构词，而在浚县方言中不能用子变韵任意类推。

在语流中有些变韵受前后成分韵母的影响发生了变化，应属于语流音变现象，不影响子变韵与基本韵的对应规律。如："榆钱"的"钱"基本韵是［ian］，子变韵应该是［iæ］，但受前边"榆"韵母的影响发生同化作用，"榆钱$^z$"说成［y$^{42}$tɕ'yæ$^{213}$］。"蝇拍"的"拍"基本韵是［ɛ］，子变韵应该是［ɛu］，受前边"蝇"韵母的影响也发生同化作用，"拍"先变为［iɛ］韵，然后再变韵，"蝇拍$^z$"说成［iəŋ$^{42}$p'i:au$^{24}$］这类子变韵我们在归类时，把它们归入同化后的类别。

第三，变韵后可以与其他语素、词或短语组成双音节、多音节词，位置不局限于词尾。如：

嘴片$^z$　　桌$^z$腿　　挖耳勺$^z$　　面条$^z$棵$^z$　　茄$^z$籽$^z$　　豆瓣儿酱$^z$

瓦渣$^z$　　筷$^z$笼　　绑腿带$^z$　　瓜子$^z$皮$^z$　　椅$^z$垫儿　　玉蜀黍穗$^z$

"面条$^z$棵$^z$""瓜子$^z$皮$^z$""茄$^z$籽$^z$"是两个子变韵的组合，"面条$^z$棵$^z$"相当于"面条子·棵子"，"瓜子$^z$皮$^z$"相当于"瓜子子·皮子"，"茄$^z$籽$^z$"相当于"茄子·籽子"。显然，这种组合在普通话中是没有的。"豆瓣儿酱$^z$""椅$^z$垫儿"是子变韵和儿化韵的组合，"豆瓣儿酱$^z$"相当于"豆瓣儿酱子"，"椅$^z$垫儿"相当于"椅子垫儿"。

#### 2.2.2.2　子变韵的语法功能

子变韵不独浚县方言有，河南的获嘉、济源、郑州、开封（贺巍

1981；1982；周庆生 1987；王森 1998；刘冬冰 1997）、山西的阳城、晋城、陵川、和顺（侯精一 1985；乔全生 1995）等地也有。在讲到子变韵的语法功能时，学界公认的是"构词、名词化或改变词性"等。我们认为这些都是具体的体现，子变韵的语法功能概括起来主要是"名词化标记"。实际上普通话和其他方言中的子尾或相当于子尾的成分也主要是名词化标记，如山西方言的"子"（乔全生 1995）、安阳方言的"的"（王芳 2000）、广州方言的"仔"（李新魁等 1995）等，其主要功能都是黏附在别的成分之后，使其被黏附的成分变成名词。

关于汉语虚成分的黏附对象施其生先生在《论广州方言虚成分的分类》（1995a）、《论汕头方言中的"重叠"》（1997a）、《汕头方言量词和数量词的小称》（1997b）等文章中有过论述，认为汉语的虚成分跟印欧语的形态不同，印欧语的形态是依附于词的，只在词的层面上发生形态变化。汉语的虚成分不仅仅限于词的层面，有一些虚成分既可以黏附在语素上，也可以黏附在词、短语甚至整个句子上，给被黏附成分添加某种语法意义或改变被黏附成分的语法功能。普通话或方言中的"子""的""仔"等我们一般称为词缀或语缀，而实际上方言中有许多词缀或语缀同某些虚词功能一样，是黏附性的虚成分，不仅可以黏附在语素和词上，也可以黏附在短语上。浚县方言的子变韵形式上不独立，表面上看就像印欧语中词的形态变化，只在词的层面上活动。但实际上子变韵是子尾或相当于子尾的成分与前一语言成分的合音形式（王福堂 1999），其活动范围是多层面的，既可以黏附在语素和词上，也可以黏附在短语上。

（一）语素的层面

有一部分名词只以变韵的形式存在，即有一部分语素不变韵不能单说，按传统的说法变韵在这里起构词的作用。从变韵的活动范围来说，这里可以理解为变韵是在语素的层面上活动，即变韵黏附在语素上，改变了语素的语法功能，使语素变为名词。如：

桌$^z$　椅$^z$　骡$^z$　胰$^z$　箱$^z$　鼻$^z$
筐$^z$　筷$^z$　茄$^z$　馃$^z$　虱$^z$　脖$^z$

"桌、椅、骡、胰、箱、鼻、筐、筷、茄、馃、虱、脖"在浚县方言中不能单说，它们只是构词的语素，这些语素变韵之后成为可以单说的名词，能够自由地进入句子，因此可以说，变韵在这里是一种构词手段，是构成名词的标记。

（二）词的层面

有一部分动词、形容词也可以发生子变韵，变韵后成为名词。按传统的说法变韵在这里具有名词化的作用。从变韵的活动范围来看，这里的变韵是在词的层面上活动，即变韵黏附在动词、形容词上，改变了动词、形容词的语法功能。换句话说变韵在这里是名词化标记。如：

动词→名词：

铲 → 铲$^z$ 铲子　　　　　刷 → 刷$^z$ 刷子

夹 → 夹$^z$ 夹子　　　　　钻 → 钻$^z$ 钻子

舀 → 舀$^z$ 舀水用的大勺子　　锉 → 锉$^z$ 锉刀

剪 → 剪$^z$ 剪子　　　　　包 → 包$^z$ 包子

拐 → 拐$^z$ 拐子　　　　　盖 → 盖$^z$ 盖子

挑 → 挑$^z$ 挑子　　　　　卷 → 卷$^z$ 花卷儿，菜卷儿

辫 → 辫$^z$ 辫子　　　　　锯 → 锯$^0$ 锯子

形容词→名词：

小 → 小$^z$ 儿子　　　　　瞎 → 瞎$^z$ 瞎子

秃 → 秃$^0$ 秃子　　　　　憨 → 憨$^z$ 傻子

尖 → 尖$^z$ 有尖儿的东西的顶端　　瘸 → 瘸$^z$ 瘸子

□□ [ɣɛ$^{24}$ ·naŋ] 脏 → □□$^z$ [ɣɛ$^{24}$ ·næŋ] 垃圾

（三）短语的层面

有的动宾短语也可以发生子变韵，变韵后成为名词。按传统的说法这里的变韵也具有名词化的作用。从变韵的活动范围来看，这里的变韵是在短语的层面上活动的，即变韵黏附在动宾短语上，改变了动宾短语的功能，使动宾短语变成名词。这里的子变韵与在词的层面上活动的子变韵相同，也是名词化标记。如：

动宾短语→名词：

骑车 → 骑车$^z$ 自行车　　　塌鼻 → 塌鼻$^z$ 塌鼻子

转椅 → 转椅$^z$ 可以转动的椅子　背锅 → 背锅$^z$ 罗锅

推刀 → 推刀$^z$ 剃头的刀子　　烂眼 → 烂眼$^z$ 害眼病的人

有些结构不加子变韵不能自由运用，也无法分析。如："毛克、汗

袢、圪料眼、捻捻转"等在浚县方言中都不能自由运用,加上子变韵之后也不能分析为"毛+克$^Z$、汗+袢$^Z$、圪料+眼$^Z$、捻捻+转$^Z$"偏正结构,而是一个普通名词。"毛克$^Z$"是指硬币,"汗袢$^Z$"是指夏天穿的衬衣,"圪料眼$^Z$"是指有眨眼睛毛病的人,"捻捻转$^Z$"是指能转动的玩具。显然这些结构都是短语形式,子变韵是加在整个结构上的。

还有一部分数量短语也可以发生子变韵,变韵后语法性质和功能都没发生改变。这跟量词本身的来源、性质有关。量词是事物的计量单位,汉语的许多量词都是"由普通名词演变而成的,并且它们的语法意义就是由它们的本来意义引申的",① 现代汉语或方言中有很多名词都可以充当临时量词,因此可以认为量词的子变韵是名词化标记的引申用法。如:

A:一摞$^Z$　一道$^Z$　一趟$^Z$　一件$^Z$　一下$^Z$　一滴$^Z$
B:一桌$^Z$　一盘$^Z$　一篮$^Z$　一箱$^Z$　一车$^Z$　一脖$^Z$

A组中的量词是真量词,这一组短语变韵之后的"量$^Z$"不能单独存在,必须跟数词结合,因此我们认为这里的子变韵是黏附在整个数量短语上的。B组的量词是由名词充当的临时量词,变韵之后可以分析为"一+量$^Z$"和"一量+$^Z$"两种结构,二者意义不同。前者表示计量,数词可以任意替换,如可以说"两桌$^Z$、三桌$^Z$、十桌$^Z$"等,"桌$^Z$"单独存在是名词。后者表示量足或量满,数词只能是"一"。如"一桌$^Z$"是指满满一桌子。显然,后者的子变韵是黏附在整个数量短语上的。

### 2.2.2.3　子变韵的语法意义

浚县方言的子变韵一般表示一类事物的统称,没有小称义,小称是由儿化韵表示的。子变韵也不表大,表大时要前加"大","小"一般不与子变韵组合。如:

大桌$^Z$　大妮$^Z$　大篮$^Z$　大憨$^Z$
*小桌$^Z$　*小妮$^Z$　*小蓝$^Z$　*小憨$^Z$

儿化韵表小称,前边可以再加"小",从组合方面说,"小"一般只能跟儿化韵结合,这种情况与上边的"大"一般只跟子变韵结合形成了一种对立。如:

---

① 引自王力《汉语史稿》(1980:238)。

小桌儿　小帽儿　小刀儿　小鸡儿　小妮儿<sub>小女孩儿</sub>　小小儿<sub>小儿子</sub>
大桌$^z$　大帽$^z$　大刀$^z$　大鸡$^z$　大妮$^z$<sub>大女儿</sub>　大小$^z$<sub>大儿子</sub>

有些方言中的子尾词跟普通话中的儿化词相对应，可以指小，可以表示亲昵、喜爱的感情色彩。如冷水江方言的"仔"尾词（谢元春 2002）。有些方言中的子尾词带有一定的感情色彩，跟儿化韵形成了一种对立。如山西临汾、万荣方言的一些子尾词带有明显的厌恶、不喜爱的感情色彩（乔全生 1995；吴建生 1997）。浚县方言的儿化韵也有亲昵、喜爱的感情色彩，但在这方面子变韵不与儿化韵形成对立，即子变韵不带感情色彩，与普通话的子尾词相当。

### 2.2.3　子变韵、儿化韵与基本韵

子变韵、儿化韵都是基本韵变来的，它们具有不同的语法功能和语法意义，但在表达上子变韵、儿化韵、基本韵常成鼎立之势，三者有互补关系。不过这种互补关系是不平衡的，即一个词有时只有基本韵形式，有时只有子变韵形式（包括零形式），有时只有儿化韵形式，有时是两种并存，有时是三种并存，它们或在意义上构成互补，或在功能上构成互补。如"老婆"在浚县方言里有子变韵和儿化韵两种形式，它们在意义上互补，"老婆$^z$"表示妻子，"老婆儿"表示老太太。"一把"在浚县方言里是子变韵、儿化韵和基本韵三种并存，它们也是在意义上构成互补，"一把$^z$"表示成捆、成束东西的量，"一把儿"表示比较小的捆或束，"一把"表示一手抓起的数量。"卷"在浚县方言里也是三种形式并存，它们在功能和意义上都构成了互补，"卷$^z$"是名词，是指花卷儿、菜卷儿，"卷儿"是量词，用于计量成卷儿的东西，"卷"是动词，意思是把东西弯转裹成圆筒形。下面再列举一些例子（"——"表示缺项，即浚县方言里没有此形式）：

| 子变韵 | 儿化韵 | 基本韵 |
|---|---|---|
| 老头$^0$<sub>丈夫</sub> | 老头儿<sub>年老的男子</sub> | —— |
| 当院$^z$<sub>院子</sub> | 当院儿<sub>院子小称</sub> | —— |
| 鞋底$^z$<sub>做鞋的底子</sub> | 鞋底儿<sub>鞋子底下</sub> | —— |
| —— | 水儿<sub>稀的汁</sub> | 水 $H_2O$ |
| —— | 心儿<sub>中央的部分</sub> | 心<sub>心脏</sub> |

| | | |
|---|---|---|
| 镊ᶻ镊子 | —— | 镊动词 |
| 月ᶻ坐月子 | —— | 月年月 |
| —— | 胆儿胆子 | —— |
| —— | 本儿本子 | —— |
| 蝎ᶻ蝎子 | —— | —— |
| 鳌ᶻ鳌子 | —— | —— |
| —— | —— | 豹豹子 |
| —— | —— | 杯杯子 |
| 李ᶻ李子 | 李儿姓的小称 | 李姓 |
| 包ᶻ包子 | 包儿饺子 | 包动词 |
| 盖ᶻ盖子 | 盖儿小盖子 | 盖动词 |
| 剪ᶻ剪子 | 剪儿剪子小称 | 剪动词 |
| 里ᶻ衣服里子 | 里儿里子小称 | 里长度单位 |

每种形式的存在都有这种形式本身不同于其他形式的意义或功能，浚县方言的子变韵、儿化韵和基本韵并存时，分别表示不同的语法意义，有不同的功能。如果其中一种或两种不存在时，相当于普通话或其他方言的子尾词就会由其他的存在形式来承担，这种不平衡的互补关系正是语言表达和语言交流的需要，也是一种方言系统本身具有自足性的体现。

从性质上说，基本韵是方言固有的语音系统，是较稳定的一种音系格局，方言区内的所有有声言语都毫不例外地纳入这一格局，并有规律地随这一格局本身的演变而演变。从表达功上看，基本韵既属于语音层面，又属于语法层面。而子变韵和儿化韵是从基本韵系统变来的，虽也形成了一定的系统，但方言区内这一应用领域里的所有成员并不一定都能纳入这一系统，不能周遍类推。就是说子变韵和儿化韵只属于语法层面，我们只能根据语言实际列举，或根据对应规律基本类推子变韵和儿化韵的全体成员，而不能完全根据对应关系类推全体成员。

### 2.2.4 子变韵的来源

子变韵是"词根+词缀"合音形成的音变，但合音前的词缀到底是不是"子"，研究者一直比较谨慎。由于子变韵功能比较明确、意义比较实在，涉及的范围也较为有限，因此其合音前的词缀比较容易推测。对此有较为深入研究的王洪君倾向于子变韵的词缀就是"子"，但是她研究了自山西中部方言到河南中部方言的子变韵（语音）形式，认为"从语音上看，是'~子'似也说得通，但演化链没有接上"，①"根据目前的材料，我们只能说 Z 变韵很可能是'子'的合音，但也没有十分的把握。"② 王福堂先生在《汉语语音的演变和层次》（1999：135）一书中则比较确定地认为"和儿化韵相同，子变韵也是由合音这一语流音变造成的变韵，特点是'子'尾和前一语素二者共存于一个音节之中"，并详细论证了子变韵的合音方式和演变过程。

子变韵主要分布在山西的中部、南部，河南的北部和中部地区，其中表现较为突出、与基本韵对应较为复杂的子变韵主要集中在山西的南部和河南的北部。据王福堂先生（1999）分析，这些子变韵中子尾和前一语素的合音方式可以分为三种：拼合型、融合型和长音型。拼合型的子变韵表现为子尾和前一语素的韵母合成子变韵后，子尾处在韵尾位置，可以在语音上和韵腹元音区别开来，像山西闻喜方言的"杯 [pi$^{31}$] ＋子 [·u] →杯$^Z$ [piːəu]"。融合型的子变韵表现为子尾和前一语素的韵母合音后成为另一种形式的韵母，子尾在其中已经无法辨认出来，像河南获嘉方言的"豆芽 [tou$^{13}$ ia$^{31}$] →豆芽$^Z$ [tou$^{13}$ iɔ$^{31}$]"。长音型的子变韵表现为子尾音节的声韵调都已经消失，但音长保留下来并融入前一语素音节，生成了一个长音节的子变韵，有的还伴随有声调的改变，像山西临猗方言的"领 [liŋ$^{53}$] →领$^Z$ [liːŋ$^{553}$]"。

实际上，上述三种子变韵合音类型常常在一种方言中同时出现，只有一种类型的方言很少见到，这就使得我们能从各个方言的变韵系统中基本辨认出合音前子尾的大致情形。浚县方言中有拼合型子变韵，如"铁丝 [tʼiɛ$^{24}$ sʅ$^{24}$] →铁丝$^Z$ [tʼiɛ$^{24}$ sʅau$^{24}$]"，融合型子变韵，如"篮 [lan$^{42}$] →篮$^Z$ [læ$^{42}$]"，长音型子变韵，如"茄 [tɕʼiɛ$^{42}$] →茄$^Z$ [tɕʼiːau$^{42}$]"。就整个变韵系统来看，除原带鼻韵尾 [n]、[ŋ] 的基本韵外，其他基本韵变韵之后几乎都有一个 [u] 韵尾，这可以说明浚县

---

① 转引自陈鹏飞《豫北晋语语音演变研究》（2003 年南开大学博士学位论文：97）。
② 转引自陈鹏飞《豫北晋语语音演变研究》（2003 年南开大学博士学位论文：97）。

方言子变韵合音前"子"缀的韵母可能是［u］或者是与［u］相关的语音形式，这种情况与王福堂先生的分析正好相符。王先生（1999）认为"子变韵的语音形式和'子'尾本身的音值直接相关"，并根据目前'子'尾的音值、子变韵的音值以及子变韵的合音方式归纳出原"子"缀的类型，即 u 类和 ə 类。浚县及其周边地区的方言事实也支持这种分析，请看下面的调查材料：

|  | 胡子 | 桌子 | 柿子 | 鼻子 | 筷子 | 箱子 |
|---|---|---|---|---|---|---|
| 安阳 | xu³¹ ·təʔ | tʃuəʔ³ ·təʔ | ʃʅ²¹³ ·təʔ | piʔ³ ·təʔ | k'uai²¹³ ·təʔ | ɕiaŋ⁵⁵ ·təʔ |
| 汤阴 | xu⁴² ·ʈɛʔ | tsuəʔ³ ·ʈɛʔ | sʅ²¹³ ·ʈɛʔ | pi⁴² ·ʈɛʔ | k'uai²¹³ ·ʈɛʔ | ɕiaŋ³⁴ ·ʈɛʔ |
| 鹤壁 | xu⁴² ·təʔ | tʂuəʔ³ ·təʔ | ʂʅ²¹³ ·təʔ | pi⁴² ·təʔ | k'uai²¹³ ·təʔ | ɕiaŋ³⁴ ·təʔ |
| 卫辉 | xu⁴² ·təʔ | tsuəʔ³ ·təʔ | sʅ²¹³ ·təʔ | pi⁴² ·təʔ | k'uai²¹³ ·təʔ | ɕiaŋ⁴⁴ ·təʔ |
| 内黄 | xu⁴² ·ʈɛ | tsuə²⁴ ·ʈɛ | sʅ³¹² ·ʈɛ | pi⁴² ·ʈɛ | k'uai³¹² ·ʈɛ | ɕiaŋ²⁴ ·ʈɛ |
| 濮阳 | xu⁴² ·ʈɛ | tʂuə²⁴ ·ʈɛ | ʂʅ³¹² ·ʈɛ | pi⁴² ·ʈɛ | k'uai³¹² ·ʈɛ | ɕiaŋ²⁴ ·ʈɛ |
| 淇县 | xu⁴² | tʂuau²⁴ | ʂʅːəu²¹³ | piəu⁴² | k'ɛu²¹³ | ɕiaŋ²⁴ |
| 浚县 | xu⁴² | tʂuau²⁴ | ʂʅau²¹³ | piːau⁴² | k'uɛu²¹³ | ɕiæŋ²⁴ |
| 滑县 | xu⁴² | tʂuau²⁴ | ʂʅuəu²¹³ | piəu⁴² | k'ɛu²¹³ | ɕiæŋ²⁴ |
| 延津 | xu⁴² | tʂuau³⁴ | ʂʅəu²¹³ | piəu⁴² | k'ɛu²¹³ | ɕiaŋ³⁴ |

以上的子尾和子变韵的分布情况显示，位于浚县西部、北部和东部的安阳、汤阴、鹤壁、卫辉、内黄、濮阳方言中还保留子尾，"子"的读音属于 ə 类。从淇县往南的四县即淇县、浚县、滑县、延津，子尾已经与前一音节合音。合音的特点是除鼻韵尾外，其他的子变韵韵尾都是［u］，属于 u 类。

假设浚县方言的子变韵合进去的就是［u］，那么结合子变韵的合音方式，前面所讲到的零形式变韵就能得到比较合理的解释。子变韵中的零形式变韵共 15 个，即［u、y、uɛ、ɿə、ou、iou、ən、in、uən、yən、əŋ、iəŋ、uəŋ、yəŋ、ər］，其中［ɿə、ɿə］因方言区内以之为基本韵的相当于子尾的词还未见到，无法推测其是否为真正的零形式变韵，这里暂且不予讨论。其余的 13 个零形式变韵我们按照韵尾的情况分成四组，一组是［u、ou、iou］，称为 u 组；一组是［ən、in、uən、yən］，称为 n 组；一组是［əŋ、iəŋ、uəŋ、yəŋ］，称为 ŋ 组；一组是［ər］，称为 ər 组。它们的合音过程大致可以推测如下：

u 组 + u → uu → u: → u
n 组 + u → n:u → n: → n
ŋ 组 + u → ŋ:u → ŋ: → ŋ
ər 组 + u → ər:u → ər: → ər

以上的合音过程从音理上也讲得通，u 组与 [u] 合音显然是因相邻的两个音素发音相同而产生叠置，而后合二为一了。n 组、ŋ 组和 ər 组的韵尾在发音音理上跟 [u] 完全不相容，因此，[u] 很容易丢失，只在韵尾保持一个长音音段，但汉语音节的音长格局很容易使位于音节后的长音脱落，最后形成了子变韵形式正好与基本韵形式相同的局面。

然而，合音前"子"缀读音为 u 类的结果与浚县方言目前"子 [tsɿ²¹³]"的读音有一定的距离。如何解释这种差距呢？我们分析最有可能的原因是语音本身变化的不平衡性，就是说浚县方言的基本韵和子变韵在变化速度上可能不同。某些基本韵中的语音形式在生成子变韵之后发生过变化，换一个角度说，就是某些基本韵生成子变韵的语音形式不同于目前。那么韵母读为 [u] 或与 [u] 相关的语音形式可能是早期的，子变韵生成之后没有基本韵变化得快。

那么，要从浚县方言本身来推测或寻找它的早期形式存在一定的困难，但我们可以从周边其他方言或历史上的人口变迁中寻找一些线索。

我们将有子变韵的方言进行了对比发现，u 类子尾合音而成的子变韵在山西和河南都有分布，如山西的临猗、阳城、闻喜、运城，① 河南的获嘉、济源、长垣、郑州、开封、浚县、淇县、延津、滑县②等，但跟 u 类子尾合音的基本韵较早的语音形式却只分布在山西，而且目前"子"尾仍读 [u] 或与 [u] 相关的方言只在山西还有，如临猗读 [·təu]，运城读 [·tou]，闻喜读 [·u]。因此可以推测，由 u 类子尾合音而成的子变韵最初发生在山西，然后扩散到了河南。③

---

① 山西的材料请参看王福堂《汉语语音的演变和层次》，侯精一《现代晋语的研究》以及乔全生《晋方言语法研究》。

② 河南的材料请参看贺巍《获嘉方言研究》《济源方言说略》，王森《郑州荥阳（广武）方言的变韵》，以及刘冬冰《开封方言说略》。其他材料是据笔者调查分析所得。

③ 关于子变韵的合音词缀问题，本书稿保留了 2006 年版《浚县方言语法研究》的论证。经过十多年的研究考察，这个问题我们有新的认识。新的认识请参看辛永芬、庄会彬发表在《中国语文》2019 年第 5 期的《汉语方言 Z 变音的类型分布及历史流变》一文。

历史上的人口变迁为这一推测提供了有力的证据。元朝末年，中原地区饱受战争之苦，再加上赋税、徭役、天灾、瘟疫等，使得中原人口大减，曾有"十去七八"之说。明朝初年，政府为了巩固统治，采取了大规模的移民措施。据《明史》《明太祖实录》等记载，仅洪武年间政府组织的移民就有9次，其中洪武二十年八月"迁山西泽、潞二州民之无田者，往彰德、真定、临清、归德、太康等闲旷之地"（《明太祖实录》卷193）。同年同月"徙山西泽、潞民无业者垦河南、北田"。洪武二十二年（1389）11月又迁沁州民至河南彰德、卫辉、怀庆、归德，山东临清、东昌等地（《明太祖实录》卷197）。永乐年间再迁山西民到北京或直隶诸府。① 泽、潞二州就是现在山西东南晋城、长治一带，彰德、卫辉、怀庆、归德在现在的豫北和商丘一带。明初的这种大规模的人口迁移改变了原豫北地区的人口结构，随之而来的山西移民也将山西方言带入了豫北地区，并向南影响到了河南的中部方言，子变韵应该是在这个时期扩散到河南的。经历了六百多年的发展和演变，目前豫北地区的方言仍然跟山西方言有着千丝万缕的联系。在这个过程中，河南中部的大部分方言虽也保留了山西方言的某些特点，但已经沿着另外的路线演变成了中原官话，在声、韵、调等系统方面跟山西方言有了较大的距离。浚县因处于明初人口迁移的中心地带，子变韵较稳固地流传下来。但目前浚县方言也已经演变成中原官话，子变韵系统虽跟基本韵系统保持着一定的对应关系，但其发展演变的速度已与基本韵系统不在同一个水平上了。因此，子变韵中的[u]韵尾是早期山西方言的遗留应该比较可信。

## 2.3　D变韵

D变韵最初叫地名变韵，也是在豫北的一些方言中被发现的，即一些小地名总是以变韵的形式存在在方言口语中。如：

获嘉：毛[mau³¹] → 毛ᴰ[mɔ³¹] 庄儿

---

① 关于明初人口迁徙的材料多是浚县原档案局局长栗松岭先生提供的。除了历史记载，栗先生还深入浚县所属的各个乡村，查家谱、看墓碑、做拓片，以翔实的材料证明了浚县移民中95%都来自山西洪洞。

田 [tʻian³¹] → 田ᴰ [tʻiã³¹] 楼儿
荥阳：蔡 [tsʻai³¹] → 蔡ᴰ [tsʻɛ³¹] 寨儿
陈 [tʂʻən³³] → 陈ᴰ [tʂʻɛ³³] 庄儿
浚县：赵 [tʂau²¹³] → 赵ᴰ [tʂo²¹³] 庄儿
张 [tʂaŋ²⁴] → 张ᴰ [tʂæŋ²⁴] 庄

但随后研究者发现这种类似的变韵不仅用于地名，在动词、形容词、介词和副词中也大量存在，所以将这种变韵统称为 D 变韵。到目前为止，对 D 变韵有较为详细报道和研究的有贺巍的《获嘉方言研究》(1989)、赵清治的《长葛方言的动词变韵》(1998)、王森的《郑州荥阳（广武）方言的变韵》(1998)、辛永芬的《河南浚县方言的动词变韵》(2006)。

D 变韵跟子变韵一样，也从基本韵那里变来，与基本韵有着整齐的对应关系，但 D 变韵的活动范围以及所表示的语法意义与子变韵大不相同。子变韵只涉及名词、量词、动词、形容词或一些短语，是词法层面的名词标记成分，有的子变韵伴随有感情色彩。D 变韵涉及的范围主要有动词、形容词、介词、副词和地名词，其中地名词变韵是语体的问题，只在人们的称呼语中使用，既不涉及词法也不涉及句法。介词变韵和副词变韵不具有普遍性，它们是其源头词即动词或形容词在虚化过程中所遗留下来的痕迹，有时候只表现为一种句法强制性，不表示一定的语法意义。动词变韵和形容词变韵比较复杂，其语法意义和语法功能是句法层面上的，可以表示体意义、格意义、程度义和祈使语气等。本节打算对浚县方言的动词变韵和形容词变韵做详细的考察和分析，并对 D 变韵的来源进行探讨。

### 2.3.1　动词变韵

在实际语言运用中动词通过变韵以表示某种语法意义，这是河南许多地方方言的一大特色。已经报道过的有获嘉方言、荥阳方言、长葛方言等，《浚县志》中的"方言"部分，把这种变韵当作基本韵的一种。为了进一步了解和研究浚县方言动词的变韵现象，笔者做了较为详细的调查，发现浚县方言动词的变韵跟获嘉、荥阳、长葛等地不尽相同，有自己的变韵特点。

### 2.3.1.1 变韵的形式

浚县方言的动词变韵是由基本韵而来的。基本韵有42个，其中13个遇动词没有变韵现象，分别是 [a ia ua ɛ iɛ uɛ yɛ ə uə yə ɻə ʮə ɚ]，29个遇动词有变韵现象。无变韵现象的韵母和有变韵现象的韵母经过重新整合形成了一个独立的变韵系统，即由原来的42个变成25个，系统趋于简化。变韵系统及其与基本韵的对应关系如下（括号内是所对应的基本韵）：

| ɻə (ɻ) | | | | |
|---|---|---|---|---|
| ʮə (ʮ ʮə) | | ʮ̩ə (ʮ̩ ʮ̩ə) | | |
| a (a) | ia (ia) | ua (ua) | | |
| ə (ə) | | uə (u uə) | yə (yə) | ɚ (ɚ) |
| o (au ou əŋ) | io (iau iou iəŋ) | uo (uəŋ) | yo (yəŋ) | |
| ɛ (ɛ ai ei ən) | iɛ (i iɛ in) | uɛ (uɛ uai uei uən) | yɛ (y yɛ yən) | |
| æ (an) | iæ (ian) | uæ (uan) | yæ (yan) | |
| æŋ (aŋ) | iæŋ (iaŋ) | uæŋ (uaŋ) | | |

说明：

[ɻə ʮə ʮ̩ə] 中 [ə] 的音值为 [ə]，只是一个韵尾；[uo] 变韵对应基本韵 [uəŋ] 时，[u] 只是一个流音，严式标音应是 [ᵘo]，[yo] 的实际音值是 [yᵘo]。

这个变韵系统除了结合面较窄的 [ɻə、ʮə、ʮ̩ə] 三韵，还比较整齐。变韵之后，韵头都没有发生改变，韵腹和韵尾有些发生了改变，ŋ 尾只在 [aŋ iaŋ uaŋ] 的变韵中有保留，其他 n、ŋ 尾韵都变成了阴声韵。

浚县方言的大多数动词都有变韵现象，具有变韵意义的动词，有的变成基本韵系统里没有的韵母，如 [ɻə o io uo yo æ iæ uæ yæ æŋ iæŋ uæŋ]；有的变成基本韵系统里已有的另一个韵母，如 [ʮ] 变 [ʮə]、[ai ei ən] 变 [ɛ]、[i in] 变 [iɛ]、[uai uei uən] 变 [uɛ]、[y yən] 变 [yɛ] 等；还有的和原韵母相同（即形式上没有变化），如 [a ia ua ɛ iɛ uɛ yɛ ə uə yə ɻə ʮə ɚ] 等，后者我们视为零形式变韵。从韵母系统看，属于变韵系统的韵母，有的不见于基本韵系统（上面所说第一类），有的是基本韵系统里也有的（上面所说第二、第三类）。第三类韵母，即零形式变韵，虽然形式与基本韵相同，但当其具有与变韵相同的语法意义时，我们认为这一部分韵母也是一种变韵，只不过变韵形式正好与原韵母形式相同。也就是说，变韵是由基本韵变来的，不同的基本韵变化形式不同，有的变化形式与原形式相同，有的变化形式与原形式不同，零形式变韵属于前者。从系统的观点来看，基本韵和变韵各自都是一个完整的系统，是各司其职的，只不过有些韵母的语音形式正好是基本韵系统和变韵系统所共有的。

### 2.3.1.2 变韵的语法意义

浚县方言动词的变韵系统，与基本韵系统各成体系，有变韵现象的动词，用基本韵系统的韵母和用变韵系统的韵母，在语法意义和功能上经常有对立。（动词变韵我们采用贺巍先生①的表示法用上标"D"来表示，零形式变韵用上标"0"表示，基本韵不标注以示区别）。请看下面的例子：

A：买一斤盐 mai$^{55}$i$^{24}$tɕin$^{24}$ian$^{42}$　　　A'：买$^D$一斤盐 mɛ$^{55}$i$^{24}$tɕin$^{24}$ian$^{42}$
　　给他点儿钱 kei$^{55}$ t'a$^{55}$ tior$^{213}$ tɕ'ian$^{42}$　　给$^D$他点儿钱 kɛ$^{55}$ t'a$^{55}$ tior$^{213}$ tɕ'ian$^{42}$
　　洗洗衣裳 ɕi$^{55}$·ɕi i$^{24}$·ʂaŋ　　　　　　　　洗$^D$洗$^D$衣裳 ɕiɛ$^{55}$·ɕiɛ i$^{24}$·ʂaŋ

B：他骑车儿嘞 t'a$^{55}$ tɕ'i$^{42}$ tʂ'ər$^{24}$·lɛ　B'：他骑$^D$车儿嘞 t'a$^{55}$ tɕ'iɛ$^{42}$ tʂ'ər$^{24}$·lɛ
　　桌$^Z$上放书嘞 tʂuau$^{24}$·ʂaŋ faŋ$^{213}$　　　桌$^Z$上放$^D$书嘞 tʂuau$^{24}$·ʂaŋ fæŋ$^{213}$
　　ʂʅ$^{24}$·lɛ　　　　　　　　　　　　　　　　ʂʅ$^{24}$·lɛ
　　俩人睡一个床 lia$^{55}$ zən$^{42}$ ʂei$^{213}$　　　俩人睡$^D$一个床 lia$^{55}$ zən$^{42}$ ʂɛ$^{213}$
　　i$^{42}$·kətʂ'uaŋ$^{42}$　　　　　　　　　　　　i$^{42}$·kətʂ'uaŋ$^{42}$

C：—　　　　　　　　　　　　　　　C'：书放$^D$桌$^Z$上了 ʂʅ$^{24}$ fæŋ$^{213}$
　　　　　　　　　　　　　　　　　　　　tʂuau$^{24}$·ʂaŋ·lə
　　—　　　　　　　　　　　　　　　　弄$^D$他送$^D$火车站了 no$^{213}$ t'a$^{55}$ suo$^{213}$
　　　　　　　　　　　　　　　　　　　　xuə$^{55}$ tʂ'ʅ$^{24}$ tʂan$^{213}$·lə
　　　　　　　　　　　　　　　　　　　会改$^D$明个了 xuei$^{213}$ kɛ$^{55}$ mɛ$^{42}$
　　　　　　　　　　　　　　　　　　　·kə·lə

A组和B组动词用基本韵，A'组和B'组动词用变韵，它们所表示

---

① 这种标注法是贺巍先生在《获嘉方言韵母变化的功用举例》（1965）中第一次使用的，但与贺先生不同的是，贺先生不分零形式变韵和基本韵，把二者都标注成"0"，我们是把零形式变韵标注为"0"，基本韵不标注以示区别。

的意义不同。A 组表示动作行为还未发生或未实现，A'组表示动作行为已完成或已实现；如"买一斤盐"是说要去买盐或准备去买盐，而"买$^D$一斤盐"是说买了一斤盐。"给他点儿钱"是祈使，还未给，而"给$^D$他点儿钱"是说给了他一点儿钱。"洗洗衣裳"是要洗衣裳还未洗，而"洗$^D$洗$^D$衣裳"是说洗了洗衣裳。B 组表示动作行为将要发生但还未发生，B'组表示动作行为已发生并处于持续状态。如："他骑车儿嘞"是说他要骑车，而"他骑$^D$车儿嘞"是说他骑着车呢。"桌$^Z$上放书嘞"是说桌子上是准备放书呢，而"桌$^Z$上放$^D$书嘞"是说桌子上放着书呢。"俩人睡一个床"是两个人要睡一张床，而"俩人睡$^D$一个床"是说两个人睡着一张床。C 组没有相应的本韵句，C'组句子表达的不是动作行为本身在时间进程中的情貌状况，而是动作行为达到的处所或时间，动词变韵后跟处所词语或时间词语，变韵相当于普通话的"在""到"。如"书放$^D$桌$^Z$上了"是说书放在桌子上了。"弄$^D$他送$^D$火车站了"是说把他送到火车站了。"会改$^D$明个了"是说会议改到明天了。

浚县方言的动词变韵可以概括为三大意义，即"完成体标记""持续体标记""终点格标记"。

（一）完成体标记

表示动作的完成或变化的实现，是完成体标记，大致相当于普通话动词或形容词后的"了$_1$"，① 但跟"了$_1$"在用法上有差异。

动词带非处所宾语，宾语前或后有数量短语，跟普通话"了$_1$"相同。如：

（1）他吃$^D$一碗饭。他吃了一碗饭。

（2）她妈给她买$^D$件儿衣裳。她妈给她买了件衣服。

（3）俺去$^D$两趟$^Z$北京了。我去了两趟北京了。

（4）小军拽$^D$我一下儿。小军拽了我一下儿。

（5）老师病$^D$三天。老师病了三天。

---

① "了$_1$"和"了$_2$"在普通话里形式相同，"了$_1$"是动态助词，只出现在动词或形容词后，表示动作完成或变化实现。"了$_2$"只出现在句尾，表示所述情况的实现，一般语法书视为语气词，本书将其归入实现体助词（见本书 5.1.1.5 "实现体助词"）。

（6）俺姐饿⁰一天了。我姐姐饿了一天了。

（7）他爷爷死ᴰ三年了。他爷爷死了三年了。

（8）那间房都塌⁰两年了。那间房都塌了两年了。

差不多所有的动词都可以进入这个句式。例（1）～（4）用的是动作动词，变韵之后句子表示动作完成及完成的量。例（5）、例（6）是状态动词，变韵之后句子表示状态实现及持续的量。例（7）、例（8）是瞬间动词，变韵之后句子表示动作完成及完成后到说话时的量。其中例（1）～（6）可以与句尾的"了［·lə］"（相当于普通话的"了$_2$"）共现，例（7）、例（8）必须与句尾的"了"共现。

动词带宾语，宾语前没有数量短语或其他成分时，普通话中可用可不用"了$_1$"的地方，浚县方言一定要用动词变韵，同时句尾要用"了"。如：

（9）考试改ᴰ时间了。考试改（了）时间了。

（10）屋里关ᴰ灯了。屋里关（了）灯了。

（11）他都娶ᴰ媳妇儿了。他已经娶（了）媳妇了。

（12）他俩离ᴰ婚了。他俩离（了）婚了。

浚县方言句尾的"了"是句子层面上的虚成分，与普通话中的"了$_2$"相当，表示"情况的实现"（施其生 1996e），同时也有足句的作用。例（9）～（12）句尾没有"了"，句子不能成立。

动词重叠表示动作完成时，浚县方言两个都要变韵，普通话不能说"V了V了"。如：

（13）我试ᴰ试ᴰ这件儿衣裳。我试了试这件衣服。

（14）小红往上捋ᴰ捋ᴰ袖。小红往上捋了捋袖子。

（15）他给米里嘞［·lɛ］虫拣ᴰ拣ᴰ。他把米里的虫拣了拣。

（16）那个篮ᶻ我㧟ᴰ㧟ᴰ，冇［mau²⁴］㧟动。那个篮子我㧟了㧟，没㧟动。

动词带结果补语时，有两种情况。一种是变韵发生在补语上，与普通话"了$_1$"对应；另一种是变韵发生在动词上，常跟句尾的"了"共现，与普通话的"了$_1$"不对应。后一种动结式的补语一般只有"走""上"等有［＋位移］义的动词充当。如：

（17）他摔烂ᴰ一个碗。他摔烂了一个碗。

（18）队里病死ᴰ一个牛。队里病死了一头牛。

（19）□□^Z [ɣɛ²⁴·næŋ] 叫他扫^D走了。垃圾被他扫走了。

（20）你嘞名儿报^D上了 [liau⁵⁵] 了。你的名字已经报上了。

这种情况从另一个角度也说明，在浚县方言中，同是动补结构，"摔死"类跟"扫走"类动补之间结合的紧密程度不同。前者结合得紧，很像一个短语词，后者结合得松，跟下文的动趋式情况相同。

动趋式中，趋向补语为简单的"来""去"或复合趋向补语及其合音形式时，变韵发生在动词上，趋向补语不能放在宾语后。这种情况与普通话不同，普通话的"了₁"用在趋向补语后，趋向补语还可以放在宾语后。如：

（21）我带^D来一箱^Z苹果。我带来了一箱苹果/我带了一箱苹果来。

（22）他弄^D大衣捎^D去了。他把大衣捎去了。

（23）俺妹从书包儿里拿^0出^H [·tʂ'ᶙai] "出来"的合音俩铅笔。我妹妹从书包里拿出来了两支铅笔/我妹妹从书包里拿出了两支铅笔来。

（24）我扔^D上去一块儿砖头。我扔上去了一块儿砖头/我扔了一块儿砖头上去。

动词带复合趋向补语"回来""回去"时不发生变韵，就是说动词变韵跟复合趋向补语"回来""回去"相排斥。如：

（25）*俺妈弄^D钱又取^D回来了。

（26）*他弄^D洋车儿骑^D回去了。

在动词连用的句式中，V₁、V₂（V 包括动补式）都发生变韵时，表示两个动作都完成了或变化都实现了，如果 V₁ 变韵 V₂ 不变韵，只表示 V₁ 完成或实现，V₂ 未完成或未实现。普通话中表示两个动作都完成或变化都实现时，V₁ 后往往不加"了₁"。如：

（27）洪波上^D街买^D点儿东西。洪波上街买了点儿东西。

（28）我留^D他住几天。我留他住几天。

（29）俺叔请^D俺吃^D顿饭。我叔请我吃了一顿饭。

（30）我吃完^D饭再去看电影。我吃完了饭再去看电影。

动词变韵还可以用在祈使句中，肯定式祈使句表示请求、命令或嘱咐别人完成或实现某种动作或行为，否定式祈使句表示请求、命令或嘱咐别人不要完成或实现某种动作或行为，这里的变韵与普通话的"了₁"不太对应。如：

（31）今儿个得干活，吃饱^D点儿。今天得干活，吃饱一点儿。

(32) 这件儿衣裳洗干净$^D$再穿。这件儿衣服洗干净了再穿。

(33) 外头太冷，白［pɛ$^{42}$］冻$^D$孩$^Z$。外边太冷，别冻了孩子。

(34) 你快点儿走吧，白叫他瞧见$^D$。你快点儿走吧，别让他看见了。

(35) 留点儿地张儿，白填满$^D$。留一点儿地方，别填满了。

在祈使句中，动词变韵可以出现在句尾，如例（34）、例（35），对译成普通话是"了$_1$"。但普通话中"了$_1$"跟"了$_2$"是同形的，当"了$_1$"位于句尾时，不容易跟"了$_2$"相区别。这种情况我们透过浚县方言来观察，会看得很清楚。

普通话中的"了$_1$"和"了$_2$"在句尾相遇时常常叠置在一起，既表示动作的完成又表示情况的实现。浚县方言的动词变韵是黏附在动词上与动词结合为一个整体的，当在句尾与"了"相遇时，变韵不能发生。但变韵所表示的语法意义并没有消失，句尾的"了"承担了变韵的功能，这个"了"就像普通话的"了$_{1+2}$"。如：

(36) a. 他弄$^D$苹果吃了。他把苹果吃了$_{1+2}$。

　　　b. *他弄$^D$苹果吃$^D$了。

(37) a. 那封信他撕了。那封信他撕了$_{1+2}$。

　　　b. *那封信他撕$^D$了。

浚县方言中并没有"了$_1$"，这种情况为我们透露了两个信息：一是这个表示动作完成或变化实现的动词变韵可能是由跟句尾"了"相同的形式变来的；二是这个成分跟句尾的"了"合并在前，变韵发生在后。

从汉语方言的发展史来看，浚县方言动词后表示完成或实现的成分原本也是一个独立的音节，假如这个音节是 X，这个 X 就会有两个分布，一是句中动词后，其后边还有其他成分；二是动词后，其后没有其他成分，跟句尾的"了"相遇。如：

　　a. 他洗 X 衣裳了。　　　　b. 衣裳他洗 X 了。

a 式 b 式演变的结果是：

　　a. 他洗$^D$衣裳了。　　　　b. 衣裳他洗了。

显然 a 式中的 X 跟动词合在了一起，使动词产生了变韵，b 式中的 X 跟"了"合并了。通常能合并在一起的是相同的形式，因此可以推测，X 跟"了"合并时与"了"形式相同，并且合并发生在前，变韵发生在后。如果相反，B 式应该是动词变韵跟"了"并存。

（二）持续体标记

表示状态持续的动词变韵有三种情况：

第一，动词变韵跟句尾的嘞［·lɛ］（相当于普通话的"呢"）结合，或变韵前面有"在（音［kai²¹³⁻²¹］，有时弱化为［·kɛ］或［·kei]）＋处所词"等表示处所义的词语，变韵的意义大体相当于普通话的"着"，但只表示状态持续，不表示进行。例如"听、炒"之类的动词变韵之后并不像普通话的"听着、炒着"是表示动作进行的，而是表示"听、炒"等所形成的一种状态的持续。一些不能产生状态的动词如瞬间动词"来、死、忘"等则不能以变韵形式进入此句式。如：

(38) 衣裳在柜里放ᴅ嘞。衣服在柜子里放着呢。

(39) 小波头上戴ᴅ帽ᶻ嘞。小波头上戴着帽子呢。

(40) 这一片儿他哥管ᴅ嘞。这一片他哥哥管着呢。

(41) 那盘儿录音带他听ᴅ嘞。

(42) 菜在锅里炒ᴅ嘞。

例（41）、例（42）中所述的情况与普通话略有不同，"听、炒"是动作动词，对译成普通话的后加"着"是表示动作的进行（动作本身的持续），而浚县方言的动词变韵是把动作本身的持续作为一种状态来强调的，如例（41）的"听ᴅ嘞"并不是说"他正在听"，而是"听"的状态在持续；例（42）中的"炒ᴅ嘞"不是"正在炒"，而是"炒"的状态在持续。这两句无法用准确的普通话句子来对译，能进行这种变韵的动词比较少。

"处所 + VP + NP"是普通话典型的存现句，但在浚县方言中，动词如果用基本韵，不能表示存现，只表示一种将然的情况。而作为存现句，动词一定要用变韵。如：

(43) a. 墙上贴画儿嘞。墙上是要贴画儿呢。
　　　b. 墙上贴⁰画儿嘞。墙上贴着画儿呢。

(44) a. 煤火上蒸馍嘞。煤火上是要蒸馒头呢。
　　　b. 煤火上蒸ᴅ馍嘞。煤火上蒸着馒头呢。

(45) a. 坑里养鱼嘞。坑里是要养鱼呢。
　　　b. 坑里养ᴅ鱼嘞。坑里养着鱼呢。

上例中的 a 类句不是存现句，只表示一种将要发生的情况，b 类句才跟普通话的存现句相对应，"NP"是无定的。如果"NP"是有定的，则要转换成 c 类句"NP + 在 + 处所 + $V^D$ + 嘞"：

(43) c. 画儿在墙上贴⁰嘞。画儿在墙上贴着呢。
(44) c. 馍在煤火上蒸$^D$嘞。馒头在煤火上蒸着呢。
(45) c. 鱼在坑里养$^D$嘞。鱼在坑里养着呢。

第二，动词变韵后与表示弱处所义的"那儿［·nar］"搭配使用，表示动作行为完成以后所形成的一种结果性状态的持续，句尾一般要有相当于普通话"了₂"的"了"。如：

(46) 肉切⁰那儿了。肉切好放在那儿了。
(47) 俺妈都捞$^D$那儿面条儿了，甭［piəŋ⁴²］走了。我妈把面条都捞好放在那儿了，别走了。
(48) 他立$^D$那儿了。他立到那儿了。
(49) 他家人少，地都荒$^D$那儿了。他家人少，田都荒在那儿了。

例(46)~(49)中的"那儿"与普通话中的"那儿"不太对等，首先从语义上讲浚县方言这里的"那儿"已基本没有处所义，它跟动词变韵一起表示动作完成以后所形成的结果性状态的持续；从语音上讲，读音发生了弱化，读为轻声；从句法位置上讲，浚县方言的"那儿"直接用在动词变韵后，有较强的黏附性，可以跟变韵一起看作已基本虚化的体标记。普通话中的"那儿"处所义较为显著，与动词之间一般要用"在"或"到"来连接。

第三，在连动句中，$V_1$变韵也表示状态的持续，并常在句式义的制约下，作为$V_2$的伴随状态或动作方式与连动式后半部产生关系，大致相当于普通话中类似情况下的"着"。如：

(50) 他爸带$^D$他走了。他爸带着他走了。
(51) 他仰$^D$脸儿睡$^D$嘞。他仰着脸睡着呢。
(52) 他俩关$^D$灯说话儿嘞。他俩关着灯在说话呢。
(53) 她穿$^D$裙儿跑$^D$来了。她穿着裙子跑来了。
(54) 他姐管$^D$他吃嘞。他姐姐管着他吃呢。

（三）表示动作行为达到的终止点，是终点格①标记

普通话和许多别的方言表示动作行为的终止点时，是在动词后通过"在"或"到"与终点词语相联系。浚县方言表达这一意义时，是用"V$^D$+处所词语或时间词语"，且变韵为必要条件。变韵后的处所词语或时间词语，表示动作行为所达到的处所或时间，从格意义来说，动作行为所达到的处所或时间我们称为"终点格"，而变韵就是这种终点格的标记，大致相当于普通话动词后的"在""到"，但与"在""到"性质不同。浚县方言中相当于"在""到"类词的成分已经完全虚化，只以变韵的形式与动词融为一体，而普通话中的"在""到"还带有结果性补语的性质，与后边的处所词语联系更为紧密。

"终点格"与"完成体""持续体"不同，"完成体"和"持续体"是指动作行为在时间层面上的进程状况，属于"体"范畴，是动作本身的情貌。"终点格"是指跟动作行为动态结果相关的处所或时间，即动作行为所达到的终止点，不是动作本身的情貌，时态上可以是已然的，也可以是未然的。如：

（55）那个人死$^D$屋里了。那个人死在屋里了。

（56）脑油都渍$^D$衣裳里了。脑油都渍到衣服里了。

（57）他腿一软，跪$^D$地$^H$［tiɛ²¹³］"地下"的合音了。他腿一软，跪在地上了。

（58）洋车儿挪$^D$一边儿吧。自行车挪到别处吧。

（59）他指$^D$哪儿咱走$^D$哪儿。他指到哪儿我们走到哪儿。

（60）他嘞好儿定$^D$下个月了。他的婚事定在下个月了。

普通话中的处置句，也是一种表示动作行为结果的句式，如果处置的结果是使受事达到某一处所时，浚县方言可以用动词变韵将受事置于动词之后，动词变韵是终点格标记，但动词后的受事成分受到一定的限制，只能是代词或复指前面名词成分的代词。如：

（61）再闹人都关$^D$他黑屋里。再闹人就把他关到黑屋里去。

---

① "终点格"在"格"语法中是指"表示由动词确定的动作作用到的事物的终点或发生位置变化过程中的终端位置"。这一点请参看俞如珍、金顺德编著《当代西方语法理论》（1994：262）。

（62）我送ᴅ她招待所儿了。我把她送到招待所了。

（63）那个猫我拴ᴅ它桌ᶻ腿上了。那只猫我把它拴在桌子腿儿上了。

"终点格"句式的否定形式，是"Vᴅ + 不 + 处所词语或时间词语"，否定词"不"放在动词变韵和处所词语或时间词语中间，表示动作行为没达到预期的终止点，与普通话相应形式不同。如：

（64）东西放ᴅ不顶上。东西放不到顶上去。

（65）他太胖，跍蹲ᴅ［ku²⁴tsuɛ⁵⁵］不那儿。他太胖，蹲不下去。

（66）药灌ᴅ不他嘴里。药灌不到他嘴里去。

（67）这活儿到ᴅ不六点斗［·tou］干完了。这活儿到不了六点就干完了。

连动句中，如果 V₁ 带处所词语或时间词语，也要变韵。如：

（68）提ᴅ街上去卖了。提到街上去卖了。

（69）电视搬ᴅ俺家看ᴅ几天。电视搬到我家看了几天。

（70）我到ᴅ外头走走。我到外边走一走/*我到到外边走一走。

（71）等ᴅ天黑再走吧。等到天黑再走吧。

例（70）中的"到"也一定要变韵，但普通话中没有相应的"到到"。就是说浚县方言的这种动词变韵已发育成纯标记形式了。

（四）兼表完成和持续

在"NP + V + 数量短语 + O"或存现句中，当 V 是状态动词时，变韵既可以理解为完成或实现，也可以理解为状态持续。

状态动词所表示的动作一经完成或实现就转化为一种状态，可以说这种情况的完成和持续是一个连续体，无法截然分开。因此和普通话中的"了₁""着"有时候相通一样，浚县方言的动词变韵有一部分句子在表达上也是介于完成与持续之间的。如：

（72）他搬ᴅ一个椅ᶻ。他搬了一把椅子/他搬着一把椅子。

（73）小英骑ᴅ一辆洋车儿。小英骑了一辆自行车/小英骑着一辆自行车。

（74）他担ᴅ一挑ᶻ水。他担了一担水/他担着一担水。

（75）仨人盖ᴅ一条盖的。三个人盖了一条被子/三个人盖着一条被子。

（76）桌ᶻ上放ᴅ本儿书。桌子上放了一本儿书/桌子上放着一本书。

（77）门口儿站ᴅ俩人。门口站了两个人/门口站着两个人。

（78）车里坐⁰仨外国人。车子里坐了三个外国人/车子里坐着三个外国人。

### 2.3.1.3 与其他动词变韵的比较

动词的变韵现象在豫北的晋语区、中原官话区有较广的分布，但对动词变韵现象的调查和报道还很不够。我们看到的材料较为详细的有获嘉方言、荥阳方言、长葛方言等。获嘉方言属于晋语，荥阳方言、长葛方言属于中原官话。

跟这些方言相比，浚县方言的动词变韵具有自己的特点，但从总体上看，各地的动词变韵性质相同。从变韵的形式来看，它们都是由基本韵变来的，与基本韵系统都有整齐的对应关系。变韵的趋势都是简化，变韵使韵尾的格局变化最大。从变韵的语法意义来看，大致相当于普通话的"了₁""着""在""到"等虚成分。

相同点固然反映了这些方言之间相同的渊源关系，但探讨不同点能让我们从本质上认识和了解方言发展演变的具体历程。比如变韵系统中韵尾的格局，属于晋语的获嘉方言跟属于中原官话的浚县、荥阳、长葛方言有很大不同。获嘉方言保留了喉塞音韵尾，其他 n、ŋ 尾韵都变成了鼻化韵。浚县方言是在 [aŋ iaŋ uaŋ] 的变韵中保留了 ŋ 尾，其他 n、ŋ 尾韵都变成了阴声韵。荥阳方言、长葛方言没有保留阳声韵，n、ŋ 尾韵全都变成了阴声韵。这种不同至少让我们了解到各地方言的变韵对韵尾的不同影响，进一步挖掘有可能会找到最初的源头及发生的时间。再比如变韵在句法中的分布情况，属于晋语的获嘉方言分布最广，可以出现在 27 种句式（贺巍 1989）当中，浚县方言、荥阳方言次之，长葛方言的分布面最窄。这种情况说明变韵现象有一个强势的中心地带，随地理位置的推移而逐渐弱化。

关于动词变韵具体的分布区域、各方言点变韵系统的面貌、变韵所涉及的句式多寡、变韵所表示的语法意义以及变韵的演变趋势等，还有赖于更多的研究者进行挖掘和探讨。

### 2.3.2 形容词变韵

#### 2.3.2.1 变韵的形式

浚县方言的形容词变韵也是由基本韵而来的，变韵形式跟动词变韵相同，42 个基本韵中有 29 个都可以发生变韵，有 13 个不发生变韵。形容词变韵与基本韵的对应关系如下（括号内是所对应的基本韵）：

| ɿə (ɿ) | | | | |
|---|---|---|---|---|
| ʅə (ʅ ʅə) | | | ʮə (ʮ ʮə) | |
| a (a) | ia (ia) | ua (ua) | | |
| ə (ə) | | uə (u uə) | yə (yə) | ɚ (ɚr) |
| o (au ou əŋ) | io (iau iou ieŋ) | uo (uəŋ) | yo (yəŋ) | |
| ɛ (ɛ ai ei ən) | iɛ (i iɛ in) | uɛ (uɛ uai uei uən) | yɛ (y yɛ yən) | |
| æ (an) | iæ (ian) | uæ (uan) | yæ (yan) | |
| æŋ (aŋ) | iæŋ (iaŋ) | uæŋ (uaŋ) | | |

跟动词变韵相同，这个系统中的［a ia ua ɛ iɛ uɛ yɛ ə uə yə ɿə ʮə ɚ］形式上没有发生变化，或说跟基本韵形式相同，但当这些韵母用来表示形容词变韵所表示的语法意义时，应该视为零形式变韵，在变韵系统中也占有一席之地。就是说，这部分韵母在形式上跟基本韵相同，在表达上既承担基本韵的功能，又能承担变韵的功能，应分别属于两个系统。

并不是所有的音节形式都有形容词相配，受方言区内常用形容词以及调查材料的限制，浚县方言中的［ɿə ʮə əu yə ɚ］五韵还没发现相配的形容词，但我们不能说没有，考虑到系统的完整性，这里在形容词的变韵系统中照原形式列出。

#### 2.3.2.2 变韵的语法意义

形容词又分性质形容词和状态形容词，浚县方言中可以发生变韵的只有性质形容词，状态形容词不发生变韵。

浚县方言用形容词变韵来表示一定的语法意义，具体可分为以下四种：

第一，相当于普通话形容词后的"了₁"，表示状况的实现，跟动词变韵的"完成体标记"具有同一性。

第二，相当于普通话形容词后的"在""到"，表示状况实现的终止点，是终点格标记，跟动词变韵中的"终点格标记"具有同一性。

第三，相当于普通话的"着呢"中的"着"，跟语气助词"嘞"合起来表示程度的夸张，变韵的同时伴随着音节的拉长。

第四，相当于普通话中"着点儿"中的"着"，是祈使语气的一种标记成分。

下面分别考察分析形容词变韵的四种语法意义。形容词变韵也用上标"D"表示，零形式变韵用上标"0"表示，基本韵不标注以示区别。"V"表示动词，"VP"表示动词短语，"A"表示形容词。

（一）表示状况的实现

这里所说的"状况的实现"相当于普通话形容词后"了$_1$"的功能，跟动词后"了$_1$"表示"动作的完成或变化的实现"的语法意义相同，我们把形容词表示的情况概括为"状况"，形容词后边的"了$_1$"就表示这种"状况"的实现。比如普通话说"他比王老师早了一个小时"，"早"的后边用"了$_1$"，表示"早一个小时"这种状况的实现。这个句子浚县方言说"他比$^D$王老师早$^D$一个钟头儿"，普通话用"了$_1$"的地方，浚县方言用形容词变韵表示。

表示状况实现的形容词变韵主要出现在以下三种格式当中：

格式一：A$^D$+数量词语

和动词的这一格式一样，形容词变韵后有表示数量义的词语时，变韵相当于普通话的"了$_1$"，"A$^D$+数量词语"表示"A+数量词语"这个状况已经实现。如：

(1) 屋里嘞灯亮$^D$半天了。屋里的灯亮了半天了。
(2) 这个表慢$^D$五分钟。这个表慢了五分钟。
(3) 一个月她胖$^D$恁些。一个月她胖了那么多。
(4) 那个县长贪$^D$可多。那个县长贪了很多。
(5) 这条路远$^D$一里地。这条路远了一里。
(6) 他奶苦$^D$一辈$^Z$［pi:au$^{213}$］。他奶奶苦了一辈子。
(7) 我嘞头晕$^D$一天。我的头晕了一天。

例（2）、例（5）也可以不用变韵，但表示的意思不一样。不用变韵是客观地描述"这个表慢五分钟""这条路远一里"，可以指未实现的状况，也可以指已实现的状况；用变韵只能表示目前已经实现的状况，因此例（1）、例（3）、例（4）、例（6）、例（7）必须用变韵，而下边句子里的形容词不能用变韵：

(8) 慢五分钟不中！慢五分钟不行！
(9) 再胖十斤都好看了。再胖十斤就好看了。

(10) 跟ᴰ他结婚得苦一辈ᶻ。跟他结婚得苦一辈子。

格式二：Aᴰ + VP

这个格式中的形容词变韵也相当于普通话中的"了₁"，强调"A"状况实现之后，才开始后一个动作行为"VP"。一般情况下，"Aᴰ + VP"多用在表未然事态的句子中。如：

(11) 饭凉ᴰ再吃吧。饭凉了再吃吧。

(12) 等ᴰ冷ᴰ再买那件儿大衣吧。等冷了再买那件大衣吧。

(13) 衣裳干ᴰ甭[piəŋ⁴²]忘ᴰ收ᴰ屋。衣服干了别忘了收到屋里。

(14) 人老ᴰ斗[tou²¹³]冇[mau²⁴]人待ᴰ见了。人老了就没有人喜欢了。

(15) 天晴ᴰ在①盖的[kai²¹³·ti]被子晒晒。天晴了把被子晒晒。

以上例句中的变韵实际上也可以理解成"等…的时候再 VP"的意思。在普通话里，"A 了₁ + VP"中的"了₁"也可以用"……的时候"替换，这表明"……的时候"也可以表示与"了₁"相同的语法意义，"A 的时候"是用词汇手段表示状况的实现。这个格式里的形容词变韵一般用于表示先后相承的两个事件中。

格式三：Aᴰ Aᴰ

形容词的重叠形式有些也可以发生变韵，变韵的意义相当于普通话的"了₁"，但句法表现跟普通话的"了₁"不同，普通话的"了₁"只用在重叠的两个形容词中间，浚县方言是重叠的两个形容词都要发生变韵。如：

(16) 在饭晾ᴰ晾ᴰ。把饭凉了凉。

(17) 屋里嘞灯亮ᴰ亮ᴰ又灭了。屋里的灯亮了亮又灭了。

(18) 给孩ᶻ暖ᴰ暖ᴰ盖的窝儿。给孩子暖了暖被窝儿。

(19) 在皮筋儿紧ᴰ紧ᴰ。把皮筋儿紧了紧。

这里的形容词实际上是一种使动用法，跟动词作用相当，意思是"使……变 A"，变韵表示这种"使……变 A"的状况已经实现。

以上三种表示状况实现的形容词变韵，跟相同句法环境中表示动作

---

① "在"音[kai²¹³]，是一个与处所介词同音的字，来源不明，作动词表示存在，作介词时常常弱读为[kei²¹]、[kɛ²¹]。既可以引进动词行为的处所，也可以引进处置受事。这里是引进处置的受事，相当于普通话的"把"，详见本书6.1介词部分。

完成或变化实现的动词变韵，即"完成体标记"具有同一性。

（二）表示状况实现的终止点，是终点格标记

这种意义的形容词变韵是黏着形式，后边一定要带处所词语，变韵相当于普通话的"在""到"，表示状况实现的终止点。这个意义跟动词变韵的"终点格标记"具有同一性。如"梨烂$^D$筐$^Z$里$^H$［·liou］'里头'的合音了"是说梨烂到筐子里了。

只有一部分具有弱动作性的形容词可以进入"$A^D$+处所词语"这一格式，如"烂、歪、斜、坏、碎、干、旱"等，请看下面的例子：

（20）头歪$^D$一边儿了。头歪到一边儿了。

（21）洋车儿坏$^D$路上了。自行车坏在路上了。

（22）那幅画儿斜$^0$哪儿了？那幅画儿斜到哪儿去了？

（23）苗$^Z$都旱$^D$地里$^H$了。庄稼都旱在地里了。

（24）骨头碎$^D$锅里$^H$了。骨头碎在锅里了。

（25）丝瓜都干$^D$架$^Z$上了。丝瓜都干在架子上了。

"烂、歪、斜、坏、碎、干、旱"都具有弱动作性，可以视为有向动词靠拢的倾向，因此变韵的功能跟动词一样。实际上现代汉语普通话或方言中，动词和形容词之间并没有截然的界限，中间总存在着过渡地带，处于过渡地带的词，它们在语法功能和意义上非常接近，甚至完全相同。因此当具有弱动作性的形容词处在和动词相同的句法环境中时，语法功能往往跟动词一致。

（三）表示程度的夸张

格式一：$A^D$+嘞

表示程度夸张的形容词变韵常常以"$A^D$+嘞"的格式位于句末。"$A^D$+嘞"在句中作谓语或补语，表示"A"的程度很高，带有明显的夸张意味。从跟普通话对译的角度看，形容词变韵相当于普通话的"着"，句尾的"嘞"相当于普通话的"呢"，比如："好$^D$嘞"可以对译成普通话的"好着呢"，但浚县方言里的"$A^D$+嘞"表示的夸张语气要比普通话里的"着呢"明显。

关于普通话中的"着呢"，不同的学者有不同的看法：

朱德熙《语法讲义》（1982：208）认为："'小着呢'不能分析为'小着/呢'，应该分析为'小/着呢'。'有意思着呢''听话着呢'里

的'着'在名词后头出现,可见这个'着'不是动词后缀。这种'着呢'应看成合成的语气词"。

赵元任《汉语口语语法》(1979:127,363)认为:"'着呐'是表示高度的助词,① 用在形容词和能受程度修饰的动词之后,例如'好着呐'。在动宾结构中,表进行的'着'放在动词之后,表高度的'着呐'放在宾语之后"。"着(着)(的)呐""表示高度,'非常非常'的意思。多用于驳回可能有的相反的肯定"。

吕叔湘《现代汉语八百词》(1996:595)指出:"着呢(助):'用在形容词或类似形容词的短语后,表示肯定某种性质或状态,略有夸张意味。多用于口语"。"'动+着+呢'表示动作持续,不同于助词'着呢'"。

三位语言学大家都认为应该区分表示动作持续的"着+呢"和语气助词的"……着呢",但对语气助词"……着呢"表示的意义看法不尽一致。

下面我们从浚县方言的语言实际出发考察浚县方言"$A^D$ + 嘞"的性质和意义。

浚县方言里也有一个表示持续义的"$V^D$ + 嘞",但跟"$A^D$ + 嘞"的情况不同,"$V^D$ + 嘞"中的变韵和"嘞"之间可以插入其他成分,如"他骑$^D$洋车儿嘞他骑着自行车呢","骑$^D$"和"嘞"之间可以插入宾语"洋车儿"。"$A^D$ + 嘞"中的变韵和"嘞"是一个黏着形式,单独的"$A^D$"和"嘞"都不能自由入句或入句之后的意义不同,"变韵 + 嘞"是作为一个整体附加在"A"上的,变韵和"嘞"之间不能插入其他任何成分。另外在实际运用当中,"$A^D$ + 嘞"有一个很明显的特点,即变韵的"$A^D$"总伴随着音节的拉长(双音节形容词表现为后一个音节的拉长),拉出的长度一般为半个音节,有时是一个音节,如果特别强调,还可以再稍加延伸。而表示持续义的"$V^D$ + 嘞"没有这个特点。浚县方言的这一语言事实为普通话中应该区分两个"着呢"提供了非常有力的支持。浚县方言形容词后的"变韵 + 嘞"跟普通话中的语气助词

---

① 赵元任先生所说的助词是指属于短语或句子的虚成分,跟属于词的后缀相区别,吕叔湘也称之为助词,朱德熙先生称之为语气词。为了跟动态助词区别开,我们采用学界公认的说法叫作语气助词。

"……着呢"性质相同。

在表义上,浚县方言的"A$^D$+嘞"相当于普通话的"非常 A + 夸张语气",差不多所有的性质形容词都可以进入这一格式。如:

(26) 他画嘞直$^D$嘞。他画得直着呢。

(27) 那个小刀儿利$^D$嘞。那个小刀儿锋利着呢。

(28) 他家嘞人赖$^D$嘞。他家的人赖着呢。

(29) 他写嘞快$^D$嘞。他写得快着呢。

(30) 教室扫嘞干净$^D$嘞。教室打扫得干净着呢。

(31) 那儿凉快$^D$嘞。那儿凉快着呢。

(32) 他们在一□儿[tʻuər⁴²]玩嘞高兴$^D$嘞。他们在一起玩得高兴着呢。

(33) 飞机场离他家远$^D$嘞。飞机场离他家远着呢。

(34) 大夫那药方儿灵验$^D$嘞。大夫的药方灵验着呢。

赵元任在《汉语口语语法》(1979:363)中曾经指出,北京话中表示高度的助词有一个较长的形式,即"……着着(的)呐",这个形式"不如简单的'……着呐'普通"。浚县方言的"A$^D$+嘞"格式总是伴随着音节的拉长,这种音节的拉长是否跟这种较长的形式有某种联系,值得探讨。

格式二:A + 嘞 + 很$^D$ + 嘞

讨论这个格式之前,要先搞清楚浚县方言"很"的意义和性质。

浚县方言的"很"有两个,一个是表示情状义的副词,只用在动词前作状语,记作"很$_1$",意思是"一直"或"一直不停地""老是""一个劲儿地",并隐含着说话者不满、责怪或劝诫等感情色彩。如:

(35) 你不能很吃。你不能一个劲儿地吃。

(36) 他都恁大了,白很吵他了。他已经那么大了,别老是训他了。

(37) 你不去,我都很在这儿等$^D$你。你不去,我就一直在这儿等你。

(38) 你很睡很睡,眼都睡肿了。你一直睡着不起来,眼睛都睡肿了。

"很$_1$"不能进入"A + 嘞 + 很$^D$ + 嘞"格式,能进入的是另一个表示程度义的"很",记作"很$_2$"。"很$_2$"在语义上跟普通话的程度副词"很"相同,但语法功能不一样。普通话的"很"可以用在形容词前作状语,也可以用在形容词后作补语,以作状语为常。浚县方言表示程度义的"很$_2$"不能用在形容词前作状语,没有"很+A"的表达形式,"很₂"只能放在形容词后作程度补语,形成"A+嘚+很"格式。准确地说,浚县方言的"很₂"是一个"唯补副词"。

"A+嘚+很"格式很不自由,一般只在含对比义的语境中出现。如:

(39) 这个红嘚轻,那个红嘚很。这个红得轻一点儿,那个红得很。

(40) 他嘚事儿比ᴰ□[iæ⁴²]多嘚很。他的事儿比别人的多得多。

"很₂"常常以变韵的形式构成"A+嘚+很ᴰ+嘚"格式,这是浚县方言中表达高程度义的一个非常活跃的格式,或说是"A+嘚+很"格式的再强调式。其中"很ᴰ+嘚"的性质同"Aᴰ+嘚",变韵的同时伴随着音节的拉长,拉出的长度跟强调的程度相关,可以是半个音节,也可以是一个音节或更长。如:

(41) 红嘚很ᴰ嘚。

(42) 老师说话声音小嘚很ᴰ嘚。

(43) 肚疼嘚很ᴰ嘚。

(44) 那个小孩儿费力嘚很ᴰ嘚。那个小孩儿非常非常爱捣乱。

(45) 外头乱嘚很ᴰ嘚。

(46) 他吃嘚多嘚很ᴰ嘚。

这个格式中的形容词不再发生变韵,形容词后边的"嘚"相当于普通话的补语标记"得",句尾的"嘚"相当于普通话的语气助词"呢","很ᴰ嘚"如果对译成普通话应该是"很着呢",但普通话中没有"A得很着呢"的说法,"A+嘚+很ᴰ+嘚"无法用普通话准确对译,只在大意上跟"非常非常A+夸张语气"对应。

"在普通话里,能用在'得很'前的形容词、动词不多"(吕叔湘 1996:235)。在浚县方言里,差不多所有的性质形容词以及能受程度副词修饰的动词或动词短语都能用在"嘚+很ᴰ+嘚"前边。性质形容词的例子如前,下面再举一些动词和动词短语的例子:

(47) 那个事儿我后悔嘚很ᴰ嘚。

(48) 他心里明白嘚很ᴰ嘚。

(49) 他能干嘚很ᴰ嘚。

(50) 局长家有钱嘚很ᴰ嘚。

(51) 他弟弟不懂规矩嘚很ᴰ嘚。

（四）表示祈使语气

浚县方言的形容词变韵还可以跟"些儿"或"点儿"构成"$A^D$ + 些儿/点儿"的格式，其中"些儿"和"点儿"语义相同，都表示程度量，二者可以自由替换，但以"些儿"为常用，变韵相当于普通话"A着点儿"中的"着"，是祈使语气的一种标记成分。在句法表现上"$A^D$ + 些儿/点儿"比普通话中的"A着点儿"活跃得多，普通话中的"A着点儿"可以单独构成祈使句，或在句中作谓语，很少作补语、状语，浚县方言的"$A^D$ + 些儿/点儿"既可以单独构成祈使句，也可以常在句中作谓语、补语或状语。如：

（52）慢$^D$些儿/点儿！慢着点儿！

（53）你慢$^D$些儿/点儿！你慢着点儿！

（54）你走嘞慢$^D$些儿/点儿。你走得慢（着）点儿。

（55）你慢$^D$些儿/点儿写，写那好$^D$些儿/点儿。你慢（着）点儿写，写得好点儿。

（56）你在脸洗净$^D$些儿/点儿。你把脸洗干净点儿。

（57）面和嘞硬$^D$些儿/点儿。面和得硬一点儿。

（58）高$^D$些儿/点儿亮堂。高一点儿亮堂。

（59）晚$^D$些儿/点儿睡起不来。晚点儿睡起不来。

例（54）、（55）对译成普通话可以不用"着"，例（56）、（57）对译成普通话常常不用"着"，但在浚县方言里，这些例句中的形容词都要发生变韵，语感上变韵句所表达的祈使语气比对译出的普通话要显著得多。例（58）、例（59）是虚拟句，在虚拟句中，祈使语气往往是间接的或隐性的。例（58）实际是说"高着点儿亮堂，请你高着点儿"，例（59）实际是说"晚点儿睡起不来，请不要晚点儿睡"。

关于普通话"A着点儿"中"着"的意义，赵元任、吕叔湘、朱德熙、刘月华等有过讨论，但多着眼于"A着"或"A着点儿"的整体用法，"着"本身的性质和意义较少论及。赵元任在《汉语口语语法》（1979：128）中指出："带'着'的形式又能用于命令句"。"形容词的例子：慢着！慢慢儿着！慢着点儿！"。朱德熙在《语法讲义》（1982：84）里说："形容词加'着'后头总跟着数量词充任的准宾语。例如：我比他大着十岁。慢着点写！"吕叔湘在《现代汉语八百词》

（1996：595）中谈道："动/形＋着＋点儿，用于命令、提醒等。"如"慢着点儿，别摔了！机灵着点儿！快着点儿！光圈小着点儿！"刘月华等在《实用现代汉语语法》（2001：394）中指出："着""用于祈使句，表示要求保持某种状态"。并举出了形容词的例子："稳着点儿！机灵着点儿！"以上各位学者都把形容词后的"着""着点儿"跟动词后的"着""着点儿"看成一个，把"着"放在动态助词里进行了讨论。

马庆株在《与"（一）点儿""差（一）点儿"相关的句法语义问题》（《汉语语义语法范畴问题》1998：107）中论述比较详细，认为"A着点儿"是一个跟吕叔湘（《释景德传灯录中在、著二助词》）看作"祈使之辞"的"著"（现代写作"着"）字相关的格式，并将这一格式同其他相近格式进行了对比。认为"可以后加'点儿/着点儿'构成祈使句的形容词是可控性质形容词，简称为可控形容词"，但"强可控形容词的单说形式并不一定表示祈使，后加'（一）点儿'表示祈使的可能性增加了，只有后加'着点儿'才形成总是表示祈使的格式"。从对比中的最小区别义来看，形容词后的这个"着"跟表示情况保持的动态助词"着"不同，或说这个"着"的虚化程度更高，已经成为语气助词，只表示一种祈使语气。

浚县方言的"$A^D$＋些儿/点儿"跟普通话的"A着点儿"一样，"A"只能是可控性质形容词。可控性质形容词后加"些儿/点儿"可以表示祈使，也可以表示陈述，而可控性质形容词变韵之后再加"些儿/点儿"，总是表示祈使。如：

| A | B |
|---|---|
| 宽些儿/点儿。 | 宽$^D$些儿/点儿！ |
| 衣裳宽些儿/点儿。 | 衣裳宽$^D$些儿/点儿！ |
| 衣裳做嘞宽些儿/点儿。 | 衣裳做嘞宽$^D$些儿/点儿！ |

A组中的"宽些儿/点儿"既可以理解为祈使语气，意思是"宽着点儿！"，也可以理解为陈述语气，意思是"宽了一点儿"。B组中的"宽$^D$些儿/点儿"只表示祈使语气，意思是"宽着点儿！"可见，"$A^D$＋些儿/点儿"格式中的"变韵"是祈使语气的一种标记成分。

值得注意的是，"A"后的"些儿/点儿"跟"$A^D$"后的"些儿/

点儿"语义值并不相同，前者可以换成"一点儿"（浚县方言没有"一些儿"的说法）而意义不变，可以认为"A 些儿/点儿"是"A 一点儿"的简省形式，但"$A^D$ + 些儿/点儿"绝对不能还原成"$A^D$ + 一点儿"。普通话中的"A 着点儿"也同样不能说成"A 着一点儿"，就是说"A 着点儿"不是"A 着一点儿"的简省形式。这种情况尚没有引起人们的关注，其中的原因值得进一步探讨。

"$A^D$ + 些儿/点儿"用在动词前作状语时，形容词方面受到一定的限制，只有"早、晚、快、慢、轻、狠、泄"等几个可以进入这个格式。如：

(60) 明个<sub>明天</sub>早<sup>D</sup>些儿/点儿起<sup>H</sup>。

(61) 黑家<sub>晚上</sub>晚<sup>D</sup>些儿/点儿睡。

(62) 你快<sup>D</sup>些儿/点儿说吧。

(63) 轻<sup>D</sup>些儿/点儿打他，甭打坏<sup>D</sup>他。

(64) 这一回狠<sup>D</sup>些儿/点儿说说他。

(65) 冰糕不能泄<sup>0</sup><sub>不停、不节制</sub>些儿吃。

"$A^D$ + 些儿/点儿"放在动词前作状语时也可以用在虚拟句中，如：

(66) 早<sup>D</sup>些儿/点儿起<sup>H</sup>好。

(67) 快<sup>D</sup>些儿/点儿说都不结<sub>结</sub>巴了。

(68) 慢<sup>D</sup>些儿/点儿写写不好。

(69) 轻<sup>D</sup>些儿/点儿打他不怕。

(70) 狠<sup>D</sup>些儿/点儿打也改不了。

(71) 泄<sup>0</sup>些儿吃光拉稀<sub>拉肚子</sub>。

浚县方言里，以上的虚拟句中实际上都包含着间接的祈使语气，是一种比较委婉的祈使表达方式。如例（66）实际是说"早点儿起好，你早点儿起吧！"例（67）实际是说"快点儿说就不结巴了，你就快点儿说吧！"同样，例（68）~（71）都隐含着表示劝诫、敦促、要求等后续意义。

### 2.3.2.3 形容词变韵的性质

浚县方言在语言表达形式上有一个强烈的倾向，即后置的表示语法意义的虚成分很容易跟其前面的被黏附成分合二为一，使被黏附成分产生变韵，如子变韵、儿化韵、动词变韵等。形容词变韵就是后置于形容词的表示体意义、格意义、程度义、祈使语气义的虚成分跟形容词合而为一的结果。从形式上看，形容词变韵跟动词变韵相同，但从它们所表示的语法意义来看，形容词变韵跟动词变韵有着不尽相同的来源，即使从形容词变韵本身的四种语法意义来看，其来源也不完全相同。关于变韵的语源问题，我们将在下文专做讨论。

形容词变韵是由合音而来的，从变韵系统与基本韵系统在语音形式和表达功能上的表现来看，基本韵既属于语音层面，也属于语法层面，而变韵只属于语法层面。就是说基本韵既是字、词和短语层面上的运用形式，又是句子层面上的运用形式，而形容词变韵在字、词和短语层面上是不存在的，只在进入句中才会发生。如果仅从共时平面上看，这种变韵近似于形态变韵，带有一定的强制性，即这种由合音而形成的对应规律和表达功能对新产生的词同样具有类推作用。

### 2.3.3 D 变韵的来源

对 D 变韵进行过报道的有贺巍的《获嘉方言研究》（1989）、赵清治的《长葛方言的动词变韵》（1998）、王森的《郑州荥阳（广武）方言的变韵》（1998）、辛永芬的《河南浚县方言的动词变韵》（2006），但对 D 变韵的来源进行过探讨的，只见到了陈鹏飞的《豫北晋语语音演变研究》（2003）一文。他从语法化的角度，由分析林州方言中"了"的意义虚化及其语音弱化过程入手，认为获嘉方言中的一部分动词变韵来源于"了"，是"了"的零形式。但指出"'了'的零形式并不是出现在'了'语法化的最后阶段（提示语气），而是出现在第二与第三阶段（体标记）。"[①] 陈鹏飞（2003）虽只探讨了动词变韵中的一部分来源，但这种探讨非常有意义，为我们进一步搞清楚 D 变韵的其他来源打开了思路。

要想完全搞清楚 D 变韵的来源，必须结合 D 变韵的语法功能和语法意义进行考察。从浚县方言的语言实际来看，D 变韵可以出现在动词、形容词、介词、副词和地名词当中，它的源头应该不止一个。从 D

---

① 见陈鹏飞《豫北晋语语音演变研究》（2003：111）。这里所讲的"了"的虚化链条或说语法化过程是"动作完毕—完成—事件实现（—提示语气）"。

变韵所表示的语法意义来看，主要有体意义、格意义、程度义和祈使语气义等，从理论上讲，它们应该来源不同，然而从各个不同的出发点发展演变成相同的语法形式，其间一定有一个共同的机制在起作用。因此我们不妨把眼界打开，结合其他方言具有相同功能和意义的情况，从共时分布、历时发展以及语法化过程等多个角度，对 D 变韵的发展演变进行深入考察。

我们的考察范围限于动词和形容词的变韵情况。因为介词、副词大多是从动词和形容词虚化而来，它们的变韵不具有独立的语法意义，只是源头词所遗留的痕迹。地名词变韵另有来源，只在变韵系统上与动词、形容词恰好同模。另外，地名词变韵只是语音层面上的音变，不涉及词法和句法问题，因此暂不列入本书考察范围。

先考察表示完成体意义的 D 变韵情况。表示完成体意义的 D 变韵总是位于动词（包括结合紧密的动结式）或形容词后，基本上与普通话中的"了$_1$"或其他方言中的相当于"了$_1$"的形式相对应。当我们把浚县方言及周边方言中具有同样功能和意义的形式放在一起时，一个从"了"到 D 变韵的渐变链条很清晰地出现在共时的地域分布上（因表示体意义的形式都是轻声，为了列表方便，一律省写，下文同。另外，各地的 D 变韵系统不完全相同，但性质一样，统一标为"D"）：

|        | 安阳 | 汤阴 | 鹤壁 | 卫辉 | 内黄① |
|--------|------|------|------|------|-------|
| 完成体 | læʔ/æ/næ/ŋaʔ/ŋa | ɜʔ/ɛ/ɜu/lɛŋ/ŋa | lɛʔ/a/e | ləʔ/D | o/ə/D |

|        | 濮阳 | 淇县 | 浚县 | 滑县 | 延津 |
|--------|------|------|------|------|------|
| 完成体 | lə/D | D    | D    | D    | D    |

施其生先生在《广州方言元音音位再探讨》（1990c）中说："地域上的音值分布好比一条条渐变的链条，某一地点的音系就是那些链条上某些环的横向集合。因此，当我们看不清某一点音系的格局时是不妨看

---

① 安阳、汤阴、鹤壁、卫辉、内黄、濮阳方言中所标出的多种形式并存实际上是"了"的一些弱化变体，变化的条件是其前面动词或形容词音节的尾韵，如安阳方言中 læʔ 一般用在 ɿ、a、ia、ua 等开尾韵的后边，næ 一般用在 n 尾韵的后边，ŋa、lɛŋ 用在 ŋ 尾韵的后边。汤阴的情况跟安阳大致相同，到了鹤壁、内黄变体越来越少。在内黄、濮阳和卫辉还出现了与 D 变韵并存并用的局面。

一眼邻近地区的情况的。"① 用这种眼光来看上面的分布情况，表示完成体意义的 D 变韵来源于"了"应该确凿无疑。我们同意陈鹏飞对表示完成体意义的 D 变韵来源进行考察之后所得出的结论，但不认为 D 变韵是"了"的零形式。零形式意味着"了"在语音上已经完全没有痕迹，包括对相邻的音节也失去了影响，其所表示的意义已经不能通过语音形式加以辨别。而事实上，D 变韵正是以语音形式的不同与基本韵构成了意义上的对立，是"了"在语音上对相邻音节施加影响的结果，因此不能说 D 变韵是"了"的零形式。我们从历史演变的角度来考虑，认为它是一种不同于印欧语的完成体音变形式。②

表示持续体意义、格意义、程度义及祈使语气义的语法形式，在浚县方言以及周边方言中的分布也显示出了一个渐变的链条（有的地方祈使语气用零形式表示，记作"零"），具体情况如下：

|  | 安阳 | 汤阴 | 鹤壁 | 濮阳 | 内黄 |
|---|---|---|---|---|---|
| 持续体： | tə? | tə? | tə? | tə | uə/o/D |
|  | 淇县 | 滑县 | 卫辉 | 浚县 | 延津 |
| 持续体： | tʂə?/D | tʂuə/D | D | D | D |
|  | 安阳 | 汤阴 | 鹤壁 | 濮阳 | 内黄 |
| 格意义： | aŋ | aŋ/iaŋ | lau | tau | tau |
|  | 淇县 | 滑县 | 卫辉 | 浚县 | 延津 |
| 格意义： | D | D | D | D | D |
|  | 安阳 | 汤阴 | 鹤壁 | 濮阳 | 内黄 |
| 程度义： | tə?lɛ | tə?li | tə?lə | təlɛ | uəlɛ/olɛ/əlɛ |
|  | 淇县 | 滑县 | 卫辉 | 浚县 | 延津 |
| 程度义： | tʂə?lɛ | tʂuəlɛ/Dlɛ | Dlɛ | Dlɛ | Dlɛ |
|  | 安阳 | 汤阴 | 鹤壁 | 濮阳 | 内黄 |
| 祈使语气义： | tə? | D/零 | 零 | lɛ/零 | 零 |
|  | 淇县 | 滑县 | 卫辉 | 浚县 | 延津 |

---

① 见施其生《广州方言元音音位再探讨》（《方言论稿》1996：29）。
② 江蓝生在《语法化程度的语音表现》（见《近代汉语探源》2000：165—166）一文中，将类似于 D 变韵的子变韵或子变调形式径直称为"屈折形态"，但汉语中的这种合音而来的语音变化与印欧语中的屈折形态有本质上的不同，因此这里还是称为音变。

祈使语气义：D/零　　　　D/零　　　　D/零　　　　D/零　　　　D/零

从以上的地域分布来看，表示持续体意义、程度义和祈使语气义的语法形式之间有密切的相承关系，表示格意义的形式则另有来源。前者与普通话中的"着"相对应，后者与普通话中的"在""到"相对应。关于普通话中这些成分的来源，赵元任（1979）、梅祖麟（1988）、太田辰夫（2003）、江蓝生（1994）、俞光中（1987）、曹广顺（1995）、徐丹（1994）、林焘（1962）、孙朝奋（1997）等都做过研究，对表示持续体意义的形式来源有比较一致的看法，认为它们都来自中古时期表示附着义的"著"。① 对表示格意义的语法形式则有不同的看法，一种认为跟表示持续体意义的"著"同源，之后被"在""到"替代（俞光中 1987；徐丹 1994）；另一种认为来源于表示附着义的"著"和表示完成义的"得"（江蓝生 2000）。

"语法化是个连续的渐变的过程，每个实词的虚化都有它们各自的诱因，各自的历程。观察一个实词虚化过程，大体可以通过考察这个实词由于句法位置、组合功能的变化而引起的词义变化；也可以反过来从某个实词意义的引申变化来考察它的句法位置、组合功能的改变，以及由此引起的词义的进一步变化等等。"② 从浚县方言及其周边方言的事实来看，尽管"著"在各地方言中的语音形式不尽相同，但可以看出它们都是"著"的轻声音变，或是受"著"影响的音变。表示持续体意义、程度义和祈使语气义的语法形式无疑都来源于"著"，它们是"著"在不同句法位置上的变体，其中程度义和祈使义是表示持续体意义的"著"进一步虚化，进而扩大结合范围并在形容词后以及句末等位置固定下来的两种引申意义。表示格意义的语法形式，在淇县、滑县、卫辉、浚县、延津等方言中是变韵形式，已经不容易辨认。但从其他方言的情况来推测，有三种可能：一是跟安阳、汤阴一样来自表示趋向义的"上"；③ 一是跟鹤壁、内黄、濮阳一样来自表示结果义的

---

① 江蓝生在《语法化程度的语音表现》（见《近代汉语探源》2000：157）中说："汉语持续体助词'著'由动词'著'（附着）虚化而来，这已成定论"。

② 参见江蓝生《近代汉语探源》（2000：157）。

③ 这种情况据笔者的同门师弟谷向伟调查分析，在这些方言中"上"的语法化程度很高，更多的时候表示完成义。

"到";还有一种情况,如果变韵发生的时期较早,就有可能是来自附着义的"著"或完成义的"得"。从浚县方言的实际来看,来自表示完成义的可能性更大,因为 D 变韵所表示的格意义是指跟动作行为动态结果相关的处所或时间,另外,安阳、汤阴的"上"也好,鹤壁、内黄、濮阳的"到"也好,都明显地含有结果义。

语法化往往伴随着语音的变化,由语法化的渐变过程而引起的音变也同样是一个渐变的过程。一般情况下,单点方言很难完整地保留着这一语音渐变过程,倒是相邻地区方言点在共时平面上的读音差异,可以较完整地显示这个过程。就浚县方言及其周边方言的语音事实,我们可以大致排列出 D 变韵三个源头的音变历程:

|   | 第一阶段 | 第二阶段 | 第三阶段 | 第四阶段 |
|---|---|---|---|---|
| 了 | lə?/læ/ɻɛ | næ/ɜu/æ/ua<br>ɐ/e/o/ə/ɜ | D | 零形式 |
| 著 | tə?/tʂə? | uɐ/o/ə<br>tʂuɐ/tə/ɻ | D | 零形式 |
| 上/到 | ʂaŋ/tau | iaŋ/aŋ/lau | D | 零形式 |

西方语言学家曾提出过语法化单向循环性原则,即一个成分虚化到极限后就跟实词融合在一起,自身变成了零形式。[①] 浚县方言及其周边方言的语言事实很好地印证了这一原则,即在"了""著""上""到"等语法化的第三阶段,它们与前面的实词都不约而同地融合在一起,成为相同的 D 变韵形式。在终极阶段,"著""上""到"等成分还完全变成了零形式。

显然,不同的语法成分发展演变成相同的语法形式,其内在的机制是语法化过程在起作用。从理论上说,多种语法意义采用同一种语法形式,会给表达带来混乱或某些纠葛,但由于这些相同的语法形式来自不同的语法意义,或是来自相同的语法意义在不同句法位置上的变体,它们各自拥有自己的句法分布范围和使用规则,即便是在同一种方言里,也可以通过它们在句法中的不同分布或结合范围加以区分。下面以浚县方言为例,将 D 变韵不同语法意义的句法分布列表如下:

---

① 转引自江蓝生《语法化程度的语音表现》,参见《近代汉语探源》(2000:163)。

表 2－1　　　　　　　　D 变韵句法分布一览表

| D 变韵 | 句法位置 | | | 共现成分 | | | |
|---|---|---|---|---|---|---|---|
| | 动词后 | 形容词后 | 处所词语前 | 在＋那儿 | 了 | 呢 | 些儿/点儿 |
| 完成义 | ＋ | （＋） | － | － | （＋） | － | － |
| 持续义 | ＋ | － | － | ＋ | － | ＋ | － |
| 终点格 | ＋ | （＋） | ＋ | － | （＋） | － | － |
| 程度义 | － | ＋ | － | － | － | ＋ | － |
| 祈使义 | － | ＋ | － | － | － | － | ＋ |

说明：" ＋ "表示必要条件，"（＋）"表示部分条件，" － "表示不出现的条件。

# 第 3 章　重叠

重叠是现代汉语及汉语各方言普遍而又广泛存在的一种语法现象，学界对汉语或汉语方言各种重叠现象的研究和分析也相当充分和深入，较有影响的有吕叔湘（1990）、朱德熙（1982）、王还（1963）、李人鉴（1964）、范方莲（1964）、赵元任（1979）、张静（1979）、刘月华（1983）、毛修敬（1985）、太田辰夫（2003）、郑良伟（1988）、刘丹青（1986，1988）、王希杰、华玉明（1991）、赵新（1993）、张先亮（1997）、石毓智（1996）、施其生（1997a）、张敏（1997）、李宇明（1998）、陈前瑞（2001）、陈立民（2005）[①]等，其中把重叠作为一种语法手段对方言中的各种重叠现象进行深入探讨的有刘丹青、施其生等。

刘丹青先生在《苏州方言重叠式研究》（1986）中谈道："重叠是一种抽象的语言手段，它跟具体语言单位的结合便产生一个新的形式。"施其生先生在《论汕头方言中的"重叠"》（1997a）中进一步指出："'重叠'作为一种语法手段，在汉语中普遍被用来构成各种重叠式。""如果我们把'重叠'看作语言成分的一种构成要素，那么，重叠式的构成就是'基式＋重叠'。"两位先生把重叠作为一种语法手段从具体的重叠式中抽象出来，并详细讨论分析了苏州方言、汕头方言中的各种重叠形式、重叠的语义特征和语法功能等。这种高屋建瓴的思路给了我们很大启发，用这种思路来考察浚县方言的重叠现象时，我们顿觉豁然开朗，对浚县方言的重叠有了更为清楚的认识。如果再扩大视野，把汉语各个方言中的重叠放在一起来看，我们不得不承认重叠作为一种语法

---

① 这里所列文献的年代只是笔者参考的文献版本年代，并非研究重叠的时间。

手段，具有极大的普遍性。不同的是各个方言重叠的范围、具体的重叠形式以及各重叠形式所表达的语法意义和附加的感情色彩等。

本章讨论浚县方言的重叠及相关生动形式。

把重叠看作一种语法手段，具体地说就是指重叠作为一种手段作用于一个语言成分并给这一语言成分添加了一定的语法意义，或改变了这一语言成分的语法功能，使得重叠前后的两个语言成分在语义特征或语法功能上有了不同的分工。重叠前的形式称为基式，重叠后的具体形式称为重叠式。本章打算从三个方面进行讨论：

①浚县方言的各种重叠。
②重叠的方式、语义功能和语法功能。
③其他生动形式。

## 3.1 各种重叠

这一节将从重叠的范围、具体的重叠形式、跟基式相比重叠式的语义特征和语法功能有何异同等方面考察浚县方言的重叠现象。

重叠的范围是指重叠可以作用于哪些语言成分，普通话和苏州方言的重叠涉及名词、动词、形容词、量词、拟声词、副词等，汕头方言的重叠涉及名词、动词、形容词、量词、拟声词、方位、名词短语、动词短语、数量短语等多种语言成分。浚县方言的"重叠"范围不及汕头方言广，跟普通话、苏州方言大致相同，涉及名词、量词、数量短语、动词、形容词、副词、拟声词等语言成分，其中形容词的重叠形式最为丰富和活跃。

### 3.1.1 名词重叠

普通话中的重叠式名词主要有亲属称谓，如"爷爷、奶奶、爸爸、妈妈、叔叔、姑姑"，亲属称谓以外的少数几个名词，如"娃娃、星星、宝宝"等。另外如"蝈蝈儿、蛐蛐儿、饽饽、猩猩"类重叠式名词中的"蝈、蛐、饽、猩"从来不在别的场合出现，本身没有意义，只是音节的重叠，不是语素的重叠。跟普通话相比，浚县方言中的亲属称谓一般都是单音节的，除儿童用语外不用重叠式，另有少数几个如

"娃娃、星星、蛐蛐儿、蛛蛛"等跟普通话性质相同。

有一种名词重叠式与普通话不同，基式为"A"，重叠式是"A 儿 A 儿"。如：

毛儿毛儿　格儿格儿　面儿面儿　条儿条儿　道儿道儿　圈儿圈儿
花儿花儿　点儿点儿　泡儿泡儿　丝儿丝儿　片儿片儿　块儿块儿

这种重叠普通话中很少见到，基式"A"中有些看似量词，如"条、道、圈、点、片、块"，实际上它们是以名词的性质重叠的，基式反映的是事物的形状概念，重叠之后语义特征中都包含有"A 状"的意思，表示事物在花色、形状等方面的特点。重叠式在句中可以作谓语、宾语、定语，作谓语时一定要加助词"嘞"，① 作宾语时可以不加"嘞"直接指代事物，作定语时不加助词"嘞"直接修饰限制名词。如：

（1）他买ᴅ个大衣，领是毛儿毛儿嘞。他买了个大衣，领子是毛毛领。
（2）萝卜切成丝儿丝儿（嘞）。萝卜切成丝状的。
（3）她穿ᴅ一个格儿格儿裙儿。她穿了一条格子裙。
（4）面儿面儿药是外用嘞。面儿药是外用的。
（5）道儿道儿裤显人瘦。道道状的裤子显得人瘦。

可进行这种重叠的名词虽然在语义上有限制，一般是表示形状、花色的名词，但重叠式的使用频率非常高，是浚县方言很有特色的重叠形式。

浚县方言还有一种名词重叠式，基式为"AB"，重叠式是"A A B 儿 B 儿"或"A 儿 A 儿 B 儿 B 儿"。基式大多不成词，常常是独立的两个名词，意义上相近。如"汤汤水儿水儿、沟沟坎儿坎儿、盆儿盆儿罐儿罐儿、边儿边儿沿儿沿儿"等，这种重叠式与普通话中相同成分的"AABB"重叠式性质相同，此不赘述。

---

① 浚县方言的"嘞"相当于普通话中的"的""地""得""呢"等多种成分，与重叠相关的"嘞"涉及朱德熙先生在《说"的"》（见《朱德熙文集》第 2 卷：95—130）所说"的₁""的₂"和"的₃"，即副词性语法单位的后附成分、形容词性语法单位的后附成分和名词性语法单位的后附成分。"嘞"的具体句法分布情况我们在第五章有详细的讨论，这里对"嘞"先不做区分，统称为助词。

### 3.1.2 量词、数量短语重叠

普通话中单音节量词可以重叠,重叠形式为"AA",重叠后表示遍指,句法功能和基式相比也很受限制。浚县方言中没有"AA"式量词重叠,只有少数几个可以加儿化重叠表遍指,如"家儿家儿、回儿回儿、年年儿、月月儿、天天儿"等。

浚县方言表示遍指意义的重叠形式为"一 A 一 A",有时基式中的量词不限于单音节,可以成"一 AB 一 AB"重叠,有些重叠式还伴随着儿化或子变韵。如:

(6) 他家那几$^H$ [tɕiɛ$^{55}$]"几个"的合音孩$^Z$一个一个都中。他家的几个孩子个个都行。

(7) 哪能一捆儿一捆儿都解开看看呀。哪能一捆一捆地都解开看看呀。

(8) 我都去$^D$几趟$^Z$了,一趟$^Z$一趟$^Z$都找不着他。我都去了几趟了,每次都找不着他。

(9) 这花儿一骨朵儿一骨朵儿都开嘞些好。这花儿每一朵都开得很好。

与普通话中表示遍指的"AA"式不同,浚县方言的"一 A 一 A"表遍指时不能作定语,没有"一个一个孩$^Z$""一捆儿一捆儿书"的说法。另外,从基式的性质来看,普通话的"AA"是量词的重叠,浚县方言的"一 A 一 A"是数量短语重叠。

浚县方言的"一 A 一 A"加上助词"嘞"还可以在句中作谓语、补语、状语和结果宾语,描述事物的状态、表示动作行为的方式或指代事物的状态。作状语时,数词不限于"一",也不限于单音节。如:

(10) 身上嘞斑一片$^Z$一片$^Z$嘞,些吓人。身上的斑一片片的,很吓人。

(11) 那钱叠嘞一沓儿一沓儿嘞。钱叠得一沓一沓的,(很整齐)。

(12) 把肉切成一块儿一块儿嘞好煮。把肉切成一块儿一块儿的,好煮。

(13) 你一布袋$^Z$一布袋$^Z$嘞搬。你一袋一袋地搬。

(14) 你五张五张嘞查。你五张五张地数。

(15) 那面俺都是二十斤二十斤嘞买。面粉我都是二十斤二十斤地买。

普通话中也有"一 A 一 A"式重叠,但在语义和语法功能上跟"AA"重叠式形成了不同的分工。"AA"式用来表示遍指,在句中主要作主语、定语,"一 A 一 A"式加上词尾"的"或"地"用来描述

事物的状态、表示动作行为的方式,在句中主要作谓语或状语。如:

(16) 身上的斑一片一片的,挺吓人的。

(17) 话要一句一句的(地)说。

显然,普通话中量词重叠和数量短语重叠是两种不同的重叠,它们在语义和语法功能上都形成了不同的分工,即普通话中表示遍指和描述事物的状态、表示动作行为的方式采用不同的形式,表示遍指时采用"AA"式重叠,描述事物的状态、表示动作行为的方式时采用"一A一A"式重叠。浚县方言都采用数量短语重叠,形式上看没有什么区别,但句法分布明显不同,表示遍指时,常与"都"结合,只在句中作主语或同位语;描述事物的状态、表示动作行为的方式时,要跟助词"嘞"结合,在句中作谓语和状语。

### 3.1.3 动词重叠

浚县方言的动词重叠有两种情况。

#### 3.1.3.1 单音节为"AA",双音节为"ABAB"。如:

瞧瞧  听听  走走  坐坐  想想  歇歇  热热  晒晒  玩儿玩儿
拾道拾道  商量商量  摇晃摇晃  不拉不拉  支应支应  打听打听

基式"A"或"AB"表示动作的一般过程,重叠式则给基式增添了"量"的意义。关于动词重叠的语法意义,很多学者做过研究,也提出过许多种意义解释,比如"多次、尝试、反复、经常、持续、轻量、短时、不定量、少量、强化能动性"等,[①] 其中朱德熙先生的说法接受的人较多,即"表示动作的时量短或动量小"(朱德熙1982),因此,很多人从体貌意义的角度把动词重叠归入了短时貌或尝试貌。我们认为动词重叠表达一个可控制的量,[②] 短时貌和尝试貌与动词重叠的语

---

① 请参看吕叔湘(1990)、朱德熙(1982)、王还(1963)、李人鉴(1964)、范方莲(1964)、赵元任(1979)、张静(1979)、刘月华(1983)、毛修敬(1985)、太田辰夫(2003)、郑良伟(1988)、张先亮(1997)、石毓智(1996)、朱景松(1998)、李宇明(1998)等。

② 陈立民(2005:110—122)在总结前人研究的基础上,又重新给出了动词重叠的语法意义:"动词重叠表示事件主体或相关的人只让事件持续一段时间就停止进行,而不是让事件一直持续下去直到全部做完。即动词重叠表示一个事件持续一段时间后主动让它结束。"我们基本同意这个说法,但从更概括的角度出发,认为动词重叠就是表示"可控量"的。

义不完全对等，但又在很大程度上相契合，所以可以反过来说，短时或尝试可以用动词重叠来表达，但动词重叠不总是表达短时或尝试。就是说一种语法手段可能会涵盖多种语法意义，这也许正是汉语语法的一个特点。这一点在最后一章再做讨论，这里只着重从基式与重叠式的分工进行探讨。

基式和重叠式除语义的不同以外，它们的句法表现也不同，基式后边可以用数量短语，而重叠式后不能再用数量短语了。如：

（18）他看$^D$一个钟头儿书。　　*他看$^D$看$^D$一个钟头儿书。

（19）他看$^D$两遍。　　*他看$^D$看$^D$两遍。

（20）他看$^D$三本书。　　*他看$^D$看$^D$三本书。

基式"A"或"AB"可以加助词"嘞"修饰限制名词，或者直接指代名词性成分，相应的重叠式则不能。如：

（21）这是俺妈洗嘞衣裳。　　*这是俺妈洗洗嘞衣裳。

（22）该洗嘞都放$^D$洗衣机里。　　*该洗洗嘞都放$^D$洗衣机里。

普通话中的"AA"式重叠可以嵌入"一"，浚县方言的"AA"式重叠不能嵌入"一"。如：

| 普通话 | 浚县方言 |
|---|---|
| 你看看电视就知道了。 | 你看看电视斗知$^H$了。 |
| 你看一看电视就知道了。 | *你看一看电视斗知$^H$了。 |
| 说说你的想法吧。 | 说说你咋想嘞吧。 |
| 说一说你的想法吧。 | *说一说你咋想嘞吧。 |

这种情况说明，普通话中的"一"已经完全虚化，没有词汇意义了，"看看"和"看一看"所表示的意义相同。而浚县方言里的"一"意义较实，如果放在动词后，就只能跟动量词"下"结合表示短时或尝试。

**3.1.3.2 "AABB" "—A—A" "—AB—AB"。** 如：

| 摇摇晃晃 | 打打闹闹 | 晃晃悠悠 | 敲敲打打 | 骨骨涌涌 | 说说笑笑 |
| 嘻嘻哈哈 | 吵吵嚷嚷 | 哭哭笑笑 | 吹吹打打 | 蹦蹦跳跳 | 哆哆嗦嗦 |
| 一摇一摇 | 一蹦一蹦 | 一跳一跳 | 一闪一闪 | 一晃一晃 | 一拐一拐 |
| 一忽闪一忽闪 | 一摇晃一摇晃 | 一骨涌一骨涌 | 一圪挤一圪挤 | | |

跟基式相比，这些重叠式在语义和语法性质上都有很大的不同。基

式是动词，表示一般的动作行为，可以加各种体貌标记。重叠式是描写状态的，语义特征跟状态形容词相同，句法表现也跟状态形容词接近。这些重叠式都可以加上助词"嘞"在句中作谓语、状语、补语或定语，作谓语时不能再带宾语和补语。如：

（23）那个人走路摇摇晃晃嘞，是不是喝醉了？那个人走路摇摇晃晃的，是不是喝醉了？

（24）我这肚里骨骨涌涌嘞，些不好受。我肚子里咕咕碌碌的，很难受。

（25）他一拐一拐嘞走过来了。他一瘸一拐地走过来了。

（26）瞧你给孩Z吓嘞哆哆嗦嗦嘞。看你把孩子吓得哆哆嗦嗦的。

（27）他斗是个嘻嘻哈哈嘞人，甭跟D他一样。他就是个嘻嘻哈哈的人，别跟他一样。

能进行这种重叠的动词语义上有一定的限制，单音节一般都是表示可以反复进行的动作动词，如"摇、蹦、跳、闪"等。双音节中，基式成词的一般也是表示可以反复进行的动作动词，如"摇晃、晃悠、骨涌、哆嗦"，基式不成词的一般是两个意义相近的动词，如"打闹、嘻哈、吵嚷、蹦跳"，重叠之后都是描写由动作反复进行而形成的一种状态。

动词重叠式"一A一A"和"一AB一AB"中的"一"跟数量短语重叠式中的"一"性质不同，数量短语重叠式中的"一"具有实在的意义，而这里的"一"明显已经虚化，更像是一个词缀，因此我们没有把这种重叠式归入动词短语的重叠，准确地说这里的"一A一A"和"一AB一AB"是动词的加缀重叠。

### 3.1.4 形容词重叠

#### 3.1.4.1 单音节形容词重叠

单音节形容词的重叠形式是"AA儿"。普通话中的这种重叠式有些可以不儿化，浚县方言必须儿化。不管基式"A"是什么字调，重叠以后第一个音节读本调，第二个音节一般都读高升调35，调型跟阴平（调值为24）调相同，但调值超出了基本声调系统。如：

A 为阴平：高高儿 [kau$^{24}$kor$^{35}$]　　焦焦儿 [tɕiau$^{24}$tɕior$^{35}$]

A 为阳平：斜斜儿 [ɕiɛ$^{42}$ɕiər$^{35}$]　　长长儿 [tʂʻaŋ$^{42}$tʂʻɚr$^{35}$]

A 为上声：好好儿 [xau$^{55}$xor$^{35}$]　　苦苦儿 [kʻu$^{55}$kʻur$^{35}$]

A 为去声：赖赖儿［lai²¹³lor³⁵］　　　慢慢儿［man²¹³mor³⁵］

有几个是名词转来的形容词也可以进行这种重叠，如：

水水儿　筋筋儿　沙沙儿　面面儿　皮皮儿　猴猴儿　肉肉儿

这类重叠式中的基式"A"看似是名词，实际上是名形兼类，它们作为名词与作为形容词的意义已发生变化。如"沙"作名词是指沙子，而作形容词是指像沙子一样的状态或感觉。

以上两类重叠前的基式"A"都是表示性质的，是性质形容词，重叠式"AA 儿"都变成了状态形容词，具有状态形容词的语法功能，语义程度也发生了变化，有时候加强，有时候减弱。跟普通话相同，重叠式所表示的程度是加强还是减弱跟它们在句子里的句法位置有关，一般来说，在定语和谓语位置上程度减弱，在补语和状语位置上程度加强或带有强调的意味。如：

| 定语 | 谓语 |
| --- | --- |
| 长长儿嘞西瓜好吃。 | 头发白白儿嘞。 |
| 黄黄儿嘞那件儿衣裳好看。 | 这块红薯还热热儿嘞嘞的呢。 |

| 状语 | 补语 |
| --- | --- |
| 你慢慢儿（嘞）说。 | 墙垒那高高儿嘞。 |
| 这个事得好好儿（嘞）想想。 | 吃嘞饱饱儿嘞。 |

值得注意的是，在浚县方言里，"AA 儿"作定语修饰名词时很受限制，"AA 儿"和名词之间一定要加助词"嘞"。但因为浚县方言中，形容词性后附成分与名词性后附成分形式相同，当这两个"嘞"连用时，因同音而发生了兼并，① 如"长长儿嘞西瓜好吃"中的"嘞"实际上是两个语言成分合成了一个，但这两个语言成分的意义还存在。有时候为了凸显这两个语义成分，也常常在"嘞"后加上一个定指性的成分"那/这 + 量"，如"黄黄儿嘞那件儿衣裳好看"。这种情况如果跟形

---

① 施其生在《汉语语法成分的同质兼并》（2005 年 12 月广东省语言学会年会论文）中提出了"同质兼并"的概念，即指两个语言成分因同质而发生兼并，成为一个语言成分。同质兼并包括同质语音兼并和同质语义兼并，这里属于同质语音兼并。"同质语义兼并"是指两个语义成分因同质而兼并为一个，其载体（语音形式）仍保留两个语音成分（可以是两个语音片段，也可以是两个语音片段的合音）。见施其生《汉语语言成分的同质兼并》（广东省中国语言学会 2005 年年会论文，12 月，深圳）。

容词性后附成分和名词性后附成分形式不同的方言相比，看得更为清楚。比如广州方言的形容词性后附成分是"哋[tei³⁵]"，名词性后附成分是"嘅[kɛ³³]"，形容词重叠式作定语时一般不发生兼并。如：

(28) 佢今日着咗件黄黄哋嘅恤衫。他今天穿了一件带点儿黄色的衬衫。

(29) 柿饼上便有层薄薄哋（噉）嘅粉，叫作柿霜。柿饼上面有一层薄薄的粉，叫柿霜。①

"AA 儿"作状语时，可以加也可以不加助词"唡"，常见的是不加。另外作状语的"AA 儿"式的读音可以有两读，一是第一个音节读本调，第二个音节读高升的 35 调；二是第一个音节读本调，第二个音节读轻声。重叠之后能作状语的单音节形容词很少。

### 3.1.4.2 双音节形容词重叠

双音节形容词的重叠形式有四种：ABB（ABB 儿）、AABB、BAA、BABA。下面分别说明。

ABB（ABB 儿）式：

圪应应　结实实　磨蹭蹭　支棱棱　便宜宜　宽大大　展盈盈　干净净儿

利索索　轻悄悄　热闹闹　暖和和　清凉凉　凉快快　潦草草　平展展儿

这种重叠式的基式为 AB，在浚县方言中单独使用都是性质形容词，重叠之后第一个音节读本调，第二个音节读轻声，第三个音节都读为阳平 42 调。普通话中相应的双音节形容词重叠是采用"AABB"式，没有这种重叠形式。跟基式相比，重叠式有较强的描状性，并伴随着语义程度的加强。语法功能同状态形容词，加上助词"唡"在句中主要作谓语、补语和定语。如：

(30) 这个铁锨轻巧巧唡，用住些得劲儿。这个铁锨很轻巧，用着很舒服。

(31) 她见天都穿唡支棱棱唡。她整天都穿得整整齐齐的。

(32) 平展展儿唡路叫拖拉机轧坏了。平平展展的路被拖拉机轧坏了。

AABB 式：

上面能作"ABB"式重叠的形容词差不多都可以重叠为"AABB"，

---

① 例子引自李新魁、黄家教、施其生、麦耘、陈定方《广州方言研究》（1995：446）。

如："圪圪应应、大大咧咧、磨磨蹭蹭、支支棱棱、宽宽大大、展展盈盈、洋洋气气、干干净净"等。重叠式在语音模式、语义特征和语法功能上都跟普通话相同，此不赘言。在使用频率上，"ABB"重叠式远远高于"AABB"重叠式。从语感上讲，"ABB"更本土化，这种情况可以有三个不同的解释：一是"ABB"是浚县方言固有的重叠式，"AABB"受普通话的影响。二是"ABB"原本都是"AABB"式重叠，因语言经济原则的作用，省略为"ABB"式重叠。三是受浚县方言中使用频率更高的"Axx"（见下文）重叠式的影响类化而来。

BAA 式：

新崭崭　冷冰冰　凉冰冰　甜蜜蜜　红通通　黄蜡蜡　圆滚滚　直挺挺

基式是"AB"，是状态形容词，可以单独使用。"BAA"重叠式很少，可能也是受使用频率高的"Axx"重叠式的影响类化而来。语音模式、语义特征和语法功能都同"Axx"重叠式（见下文）。

BABA 式：

通红通红　冰凉冰凉　崭新崭新　黑瘦黑瘦　火烫火烫　蜜甜蜜甜　死沉死沉

基式是"BA"，单独使用也是状态形容词，重叠之后语义程度加强，重叠式的语法功能比"ABB""AABB"受限制，只在句中作谓语、补语和定语，不能作状语。作谓语和补语时可以不用助词"嘞"，作定语时一定要用助词"嘞"。如：

（33）她嘞手冰凉冰凉。

（34）脸冻嘞通红通红（嘞）。

（35）他穿[D]一身儿崭新崭新嘞衣裳。

#### 3.1.4.3　形容词加缀重叠

形容词的加缀重叠形式有四种："AxAB、Axx（Axx儿、Ax儿x儿）、xAxA（x儿Ax儿A）、Ayxx"。其中A、B代表有实义的词根语素，x、y代表已经虚化的词缀。

AxAB 式：

糊里糊涂　流里流气　妖里妖气　啰里啰唆　老里老气　毛里毛糙　古里古怪

此式中的"x"都是"里","AB"是双音节的形容词,单用是性质形容词,能进行这种重叠的大都是有贬义色彩的形容词,但并不具有类推性。重叠式具有描状性,语义程度变化不明显,但感情色彩明显加重。语法功能同"ABB""AABB"重叠式。如:

(36) 那个人流里流气嘞,离他远ᴰ些儿。

(37) 她天天儿打扮嘞妖里妖气嘞。

(38) 干你嘞活儿吧,甭说这啰里啰唆嘞话。

Axx(Axx儿、Ax儿x儿)式:

沉甸甸　热辣辣　热腾腾　窄溜溜　光牛牛　光年年　白生生儿　香喷儿喷儿

臭烘烘　脆铮铮　冷飕飕　乱吵吵　白花花　紧巴巴　直年年儿　甜丝儿丝儿

嫩油油　硬邦邦　细牛牛　干崩崩　湿溜溜　湿乎乎　顺当当儿　凉丝儿丝儿

瘦溜溜　黑洞洞　黑乎乎　宣乎乎　软乎乎　胖乎乎　红扑扑儿　面兜儿兜儿

碎乎乎　尖溜溜　明晃晃　利飒飒　稠冈冈　稠乎乎　干巴巴儿　稀溜儿溜儿

基式"A"是单音节性质形容词,重叠式是加叠音后缀组成的,词根与后缀的搭配有固定的习惯,后缀表示某种形象色彩或感情色彩,同一词根带上不同的后缀,所含的形象色彩或感情色彩不一样。重叠式的语音模式同"ABB"式,基式"A"读本调,词缀的第一个音节读轻声,第二个音节都读为阳平42调。语义程度上比基式"A"有加强。语法功能同"ABB"式。

从"ABB""BAA"和"Axx"重叠式的表层形式来看,好像没有区别,但从基式的性质来看,三者明显不同。"ABB"的基式是"AB",属性质形容词,"BAA"的基式虽也是"AB",但属状态形容词,"Axx"的基式是"A",属性质形容词。这三种重叠式的语音模式和语法功能完全一样,是浚县方言形容词的主体重叠形式。在语义方面,跟基式相比三者略有差异,"ABB"式侧重语义程度的加强,"BAA"式伴随着语义程度的加强,还增添了形象色彩,"Axx"式在语义程度、形象色彩和感情色彩方面都有加强，是浚县方言的重叠形式中最为丰富、表现力最强的一种。

xAxA（x 儿 Ax 儿 A）式：

冈稠冈稠　溜圆溜圆　漂$^Z$白漂$^Z$白　凹儿凉凹儿凉

酥麻酥麻　烘烂烘烂　齁儿咸齁儿咸　啪儿湿啪儿湿

基式"A"可以单用，是性质形容词，"x"的本义已经虚化，所列出来的都是同音字，有些连同音字也写不出来。重叠式中的"x"有些可以儿化或发生变韵。对这个"x"学界有不同的看法，有人认为是词缀，有人认为是程度副词，本研究认为它们相对于一般的程度副词来讲，结合面很窄，多数情况下是一对一的关系，因此把"x"看作词缀。"xAxA（x 儿 Ax 儿 A）"重叠式的语义特征和语法功能同双音节形容词"ABAB"重叠式。

Ayxx 式：

酸不溜溜　甜不叽叽　软不叽叽　灰不出出　黑不出出　乌不出出

光不牛牛　胖咕墩墩　甜咕脓脓　白不叉叉　紫不溜溜　硬咕橛橛

辣不纠纠　血忽淋淋　黏不叽叽　黏咕叨叨　肉不叽叽　滑不溜溜

基式"A"是性质形容词，"y"是"不、咕、忽"等含有贬义的词缀，"xx"没有实际意义，是纯拟态成分。这种重叠式的语音模式较为统一，第一个音节读本调，第二个音节读轻声，第三个音节读略低于上声 55 调的 44 调，第四个音节读阴平 24 调。跟基式相比，重叠式在语义上增添了形象色彩和感情色彩，同时由性质形容词变成状态形容词。语法功能跟基式也不同，重叠式加上助词"唡"在句中主要作谓语、补语、定语。如：

（39）你买唡橘子酸不溜溜唡，些难吃。你买的橘子酸不溜秋的，很难吃。

（40）他叫晒唡黑不出出唡。他被晒得黑不溜秋的。

（41）这个硬咕橛橛唡东西是啥呀？这个硬邦邦的东西是什么呀？

（42）瞧她穿$^D$个啥色唡衣裳么，白不叉叉唡多难看！看她穿了一件什么颜色的衣服，白不拉叽的多难看！

## 3.1.5 副词重叠

浚县方言中只有少数几个副词可以重叠，重叠式总伴随着儿化，即

"AA 儿"。如"刚刚儿、偏偏儿、望望儿万-"。从语义上看,"刚刚儿"和"偏偏儿"重叠基本没有改变基式的意义,只是在程度量上与基式有所不同。"望望儿"的基式本字不明,因此也无法判断基式的意义。另外还有一类重叠式副词,如"轻轻儿、好好儿、慢ᶻ慢儿"等,其基式是单音节形容词,重叠之后不加助词"嘞"只能在句中作状语,朱德熙先生认为"已经转成副词"(《朱德熙文集》第一卷,1999:220),但我们认为这种重叠不能看作副词重叠。

尽管浚县方言中的副词重叠只是零星的几个,但我们不能说副词没有重叠。从方言的发展演变来看,浚县方言的副词重叠没有能产性,没有扩展的趋势。

### 3.1.6 拟声词重叠

拟声词的重叠形式有四种:"AA 叫、AA 响、ABAB、AABB"。如:
哗哗叫　嘎嘎叫　嘭嘭叫　哇哇叫　吱吱叫　嗷嗷叫　咕咕叫
呼呼叫

哗哗响　噔噔响　吱吱响　当当响　呼呼响　呜呜响　咚咚响
嗞嗞响

哗啦哗啦　圪嘣圪嘣　呼通呼通　扑腾扑腾　呼啦呼啦　吱扭吱扭
嗞啦嗞啦

哗哗啦啦　叽叽喳喳　吱吱哇哇　呼呼啦啦　吱吱扭扭　圪圪嘣嘣
嗞嗞啦啦

这些重叠式中的基式"A"或"AB"是很不自由的拟声词。一般不单独作句子成分。重叠式"AA 叫"和"AA 响"准确地说是加缀重叠,其中"叫""响"还保留着微弱的词汇语义,但已经跟"AA"构成了固定格式。"AA 叫"和"AA 响"的语音模式不同,"AA 叫"的第一个音节读本调,第二个音节读阳平 42 调,"叫"读轻声。"AA 响"的第一个音节读本调,第二个音节读阴平 24 调,"响"读本调。在语义上,"AA 叫"既可以模拟有生命的物体发出的声音,也可以模拟无生命的物体发出的声音。"AA 响"只能模拟无生命的物体发出的声音。两种格式的语法功能相同,它们在句中可以直接作谓语、补语、定语。如:

（43）外头嘞风呼呼叫，甭出去了。外边的风呼呼响，别出去了。

（44）她笑嘞嘎嘎叫。她笑得嘎嘎响。

（45）那个门老是吱吱响，修修它吧。那个门总是吱吱响，修理修理吧。

（46）水流嘞哗哗响也有人管。水流得哗哗也没人管。

（47）那个走路噔噔响嘞人是谁呀？那个走路噔噔响的人是谁？

双音节拟声词的重叠式"ABAB"和"AABB"虽重叠形式不同，但语义特征和语法功能基本相同。跟基式相比，重叠式在语义上增添了一些形象色彩，描状性很强，句法表现比基式活跃得多，加上助词"嘞"可以在句中作谓语、补语、状语。如：

（48）啥东西呀？呼呼啦啦嘞。什么东西？呼呼啦啦的。

（49）他黑家睡觉，牙咬嘞圪吱圪吱嘞。他晚上睡觉，牙咬得吱吱响。

（50）我心里扑腾扑腾（嘞）跳个不停。我心里扑扑腾腾跳个不停。

（51）我这一活动，关节都圪嘣圪嘣（嘞）响是咋嘞回事儿么？我这一活动，关节都圪嘣圪嘣响是怎么回事儿呢？

## 3.2 重叠的方式、语义功能和语法功能

### 3.2.1 重叠的方式

因为把重叠看作一种抽象的语法手段，施其生先生和刘丹青先生都不约而同地将重叠的方式跟具体的重叠形式区分开来，并从不同的角度对重叠方式进行了归类。施其生先生（1997a）从重叠式的生成过程出发将汕头方言的重叠方式归为四类，即"把基式从头到尾重复一次、把基式的各个音节逐个重复一次、只重复基式的部分音节和在重复基式的同时还加入词缀。"① 刘丹青先生在《汉藏语系重叠形式的分析模式》（1988）中则从不同角度对重叠的方式进行了归类，比如根据重叠式与基式的相同度可分为完全重叠和变形重叠，根据重叠手段的作用范围可分为整体重叠和部分重叠等。②

---

① 见施其生《论汕头方言中的"重叠"》（1997a：83）。
② 具体分析方式请参看刘丹青《汉藏语系重叠形式的分析模式》（1988）。

本研究从浚县方言重叠式的构造出发，把浚县方言的重叠方式归纳为三种：

①完全重叠，即基式中的每个音节都有重复。如"AA（AA儿、A儿A儿）、AABB、ABAB、BABA"。这种重叠的使用范围最广，名词、动词、形容词、副词和拟声词中都有这种重叠，其中名词只有这种重叠。

②不完全重叠，即基式中的音节，有的重叠，有的不重叠。如"ABB（ABB儿）、BAA"。这种重叠式只在形容词中有，其中"ABB"是浚县方言中最为活跃的重叠形式。

③加缀重叠，即基式加缀重叠，或是基式音节重叠，或是词缀音节重叠，或是基式音节和词缀音节都重叠。如"一A一A、一AB一AB、AxAB、Axx（Axx儿、Ax儿x儿）、xAxA（x儿Ax儿A、Ayxx、AA叫、AA响）"。加缀重叠的使用范围也较广，除名词外，其他可重叠的词类中都有。

### 3.2.2 重叠的语义功能

考察重叠的语义功能，关键是看重叠之后（重叠式）的语义跟重叠前（基式）的语义有何差别。我们将浚县方言重叠前后的各种形式及所表示的语义列表如下：

表 3-1    重叠形式及意义

| 词类 | 基式 | 语义 | 重叠式 | 语义 | 例子 |
| --- | --- | --- | --- | --- | --- |
| 名词 | A | 形状概念 | A儿A儿 | 状态 | 格儿格儿 |
| 量词 | A | 单位 | AA儿 | 遍指 | 年年儿 |
|  |  |  | A儿A儿 | 遍指 | 家儿家儿 |
|  | A | 单位 | 一A一A | 状态 | 一张一张 |
|  | AB | 单位 | 一A儿一A儿 | 状态 | 一捆儿一捆儿 |
|  |  |  | 一AB一AB | 状态 | 一布袋一布袋 |

续表

| 词类 | 基式 | 语义 | 重叠式 | 语义 | 例子 |
|---|---|---|---|---|---|
| 动词 | A | 一般动作 | AA | 可控量 | 看看 |
|  | AB | 一般动作 | ABAB | 可控量 | 拾道拾道 |
|  | A | 一般动作 | 一A一A | 状态 | 一摇一摇 |
|  | AB | 一般动作 | AABB | 状态 | 哆哆嗦嗦 |
|  |  |  | 一AB一AB | 状态 | 一骨涌一骨涌 |
| 形容词 | A | 性质 | AA儿 | 状态 | 红红儿 |
|  | AB | 性质 | ABB | 状态 | 结实实 |
|  |  |  | ABB儿 | 状态 | 干净净儿 |
|  |  |  | AABB | 状态 | 大大咧咧 |
|  | AB | 状态 | BAA | 状态 | 凉冰冰 |
|  | BA | 状态 | BABA | 状态 | 通红通红 |
|  | AB | 性质 | AxAB | 状态 | 流里流气 |
|  | A | 性质 | Axx | 状态 | 沉甸甸 |
|  |  |  | Axx儿 | 状态 | 白生生儿 |
|  |  |  | Ax儿x儿 | 状态 | 甜丝儿丝儿 |
|  |  |  | xAxA | 状态 | 冈稠冈稠 |
|  |  |  | x儿Ax儿A | 状态 | 齁儿咸齁儿咸 |
|  |  |  | Ayxx | 状态 | 酸不叽叽 |
| 副词 | A | 时间等 | AA儿 | 程度量 | 刚刚儿 |
| 拟声词 | A | 拟声 | AA叫 | 状态 | 呼呼叫 |
|  |  |  | AA响 | 状态 | 咚咚响 |
|  | AB | 拟声 | ABAB | 状态 | 哗啦哗啦 |
|  |  |  | AABB | 状态 | 吱吱哇哇 |

从表3-1可以清楚地看出,除了量词重叠式"AA儿(A儿A儿)"、动词重叠式"AA、ABAB"和副词重叠式"AA儿",其他重叠式都表示一种状态。就是说,不管基式原来表示的是概念、单位、动作还是性质、拟声等,重叠之后都表示一种状态,具有描状的作用,功能上跟一个状态形容词基本相同。显然,使基式状态形容词化应该是重叠

的基本语义功能。① 从表义上看，使概念、性质等状态化之后的重叠式实际上都包含一个程度量的问题，即跟基式相比，重叠式都有程度量上的变化，或减轻或加强。如果从更高的层面来概括这种语义功能的话，我们可以说重叠是表达量范畴的一种语法手段。②

再看上面不表示状态的三种重叠。量词重叠式"AA儿（A儿A儿）"表示遍指，与基式A表示个体的语义相比，实质上也是量的增加。动词重叠式"AA、ABAB"表示可控量，与基式的最大语义差也是量的不同。副词重叠式"AA儿"同样也是在程度量的意义上与基式有所不同。因此，从表达量范畴的这个角度来看，这些重叠跟使概念、性质等状态化的重叠在语义功能上是高度统一的。

### 3.2.3 重叠的语法功能

从语法功能上看，重叠前的形式和重叠后的形式有很大不同。重叠前语言成分的性质和功能不尽相同，有名词、量词、动词、形容词、副词和拟声词等，重叠后的语言形式则有极大的共性，差不多都有这么几个特点：不能受程度词或数量词的修饰；不受否定副词的修饰；入句时大都要带助词"嘞"；在句中基本都可以作谓语、补语；作谓语时不能再带宾语和补语等。因此，可以说重叠还是一种能改变原语言成分句法功能的语法手段。

重叠也是一种跨层级的语法手段，③ 不仅涉及语素、词，也涉及短语，特别是汕头方言，短语的重叠颇具特色。④ 浚县方言和苏州方言中，重叠也可以作用于短语的语言事实也充分证明了这一点。

关于重叠是不是汉语的形态问题，较多学者持谨慎的态度。刘丹青先生（1986）和石毓智先生（1996）比较明确地认为，重叠是汉语的形态，而且是严格意义上的形态。施其生先生在谈汉语的形态时，总是

---

① "使基式状态形容词化"是施其生先生提出的，请参看施其生（1997a：85）。
② 石毓智先生（1996：1—12）持这种观点，我们同意，但对动词重叠的语法意义的认定跟石先生不完全相同。
③ 这种说法我们源引自施其生先生《论汕头方言的"重叠"》一文，文中说："'重叠'的活动范围超越语法单位的层级。"（1997a：85）
④ 参看施其生（1997a：84—85）。

在形态外加上引号，在《论汕头方言的"重叠"》一文中，甚至在"形态"后打上了问号（施其生 1997a：84）。更多的学者不谈形态，直接描写和分析事实。我们同意施先生（1997a：84）的看法：重叠"不限于构形，可以是构词的手段"，在附加对象是比词大的单位时，如"'无人好来相辅无人好来相辅'，其基式已是一个相当复杂的词组"，"'重叠'在这里是构形的手段，但并非传统观念上的'构形'，要说'构形'也只能是构词组之形。如此我们又不得不承认汉语的词组有'形态'。"

## 3.3 其他生动形式

浚县方言中，除了通过重叠或加缀重叠构成的重叠形式，还有一些只通过加缀构成的生动形式，在语义特征、语法功能上跟以上的重叠式有许多共同之处。如果把用来重叠的单位再往小里说，那么这些生动形式中有些是非音节的重叠，或只是声母重叠，或只是韵母重叠，朱德熙[①]先生和刘丹青先生（1986）称为变形重叠。但还有些不能划归为变形重叠，这里我们对这些形式的构造暂不作分析，一律看作与重叠式有同等功能的生动形式。

### 3.3.1 Axyz 式

基式"A"是性质形容词，"x、y、z"是词缀，一般没有实际意义。如：

黑不溜秋　黑咕隆咚　甜不啦叽　傻儿吧唧　硬不冷腾　神儿吧经　腌儿吧臜

脏不啦叽　花里胡哨　脆不楞铮　迷六七噔　胖不伦墩　瘦不溜秋　粘儿吧叽

杂儿咕叨　杂咕唠叨　灰不溜秋　乌眉皂眼　歪不啦叽　直不笼统　臭不啦叽

这种生动形式的语音模式也较为统一，跟重叠式"Ayxx"相同，

---

① 见《潮阳话和北京话重叠式象声词的构造》《朱德熙文集》第 3 卷（1999：4）。

第一个音节读本调，第二个音节读轻声，第三个音节读略低于上声 55 调的 44 调，第四个音节读阴平 24 调。跟基式相比，生动式在语义上增添了形象色彩和感情色彩，一般都是贬义的。词性由性质形容词变成状态形容词。语法功能跟基式也不同，生动式加上助词"嘞"在句中主要作谓语、补语、定语。如：

（52）屋里黑咕隆咚嘞，啥也瞧不见。屋里黑咕隆咚的，什么也看不见。

（53）他睡嘞迷六七噔嘞。他睡得迷迷糊糊的。

（54）你净买那花里胡哨嘞东西，不实用。你净买些花里胡哨的东西，不实用。

### 3.3.2 Axy 式

基式"A"是性质形容词，"x、y"是词缀，没有实际意义。如：
甜咕哝  酸不叽  黑不啾  滑昒溜  黄圪焉  苦圪音  涩咕啦  潮咕月

热咕啦  辣不纠  灰不出  粘圪叽  冷圪飒  温不出  光不牛  乌不出

这种生动形式的语音模式也是统一的，第一个音节读本调，第二个音节读轻声，第三个音节读阴平 24 调。跟基式相比，生动式在语义上增添了形象色彩和感情色彩，描状性很强，这种格式都是描摹一种不舒服的感觉。生动式的语法性质是状态形容词，语法功能跟基式不同，加上助词"嘞"在句中主要作谓语、定语。如：

（55）你买嘞橘子酸不叽嘞。你买的橘子酸不溜秋的。

（56）这根儿黄瓜苦圪音嘞，扔[D]它吧。这根黄瓜苦苦的，把它扔了吧。

（57）你嘞头热咕啦嘞，甭是发烧了吧。你的头热热的，别是发烧了吧？

（58）我不待[D]见这灰不出嘞颜色儿。我不喜欢这灰不拉叽的颜色。

### 3.3.3 xA 和 xyA 式

A：冈稠  烘烂  喷儿臭  凹儿凉  齁儿咸  漂[Z]白  啪儿湿

B：稀巴烂  □□[Z] [liaŋ⁴² sæ²¹³] 苦  □□儿 [lɤ²⁴ jiar⁵⁵] 酸

基式"A"是性质形容词，"x、xy"原来可能是有意义的语素，但这里已经虚化，书写时是借用同音字，有的无字可写，它们都表示程度高。"xA、xyA"的意思都是"非常 A",是状态形容词,语法功能也跟状态形容词相同,在句中作谓语、补语、定语,作定语时一定要加助词"嘞",跟其他生动形式不同的是,这种格式作谓语和补语时不加助词"嘞"。如:

(59) 她搅嘞面汤冈稠,跟<sup>D</sup>糨糊样。她做的面汤很稠,跟糨糊一样。

(60) 手冻嘞凹儿凉,赶紧烤烤吧。手冻得冰凉冰凉,赶紧烤烤火吧。

(61) 他真听话,□□<sup>Z</sup>[liaŋ⁴² sæ²¹³]苦嘞药一口可喝进去了。他真听话,那么苦的药一口就喝进去了。

以上这些生动形式跟形容词的加缀重叠式基本相同,生动式与基式相比,在意义上总带有某些附加色彩,描状性加强,有的还伴随有程度上的减弱或加强。语法功能上生动形式与原形容词(基式)也有不少差异。比如不能受高程度副词的修饰,不带程度、数量补语、可以比较自由地放在带结构助词"嘞"(相当于普通话的"得")的谓语后作补语,可以比较自由地修饰动词性成分等。

# 第 4 章  副词

副词是修饰性或限制性的虚词，一般附加在动词、形容词或作谓语的其他成分之前，有时也附加在整个句子之前，说明动作行为或性质状态等在时间、频率、程度、范围、情状、语气、肯定否定等方面的情况。跟别的虚词不同，副词是一个半开放的类，意义上也比其他虚词实在一些。副词在句中的语法功能除少数几个可以作补语外，一般是作状语。另外，很多副词还可以在复句中起一定的关联作用。

## 4.1  各类副词

根据副词所表示的语法意义，我们把浚县方言的副词大致分为六类：时间频率副词、程度副词、范围副词、情状副词、语气副词、否定副词。其中，有一些副词在意义和用法上都跟普通话相同，如"先、正、从来、一直、才、再、也、还、又、更、全、赶紧、乱、胡乱、最多、反正、早晚、到底"等；有一些副词普通话中常用，浚县方言基本不用，如"常、常常、往往、永远、偶尔、忽然、马上、立刻、向来、一向、曾、曾经、已、已经、仅、仅仅、挺、极、非常、十分、反而、难道、大概、大约、未免、毕竟、也许、并、难免、究竟、甚至"等；有一些副词，虽然形式或意义跟普通话基本一样，但在句中的语法意义和语法功能不完全相同，如"都、顷刻、老、光、可、快、很、本质、真是"等；还有很多是浚县方言所用而普通话没有的，如"些、铁、略稍、刚、斗、随$^D$、随斗、随$^D$可、见天、只跟、就/斗豁儿、本质、满共、只满、一满、冇、当门儿、单门儿、终会儿、使嘞猛嘞、绷个仁儿、冷不丁、伙、光冒、约摸儿、种、看$^D$、情、清、才着、望望儿、端$^D$"等。

我们把浚县方言常用的副词分成两组，A 组是跟普通话完全相同或基本相同的，B 组是浚县方言里特有的或跟普通话不太一致的，本节主要对 B 组副词进行描写和分析。

### 4.1.1 时间频率副词

A：正、登时、先、后、才、立马儿、赶紧、快、要、经常、一直、压根儿、总（是）、轻易、又、再、还

B：刚、都、斗、随$^D$、随$^D$斗、随$^D$可、顷刻、老、终会儿、成天$^Z$、见天、天天儿、只根、就/斗豁儿、本质、有时儿、不定啥时儿、绷个仨儿、使嘞猛嘞、一弄、弄不弄

#### 4.1.1.1 刚 [tɕiaŋ$^{24}$]

"刚"有人写作同音字"将"，但本字应该就是"刚"，与普通话的"刚 [kaŋ$^{55}$]"语音发展不同步。浚县方言的"刚"可以分为两个，一个是副词，称作"刚$_1$"，大致相当于普通话的"刚""刚刚"，用在谓词性成分前表示动作行为或性质状态发生在说话前不久；或发生在紧挨着的另一动作行为之前，后面常用"可 [kʻɛ$^{24}$]"呼应，强调前后相隔的时间很短。如：

(1) 他刚从大学毕$^D$业，还有找着工作嘞。
(2) 孩$^Z$刚吃罢药，叫他躺$^D$那儿睡会儿吧。
(3) 我刚进$^D$屋，外头可下开雨了。
(4) 刚上$^D$两年学，可不知$^H$ [tʂo$^{24}$] "知道"的合音 你是谁了。

另一个是时间名词，称作"刚$_2$"，可以用在动词、形容词或主语前，表示说话前不久的时间，相当于普通话的"刚才"。如：

(5) 老师刚还在这儿嘞，这会儿不知$^H$往哪儿了。
(6) 恁爸刚来$^D$个电话，叫你去单位找他嘞。
(7) 你刚去哪儿了？

普通话中的"刚""刚刚""刚才"在意义和用法上都有区别，浚县方言的"刚"虽然大致相当于"刚""刚刚"或"刚才"，但并不是完全涵盖这三个词的用法，有自己的句法要求和句法表现。

1. 普通话的"刚""刚刚"前可以出现具体的时间词语，与之意义相同的"刚$_1$"前面不能出现具体的时间词语。如：

|普通话|浚县方言|
|---|---|
|他昨天刚从北京回来。|＊他夜个刚打北京回来。|
|我两天前刚给了他三百块钱。|＊我两天头嘞刚给$^D$他三百块钱儿。|

2. 普通话中的"刚""刚刚"很少跟"了₁"共现，特别是当动词后没有其他成分时，不与"了₁"共现，浚县方言的"刚₁"常常与相当于"了₁"的变韵共现。如例（3）、例（4）、例（5）、例（7）。

3. 普通话的"刚""刚刚"可以表示在时间、空间、数量等方面不早不晚、不前不后、不多不少恰好的意思。如"刚两点，你来得不早不晚""这件衣服大小刚合适""她的体重刚刚五十公斤，没有超重"。浚县方言的"刚₁"没有这两种用法。如下面的句子在浚县方言里不合语法：

（8）＊刚两点，你来嘞不早也不晚。

（9）＊这件儿衣裳大小刚合身儿。

（10）＊她嘞体重刚五十公斤，冇超重。

4. 普通话的"刚""刚刚"还可以表示勉强达到某种程度，意思同"仅仅"。如"他声音太小，我们刚能听到""他立着脚刚刚可以够到他爸爸的鼻子"。浚县方言也有一个表示这种意思的词，音 [tɕiaŋ²¹³]，从普通话及其他方言相同意义的对应情况看，这个"[tɕiaŋ²¹³]"可能是"刚₁"的变体，为了跟"刚₁"相区别，这里在其后标上国际音标。如：

（11）今个做嘞饭不多，刚 [tɕiaŋ²¹³] 够吃$^D$。今天做得饭不多，刚刚够吃。

（12）他声音太小，俺刚 [tɕiaŋ²¹³] 能听着。他声音太小，我刚能听到。

（13）他立住脚儿刚 [tɕiaŋ²¹³] 能够着他爸爸嘞鼻$^Z$。他立着脚刚刚可以够到他爸爸的鼻子。

5. 相当于普通话"刚才"的"刚₂"也可以作定语，但比"刚才"受限制，一般只出现在"刚+指+名"的格式中。如：

（14）刚那个电视不错。刚才那个电视不错。

（15）刚那个事儿你白忘$^D$。刚才那件事你别忘了。

浚县方言中另有一个表示说话前不久的时间词"刚刚儿 [tɕiaŋ²⁴ tɕiɤr⁴²]"，常常变读为"[tɕiaŋ²⁴ niɤr⁴²]"，意义和用法都跟普通话的"刚才"相同。如：

（16）刚刚儿她俩还吵架嘞，□［iæŋ²¹³］会儿现在又好了。

（17）吃罢药比ᴰ刚刚儿好多了。

（18）刚刚儿你咋不拦住他嘞？<small>刚才你怎么不拦住他呢？</small>

（19）刚刚儿那个人是恁舅吧？<small>刚才那个人是你舅舅吧？</small>

6. 当动词后带时量短语时，"刚"存在歧义，需根据上下文或语境加以区分。如：

（20）他刚来ᴰ一会儿，□［iæŋ²¹³］会儿正开会嘞。<small>他刚来一会儿，现在正在开会呢。</small>

（21）他刚来ᴰ一会儿，瞧ᴰ冇事儿又走了。<small>他刚才来了一会儿，看没事又走了。</small>

例（20）中的"刚"是"刚₁"，例（21）中的"刚"是"刚₂"，二者不仅意义不同，在格式中的结构层次也不同。例（20）是"［（刚+来ᴰ）+一会儿］"，例（21）是"［刚+（来ᴰ+一会儿）］"。就是说"刚₁"只能加在谓词性成分之上，不能用在主语前。"刚₂"是加在整个事件之上的，可以用在主语前，例（21）还可以变换成"刚他来ᴰ一会儿，瞧ᴰ冇事儿又走了"。

### 4.1.1.2 都［·tou］

"都"作时间副词时读轻声［·tou］，相当于普通话的"已""已经"。普通话中的"都"也有这种用法，但使用频率远不如"已""已经"高。浚县方言不用"已""已经"，因此"都"涵盖了普通话中"已、已经"和相同情况"都"的用法，使用频率非常高。如：

（22）他都下班走了，你还在这儿等他弄啥唡？<small>他已经下班走了，你还在这儿等他干什么？</small>

（23）俺姐这会儿都到ᴰ广州了。<small>我姐这会儿已经到广州了。</small>

（24）我都上ᴰ三年班儿了。<small>我已经上了三年班了。</small>

（25）都八点了，快ᴰ些儿走吧。<small>都八点了，快点儿走吧。</small>

（26）天都不冷了，你还穿恁厚。<small>天已经不冷了，你还穿那么厚。</small>

"都"后边有"快""要""差不多儿"等副词时，也可以用在表示未然的事态句中。如：

（27）都快上课了，他还不来。<small>都快上课了，他还不来。</small>

（28）天都要黑了，俺妈还冇回来嘞。<small>天都黑了，我妈还没回来呢。</small>

(29) 他都差不多儿八岁了，还些不懂事儿嘞。他都差不多八岁了，还很不懂事。

从表义上看，以上的句子都是表示未然的事件，但未然并不是"都"的意义，而是"快""要""差不多"的意义。

"都"还可以作范围副词和语气副词，用法跟普通话一样，此不赘述。

**4.1.1.3 斗 [tou²¹³]**

"斗"是个借音字，用作时间副词时，常常读轻声 [·tou]，可能是"就 [tɕiou⁴²]"的音变形式，意思也相当于普通话的"就"，可以表示三种意义：

1. 表示动词、变化很短时间以内就要发生。如：

(30) 你先走，我随ᴰ斗去。你先走，我马上就去。

(31) 俺明个斗开学了。我明天就开学了。

(32) 再等一小会儿，饭眼看斗熟。再等一小会儿，饭眼看就熟了。

2. 表示事情发生的早或结束的早，"斗"前一般要有时间词语或其他成分。如：

(33) 我五岁斗上ᴰ学了。我五岁就上学了。

(34) 学校夜个斗放ᴰ假了。学校昨天就放假了。

(35) 他从小儿斗些懂事儿。他从小就很懂事。

(36) 这事儿厂长早斗知ᴴ了。这事厂长早就知道了。

3. 表示两件事情挨得很紧。如：

(37) 我干完ᴰ斗走。我干完就走。

(38) 我一下班儿斗回来。我一下班儿就回来。

(39) 再添一点儿斗满了。再添一点儿就满了。

(40) 不管啥活儿，他一瞧斗会。不管什么活儿，他一看就会。

跟普通话的"就"一样，"斗"还可以作范围副词和语气副词（见下文）。

**4.1.1.4 随ᴰ [suɛ⁴²]、随ᴰ斗 [suɛ⁴²·tou]、随ᴰ可 [suɛ⁴²·kʻɛ]**

"随ᴰ"的源头是"随+住"，意思是"紧跟着"，由于常用在其他谓词性成分前逐渐虚化，后经合音而成，合音形式符合 D 变韵规律。"随ᴰ"用在谓词性成分前，表示动作行为的发生或完成就在即将，或者动作行为与某件事的发生或完成紧挨着，强调相隔的时间很短，相当于普通话的"立刻、立即、即刻、马上、立马儿"等。如：

（41）你到$^D$那儿，随$^D$给家来个电话儿。你到了那儿，马上给家打个电话。

（42）我随$^D$去买票，跟$^D$你一齐儿去。我马上去买票，跟你一起去。

（43）我不能随$^D$跟$^D$你走。我不能立刻跟你走。

"随$^D$斗""随$^D$可"本来是"随$^D$"跟副词"斗""可"的复合形式，由于常用，已凝固成词，并在表达上大致形成了分工："随$^D$斗"一般用于未然事态，"随$^D$可"一般用于已然事态。如：

（44）我吃罢饭随$^D$斗回去。我吃过饭马上就回去。

（45）我吃罢饭随$^D$可回去了。我吃过饭马上就回去了。

（46）那个录音机我用两天儿随$^D$斗还他。那个录音机我用两天马上还给他。

（47）那个录音机我用$^D$两天儿随$^D$可还$^D$他了。那个录音机我用了两天马上就还给他了。

"随$^D$、随$^D$斗、随$^D$可"不能单独回答问题，一定要跟谓词连用。

### 4.1.1.5 顷刻 [tɕ'yəŋ²⁴k'ɛ²⁴]

"顷刻"是表示将来的时间副词，一般用在谓词性成分前，有时也可以用在主语前，表示事情要发生在不久的将来，普通话里没有与之相当的时间副词。如：

（48）公安局顷刻斗搬$^D$西郊了。公安局不久就要搬到西郊了。

（49）□[iæ⁴²]顷刻斗去工商局上班儿了。人家用不了多久就要去工商局上班了。

（50）你不好好儿干，顷刻□[iæ⁴²]斗不叫你来了。你不好好干，用不了多久人家就不让你来了。

（51）你请不听话了，顷刻我斗送$^D$你学里$^H$。你再不听话，过几天我就把你送到学校。

从形式上看，浚县方言的"顷刻"跟普通话的"顷刻"相同，但二者的语法性质和语法意义完全不同，普通话的"顷刻"是时间名词，常跟"间"搭配使用，表示一个较短的时间，浚县方言的"顷刻"则是一个纯粹的时间副词，常跟"斗"连用，表示事情发生在不久的将来。

### 4.1.1.6 老 [lau⁵⁵]

"老"用在谓词性成分前表示发生的事情是经常的，相当于普通话的"总、总是、常、常常、经常"。如：

（52）她老来俺家串门儿。她总来我们家串门儿。

（53）他老迟到，老师拿他也冇法儿。他总迟到，老师拿他也没法儿。

（54）你白老埋怨他，你也有错儿。你别总是埋怨他，你也有错。

（55）这一段儿老停电，活儿到ᴰ时儿敢赶不出ᴴ [tṣʻuai⁵⁵] "出来"的合音了。这一段时间老是停电，这活儿到时间恐怕赶不出来了。

浚县方言也用"经常"，但"经常"是较文雅的用法，口语里一般用"老"或其他表示经常的副词（见下文 4.1.1.7）。

另外，跟普通话"常、常常、经常"不同的是，"老"总带有说话人不满或看不惯等感情色彩，肯定句中常跟"是"搭配使用，进一步加强不满或看不惯的语气。如上面几例中的"老"都可以换成"老是"，语气进一步加强。否定句中与普通话的"常、常常、经常"一样，"不"用在"老"的前面，一般多用于对比的语境中。如：

（56）他那一段儿老来，这一段儿不老来了。他那一段时间常来，这一段时间不常来了。

（57）□ [iæŋ²¹³] 会儿她不老生病了。现在她不怎么生病了。

例（56）是这一段时间跟那一段时间对比，例（57）是现在跟过去对比。

### 4.1.1.7 终会儿 [tṣuaŋ⁴² xur²⁴]、成天ᶻ [tṣʻəŋ⁴² tʻiæ²⁴] / [tʻiəŋ⁴² tʻiæ²⁴]、见天 [tɕian²¹³ tʻian²⁴]、天天儿 [tʻian²⁴·tʻior]

"终会儿"也是用在谓词性成分之前，表示动作、行为或情况的发生是经常的，意思相当于普通话的"常、常常、经常"。跟"老"不同，"终会儿"只是客观地描述，不带说话者的主观态度。如：

（58）那个人终会儿来找她。那个人经常来找她。

（59）他终会儿不在这儿。他经常不在这儿。

（60）那小ᶻ铁费力了，身上终会儿磕嘞一块一块嘞。那个小孩很调皮，身上整天磕得一块青一块紫的。

"成天ᶻ、见天、天天儿"也是表示经常的意思，跟普通话的"成天、天天"意思基本相同，但浚县方言中不用"常""常常"这两个副词，因此在意思上，浚县方言的"成天$^z$、见天、天天儿"的词汇意义比普通话虚一些，更多的时候是指常常、经常。三个词在句中可以自由替换。如：

(61) 他成天$^z$/见天/天天儿打麻将。他天天打麻将。

(62) 她妈嘚身体些不好，成天$^z$/见天/天天儿生病。她妈妈的身体很不好，整天生病。

(63) 我成天$^z$/见天/天天儿说你，白横那儿扔东西，你斗记不住哟？我天天说你不要到处扔东西，你就记不住吗？

(64) 他成天$^z$/见天/天天儿在这儿卖菜，这儿嘚人都认嘚他。他天天在这儿卖菜，这儿的人都认识他。

虽都表示动作、行为或情况经常发生，但在语义上，"老""终会儿"和"成天$^z$、见天、天天儿"有区别。"老"带有说话者看不惯或不满的语气，"终会儿"和"成天$^z$、见天、天天儿"都只是客观地描述。在所表达的经常性频率上，"老""终会儿"没有"成天$^z$、见天、天天儿"高。

### 4.1.1.8 只根 [tʂʅ²⁴·kən]

"只根"用在谓词性词成分前，有两个意思：一个表示在一段时间内某个动作、变化发生得频繁或不间断，有"一直"的意思；另一个是表示时间较长久，一般用于否定的情况。如：

(65) 说一遍妥了，甭只根说。说一遍就行了，别老说。

(66) 他只根哭，哄也哄不住。他一直不停地哭，哄也哄不住。

(67) 我等$^D$你半天，你只根不来。我等了你半天，你一直不来。

(68) 饭只根不熟，我都饥嘚吃不住了。饭一直不熟，我都饿得不得了了。

浚县方言也用"一直"，例 (65)、例 (66) 里的"只根"都可以用"一直"替换，但"只根"和"一直"不完全相同。"一直"强调动作或状态自始至终不间断或保持不变，不带主观色彩。而"只根"表示动作、状态在一段时间内频繁或不间断，并带有主观不满的语气。另外，"一直"不表示时间长久，例 (67)、例 (68) 的"只根"也可以换成"一直"，但意思不大相同。用"一直"只是客观地强调"不来""不熟"的情况保持不变，没有时间较长的意思。用"只根"是说话者嫌时间太长，带有明显的抱怨语气。

### 4.1.1.9　就/斗豁儿 [tɕiou²¹³/tou²¹³ xuər²⁴]

"就/斗豁儿"的中的"就""斗"意思相同，都相当于普通话的"就"，"豁儿"只是借音，本字不详。"就/斗豁儿"常跟表示强调语气的副词"斗"一起用在谓词性成分前，表示谓词性成分所述情况从头至尾、始终或全然没有改变，相当于普通话的"压根儿""根本""本来"。普通话中的"压根儿""根本"一般只用于否定的情况，"就/斗豁儿"既可以用于肯定也可以用于否定。如：

（69）俺爸俺妈就/斗豁儿斗不同意。我爸我妈压根儿就不同意。

（70）那个地张儿就/斗豁儿斗不是他家嘞。那个地方本来就不是他家的。

（71）他就/斗豁儿斗瘸。他本来就瘸。

（72）这儿就/斗豁儿斗是个学校，不是后来改嘞。这儿本来就是个学校，不是后来改的。

（73）要知ᴴ他这慌样儿，就/斗豁儿斗不跟ᴰ他结婚。要知道他这样，压根儿就不跟他结婚。

浚县方言中，"斗豁儿"和"就豁儿"虽意思相同，但二者并不是绝对的自由变体，用"就豁儿"还是用"斗豁儿"完全跟个人的习惯有关，有的人习惯用"就豁儿"，有的人习惯用"斗豁儿"。

### 4.1.1.10　本质 [pən⁵⁵ ·tʂʅ]

"本质"在浚县方言里已经变成了副词，一般用在句子前面，也可以用在谓词性成分前，表示所述的情况是固有的或原有的，不会改变。跟普通话的"压根儿、一直、本来、根本"意义相近。如：

（74）本质我斗不同意，你非要这着嘞吧。我压根儿就不同意，但你非要这样做。

（75）本质我斗是买那好儿嘞，不买那玄嘞。我一直都是买好的，不买那不好的。

（76）我本质斗好吃咸嘞。我本来就爱吃咸的。

（77）他本质斗不适合你，你硬要跟ᴰ他结婚。他根本就不适合你，你硬要跟他结婚。

### 4.1.1.11　有时儿 [iou⁵⁵ ·ʂər]、不定啥时儿 [pu⁴² tiəŋ²¹³ ʂa⁵⁵ ʂər⁴²]、绷个仨儿 [pəŋ²⁴ ·kəsər²⁴]、使嘞猛嘞 [ʂʅ⁵⁵ ·lɛməŋ⁵⁵ ·lɛ]

"有时儿、不定啥时儿、绷个仨儿、使嘞猛嘞"用在谓词性成分前表示动作行为或情况是偶发的，跟普通话的"偶尔""有时""间或"

意义相同。只是这些成分还处于短语向副词虚化的阶段，没有彻底变成副词，但它们已经相当凝固，只在句中作状语，意义和功能都跟副词相同。如：

（78）他不是见天喝酒，有时儿喝一点儿，也喝不醉。他不是整天喝酒，有时喝一点儿，也喝不醉。

（79）我有时儿也去那儿打打球。我偶尔也去那儿打打球。

（80）俺大妞ᶻ些忙，不定啥时儿才回来一趟ᶻ嘞。我大女儿很忙，偶尔回来一趟。

（81）今年嘞麦都些饱，绷个仨儿有个秕嘞。今年的麦子都很饱满，偶尔有一个秕的。

（82）生意不多好，绷个仨儿来个人，也买不了多儿东西。生意不太好，偶尔来个人，也买不了多少东西。

（83）我使嘞猛嘞才打一回麻将。我偶尔才打一次麻将。

（84）俺家以前些穷，使嘞猛嘞才割一回肉。我家以前很穷，偶尔买一次肉。

"有时儿、不定啥时儿、绷个仨儿、使嘞猛嘞"虽都表示动作、行为或情况的偶发，但语义上还有细微的区别，"有时儿、不定啥时儿"在偶发性频率上比"绷个仨儿、使嘞猛嘞"高，而后两者中，"绷个仨儿"又比"使嘞猛嘞"高一点儿。它们在偶发频率上可以做如下排列（">"左边的词语所表示的偶发频率大于右边的词语）：

有时儿＞不定啥时儿＞绷个仨儿＞使嘞猛嘞

浚县方言中，与表示经常性的副词相比，表示偶发性的副词不够发达、丰富，因此这些短语的凝固性就变得较高，这也是方言中对一种表达手段不平衡的一种协调。

**4.1.1.12 一弄 [i$^{24}$nəŋ$^{213}$]、弄不弄 [nəŋ$^{213}$·pu nəŋ$^{213}$]**

"一弄、弄不弄"用在谓词性成分前，表示动作行为发生得比较频繁或容易，大致相当于普通话的"动不动"，多含有不满的语气，常跟"斗"配合使用。如：

（85）她些脸儿多，一弄斗哭，一弄斗哭。她太敏感，动不动就哭，动不动就哭。

（86）他一弄斗撂挑儿不干了，些不好惹。他动不动就撂挑子不干了，很不好惹。

(87) 他脾气不好，弄不弄斗生气。他脾气不好，动不动就生气。

(88) 他还是个小孩ᶻ嘞，弄不弄斗偷东西，长大咋办嘞？他还是个孩子，动不动就偷东西，长大怎么办呢？

(89) 我也有吃你嘞喝你嘞，白弄不弄斗给我个脸儿。我也没吃你的喝你的，别动不动就给我脸色看。

### 4.1.2 程度副词

A：太、够、真、怪、多、有点儿、更、还、最

B：些、铁、生、略稍、刚、不咋儿、越发、越嘞越

#### 4.1.2.1 些 [ɕiɛ²⁴]

"些"只是一个借音字，本字不明，也有人写作"血"，用在形容词、助动词或动词短语前表示程度很高，意思相当于普通话的"很"，但在语法表现上跟"很"有区别。

1. "些"跟普通话的"很"一样，可以用在形容词、助动词或动词短语前表示程度很高。但浚县方言的"些"还常常跟语气助词"家[·tɕiɛ]"呼应，表示对所述程度的进一步确认，使句子带上很强的主观色彩。"些……家"大致相当于普通话的"挺……的"。如：

(1) 这儿嘞东西些贵。这儿的东西很贵。

(2) 瞧ᴰ他小，他些能干。看着他小，他很能干。

(3) 兰兰学习些用功家。兰兰学习挺用功的。

(4) 那个村儿嘞人些不讲理家。那个村儿的人很不讲理。

(5) 恁爸说话些有意思家。你爸爸说话挺有意思的。

2. 普通话的"很"跟形容词构成的短语还可以再修饰名词，在句中作定语。如"很多人""很漂亮的衣服""很和善的老人"等，浚县方言的"些"没有这种用法，由"些"跟形容词构成的短语只在句中作谓语或补语。如下面的句子在浚县方言里不能说：

(6) ＊他买ᴰ些多东西。他买了很多东西。

(7) ＊我有一件儿些好看嘞裙儿。我有一件儿很漂亮的裙子。

3. 普通话的"很"还可以用在"动词+数量词语"前，如"很花了些时间""很有两下子""很费了一番周折"等，浚县方言的"些"没有这种用法。如：

(8) *盖这座屋些花得钱。盖这座房子很花了些钱。

(9) *给你调工作些费<sup>D</sup>点儿事儿。给你调工作很费了点儿周折。

4. 普通话的"很"可以用在"得"后作补语，如"好得很""认真得很""喜欢得很"等，浚县方言的"些"没有这种用法。如：

(10) *他跑嘚快嘚些。他跑得快得很。

(11) *李老师对人实在嘚些。李老师对人实在得很。

浚县方言里也有一个表示程度的"很"，但只能用在"嘚"（相当于普通话的"得"）后作补语，是个唯补副词。另外，这个"很"作补语时跟别的形容词一样可以发生变韵，并与语气助词"嘚"连用表示程度的夸张（详见2.3形容词变韵）。如：

(12) 他跑嘚快嘚很<sup>D</sup>嘚。他跑得快得很。

(13) 李老师对人实在嘚很<sup>D</sup>嘚。李老师对人实在得很。

### 4.1.2.2　铁 [t'iɛ²⁴]

"铁"是个同音字，本字可能是"忒"，但还需进一步论证，因此这里还写作"铁"。"铁"主要用在形容词、助动词和动词短语前，表示程度很高。跟"些"不同，"铁"带有很强的主观性，只用于不如意的事情，表示程度过头，也常跟句尾的"了"连用，大致相当于普通话表示程度过头的"太……了"。如：

(14) 五点起<sup>H</sup>铁早。五点起床太早。

(15) 他铁能了，领导也不待<sup>D</sup>见他。他太圆滑了，领导也不喜欢他。

(16) 衣裳做嘚铁窄，穿不上。衣服做得太窄，穿不上。

(17) 怪不嘚他不听话，恁铁惯他了。怪不得他不听话呢，你们太娇惯他了。

浚县方言也用"太……了"表示程度过头，但没有"铁"和"铁……了"常用，语感上，"铁"和"铁……了"是方言固有的成分，"太……了"明显是普通话的渗透。

普通话的"太……了"还可以用于赞叹，"铁"没有这种用法。表示赞叹时，浚县方言是用"真""些……家"来表示的。"太……了"也可以用于赞叹，但使用频率很小，这一点跟普通话的"太……了"不太对应。如：

(18) 他嘚脾气些好家。他的脾气挺好的。

(19) 这个大楼里嘚东西些便宜家，俺终会儿来。这个商场里的东西很便宜，我经常来。

（20）□［iæ⁴²］说嘞话儿真好听！人家说的话真好听！

（21）你要能来那斗太好了。你要能来那就太好了。

### 4.1.2.3　生［ṣəŋ²⁴］

"生"是由形容词虚化而来的，表示程度高，但"生"的结合面很小，一般只用在表示身体感觉或心理感觉的谓词性成分前。如：

（22）热蒸气熏嘞我嘞手生疼。热蒸气熏得我的手很疼。

（23）这腊月嘞天儿生冷，冻嘞人伸不出ᴴ手。这腊月的天很冷，冻得人伸不出手。

（24）我生怕他对ᴰ你说。我很怕他对你说。

### 4.1.2.4　略稍［luɜ²⁴·ṣau］

"略稍"用在形容词、助动词或某些动词短语前，表示数量不多或程度不深，相当于普通话的"稍微""略微"。"略稍"在句中一般不能单独修饰或限制谓词性成分，常跟表示量少的"（一）点儿"或表示可控量的动词重叠形式等搭配使用，普通话中的"稍微""略微"也有相同的句法表现。如：

（25）糖甭□［tṣaŋ⁴²］恁多，略稍有点儿斗中。糖不要放太多，稍微有点儿就行。

（26）今个嘞面条ᶻ略稍咸点儿。今天的面条稍微有点儿咸。

（27）略稍给他点儿斗中啦。多少给他点儿就行了。

（28）略稍往里挪挪斗搁下了。稍微往里挪一挪就放下了。

（29）这汤还不多凉嘞，略稍搁火上热热都中。这汤还不太凉呢，稍微在火上热热就行。

### 4.1.2.5　刚［tɕiaŋ²¹³］

"刚"由时间副词"刚₁"发展引申而来，可以用在形容词、助动词或某些动词短语前面，表示程度不深。可以翻译成普通话中表示勉强达到某种程度的"刚、刚刚"，但跟"刚、刚刚"不完全对应，浚县方言的这个"刚"跟上面表示程度不深的"略稍"意义、用法基本相同，也常常跟"（一）点儿"等搭配使用。如：

（30）那树上嘞枣刚红一点儿，还不多熟嘞。那树上的枣刚红一点儿，还不够熟呢。

（31）不要紧，刚疼一点儿，一会儿斗好了。不要紧，稍微有点儿疼，一会儿就好了。

（32）她嘞腿还有好利落嘞，刚能下地。她的腿还没有完全好，刚能下地。

（33）我才学两天，刚懂一点儿。我才学两天，只懂一点儿。

（34）那个色儿不深，刚绿绿儿嘞，还怪好看嘞。那个颜色不深，刚刚有点儿绿，挺好看的。

### 4.1.2.6 不咋儿 [pu$^{24}$·tsɚr]

"不咋儿"是"不怎么"合音后的儿化形式，本是个短语，但因常用在形容词、助动词或某些动词短语前表示程度不深，语感上已经凝固成词，使用频率也很高，故这里把它归入了程度副词。如：

（35）这个学校不咋儿大。这个学校不怎么大。

（36）这事儿她不咋儿愿意。这事儿她不怎么愿意。

（37）他不咋儿会说，还是你去吧。他不怎么会说，还是你去吧。

（38）那个狗这两天不咋儿吃啥儿了，白是有病了吧。那条狗这几天不怎么吃东西了，别是有病了吧？

### 4.1.2.7 越发 [yɛ$^{24}$·fa]

"越发"用在形容词、助动词或某些动词短语前，表示程度在原有的基础上又有加深。一般用在有对比的语境中，跟普通话的"越发"意思基本相同，但结合面和使用频率有一定区别。

1. 普通话的"越发"后面所表示的意思可以是消极的，也可以是积极的，浚县方言的"越发"一般只用于表达消极的意义。如：

（39）＊几年不见，恁妞长嘞越发齐整了。几年不见，你女儿长得越发漂亮了。

（40）＊这头发一铰，显嘞越发精神了。头发一剪，显得越发精神了。

（41）这几天她咳嗽嘞越发厉害了。这几天她咳嗽得越发厉害了。

（42）这孩$^z$一大，越发不听话了。这孩子一大，越发不听话了。

例（39）、例（40）表达的是积极意义，普通话可以说，但相对应的浚县方言不能说。例（41）、例（42）表达的是消极意义，浚县方言和普通话都可以说。

2. 普通话的"越发"可以跟上文的"越"或"越是"形成呼应，作用相当于"越……越……"。浚县方言的"越发"只能单用，不能与"越"或"越是"形成呼应。如：

　　　　　普通话　　　　　　　　　　　　浚县方言
观众越多，他们表演得越发卖力气。　＊看嘞人越多，他几ᴴ演嘞越发
　　　　　　　　　　　　　　　　　　　有劲儿。

越是性急，越发容易出错误。　　　　＊越是性急，越发好出错儿。

3. 普通话的"越发"不跟作补语的表示程度深的"很"共现，也不与表示起始的"起来"共现，浚县方言的"越发"则不受此限制。如：

　　　　　普通话　　　　　　　　　　　　浚县方言
＊吃了这药，腿越发疼得很了。　　　吃ᴰ这药，腿越发疼嘞很了

＊过完年，这菜越发贵起来了。　　　过罢年，这菜越发贵开了。

### 4.1.2.8　越嘞越……　[yɛ²⁴·lɛyɛ²⁴]

"越嘞越……"一般用在形容词、助动词或某些动词短语前，表示程度随着时间的向前推进而变得更深，相当于普通话的"越来越……"。如：

（43）天越嘞越冷了。天越来越冷了。

（44）□[iæŋ²¹³]会儿嘞东西越嘞越贵。现在的东西越来越贵。

（45）她学嘞越嘞越会说了。她学得越来越会说了。

（46）俺妈吃嘞些胖，越嘞越走不动了。我妈吃得很胖，越来越走不动了。

　　浚县方言还可以用后附加式表示程度，即在谓词性成分的后边附加副词或相当于副词的语言成分，句法上是补语。但这些表示程度的补语不能直接附加在谓词性成分后，中间一定要插入一个补语标记"嘞"（相当于普通话的"得"）。

　　表示程度的后附加成分主要有"很、伇不了、不得了、冇法儿（贬义）、不行、慌、吃不住、啥儿样"等。"很"前面已经讨论过了，其他的举例如下：

（47）那屋里ᴴ热嘞伇不了。那屋里热得受不了。

（48）瞧她轻慌嘞不得了。她娇气得不得了。

（49）他那个小小ᶻ孬嘞冇法儿。他那个小儿子坏得很。

（50）肚里ᴴ疼嘞不行，赶紧叫我吃得[·tɛ]药吧。肚子疼得不得了，赶快让我吃点药吧。

（51）人些多嘞慌，等会儿再去吧。人多得很，等一会儿再去吧。

(52) 那人能嘞吃不住，跟ᴰ他比ᴰ啥嘞。那个人圆滑得很，跟他比什么呢。

(53) 瞧恁忙嘞啥儿样，甭来了。你们忙得跟什么似的，不用来了。

### 4.1.3 范围副词

A：都、全、全都、总共、一共、只、也

B：满共、一满、只满、光、斗、净

#### 4.1.3.1 满共 [man⁵⁵kuəŋ²¹³]

"满共"是对数量的总括，一般用在谓词性成分前，有时也可以直接用在数量成分前，跟普通话中的"总共、一共"意思差不多，但有区别。"总共、一共"浚县方言里也用，是对数量的客观总括，不含主观态度。"满共"带有说话人认为数量不多的态度，准确地说应该跟"总共/一共+才/就"意思相当。如：

(1) 俺满共挣ᴰ三十块钱。我总共才挣了三十块钱。

(2) 夜个满共去ᴰ八人。昨天一共才去了八个人。

(3) 鸡蛋满共掉ᴰ俩了，你都吃ᴰ吧。鸡蛋总共就剩两个了，你都吃了吧。

(4) 你满共洗几件儿衣裳么，斗镇使嘞慌噢？你一共才洗了几件衣服，就这么累呀？

有时候，"满共"也跟"才、斗"连用，以强调这种主观态度。如：

(5) 他满共才考ᴰ50分儿。他一共才考了50分儿。

(6) 那个小学满共斗五ᴴ [ŋuə⁵⁵]。"五个"的合音班。那个小学总共就五个班。

#### 4.1.3.2 一满 [i²⁴man⁵⁵]

"一满"也用于对数量的总括，但一般只用在数量成分前，意思跟"满共"相当，也带有说话人认为数量不多的感情色彩。如：

(7) 俺一满仨ᴴ [sa²⁴]。"三个"的合音，给你一个吧。我一共才三个，给你一个吧。

(8) 他厂里ᴴ一满三十ᴴ [ʂo²⁴]。"十个"的合音人。他们厂里只有三十人。

(9) 加上咱妈给我嘞，一满五百。加上咱妈给我的，一共才五百块。

以上用"一满"的地方都可以用"满共"替换，但一般情况下二者有分工，"满共"用在谓词性成分前，"一满"用在数量成分前。

### 4.1.3.3 只满 [tʂʅ²⁴man⁵⁵]

"只满"是对数量的限定，一般用在谓词性成分前，有时也可以用在句子前，意思跟普通话的"只"相当，句中一定有数量成分。如：

（10）他家只满他自ᴴ [tsɿ²¹³]（"自个"的合音）他爸他妈些娇养他。他家里只他一个孩子，他爸爸妈妈很娇惯他。

（11）俺只满吃ᴰ一碗饺子。我只吃了一碗饺子。

（12）只满他一个人去哟？只他一个人去吗？

（13）□[iæ⁴²]娶ᴰ个媳妇儿，只满花五千块钱。人家娶了个媳妇儿，只花了五千块钱。

### 4.1.3.4 光 [kuaŋ²⁴]

"光"是限定范围的副词，一般用来限定事物或动作范围。普通话中主要用于口语。浚县方言里的"光"结合面比普通话广，相当于普通话表示限定的"光、只、只是、仅"等。如：

（14）我光吃菜不吃饭。我只吃菜不吃饭。

（15）我光去过北京，别嘞地张儿冇去过。我只去过北京，别的地方没去过。

（16）这事儿光他一个人知ᴴ。这事儿就他一个人知道。

（17）光急也有啥用，还是想想法儿吧。只着急没有用，还是想想办法吧。

（18）甭光玩儿，得写作业呀。别只是玩儿，还得写作业。

（19）光买家具斗花里ᴴ三千。单买家具就花进去三千块钱。

除表示限定外，"光"还可以表示动作和情况的发生是经常的、反复的，跟"老是""总是"大致相当。如：

（20）他俩在一□儿[tʼuər⁴²]光搁气。他们两个在一起老是吵架打架。

（21）这两年他光生病。这两年他总是生病。

有时候，"光"还可以用在表示条件关系的复句中表示结果，跟"就会"大致相当。如：

（22）啤酒喝多了光发胖。啤酒喝多了就会发胖。

（23）活儿干不完光挨吵。活儿干不完就会挨批评。

### 4.1.3.5 斗 [tou²¹³]

"斗[tou²¹³]"这里用的是同音字，跟普通话中表示限定的"就"意义和用法相同。如：

（24）斗他一个人中ᴰ奖了。就他一个人中了奖。

（25）这个烙铁我斗用过一回可坏了。这个熨斗我就用过一次就坏了。

（26）你啥都不会，斗会吃。你什么都不会，就会吃。

（27）斗你能，□［iæ⁴²］都傻。就你聪明，别人都傻。

作为表示限定的副词，"只满""光""斗"有相同之处，但也有一些分工。从语义上看，"只满"只用来限定数量范围，要跟数量词语共现。"光""斗"主要用来限定事物、动作、行为或事件的范围，但"光"可以用于否定的情况，如例（18），"斗"不用于否定；在条件句中，"光"一般是限定条件的，"斗"一般是限定结果的，因此它们有时可以共现，如例（19）。另外，"斗"带有很强的主观色彩，在限定数量时，重读表示说话人认为数量少，轻读表示说话人认为数量多，"光"没有此用法。

**4.1.3.6　净 [tɕiəŋ²¹³]**

"净"作为范围副词，一般表示总括，即"尽"的意思，常跟"是"连用。如：

（28）净恁说嘞，哪儿有俺张嘴儿嘞份儿。尽是你们说，根本没有我们张口的份儿。

（29）俺说嘞净是大实话。我说的尽是大实话。

（30）那柜里ᴴ净是你嘞衣裳，还买啥嘞么。柜子里尽是你的衣服，还买什么呀。

（31）□［iæ⁴²］在那儿正说事儿嘞，你净打岔。人家在谈事情呢，你尽是打岔。

（32）□［iæ⁴²］都忙嘞啥儿样，你净在那儿捣乱。人家都忙得不得了，你尽在那儿捣乱。

**4.1.4　情状副词**

A：胡、乱、瞎、白、偷偷儿、直接、使劲儿、硬、手把手、亲眼

B：很、胡乱、随便儿、斗那、当门儿、单门儿、出心、冷不丁、冷不防儿、一齐儿、赶ᴰ、伙、吃劲儿

**4.1.4.1　很 [xən⁵⁵]**

这个"很"跟表示程度的"很"不同，程度副词"很"（即"很₂"）附加在谓词性成分后作补语，这里的"很"，是表示情状义的副词，只用在谓词性成分前作状语，是"很₁"，意思是"一直"或

"一直不停地""老是""一个劲儿地",并隐含着说话者不满、责怪或劝诫等感情色彩。如:

(1) 啥东西都不能很吃。什么东西都不能一个劲儿地吃。

(2) 你净很看电视啦,不怕恁妈回来吵你哟?你就这样一直看电视,不怕你妈回来训你?

(3) 你不去,我斗很在这儿等$^D$你。你不去,我就一直在这儿等你。

(4) 你很玩儿很玩儿,作业都忘写了。你一个劲儿地玩儿,作业都忘写了。

(5) 这个事儿你都说多儿遍了,能很说哟?这件事儿你都说多少遍了,能一直说呀?

### 4.1.4.2　胡乱 [xu$^{42}$ luan$^{213}$]、随便儿 [suei$^{42}$ pior$^{213}$]、斗那 [tou$^{213}$ ·na]

"胡乱、随便儿、斗那"是一组同义词,其中"斗那"是"斗那样"虚化而来的,一般用在谓词性成分前作状语,表示动作、行为等是随意的、无所遵循的或是无根据的,也可以说是随意貌的主要附加成分,跟普通话的"随便、胡、乱、瞎"等大致相当。如:

(6) 我冇事儿,在街上胡乱转转。我没什么事,在大街上随便逛逛。

(7) 你不知$^H$白胡乱说啊。你不知道不要乱说。

(8) 你随便儿给吧,多儿都中。你随便给吧,多少都行。

(9) 他不过是随便儿说说,你甭论恁真。他不过是随便说说,你不要那么认真。

(10) 斗那弄弄妥了,不用恁细发。就那样随便弄一下就行了,不用那么细致。

"斗那"还常常跟"胡乱、随便儿"连用,强调随意的情状。如:

(11) 斗那胡乱写几句妥了。就那样随便写几句就行了。

(12) 你斗那随便儿给他点儿不斗中啦?你就那样随便给他一点不就行了?

"胡乱、随便儿、斗那"基本上可以自由替换,但"胡乱、随便儿"不能叠置。

### 4.1.4.3　当门儿 [taŋ$^{24}$ mər$^{24}$]/单门儿 [tan$^{24}$ mər$^{24}$]

"当门儿、单门儿"一般用在谓词性成分前,表示某种动作、行为是有意识的或故意的,跟普通话中的"故意"大致相当。"当门儿、单门儿"是自由变体,可以随意替换。如:

(13) 他当门儿在俺嘞本儿弄$^D$水里嘞。他是故意把我的本子弄到水里的。

（14）对不住，俺不是单门儿嘞。对不起，我不是故意的。

（15）他当门儿挡住我嘞明儿嘞。他是故意挡着我的亮光的。

（16）我单门儿对恁妈说嘞。我是故意对你妈妈说的。

### 4.1.4.4 出心 [tʂʻu²⁴ ɕin²⁴]

"出心"一般用在谓词性成分前，表示某种动作、行为是有心的或有意的，跟普通话中的"有心、有意"大致相当。如：

（17）他是出心对你好嘞，你白不理他。他是有心对你好，你不要不理他。

（18）你要是出心坏我嘞事儿，我可不饶你。你要是有意坏我的事，我可不饶你。

（19）她出心不跟ᴰ他过了，谁也冇法儿。她有心不跟他过了，谁也没有办法。

（20）我瞧你是出心捣乱嘞。我看你是有意捣乱的。

### 4.1.4.5 冷不丁 [ləŋ⁵⁵·putiŋ²⁴]、冷不防儿 [ləŋ⁵⁵·pufɚ⁴²]

"冷不丁、冷不防儿"一般用在谓词性成分前，表示动作、行为发生得很意外、没有料到，跟普通话里的"冷不防、突然"大致相当。如：

（21）他冷不丁嘞从后头给ᴰ我一捶，在我吓一跳。他冷不防地从后面给了我一拳，把我吓了一跳。

（22）那个玻璃杯叫我冷不防儿掉ᴰ地ᴴ摔烂了。那个玻璃杯让我冷不防掉在地上摔碎了。

（23）这天咋冷不丁嘞下开雨了？这天怎么突然下起雨来了？

（24）他冷不丁冒出一句话，怪可笑嘞。他冷不防冒出一句话，挺可笑的。

### 4.1.4.6 一齐儿 [i²⁴tɕʻir⁴²]

"一齐儿"用在谓词性成分前，表示动作、行为的发生是一同的或是同时的。相当于普通话里"一起"和"一齐"的意思，浚县方言里没有"一起"，"一齐儿"独自承担了普通话中"一齐"和"一起"的用法。如：

（25）恁俩一齐儿去吧。你们两个一起去吧。

（26）我说预备，咱一齐儿唱。我说预备，我们一齐唱。

（27）俺一齐儿进嘞货，□[iæ⁴²]都卖完了。我们一起进的货，人家已经卖完了。

（28）恁一齐儿说，我听不清。你们一齐说我听不清。

### 4.1.4.7 赶<sup>D</sup> [kæ⁵⁵]

"赶<sup>D</sup>"是"赶住"的合音形式，属于 D 变韵系统，用在谓词性成分前，表示动作、行为进行得很匆忙或很紧急，跟普通话中的"赶忙、赶着"大致相当。如：

(29) 我赶<sup>D</sup>吃赶<sup>D</sup>吃，恐怕晚<sup>D</sup>。我赶忙吃饭，害怕晚了。

(30) 瞧<sup>D</sup>你来了，他赶<sup>D</sup>去买东西。看见你来了，他赶忙去买东西。

(31) 你镇急，赶<sup>D</sup>弄啥嘞呀？你这么急，赶着做什么呢？

(32) 恁爸还赶<sup>D</sup>去上班儿嘞，你快点儿。你爸还赶着去上班呢，你快一点儿。

### 4.1.4.8 伙 [xuə⁵⁵]

"伙"用在谓词性成分前，表示动作、行为的发生是跟其他人一起的，普通话中没有意义完全相当的词，大意是"合伙儿""一起"。如：

(33) 他跟<sup>D</sup>他妈伙吃嘞。他跟他妈在一起生活呢。

(34) 上一回分嘞钱，我跟<sup>D</sup>俺弟伙花了。上一次分的钱，我跟弟弟分着花了。

(35) 我跟俺妹伙做点儿生意。我跟我妹合伙儿做了点儿生意。

(36) 这里嘞活儿咱俩得伙干，我一个人不中。这里的活儿咱们两个要一起干，我一个人不行。

### 4.1.4.9 吃劲儿 [tʂʻʅ²⁴tɕir²¹³]

"吃劲儿"用在谓词性成分前，表示动作、行为的发生很用力，跟普通话的"使劲儿"意思相同。如：

(37) 白吃劲儿拉，都拉坏了。别使劲拉，容易拉坏。

(38) 他耳聋，你吃劲儿喊他也听不见。他耳朵聋，你使劲喊他也听不见。

(39) 你再吃劲儿推一下<sup>Z</sup>斗过去了。你再使劲推一下儿就过去了。

(40) 这块儿饼太硬了，吃劲儿咬也咬不动。这块儿饼太硬了，使劲咬也咬不动。

## 4.1.5 否定副词

A：不

B：不、冇、没 [m̩⁴²]、没冇 [m̩⁴²mau²⁴]、甭、白、休

### 4.1.5.1 不 [pu²⁴]

"不"是单纯否定，用在谓词性成分或个别副词的前面，表示对意

愿、行为、性状、变化或情况等的否定，跟普通话的"不"相同。如：

(1) 我不考研究生。
(2) 这件儿衣裳不便宜。这件衣服不便宜。
(3) 俺爸□［iaŋ²¹³］会儿不吸烟了。我爸现在不抽烟了。
(4) 我不会喝酒。

跟普通话一样，"不"也可以用于假设。如：

(5) 不用功斗考不上学。不用功就考不上学。
(6) 你不便宜俺冇法儿要。你不便宜的话，我不能要。
(7) 你不说谁知ᴴ？你不说谁知道？

普通话中的"不"有时可以单独回答问题，浚县方言的"不"一定要跟别的成分一起才能回答问题。如：

| 普通话 | 浚县方言 |
|---|---|
| 你去吧？——不，我不去。 | 你去吧？——俺不，俺不去。 |
| 你住在这儿吧？——不，我要回去。 | 你住这儿吧？——俺不啦，俺得回去。 |

普通话口语中，"不"有时还可以用在疑问句的句尾，浚县方言的"不"没有这种用法。如：

| 普通话 | 浚县方言 |
|---|---|
| 这事儿你同意不？ | 这事儿你答应不答应？ |
| 你看我的脸红不？ | 你瞧我嘞脸红不红？ |

跟"不"相关的反复问格式，浚县方言也不同于普通话，详见8.2。

**4.1.5.2 没［m̩⁴²］、冇［mau²⁴］、没冇［m̩⁴²mau²⁴］**

"没""冇"都是兼类词，既可以作动词，也可以作副词。作副词时二者意义相同，都是对动作、行为、状态或变化的已然性或现实性的否定。"没冇"是"没"和"冇"的同质兼并形式，"没冇"仍然表达否定意义，跟"没""冇"意义相同。但"没""冇"和"没冇"是否定形式发展演变过程中，不同历史时期沉淀而成的，它们在句法表现上既有相同之处，也有一定的差别，详细情况我们将在后面专做讨论（详见4.2）。

**4.1.5.3 甮［piəŋ⁴²］、白［pɛ⁴²］**

"甮［piəŋ⁴²］"是"不用"的合音形式，合音的阶段比普通话的

"甭［pəŋ³⁵］"靠前一些，还没有完全丢掉介音。"甭"的合音形式是方言语音系统制约所致，按照一般的合音规则，"不"和"用"的合音应该是"［pyəŋ²¹³］"，但浚县方言里［p］不能和［yəŋ］相拼，却可以和与它最接近的［iəŋ］相拼，因此［y］介音变成了［i］。又由于"甭"强调否定，合音时取了"不"的变调形式，"不"在浚县方言里本调读阴平24，但在去声前变读成阳平42，因此"［piəŋ⁴²］"就成了浚县方言中独一无二的音节形式。

浚县方言里的"甭"虽是"不用"的合音形式，但意义上兼有"不用""不要"等意义。

"甭"在句子里有两种用法：

1. 用在祈使句中，表示商议、劝阻、提醒、命令或禁止等意义，跟普通话的"不用、不要、别"意义相当。如：

（8）天又不冷，屋里ᴴ甭生［ʂən²⁴］火了吧？天又不冷，屋里不用生火了吧？

（9）我都不饥，甭做饭了。我都不饿，不用做饭了。

（10）等ᴰ水开ᴰ，甭忘ᴰ关火。等水开了，别忘了关火。

（11）这事儿可甭对ᴰ恁妈说啊。这事儿可不要跟你妈妈说呀。

（12）你刚好ᴰ，甭横［xuəŋ²¹³］那儿跑。你的病刚好，不要到处跑。

2. 用在复句中，表示猜想、推测、估计等意义，跟普通话的"别、别是"意义相当。如：

（13）还是写个字据吧，甭到时儿不认账。还是写个字据吧，别到时不认账。

（14）这个时儿还冇来嘞，甭走错路了吧？这个时候还没有来，别是走错路了吧？

（15）甭咱啥都弄好了，他又不来了。别是我们什么都准备好了，他又不来了。

（16）夜个才说好ᴰ，今个甭又不算数了吧？昨天才说好，今天别是又不算数了吧？

谓词性成分前的"不用"一般都能用合音形式"甭"来表示，但名词性成分前的"不用"则不能发生合音。如：

（17）他两口嘞事儿不用你瞎操心。他们两口子的事儿不用你瞎操心。

（18）俺有钱，不用你嘞。我有钱，不用你的。

这种现象普通话和许多别的方言里都有，即合音只发生在谓词性成分前，并以合音形式和原形式来区分副词和动词的不同功能。这说明语言的发展是日趋严密的，即不同功能的成分趋于采用不同的形式来表达。另外，这种情况也说明普通话和方言都不约而同地遵循着相同的演变机制。

"白"，从来源上说，应该是"不要"的合音，意义和用法跟普通话的"别"相同。但浚县方言里不使用"不要"，因此"白"应该是另有来源。就我们实地调查的情况来看，"白"在浚县方言里的使用人群范围较窄，只在一部分年轻人中使用。但在河南境内属于中原官话的大部分地区，"白"是一个使用频率极高的副词，意义和用法跟普通话的"别"大致相同。浚县方言处在中原官话的北部边缘，我们推测，"白"可能是其他中原官话的介入，不是本土性的。

### 4.1.5.4 休 [xou$^{24}$]

"休"在"退休、休息"中读"[ɕiou$^{24}$]"，但作为否定副词的"休"却读"[xou$^{24}$]"。从意义和用法上看，否定副词"休"，常跟"先"或"再""还"等呼应，表示"先不要 VP"，是表示禁止或劝阻的意思，跟"退休、休息"中的"休"不同。如：

(19) 休走嘞，我再对$^D$你说个事儿。先不要走呢，我再跟你说件事。

(20) 休慌嘞，叫我穿好$^D$衣裳。先不要慌呢，让我穿好衣服。

(21) 先休对$^D$他说，我再跟$^D$他爸商量商量。先不要对他说，我再跟他爸爸商量商量。

(22) 你先休买嘞，我瞧俺家还有冇。你先不要买呢，我看看家里还有没有。

据太田辰夫（2003）研究，"'休'在现代汉语中已经不用了，但在较早的白话中是用得很多的表禁止的词。从它的原义来考察，中止实际上正在进行的动作这个意思可能是它的起源。古代汉语中没有这种用法。大约是从唐代开始的。"[①]

杨荣祥（1999）也谈道，"'休'是唐代产生的表示禁止的否定副词，是由'休'的动词义'休止、停息'引申发展而来的，晚唐五代以后使用渐趋频繁，在元明时期的北方话中，'休'的使用频率非常

---

[①] 见太田辰夫《中国语历史文法》（2003：279）。

高，明以后开始衰落，后逐渐被'别'所取代。'休'在现代汉语口语中已不见使用，但在某些北方方言中还有部分保留。"①

"休"表示禁止、劝阻的意义，在唐代作品以及早期白话作品中都可以见到。如：

（23）休洗红，洗多红色澹。（休洗红）

（24）燕赵休矜出佳丽。（杜甫）

（25）休唱贞元供奉曲。（刘禹锡）（以上例句转引自太田辰夫）

（26）休恋足色金和银，休想夫妻百夜恩。（元曲选 忍字记 第二折）

（27）你且休慌，我还要在盖子上烧一下儿哩。（金瓶梅）

18世纪的《歧路灯》是清代河南作家李绿园用鲜活纯正的河南话写的一部长篇白话小说，里面也有"休"表示禁止、劝阻的用法：

（28）休走哩，再赌一场子。（五八·544）

（29）我再踪迹踪迹，休要办哩猛了，惹姐夫回来埋怨。（八·84）②

可见，浚县方言里"休"的这种表示禁止或劝阻的意义，是早期白话的遗留。同时，跟子变韵一样，"休"作副词的语音形式也保留着较早时期的读音，也没有随其他基本韵的变化而发生变化。以上所说的"［ɕiou²⁴］"和"［xou²⁴］"两种读音正是语言演变历程中，不同历史时期在方言中的遗留。

### 4.1.6 语气副词

A：恐怕、总得、到底、总是、正、看好儿、保准、明明、非、非得、当然、实在、真、只管、怪不嘞、都、斗、才、偏、斗是、权当、好歹

B：光冒、约摸儿、敢、敢是、种、看ᴰ、情、清、反得、真是、可、才着、望望儿、亏嘞、端ᴰ

---

① 参看杨荣祥（1999：26）。

② 关于"休"在近代汉语里的例句转引自太田辰夫（2003）、杨荣祥（1999）、傅书灵（1999）等。

### 4.1.6.1 光冒 [kuaŋ⁴² ·mau]

"光""冒"都是同音字,本字不详。用在谓词性成分前或句首,表示对某一情况的推测、估计或猜想,跟普通话的"大概、可能、恐怕"意义大致相当。如:

(1) 这事儿换ᴰ你,你光冒也不愿意。这事儿换了你,大概你也不愿意。

(2) 光冒他有ᴰ事了吧,这会儿还不来嘞。恐怕他是有事儿了,这会儿还不来。

(3) 孩ᶻ身上些热,光冒是发烧了吧?孩子身上很热,可能是发烧了吧?

(4) 你都拿走,光冒不中。你都拿走,恐怕不行。

浚县方言也用"恐怕",以上的句子也都可以用"恐怕"替换,但显得较文雅。

### 4.1.6.2 约摸儿 [yə²⁴muər⁵⁵]

"约摸儿"一般用在谓词性成分前,表示对数量、时间等的推测、估计或猜测,跟普通话里的"约摸、觉得"大致相同。如:

(5) 我约摸儿他这会儿都睡了。我约摸着他现在已经睡了。

(6) 这个人约摸儿有四十来岁。这个人大约有四十岁。

(7) 我约摸儿有俩钟头儿都中了。我约摸着有两个小时就行了。

(8) 我约摸儿这一回他考不上。我觉得这一次他考不上。

### 4.1.6.3 敢 [kan⁵⁵]、敢是 [kan⁵⁵ ·ʂʅ]

"敢、敢是"一般用在谓词性成分前,表示对人、事情较为肯定的推测、估计,跟普通话的"可能是、大概是"意义相当。如:

(9) 他俩长嘞些像,敢是他爸嘞。他们两个长得很像,可能是他爸爸。

(10) 镇长时儿冇见他,敢退休了吧?这么长时间没见他,大概是退休了吧?

(11) 这个小孩儿敢是恁外甥儿吧?这个孩子可能是你外孙吧?

(12) □[iæ⁴²]冇吭声儿,敢是不愿意嘞。人家没有吭声,可能是不愿意吧。

### 4.1.6.4 种 [tʂuəŋ⁵⁵]

"种"是同音字,本字不详,可能是合音而来的。"种"常用在助动词前,表示事情总归要发生,跟普通话的"总归、总归是"意思相当。如:

(13) 这事儿你种要知ᴴ嘞。这件事你总归是要知道的。

(14) 他种要搂这儿过嘞。他总归是要从这里经过的。

（15）你种得瞧瞧吧。你总得看看吧。

（16）钱再紧，有病种不能不瞧吧。钱再紧，有病总不能不看吧。

### 4.1.6.5 看$^D$ [k'æ$^{213}$]

"看$^D$"应该是合音形式，合音符合 D 变韵规律。"看$^D$"用在谓词性成分前，有三种意思：

1. 表示动作、行为的发生正是时候，或正遇着所希望发生的事情或不希望发生的事情。跟普通话中的"凑巧、偏巧"意思相当。如：

（17）我搂那儿过□[·xuə]嘞，□[iæ$^{42}$]看$^D$开$^D$门儿嘞。我从那儿过的时候，人家正好开着门呢。

（18）你来嘞正好儿，看$^D$他在家嘞。你来得正好，凑巧他在家呢。

（19）你大老远来了，他看$^D$没在家。你大老远来了，他凑巧没在家。

（20）我正说去找他嘞，他看$^D$来$^D$。我正说去找他呢，他正好来了。

2. 表示事情的发生与常情或预料的相反，跟普通话的"反而"意思相近。如：

（21）白瞧□[iæ$^{42}$]笨，□[iæ$^{42}$]看$^D$能考$^D$上大学。别看人家笨，人家反而能考上大学。

（22）白瞧这药便宜，看$^D$能治病。别看这种药便宜，反而能治病。

（23）出心教他，他看$^D$学不会。有心教他，他反而学不会。

3. 表示故意跟外来要求或客观情况相反，跟普通话的"偏、偏偏"意思相近。如：

（24）叫他去，他看$^D$不去。叫他去，他偏不去。

（25）有棉袄你看$^D$不穿，感冒了吧？有棉袄你偏偏不穿，感冒了吧？

（26）你想知$^H$，我看$^D$不对$^D$你说。你想知道，我偏不对你说。

### 4.1.6.6 情 [tɕ'iəŋ$^{42}$]

"情"附加在谓词性成分前，表示某种动作、行为的发生随着自己意愿。有两种用法：

1. 用在比较消极的动作、行为前，含有说话人对这种动作、行为很生气但又没有办法的语气。这种情况的"情"一般用在背景句中，主语一定不是第一人称。普通话里没有与之完全对应的词，大致相当于"如果再……就……"的意思。如：

（27）你情不听话了，一会儿恁爸回来再收拾你。你再不听话，一会儿你爸爸回来收拾你。

(28) 情叫他在那儿捣乱了，也不怕他在东西弄坏$^D$？你怎么任他在那儿捣乱，也不怕他把东西弄坏了？

(29) 恁情乱说话了，等会儿我斗去叫班主任。你们再乱说话，等会儿我就去叫班主任。

2. 用于中性的语境，一般出现在结果句中，大致相当于"……，只管……"的意思。如：

(30) 厂长冇在家，你自$^H$情做主了。厂长没在，你自己只管做主吧。

(31) 甭等他了，你情走了。不用等他，你只管走吧。

(32) 反得他给你倒$^D$那儿了，你不情喝嘹［lio$^{55}$］。反正他已经给你倒上了，你就只管喝吧。

"情"跟"知$^H$"连用时，还可以表示事先明明知道的意思，跟普通话的"明、明明"意思相近。如：

(33) 情知$^H$你斗来不了。明知道你就来不了。

(34) 情知$^H$他不愿意你，你还去找他。明明知道他不喜欢你，你还去找他。

### 4.1.6.7 清［tɕʻiəŋ$^{24}$］

"清"有两个意思：

1. 用在谓词性成分前，表示说话人对已经发生的事情感到惋惜，普通话里没有完全相对应的词，大致跟"可惜、白白"的意思相近。如：

(35) 夜个那肉你不吃，清叫我扔了。昨天的肉你不吃，让我扔了，真可惜。

(36) 恁好嘞本儿，清叫你撕烂了。那么好的本子，可惜叫你撕烂了。

(37) 他家里$^H$嘞老本儿，清叫他抛洒完了。他家里的老本儿，白白地叫他挥霍完了。

(38) 恁好嘞机会，你清耽［taŋ$^{24}$］搁了。那么好的机会，你白白耽误了。

2. 用在谓词性成分前，表示某件事情的发生是额外的、另外的。跟普通话的"格外、另外"意思相近。如：

(39) 为你嘞事儿，我清又跑$^D$一趟$^Z$。为了你的事，我又格外跑了一趟。

(40) 除$^D$那五百，我清又给$^D$你三百。除了那五百元，我又另外给了你三百元。

(41) 我知$^H$你不好吃面条$^Z$，又清给你蒸$^D$点儿米。我知道你不爱吃面条，又额外给你蒸了点儿米饭。

### 4.1.6.8 反得 [fan²⁴·tɛ] /反得ᴰ [fan²⁴·tio]

"反得""反得ᴰ"是自由变体，随个人习惯而定，一般用在谓词性成分前或句首，表示不管条件如何不同，情况总是那样，并不因条件而改变，有"不管怎样、无论如何"等意思，跟普通话的"反正"相同。如：

（42）甭管别谁来不来，反得你得来。不管别人来不来，反正你得来。

（43）反得你也睡不着，咱几ᴴ打麻将吧。反正你也睡不着，咱几个打麻将吧。

（44）你反得也回不去，干脆住ᴰ这儿吧。反正你也回不去，干脆住在这里吧。

（45）你信不信拉倒，反得我是信。你信不信没关系，反正我信。

### 4.1.6.9 真是 [tʂən²⁴·ʂʅ]

从语音的角度讲，浚县方言里的"真是"已经凝固成词，用在谓词性成分前，表示对某种事物或情况所达到程度的一种强调，意思跟普通话的"真的是、简直"基本相同。浚县方言不用"简直"，也没有跟"简直"相对应的词。如：

（46）他那人真是赖巴ᶻ。他那人真的是赖皮。

（47）她俩真是跟ᴰ一对儿样。她们俩真的像一对儿双生。

（48）那俩孩ᶻ在家真是吵死人了。那两个孩子在家简直吵死人了。

（49）你真是越嘞越不像话了。你简直是越来越不像话了。

### 4.1.6.10 可 [kʻɛ²⁴]

"可"附加在谓词性成分前，表示强调的语气，主要有以下用法：

1. 用于祈使句，强调必须如此，有恳切劝导意思。如：

（50）可甭走啊，今个都做ᴰ恁嘞饭嘞。千万不要走啊，今天都做了你们的饭呢。

（51）下回可白去了啊。下一次千万不要去了呀。

2. 用在陈述句中，"可"轻读，表示肯定的语气，有"真的、的确、确实"的意思。如：

（52）她可比ᴰ谁都机灵。她真的比谁都机灵。

（53）镇多可不中，你得拿走哩。这么多真的不行，你一定要拿走一些。

（54）这一回可不能怨我呀。这一次确实不能怨我。

3. 用在陈述句中，"可"重读，强调所期盼的事情或某种愿望终于实现了。如：

(55) 哎呀，你可来了。哎呀，你终于来了。

(56) 可找着你了。终于找着你了。

4. 用在条件复句中，表示结果有些出乎意料。如：

(57) 我一来她可哭开了。我一来她竟然哭起来了。

(58) 天还有冷嘞，他可穿$^D$棉袄了。天气还没冷呢，他竟然穿上棉袄了。

普通话的副词"可"还可以用在感叹句中，强调程度高。还可以用在反问句或疑问句中，表示反诘或疑问的语气，浚县方言的"可"没有这些用法。如：

| 普通话 | 浚县方言 |
|---|---|
| 他对人可好啦。 | *他对人可好啦。 |
| 都这么说，可谁见过呢？ | *都这着说，可谁见过呀？ |
| 你一向可好？ | *你一直可好？ |

**4.1.6.11 才着 [ts'ai$^{42}$ ·tʂuə] / [ts'ai$^{42}$ ·luə]**

"[ts'ai$^{42}$ ·luə]"是"[ts'ai$^{42}$ ·tʂuə]"的弱化读音。"才着"一般用在谓词性成分前，表示所述动作行为等是很不容易的，与普通话的"好容易、好不容易"意思相同。如：

(59) 他才着不哭了，你又逗他嘞。他好不容易不哭了，你又逗他呢。

(60) 我才着想起$^H$了，你一打岔又忘了。我好不容易才想起来，你一打岔又忘了。

(61) 他俩才着不吵了，你甭火上浇油了。他们两个好容易不吵架了，你不要火上浇油。

(62) 你嘞病才着好$^D$，又疯跑嘞。你的病才刚好，又疯跑呢。

**4.1.6.12 望望儿 [uaŋ$^{213}$ uɐr$^{35}$]**

"望"是同音字，本字不详。"望望儿"用在谓词性成分前或句首，表示一种假设的语气，所假设的情况在说话人看来发生的可能性极小，跟普通话的"万一"意思相同。但"万一"可以作名词，如"以防万一"等，"望望儿"没有这个用法。如：

(63) 这钱你拿住吧，望望儿路上用嘞？这钱你拿着吧，万一路上要用呢？

(64) 望望儿我回不来，你赶紧给公安局打电话。万一我回不来，你赶紧给公安局打电话。

(65) 你多带件$^Z$衣裳吧，望望儿变天嘞？你多带一件衣服吧，万一变天呢？

（66）你说嘚些好，望望儿他不愿意嘚？你说得挺好，万一他不愿意呢？

### 4.1.6.13 亏嘞 [kʻuei²⁴·lɛ]

"亏嘞"用在句首或谓词性成分前，引出某种有利条件，因这个条件使得不希望发生的后果得以避免，带有说话人感到侥幸的语气。如果这种有利的条件是某人或某方面带来的，还表示说话人感激的心情，跟普通话的"亏得、幸亏、多亏、幸好"等意思相近。如：

（67）亏嘞有你帮忙，要不我都不知ᴴ该咋弄了。亏得有你帮忙，不然我都不知道该怎么办了。

（68）亏嘞我躲嘚快，要不斗砸住我了。幸亏我躲得快，否则就砸着我了。

（69）亏嘞冇跟ᴰ她去，谁知ᴴ她是个小偷儿。多亏没跟她去，没想到她是个小偷儿。

（70）那会儿恁难嘚慌，亏嘞恁爸有个好工作。那个时候那么难，幸好你爸有一个好工作。

### 4.1.6.14 端ᴰ [tuæ²⁴] / [tsuæ²⁴]

"端ᴰ"应该是合音而成的形式，合音符合 D 变韵规律。"[tsuæ²⁴]"是现在的读音，偶尔也有人说"[tuæ²⁴]"。一般用在谓词性成分前，表示所述的情况比料想的要好，普通话里没有与之相当的词，只在大意上跟"还真挺……"差不多。如：

（71）你瞧ᴰ他个儿不高，端ᴰ有劲儿嘚。你看着他个子不高，还真挺有劲儿的。

（72）这个碗端ᴰ结实嘚，摔ᴰ石头上也冇事儿。这个碗挺结实的，摔到石头上也没事儿。

（73）甭瞧ᴰ这个袄薄，端ᴰ暖和嘚。别看这个棉袄薄，还真挺暖和的。

（74）他今个端ᴰ在那儿嘚。他今天还真的在那儿呢。

（75）这个车儿瞧住不咋样儿，端ᴰ好骑嘚。这辆车子看着不怎么样，还真挺好骑的。

有时候，"端ᴰ"还表示情况跟料想的一样。如：

（76）端ᴰ是你说嘚那个样儿嘚。还真的是你说的那个样子。

（77）你瞧ᴰ那个地张儿端ᴰ有个老鼠洞嘚。你看那个地方还真的有一个老鼠洞呢。

从"端ᴰ"所表示的意义来看，很可能是早期白话中"端的"在方言中的遗留。

## 4.2 "没""冇"和"没冇"

吕叔湘（1996）认为普通话中名词前的"没（有）"是动词，动词、形容词或助动词前的"没（有）"是副词。依据这样的标准我们认为浚县方言里的"没"和"冇"也都是兼类词，用在体词性成分前属于动词的用法，而用在谓词性成分前属于副词的用法。"没冇"是"没"和"冇"的同质兼并成分，仍然表示否定意义。但"没""冇"和"没冇"的句法表现不完全相同，下面分别进行描写和分析。

### 4.2.1 没 [m̩$^{42}$]

#### 4.2.1.1 "没"的来源

"没"跟普通话中的"没"应该是同源成分，据太田辰夫（2003）先生考察，"'没'的原义是'陷没''埋没'的'没'。由此引申，大约在唐代用于'无'的意思。"① 普通话的"没"跟"陷没""埋没"里的"没"在语音上已经发生分化，浚县方言里的"没"跟"埋没"（浚县方言里不用"陷没"）里的"没"读音还基本一致，"埋没"的"没"读 [·mu]，表示否定的"没"读圆唇的声化韵 [m̩$^{42}$]，这大概因为"没"在句法上总是一个黏着成分，韵母 [u] 很容易在语流中丢失，但 [u] 的唇形还有保留。

浚县周边方言里的"没"也多保留了早期读音，请看调查情况：

| | 安阳 | 汤阴 | 鹤壁 | 卫辉 | 淇县 | 滑县 | 延津 |
|---|---|---|---|---|---|---|---|
| 没 | məʔ | məʔ | məʔ | məʔ | məʔ | mo | mu |

以上方言事实，也进一步证实了太田辰夫对"没"来源的考察。

#### 4.2.1.2 "没"的意义和用法

（一）"没"的意义

在语义上，正如太田辰夫先生所说，"没"用为否定最先是对"无"的代替，而"'无'是'有'的否定。即，是单纯否定的概念和

---

① 见太田辰夫《中国语历史文法》（2003：278）。

'有'的概念的综合。"① 另据施其生先生分析,"没"在深层语义结构上含有两个语义要素,即"单纯否定+存在",这种分析跟太田辰夫先生的分析有异曲同工之妙。但施先生从深层语义结构、表层语义结构以及表层形式来探讨方言中各种否定形式的历史演变及其机制,颇富有启发意义。②

浚县方言里的"没"承继了"无"的否定意义,是"单纯否定+有",其深层语义结构中包含有两个语义要素,即"单纯否定"和"有"。"有"可以表示存在也可以表示领有,因此,"没"就是对存在或领有的否定。

(二)"没"的用法

"没"既可以用在体词性成分前作动词,也可以用在谓词性成分前作副词。

1. 用在体词性成分前,表示某种事物没有存在或没被领有。如:

(1)俺没钱。我没钱。

(2)他没这号儿书。他没这种书。

(3)我没恁多。我没那么多。

(4)屋里ᴴ没一ᴴ[yo²⁴]"一个"的合音人儿,不知ᴴ都去哪儿了。屋里没一个人,不知道都去哪儿了。

(5)你瞧,箱ᶻ里ᴴ没印啥儿。你看,箱子里什么都没有。("印啥儿"指任何东西)

(6)那会儿成天ᶻ没啥儿吃。以前成天没东西吃。

(7)早斗没ᴰ他了。他早就去世了。

例(1)—例(3)是对领有的否定,例(4)—例(7)是对存在的否定。其中例(6)中的"没啥儿吃"是个连动结构,"没啥儿"实际也是对存在的否定。例(7)中的"没"跟一般动词一样可以发生变

---

① 见太田辰夫《中国语历史文法》(2003:276)。

② "表层语义结构""深层语义结构"和"表层形式"的概念是施其生先生在《粤语的"有""冇""唔""未""唔曾"》(2005年第十届国际粤方言研讨会论文,12月,香港)中建立起来的。"表层语义结构"是指一个语言成分的表层形式原先所包含的语义要素的组合。"深层语义结构"是指一个语言成分所表达的语义要素的组合。"表层形式"是指一个语言成分的语音形式(书面上是汉字形式)。我们借用了这些概念,并借鉴了施先生对否定词的分析方法。

韵,是"死"的较委婉的说法,普通话不这么说,"没ᴰ他了"是对他存在的否定。

普通话中的"没"回答问题时可以单用,浚县方言的"没"不能单用。如:

| 普通话 | 浚县方言 |
|---|---|
| 你有钱没有?——没。 | 你有钱冇?——*没。没钱。 |
| 还有饭没有?——没了。 | 还有饭了冇?——*没了。没饭了。 |

2. 用在谓词性成分前,表示对动作、行为、状态或变化的已然性或现实性的否定。

浚县方言的"没"本身并不区分已然性和现实性,这里所说的已然性和现实性是针对"没"所否定的深层意义来说的。因为"没"所否定的意义有时候是已然性的,如:"他没结婚嘞"是对结婚是否已然的否定。有时候是现实性的,如"他没结婚"是对结婚成为现实的否定。普通话中的"没"本身也不区分已然性和现实性,但粤语中普遍严格区分对已然性的否定和对现实性的否定,前者用"未"、后者用"冇"。①

"没"用在谓词性成分前的句法分布如下:

(8) 他没去。
(9) 他没去北京。
(10) 他没去ᴰ几回。他没去过几回。
(11) 他还没去过北京嘞。他还没去过北京呢。
(12) 钱他没要回来。
(13) 衣裳我没洗完。
(14) 我没洗完衣裳斗上班儿走了。我没洗完衣服就上班走了。
(15) 他没吃一口饭可去上学了。他没吃一口饭可去上学了。
(16) 天还没明嘞。天还没有亮呢。
(17) 枣没熟,甭够。枣没熟,不要摘。
(18) 你嘞衣裳没干,先穿ᴰ我嘞吧。你的衣服没干,先穿我的吧。

---

① 见施其生《粤语的"有""冇""唔""未""唔曾"》(2005年第十届国际粤方言研讨会论文,12月,香港)。

（19）这儿嘞东西没恁贵。这儿的东西没那么贵。

（20）我没他高。我没有他高。

例（8）—例（15）是出现在动词性成分前，例（16）—例（19）是出现在形容词性成分前，例（20）是用在比较句中。以上的句子都是非疑问句，"没"的这些句法分布跟普通话的"没"基本相同。但在疑问格式中，浚县方言的"没"跟普通话的"没"有很大的差异。浚县方言的"没"从来不出现在疑问句中，像普通话中的"V 没 V""A 没 A"以及它们的扩展式，浚县方言都不用。

跟用在体词性成分前的"没"一样，副词"没"在回答问题时也不能单用。如：

普通话　　　　　　　　　　　浚县方言
你去没去？——没。　　　　　你去了冇？——＊没。没去。

### 4.2.2　冇 [mau²⁴]

#### 4.2.2.1　"冇"的来源

"冇"是"没有"的合音，其合音的过程从浚县周边的方言里看得更为清楚，请看下面的调查情况：

安阳　　汤阴　　鹤壁　　淇县　　卫辉　　延津　　内黄　　濮阳　　滑县
没有 mei iou　mei iou　mɿiou　mi:iou　mi:ou　mu iou　mou　mau　mo

以上材料显示，"没有"在安阳、汤阴、延津还是两个音节，但到了鹤壁、淇县、卫辉音节间的界限已经趋于模糊，在内黄、濮阳和滑县就合而为一了。在浚县的八镇两乡中，有七镇两乡都是 [mau]，还有一个镇处于合音的较前阶段，即屯子镇说成 [mi:ɛu]。

浚县方言的合音形式跟濮阳的相同，而跟内黄、滑县不同。这跟浚县方言的音节格局有关，浚县方言的单音节系统中 [m] 和 [ou]、[m] 和 [o] 都不能相拼，因此取 [mau] 是语音系统自身调整的结果。

#### 4.2.2.2　"冇"的意义和用法

（一）"冇"的意义

"冇"是"没有"的合音，据太田辰夫（2003）考察，"没有"最初是对"无有"的代替。"'无有'可能原来是指'没有存在或所有'

这种事实，但实际上并不在那样深的意义上使用，而可能只是为了语调的关系把单个的'无'扩展成两个音节。例如：

有叔如此，不如无有。（史·陈丞相世家）

'无有'在中古、近古用得较多。如：

且谓骏物无有杀理。（世·汰侈）

彼尊者无有罪过。（大庄严论经卷12）

恐怕是用'没'代替这种用法的'无'因而就产生了'没有'这种说法。"①"'没''没有'否定动词大约始于元明。"

浚县方言的"冇"在表层形式上是"没有"的音节融合，"没"又是"单纯否定＋有"的组合，因此"冇"的表层语义结构应该是"单纯否定＋有＋有"，即有三个语义要素。不过"冇"的深层语义结构正如太田辰夫先生所分析的，"实际上并不在那样深的意义上使用，而可能只是为了语调的关系把单个的'无'扩展成两个音节。"就是说"冇"所表达的意义跟"没"相同，还是"单纯否定"和"有"两个语义要素的组合。

之所以表层的三个语义要素却只对应深层的两个语义要素，这种情况施其生先生分析为语言中的"同质兼并"②，即两个"有"因语义同质而发生了兼并。

（二）"冇"的用法

跟"没"一样，"冇"既可以用在体词性成分前作动词，也可以用在谓词性成分前作副词。

"冇"跟"没"的句法分布在非疑问句中基本相同，用"没"的地方都可以换成"冇"（例子从略）。不同之处有二：

A："没"不能单独使用或单独回答问题，"冇"可以。如：

（21）我嘞洋车儿冇了。我的自行车没有了。

（22）你有钱冇？你有钱没有？

（23）——冇。没有。

（24）他走了冇？他走了没有？——冇。没有。

---

① 引自太田辰夫《中国语历史文法》（2003：278—279）。

② "同质兼并"的含义见第79页注①。

B:"没"不能在疑问句中使用,"冇"可以,而且总位于疑问句的句尾。如:

(25) 你有对象冇？你有对象没有？
(26) 这号儿钳<sup>Z</sup>恁有冇？这种钳子你们有没有/有吗？
(27) 他来了冇？他来了没有？
(28) 你去过北京冇？你去过北京没有？
(29) 你娶<sup>D</sup>媳妇儿了冇？你娶媳妇儿了没有？
(30) 说清楚了冇？说清楚了没有？
(31) 饭熟了冇？饭熟了没有？

例（24）、例（25）是体词性成分前"冇"的疑问用法,例（26）—例（30）是谓词性成分前"冇"的疑问用法。但无论哪种用法,"冇"总是处于疑问句句尾,这跟普通话中的"没""没有"所构成的疑问格式不大相同。另外,以上例句中的"冇"在普通话中也都可以说成"吗",浚县方言没有相应的"吗"字是非疑问句。但这个用于疑问的"冇"跟"吗"性质不同,"吗"是疑问语气助词,"冇"还没有完全虚化为疑问语气助词,只能对情况的已然性进行疑问,跟普通话里用于疑问的"没""没有"基本相同。不过从句法位置来看,"冇"虚化的程度应该比"没"和"没有"要高一点。

从类型学的角度看,普通话中由"没""没有"所构成的反复问格式主要有八种:"有 NP 没""有 NP 没有""有没有 NP""V 没 V""V 没 VP""VP 没 VP""VP 没""VP 没有"。浚县方言的"没"不能构成反复问格式,而由"冇"构成的反复问格式只有"有 NP 冇""NP 有冇"和"VP 冇"三种。这跟浚县方言的"冇"是合音形式、"没"不用在疑问句中出现以及没有"吗"字是非疑问句有直接的关系。这种现象恐不是浚县方言所独有,在"没有"已经合音的方言里应该也存在。

### 4.2.3 没冇 [m̩$^{42}$mau$^{24}$]

#### 4.2.3.1 "没冇"的来源

"没冇"显然是"没"和"冇"的加合。从时间上看,"没"最先是"无"的替代,后来又替代了"无有"中的"无"出现了"没有",

"没有"合音而成"冇"。"没冇"应该是"没"和"冇"使用过程中的一种加合。"没"和"冇"虽语义相同，但句法功能有异，二者可以并存。正像"无"本来是"有"的否定，但还可以说"无有"一样，浚县方言的"没"和"冇"也因同样的机制加合而成"没冇"。

表示否定意义的这种加合现象在方言中并不孤立，栖霞方言、汕头方言里也有。① 比如栖霞方言里的"啵"本是"不是"的合音，但还存在"啵是"的形式。汕头方言的"孬""毭"本来就是"唔好""唔是"的合音形式，但还存在"唔孬""唔毭"的形式。以上表示否定意义的语言成分都发生了施其生先生所说的"同质语义兼并"。

#### 4.2.3.2 "没冇"的意义和用法

（一）"没冇"的意义

从表层形式看，"没冇"是两个否定成分的加合，"没"的语义成分包含"单纯否定＋有"，"冇"的语义成分包含"单纯否定＋有＋有"，因此"没冇"的表层语义结构应该是"单纯否定＋有＋单纯否定＋有＋有"，是五个语义要素的组合。但也正如"无"扩展成"无有"一样，"没冇"所表达的语义，即其深层语义结构还是"单纯否定＋有"，只有两个语义要素，同"没""冇"的深层语义结构相同。这种现象同样是语言成分同质兼并的机制在起作用。

跟"冇"存在的语义兼并不同，"没冇"由表层的五个语义要素到深层的两个语义要素不是一次兼并而成的，它是不同阶段、不同层次的兼并。首先是"冇"中的两个"有"因同质而兼并为一，"冇"成为"单纯否定＋有"这样的复合语义成分，而"没"本身也是"单纯否定＋有"这样的复合语义成分，"没冇"是这种复合语义成分层面上的兼并。②

（二）"没冇"的用法

跟"没""冇"一样，"没冇"也既可以用在体词性成分前作动词，也可以用在谓词性成分前作副词。

---

① 栖霞方言的材料及汕头方言的材料来自施其生先生的《汉语语言成分的同质兼并》（广东省中国语言学会2005年年会论文，12月，深圳）。

② 浚县方言里的这种复合语义成分的兼并也是施其生先生在《汉语语言成分的同质兼并》（广东省中国语言学会2005年年会论文，12月，深圳）中提出的。

"没冇"的句法表现在非疑问句中，跟"没""冇"基本相同，可以用"没""冇"的地方，基本都能换成"没冇"，但"没冇"在年轻人的口语中渐趋稀少，在老年人的口语中出现的频率较高（例子从略）。

"没冇"跟"冇"一样，在非疑问句中也可以单独使用和单独回答问题。如：

（32）我嘞洋车儿没冇了。

（33）你有钱冇？——没冇。

（34）他走了冇？——没冇。

而在疑问句中，"没冇"又跟"没"一样，从不在疑问句中出现。

由以上的描写和分析，我们可以认为：浚县方言里的"没""冇"和"没冇"是不同历史时期形成的相同的语义成分，它们的深层语义结构相同，都是"单纯否定+有"，其中"冇"和"没冇"都是语言成分同质兼并的结果。在用法上，三者有许多相同之处，但也存在着一些差异（见上文）。从功能分布上看，"没"和"冇"有一定的互补性，"没冇"的赘余性较强，它没有自己的独立领地，只部分跟"没"和"冇"相同。从使用频率上看，"没冇"也远不及"没"和"冇"高。因此，"没冇"最终退出使用领地应该是方言发展演变的一个可能趋势。

# 第 5 章　助　词

助词是后置性的虚词，一般附加在词、短语或句子之后，给被附加的语言成分增添某种语法意义。首先，就这些语法意义的功能来说，助词可以大体分为两类，即修饰性助词和结构性助词。① 修饰性助词只给被附加的语言成分增添某种语法意义而不改变这一语言成分的功能类型；结构性助词的主要作用则在于改变或标示被附加语言成分的结构功能。其次，就这些语法意义本身来说，助词又可以再分为体貌助词、结构助词、时间助词、能性助词、估量助词、语气助词等，其中只有结构助词属于结构性的，其他都是修饰性的助词。

跟副词相比，助词是一个较为封闭的词类，但哪些方言中都有哪几类助词，或哪一类助词比较活跃、复杂，又是不一而定的，本节对浚县方言的各类助词进行描写和分析。

## 5.1　各类助词

就浚县方言而言，助词主要可以分为五类：体貌助词、结构助词、时间助词、能性助词和语气助词。

---

① 施其生先生在《论广州方言虚成分的分类》（《语言研究》1995a，又见《方言论稿》：60—84）中，按虚成分的语义功能将其分为修饰性的和结构性的两大类。这种分类原则很富有启发性，也比较符合汉语各方言的实际。我们这里借鉴了这种分类方法，但施先生在分类中区分虚词和形尾。虚词指既可以黏附在词上又可以黏附在短语（自由词组）和句子上的虚成分，形尾是只黏附在谓词（或功能像复合谓词的动结式、动趋式）之后的虚语素。鉴于浚县方言里相当于形尾的语法成分多用音变的手段来表示，因此本研究不区分虚词和形尾，都称为虚词。

### 5.1.1 体貌助词

关于汉语的体貌问题，学界有广泛、深入、细致的研究，但在体貌的称名、体貌范畴的界定、体貌系统的分类以及体貌标记的判定等方面尚存在争议。在称名上，学界有过"动态""动相""情貌""态""貌"等说法，本研究采用学界较为一致的说法，称为"体貌"。"体"是指动作行为或事件在时间进程中的状态，"貌"是指动作行为或事件在情貌方面的状态。① 根据以上界定，浚县方言的体貌系统可以分为完成体、进行体、持续体、经历体、起始体、实现体、短时貌、尝试貌等。

在体貌助词（体貌标记）的判定方面，我们从动态的角度出发，除了那些在意义和功能上已经完全虚化的成分，将其他表达体貌意义的成分也放在一起讨论。

施其生先生在《汕头方言的"体"》（1996e）中提到：汉语的体貌"不限于词法的层面，体（貌）形式不限于黏附在动词上的，有许多是黏附在词组上的，体（貌）的意义也不只是对动作而言，而是对被黏附成分（词、词组甚至句子）所述的动作或时间的过程而言"。这是依据大量的方言事实所提出来的，也是汉语体貌不同于印欧语的"Aspect"的关键所在，浚县方言的体貌系统也反映了这一特点。

#### 5.1.1.1 完成体助词

完成体表示动作的完成或变化的实现。这里所说的完成或实现是针对动词或形容词所述情况的全过程而言的，包括动作、变化所涉及的结果、趋向或数量意义。在浚县方言里，表示完成或实现的纯标记形式是 D 变韵，是一种音变形式（详见 2.3）。除此之外，还可以在动词（包括一小部分动结式或动趋式）后附加"罢""过"来表示。

5.1.1.1.1　罢 [pa²¹] / [·pa]

"罢"是近代汉语出现的表示完成的动词，常用在动词或动词短语

---

① 以上的说法借鉴自张双庆主编的《动词的体》（1996）。但"体"和"貌"的分界并不是绝对的，比如持续体既反映了时间进程中的状态，同时又是一种静态的情状，很难界定，施其生先生（1985）将进行体和持续体统称为"持续情貌"。我们这里仍然将体貌分开，只在具体的描述中予以说明。

后表示动作行为的完结、终了，或跟其他表示完成的动词构成复合词如"毕罢""已罢""了罢""罢了"（钟兆华 1995）等用在动词或动词短语后表示动作行为的完结、终了。到了现代汉语普通话中，"罢"已经很少用或不用。但在浚县方言里，"罢"还是一个比较活跃的表示动作完成或变化实现的成分。如：

(1) 吃罢了。
(2) 吃罢一碗了。
(3) 去罢一回了。
(4) 吃罢饭了。
(5) 洗罢澡了。
(6) 他俩结罢婚了。
(7) 我□［tʂaŋ⁴²］放罢盐了。
(8) 那条蛇早斗叫我打死罢了。
(9) 那个录音机坏罢了。
(10) 衣裳都干罢了。
(11) 他见天吃罢□［tɕ'iæŋ²⁴］饭早饭都出去。
(12) 你玩儿罢叫他玩儿玩儿。
(13) 宣判罢还能上诉嘞。
(14) 我吃罢饭看罢电影再回去。
(15) 你刚吃罢药，白喝茶叶。
(16) 等ᴰ我问罢他再对ᴰ你说吧。

跟近代汉语不同的是，"罢"只黏附在动词或少数动结式后边，动词所带的宾语要放在"罢"的后边。"罢"的语义指向一般是动词，主要强调动作行为或变化的完结。

与完成义的 D 变韵相比，"罢"的虚化程度还不够彻底，但二者有一定的互补性，具体体现在以下几个方面：

1. D 变韵最活跃的格式是动词后有数量义的词语，即变韵后常带数量短语或数量名短语。"D 变韵 + 数量义词语"可以足句。"罢"很少带数量名短语，可以带数量短语，但"罢 + 数量短语"不能足句，句尾要带实现体标记"了"，如例（2）、例（3）。

2. 当动词后的宾语是光杆名词时，D 变韵的使用很受限制，"罢"

在这个位置上却没有限制。就是说,"罢"只属于动词,只在强调动作本身的完结,跟动词后的宾语关系松散。D变韵是针对过程而言的,它要求动词后的宾语要能跟动词结合表示一个较为具体的过程。如例(4)~例(7)一般不能换成D变韵。

3. D变韵一般不在句尾跟"了"共现,或说D变韵在句尾跟"了"相遇时,是跟"了"融为一体的(详见2.3.1),而"罢"常常在句尾跟"了"共现。如例(1)、例(8)~(10)中的"罢"也不能换成D变韵。

4. 连动句中前项动词的宾语为光杆名词时,"罢"的使用比变韵自由,这一点跟2)所述的情况是一致的。例(11)~例(14)、例(16)中的"罢"也不能换成D变韵。

5. "罢"出现在形容词的后边跟D变韵出现在形容词的后边也有区别。D变韵所表示的完成不是把形容词本身所述的情况当作一个过程而言的,形容词后边必须带数量义的词语或有后续成分,句子才可以成立。就是说,数量义词语或后续成分赋予形容词所述情况是一个较为具体的过程,D变韵表示这个过程的完成。比如:"衣裳干$^D$"不成立,"衣裳干$^D$一片儿"或"衣裳干$^D$收屋里"才是合语法的句子。"罢"是把形容词所述的情况当作一个全过程而言的,强调这个过程已经完成并处于结束的状态。如例(9)表示录音机从开始坏到彻底坏作为一个全过程已经完成,目前处于坏了的状态。例(10)表示衣服从开始干到彻底干作为一个全过程已经完成,目前处于干了的状态。因此"形容词+D变韵"不能在句尾出现,也不能跟句尾的"了"共现,而"形容词+罢"则常常位于句尾并与"了"共现。

在语法功能上,浚县方言的"罢"还多少带有一点补语的性质,但跟其他补语不同,"V罢"没有可能式,不能用叠加的肯定否定可能式构成反复问句。在语义上,"罢"的结果意义不明显,只表示动作行为或变化的完结。就以上的标准来看,"罢"很像是一个体标记成分,但从"罢"可以跟句尾的实现体标记"了"共现的情况以及还没有彻底弱化的语音形式来看,"罢"只能算是一个准体貌助词。

5.1.1.1.2 过 [kuə$^{213}$]

现代汉语普通话中的"过"有两个,一个是"用在动词后表示动作的完毕",另一个是"用在动词后表示过去曾经有这样的事情"。两个"过"都是动态助词（吕叔湘 1996），语音形式相同，都读轻声。浚县方言里也有两个"过",意思跟普通话一样，但二者语音形式不同,一个读本调,一个读轻声。表示动作行为完毕的"过"读本调[kuə²¹³]，还带有补语的性质，但跟一般补语不同，没有可能式，也不能用叠加的肯定否定可能式构成反复问句。从性质上来说，这个读本调的"过"跟"罢"相同，只能算是一个准体貌助词。如：

（17）吃过了。

（18）吃过饭了。

（19）菜里ᴴ□[tʂaŋ⁴²]放过酱油了。

（20）他俩结过婚了。

（21）吃过饭再走吧。

这里的"过"是由表达空间意义的"过"虚化而来的，侧重表示动作的完毕，不受时间的限制，既可以用于过去，也可以用于现在或将来。如例（17）~例（20）的情况已经发生，例（21）的情况还没有发生。这一点跟表示曾经经历的"过"也不一样，表示曾经经历的"过"只同过去的时间相联系（详见经历体助词）。

在浚县方言里，表示完毕义的"过"的使用频率较低，远比不上 D 变韵和"罢"。

**5.1.1.2 进行体、持续体助词**

进行体是针对动作而言的，表示动作行为在进行之中，是一种动态的情况。持续体主要是针对状态而言的，是指和动作行为相关的一种状态的持续，是从静态的角度进行的观察。

5.1.1.2.1 嘞 [·lɛ]

浚县方言里表示进行和持续时都必须在句尾附加助词"嘞"，即"嘞"是进行体和持续体共有的标记成分，区别在于与"嘞"共现的其他成分不同。

1. 表达进行体意义时，"嘞"常常要跟"正"或"在那儿/这儿"共现。如：

（22）他正学习嘞。

（23）他在那儿学习嘞。

(24）他正在那儿学习嘞。

(25）俺姐正炒菜嘞。

(26）俺姐在那儿炒菜嘞。

(27）俺姐正在那儿炒菜嘞。

"正"是副词，"在那儿/这儿"是介词短语虚化而来的副词性成分，"嘞"必须与这些成分共现才能表示动作行为在进行之中。反过来，"正"和"在那儿/这儿"单独也不表达进行体意义，也需跟"嘞"共现。可见"嘞"是句子层面上的体助词，不可或缺。或者说浚县方言里的进行体意义是通过前后附加虚成分的方式来表达的。基于"嘞"的后附加性质，我们把"嘞"归入体貌助词。

"嘞"与"正"共现时的句法分布跟"嘞"与"在那儿/这儿"共现时的句法分布不太相同。如：

(28）外头正下雨嘞。

(29）小李儿正往这儿来嘞。

(30）老师正找你嘞。

(31）他一个上$^z$午都在那儿听收音机嘞。

(32）刚刚儿刚才那一会儿他还在那儿跑步嘞。

(33）他一直在这儿洗衣裳嘞，哪儿也有去。

以上例句中的"正……嘞"和"在那儿/这儿……嘞"不能互换。这是由于"正"和"在那儿/这儿"本身的语义差异造成的。"正"是副词，具有"点"的特点，强调某个时点正在进行的动作行为或事件。如例（28）~例（30）是强调说话时的情况，不能跟表示时段的词语共现，也不能跟表示延续或重复的副词共现。如：

(34）*外头一个上$^z$午都正下雨嘞。

(35）*小李儿刚刚儿正往这儿来嘞。

(36）*老师一直正找你嘞。

"在那儿/这儿"是介词短语虚化而来的，但还有弱处所义，在表达时间意义时表现出更多"段"的特点，强调某个时段正在进行的动作行为或事件，因此可以跟表示时段的词语或表示延续、重复的副词共现。如例（31）、例（32）中有表示时段的词语"一个上$^z$午""一会儿"，例（33）有表示延续的副词"一直"，三个句子都表示在一个时间段中一直进行着的动作。动作行为或事件在时段上的进行从另一个角度看也是一种动态持续，因此我们认为进行应该分正在进行和持续进行，在浚县方言里，"正……嘞"表示正在进行，"在那儿/这儿……嘞"表示持续进行。持续进行的动作行为或事件从一个时点来观察，也是正在进行，因此，"在那儿/这儿……嘞"可以跟"正"共现，强调正在进行的动作行为或事件。如：

（37）孩$^Z$正在那儿睡嘞。孩子正睡觉呢。

（38）他妹妹正在那儿发烧嘞。他妹妹正发烧呢。

（39）他正在那儿哭嘞，啥也不想$^D$吃。他在哭呢，什么也不想吃。

体意义跟动词本身的语义关系极为密切，进行体一般多跟动作动词相联系，像关系、属性动词"是、姓、等于、归属于"等、瞬间动词"死、毕业、塌、爆炸"等就没有进行体。跟普通话不同的是，"来"和"去"在浚县方言里被当成有过程的动作来看待，可以通过附加"正……嘞"表示正在进行，像"正来嘞""正去嘞"是合语法的句子。又因为"来"和"去"所涉及的空间是移动的，因此不能跟"在那儿/这儿……嘞"结合表示持续进行。

2. 表达持续体意义时，"嘞"常常要跟 D 变韵及表示处所的词语或"在那儿/这儿"共现。如：

（40）小红嘞腿在桌$^Z$上跷$^D$嘞。小红的腿在桌子上跷着呢。

（41）他头上戴$^D$帽$^Z$嘞。他头上戴着帽子呢。

（42）汽车在门口儿停$^D$嘞。汽车在门口儿停着呢。

（43）他在那儿躺$^D$嘞。他在那儿躺着呢。

（44）行李在这儿放$^D$嘞。行李在这儿放着呢。

（45）那两条金鱼俺弟弟养$^D$嘞。那两条金鱼我弟弟养着呢。

（46）你嘞洋车儿我骑$^D$嘞。你的自行车我骑着呢。

以上表示持续体意义的格式可以概括为"（在）处所 + V$^D$ + 嘞""在那儿/这儿 + V$^D$ + 嘞"和"V$^D$ + 嘞"三种。和进行体一样，"嘞"必须跟 D 变韵及处所词语或"在那儿/这儿"共现才可以表示状态的持续，反过来，D 变韵也不能单独表示持续意义，也需跟"嘞"及处所词语或"在那儿/这儿"共现。就是说浚县方言的持续体意义也是通过前后附加虚成分的手段来表达的。

持续体意义也跟动词本身的语义特点相关，一般状态动词，如"站、停、坐、跷、跕蹲"等，动作和状态的合体动词，如"穿、戴、挂、放"等，可以附加持续体标记，而动作动词较少进入表示持续意义的那三种格式，即使有少部分可以进入，也多是从静态角度进行的观察，用来表示一种和动作相关的状态持续，而非动作本身的持续（动作本身的持续称为持续进行，属于进行体，不能附加持续体标记）。

由以上分析可知，"嘞"是进行体和持续体所共有的体助词，它附加在整个句子上，表示整个事件的进行或持续。而进行义和持续义的区别只在于"嘞"可以共现的其他表示体貌意义的虚成分以及动词本身的语义特点不同。

5.1.1.2.2 住 [·tʂʯ]

"住"单字音读 [tʂʯ²¹³]，可以分为三个：一个是动词，在句中作谓语，意思是居住、住宿，如："你在哪儿住ᴰ嘞？"；一个是唯补动词，用在动词后作补语，表示牢固、稳当、停止、附着等结果义，如："那个窟窿补住了""雨停住了""粘住手了"；一个是体貌助词，是持续体标记，弱读为 [·tʂʯ]，用在动词或形容词后表示动作行为或状态的持续，如："开住窗户吧""低住头，噘住嘴，一句话也不说""说住说住哭开了""老鼠顺住墙跑了"。从汉语史及相关的研究来看，后两个"住"来源于近代汉语的"著"。到了现代汉语普通话里，"著"的语音形式也发生了分化，作补语的"著"写作"住"，作助词的"著"写作"着"，"着"和"住"不同音。在浚县方言里，作补语的"著"和"住"同音，作助词的"著"由于意义的虚化弱读为轻声 [·tʂʯ]，也和"住"同音而和"着 [tʂuə⁴²]"不同，所以我们把助词写作"住"。

关于近代汉语的"著"及其语法化的过程，学界已经做了相当充分的研究，从浚县方言的事实来看，这个"著"在浚县方言里分化成了三种形式：一个是 D 变韵；一个是补语"住"；一个是轻声的"住"。分化的条件主要是动词本身的语义差异、动词后宾语的类型以及语义表达的细密化等因素，这里不再赘述。

表示持续体意义的"住"跟 D 变韵有同源关系，但二者的句法表现不太相同，D 变韵虚化程度高，句法功能比较活跃，可以用在表达状态持续的各种句子当中。"住"较受限制，一般只用在祈使句、连动句中，表示一种状态保持或伴随状态。多数情况下"住"可以替换成 D 变韵。如：

(47) 你提住吧/你提<sup>D</sup>吧。

(48) 开住窗户吧/开<sup>D</sup>窗户吧。

(49) 这个鸡蛋留住吧/这个鸡蛋留<sup>D</sup>吧。

(50) 拿住吃吧/*拿<sup>D</sup>吃吧。

(51) 小勇背住书包儿上学了/小勇背<sup>D</sup>书包儿上学了。

(52) 她抱住小孩儿进来了/她抱<sup>D</sup>小孩儿进来了。

(53) 小明低住头不说话/*小明低<sup>D</sup>头不说话。

从上边的例句来看，当前项动词不带宾语或前项动词是使动用法的形容词时，D 变韵不能替换"住"，如例(51)、例(53)，其他情况都可以用 D 变韵替换。

在前项动词所描述的动作行为正在进行当中出现了后项动词所描述的动作行为的句子中，往往要用"住"，不能用 D 变韵。如：

(54) 听住听住哭开了/*听<sup>D</sup>听<sup>D</sup>哭开了。

(55) 看住看住睡着了/*看<sup>D</sup>看<sup>D</sup>睡着了。

(56) 走住走住天黑了/*走<sup>D</sup>走<sup>D</sup>天黑了。

这种情况应该归结为 D 变韵的虚化程度比"住"高，所表示的语法意义已经专门化，即只表示静态的状态持续，而正在进行当中的动作持续不能用变韵来表示。

### 5.1.1.3 经历体助词

经历体表示动作行为或变化曾经经历，浚县方言跟普通话一样，在动词（包括动结式、动趋式）或形容词后边附加经历体助词"过"。

过 [·kuə]

"过"单字音读 [kuə$^{213}$]，是动词，可以在句中作谓语，也可以在动词或形容词后作虚补语，作虚补语时表示动作行为或变化的完毕，我们称为准助词（见完成体助词）。当表示完毕的"过"只用在过去所发生的事件中时，就产生了"曾经经历"的意思，就是说经历体的"过"是从作虚补语的"过"虚化而来的，伴随着意义的虚化，读音也发生了弱化，读为 [·kuə]，成为经历体助词。请看下面三组例子：

A 过不去    过不下去    他把小妮儿过给他弟了

B 吃过饭了　锄过地了　那花儿浇过水了

C 去过北京　见过几回　看过那个电影　电视机坏过两回了

A 组里的"过"是动词，表示通过、生活、过继等意义；B 组里的"过"是补语性的准体助词，表示动作行为或变化的完毕；C 组里的"过"是经历体助词，表示动作行为或变化曾经经历。

跟普通话一样，经历体助词的"过"还可以用在形容词、动结式或动趋式后边，可以跟实现体助词"了"共现。如：

(57) 他两口从来冇红过脸。他两口从来没红过脸。

(58) 她妮儿ᶻ弄掉过两辆洋车儿。她女儿弄丢过两辆自行车。

(59) 这块儿石头我以前搬起ᴴ［·tɕ'iai］"起来"的合音过两回，□会儿［iæŋ²¹³xur²⁴］不中了。这块儿石头我以前搬起来过两次，现在不行了。

(60) 那本儿书他早都瞧过了。那本儿书他早就看过了。

### 5.1.1.4　起始体助词

起始体表示动作行为或变化的开始，普通话是在动词或形容词的后边加"起来"表示。在浚县方言里，起始体的标记成分有两个，一个是"开"，另一个是"起来"的合音形式，记作"起ᴴ"。起始体还可以用词汇形式来表示，跟普通话一样，可以在动词或形容词的前边加"开始"。

#### 5.1.1.4.1　开［·kai］

"开"作动词，有很多义项，可以在句中作谓语、补语，起始体的"开"应该是动词后表示结果的补语虚化而来。如"这个事儿在俺村儿都传开了"中的"开"还读本调，意思是这件事随着"传"的动作，村里的人一个一个都知道了，显然还是结果补语。再如"这号儿衣裳一上市可时兴流行开了"，其中的"开"读轻声，意义已经虚化，只表示动作行为的开始，已经虚化为起始体助词。请看下面的例子：

(61) 他两口在大街上打开了。

(62) 你刚进屋，外头可下开了。

(63) 恁哥咋做开生意了？

(64) 孩ᶻ一瞧见ᴰ我可哭开了。

(65) 天又冷开了。

"开"只黏附在动词或形容词后边，动词后边带宾语时，"开"放在宾语前边，在句尾常跟实现体助词"了"连用。

5.1.1.4.2 起$^H$［·tɕ'iai］

"起$^H$"是"起来"的合音，由趋向补语虚化而来。请看下面的例子：

A：扶起$^H$了 站起$^H$了 抬起$^H$了 拉起$^H$了 拽起$^H$了 举起$^H$了

B：放起$^H$了 藏起$^H$了 搁起$^H$了 收起$^H$了 冻起$^H$了 存起$^H$了

C：说起$^H$话了 听起$^H$歌儿了 唱起$^H$小曲儿了 喝起$^H$酒了 吹起$^H$口哨了

从 A 到 C "起$^H$"的意义逐渐虚化。A 组中的"起$^H$"是趋向补语，表示人或事物随动作由下向上运动，有可能式，并可以用叠加的肯定否定可能式构成反复问句。如"站起$^H$了［·liau］""站不起$^H$""站起$^H$了站不起$^H$？"B 组中的"起$^H$"趋向义非常模糊，只表示一种达到目的结果，但跟别的结果补语不同，它们没有可能式，不能用叠加的肯定否定可能式构成反复问句。C 组中的"起$^H$"已经完全虚化，只表示动作行为或变化的开始，是起始体的标记成分。

"起$^H$"是"起来"的合音形式，因此当动词带宾语时，宾语放在"起$^H$"后，这一点跟普通话放在"起"和"来"之间不同。如：

<table>
<tr><td>普通话</td><td>浚县方言</td></tr>
<tr><td>他俩一说起话来就没完没了。</td><td>他俩一说起$^H$话斗冇个头儿。</td></tr>
<tr><td>一干起活儿来，她就腰酸腿疼。</td><td>一干起$^H$活儿，她斗腰酸腿疼。</td></tr>
</table>

"开"和"起$^H$"虽然都是起始体的标记成分，都可以表示动作行为或变化的开始，有时候可以互换而不影响意义，但它们的语法意义、语法功能不完全相同。

在表义上，"开"只表示动作行为或变化已经开始，并不关注是否要继续下去，常常伴随着说话人主观意外的感受；"起$^H$"表示动作行为或变化已经开始，并有继续下去的趋势，不包含说话人的主观意外感受，或者说只是客观描述事态已经开始，并要继续下去。因此在单句中，"开"和"起$^H$"可以互换而不影响意义，但联系前后句，二者的区别就会看得比较清楚。如：

（66）a. 你咋做开生意了？
　　　b. 你咋做起$^H$生意了？

(67) a. 他俩打开了。
　　　b. 他俩打起ᴴ了。
(68) a. 外头下开了。
　　　b. 外头下起ᴴ了。
(69) a. 夜个还暖和嘞，今个可冷开了。
　　＊b. 夜个还暖和嘞，今个可冷起ᴴ了。
(70) a. 天还有明嘞，广播可响开了。
　　＊b. 天还有明嘞，广播可响起ᴴ了。
(71) ＊a. 一生开气，饭都不吃。
　　　b. 一生起ᴴ气，饭都不吃。
(72) ＊a. 赶紧收白菜吧，等ᴰ冷开都晚了。
　　　b. 赶紧收白菜吧，等ᴰ冷起ᴴ都晚了。
(73) ＊a. 一提开他都生气。
　　　b. 一提起ᴴ他都生气。

例（66）~例（68）都是单句，a 句 b 句都成立，即"开""起ᴴ"可以互换，句子重在表达事态已经开始。例（69）、例（70）描述的是两个事件，后一个事件是在前一个事件的背景下出现的，说话者关注的是后一个事件的开始发生，并强调后一个事件的开始发生出人意料，因此用"开"的 a 句成立，用"起ᴴ"的 b 句不成立。例（71）~例（73）描述的也是两个事件，说话者着重说明前一个事件开始发生并持续下去会对后一事件产生影响，或会引发后一事件的产生，因此用"起ᴴ"的 b 句合语法，而用"开"的 a 句不合语法。

### 5.1.1.5　实现体助词

实现体表示"情况的实现"，相当于普通话中"了₂"的语法意义。关于普通话的"了₂"，吕叔湘先生认为"用在句末，主要肯定事态出现了变化或即将出现变化，有成句的作用"（吕叔湘 1996）；赵元任先生认为"表示事情开始""或者是一种新出现的情况，或者是对说话的人说来是新的情况"（赵元任 1979）；朱德熙先生认为是"表示新情况的出现"（朱德熙 1982）。三位大家的说法虽有不同，但基本意思都一样，施其生先生（1996e）将"了₂"的意义概括为"情况的实现"，认为"一种情况的实现，就是未实现前的旧情况的结束，实现后的新情况的出现，这个提法和'一种新情况的出现'没有矛盾"。在谈到"了₂"的语法性质时，施先生认为："有些著作把它看作是一个黏附在全句之上的语气词，笔者不敢苟同。因为'了₂'黏附的对象有时可以只是句子的一部分，主要作用也非表示语气，而且跟'了₁'有密切的关系，只要不把汉语的'体'局限在动词的范围内，把'了₂'归入体标记是比较合适的"，"因为'了₂'总是黏附在一个带表述性的成分上，给被黏附成分所表述的情况添加一个'实现'的意义"，这种分析是比较切合现代汉语方言实际的。

了 [·lə]

跟普通话一样，浚县方言表示"情况的实现"的体标记成分也是"了 [·lə]"。请看下面的例子：

(74) 吃完饭了。

(75) 我吃ᴰ三碗了。

(76) 我中ᴰ奖了。

(77) 他打电话叫救护车了。

(78) 板凳搬上去了。

(79) 都是大人了。

(80) 够了，已经三十斤了。

(81) 快八月十五了。

(82) 苹果红了。

(83) 天越来越冷了。

以上例句中的"了"都相当于普通话的"了₂"，它跟动词之间总有其他成分相隔，"了"是黏附在句中表述性的成分之上，表示这个成分所述情况的实现。从它黏附的层次来看，"了"是句子层面上的虚成分，有完句的功能，跟完成体的 D 变韵不属于同一个层次，也就是说"了"跟句子的整个表述性成分相联系，有时候是整个句子。D 变韵一般只跟句中的谓词（包括动词、形容词、一部分动结式）相联系，是黏附在词层面上的虚成分。

在普通话中，表示完成的体标记成分是"了₁"，跟"了₂"形式相同，当"了₁"位于动词（包括动结式、动趋式）后，其后又没有其他成分并在句尾与"了₂"相遇时，两个"了"常常合成一个，既表示动作行为的完成，又表示情况的实现，学界认为是"了$_{1+2}$"。但有时候位于动词（包括动结式、动趋式）后又位于句尾的"了"并不都是"了$_{1+2}$"，我们仅从形式、分布上不能清楚地做出判断，这为普通话中有关"了"的研究增添了一定的难度。然而，在那些从形式上区分相当于普通话"了$_1$""了$_2$"和"了$_{1+2}$"成分的方言中，这个问题就会看得比较清楚。比如广州方言中相当于"了$_1$"的是"咗"，相当于"了$_2$"的是"刺"（或"勒"），相当于"了$_{1+2}$"的是"咗刺"（或"咗勒"）（李新魁等 1995）；山东栖霞方言中相当于"了$_1$"的是"儿"或"［·ə］"，相当于"了$_2$"的是"了"，相当于"了$_{1+2}$"的是"［·ə］了"（刘翠香、施其生 2004）。这两个方言里都是三种形式判然有别，不存在什么纠葛。浚县方言里相当于"了$_1$"的成分是 D 变韵，相当于"了$_2$"的成分是"了"，但当变韵在句尾跟"了"相遇时，变韵不出现，这时句尾的"了"既承担了"了$_2$"的功能又承担了"了$_{1+2}$"的功能。因此浚县方言句尾的"了"有时与普通话的"了$_2$"相对应，有时又与普通话的"了$_{1+2}$"相对应，其间存在一定的纠葛。我们试举例说明：

(84) 俺班嘞同学都跑$^D$两圈儿了。

(85) 他俩离$^D$婚了。

(86) 这碗米你吃$^D$吧。

(87) 看住那个小偷儿，白叫他跑$^D$。

(88) 天快明了。

(89) 她哭了。

(90) 他嘞个儿又高了。

例（84）、例（85）中变韵和实现体"了"不相遇，"了"位于体词后，体词后的"了"都是"了$_2$"，变韵跟"了"没有纠葛。例（86）、例（87）句尾没出现"了"，变韵只相当于普通话的"了$_1$"，这一条也可以帮助判断普通话类似情况下的"了"应该是"了$_1$"。例（88）中因为谓词前有表示未然的状语成分"快"，句子只表示即将出现的新情况，因此句尾的"了"只相当于普通话的"了$_2$"。例（89）中的"了"既位于动词后又位于句尾，因此这个"了"可能相当于普通话的"了$_2$"，也可能相当于"了$_{1+2}$"。就是说"她哭了"有两种意思，一种意思是说她原来没哭，现在开始哭了，这个时候的"了"是"了₂"。另一种意思是说她刚才哭了，哭的动作现在已经实现，这个时候的"了"是"了₁₊₂"。例（90）的情况跟例（89）相同，就是说当"了"位于谓词后又位于句尾时，"了"与普通话"了₂"和"了₁₊₂"之间的对应存在纠葛。

实现体是句子层面的虚成分，当实现体表示的语法意义跟其他的体意义不发生矛盾时，可以跟其他体标记成分共现（下加线的为其他体标记成分）。如：

(91) 他爷死ᴰ一年了。

(92) 俺小ᶻ打罢防疫针了。

(93) 恁舅吃过饭了。

(94) 衣裳洗ᴰ那儿了。

(95) 俺都去过两回北京了。

(96) 恁妈又唠叨开了。

(97) 水开起ᴴ了。

### 5.1.1.6 短时貌助词

短时貌表示动作行为或变化所经历的时间短，有时也指动作行为或变化所涉及的量小。普通话用动词重叠表示，单音节动词也可以在两个重叠的音节之间加"一"，有时也在动词后边加上轻声的"一下"。浚县方言的短时貌也可以用动词重叠表示，有时也可以在动词后附加"一下ᶻ/一下儿"表示。

一下ᶻ [·i·ɕiæu] /一下儿 [·i·ɕier]

浚县方言也可以在动词后加"一下"表示动作行为或变化所经历的时间较短，但这个"一下"或是以子变韵"一下ᶻ [·i·ɕiæu]"的形式存在，或是以儿化韵"一下儿 [·i·ɕier]"的形式存在，从不以基本韵"一下 [·i·ɕia]"的形式存在。如：

(98) 你问一下儿老师。

(99) 咱去那个商店瞧一下ᶻ。

(100) 我去换一下ᶻ/一下儿衣裳。

(101) 在锅里嘞菜翻一下ᶻ/一下儿。

动词后有宾语时，"一下ᶻ/一下儿"有两个位置。当宾语是人称代

词时,"一下$^Z$/一下儿"位于宾语后,当宾语是非人称代词时,"一下$^Z$/一下儿"位于宾语前。如:

(102) 等他一下$^Z$/一下儿。

(103) 叫我查一下$^Z$/一下儿字典。

(104) 天晴$^D$晒一下$^Z$/一下儿盖的<sub>被子</sub>。

以上例句中"一下$^Z$/一下儿"已经虚化,只附加在动词后表示短时意义,因此从性质上说,这个"一下$^Z$/一下儿"我们看作体貌助词。

### 5.1.1.7 尝试貌助词

尝试貌表示动作行为的尝试。动作行为的尝试往往是短时进行的,因此尝试貌和短时貌语义上有密切的关系,形式上也常常出现交叉的情况。普通话中的动词重叠既可以表示短时也可以表示尝试,另外在动词重叠后附加轻声的"看"专门表示尝试。浚县方言也可以用动词重叠、助词"一下$^Z$/一下儿"及后加"试试"来表示。

#### 5.1.1.7.1 一下$^Z$/一下儿

"一下$^Z$/一下儿"兼表短时和尝试。如:

(105) 你先瞧一下$^Z$/一下儿再说。

(106) 这号儿化肥好不好,你用一下$^Z$/一下儿斗知$^H$了。

(107) 叫我尝一下$^Z$/一下儿。

(108) 你猜一下$^Z$/一下儿这是啥东西?

#### 5.1.1.7.2 试试 [ʂʅ²¹³·ʂʅ]

有时在动词重叠式后边,或是在"动词+一下$^Z$/一下儿"的后边加上"试试",表示的尝试义跟普通话的"VV看"一样。但浚县方言中的"试试"还没有完全虚化成貌标记成分,动词带宾语时,"试试"用在宾语后。如:

(109) 这件儿衣裳我穿穿试试。

(110) 你吹一下$^Z$/一下儿试试,瞧能吹起$^H$不能?

(111) 好看不好看你戴一下$^Z$/一下儿试试。

(112) 有恁哥嘞,他敢招招动动你试试。

(113) 叫我骑骑这辆车儿试试。

(114) 你用一下$^Z$/一下儿这个笔试试。

从语义上讲，这个"试试"跟单独作动词的"试试"也不完全相同，意义已经虚化，只表示尝试，因此我们把用在动词重叠式或"动词+一下$^z$/一下儿"后专门表示尝试义的"试试"看成准助词。

### 5.1.2 结构助词

结构助词属于结构性的，它的语法作用在于改变或标示被附加语言成分的结构功能。① 浚县方言里的结构助词主要有"嘞""个""那"等，其中"嘞"可以分为4个，即副词性成分标记"嘞$_1$"、形容词性成分标记"嘞$_2$"、名词性成分标记"嘞$_3$"和补语标记"嘞$_4$"。关于"嘞"及其语源关系，我们有专节讨论（详见5.2），这里对"个""那"进行描写和分析。

#### 5.1.2.1 个［·kə］

"个［kə$^{213}$］"在浚县方言里是个普遍量词，几乎可以用来标记各种事物的单位，"个"还常和数词一起表示事物的数量。但在特定的句法结构中，"个"可以脱离数词直接用在谓词与宾语、准宾语或补语之间，语义上已经不再表示数量或单位，语音形式也发生了弱化，读为轻声［·kə］。从功能上看，读轻声的"个"跟结构助词的功能更为接近，因此，我们认为这时的"个"已经虚化，是一个可以标示一定句法结构关系的虚成分。

我们把"个［·kə］"放在结构助词里来讨论是就它的功能意义来说的，但"个"还可以给所在句子添加一种"轻巧"的语气，② 即"个"还负载有语气意义。当然，这种"轻巧"的语气意义跟"个"是作为量词虚化而来不无关系。

"个［·kə］"的句法分布可以分为三种：

---

① 关于结构助词李新魁先生等在《广州方言研究》中（1995：525—526）分析得很精到，他们认为结构助词"表示某种结构意义，即标志着被黏附的成分（词或词组）具有某种结构功能"，"当被黏附成分本身的语法功能与结构助词所具有的功能意义一致的时候，结构助词是一种标志，使得结构上关系更显豁"，"当被黏附成分本身的功能与结构助词所具有的功能意义不一致的时候，结构助词仍是功能的标志，它会改变被黏附成分的功能，因此，若被去掉，原先的组合或者不能成立"，"或者结构关系会改变"。本研究在这种分析的基础上定义结构助词。

② "个"的这种表示"轻巧"语气的意义是导师施其生先生分析提出的。

1. 用在动词和一般宾语之间，标示动词与一般宾语之间的关系。如：

（1）叫你干个活儿斗恁难哟？让你干个活儿就那么难吗？

（2）瞧你吃个饭慢嘞。看你吃个饭慢的。

（3）你走个路也不好好儿走。你走个路也不好好走。

如果例（1）"干个活儿"还可以说"个"是指示数量的话，那么例（2）、例（3）"吃个饭"和"走个路"中的"个"就很难说是指示数量的，"个"已经虚化，它的作用是标示动词与后面的成分是动宾关系。

2. 用在动词和表示数量的准宾语之间，标示动词与准宾语之间的关系。如：

（4）来个十个、八个嘞都中。来个十个、八个的都行。

（5）这个表走个十几分钟斗不走了。这个表走个十几分钟就不走了。

（6）这米吃个个把儿月冇问题。这米吃个个把月没有问题。

数量宾语本身已经有明确的数量义，但前面还可以出现"个"，显然与1）相比这里的"个"更为虚化了。

3. 附加在动词之后，使这个动词具有带补语的功能或者标示动词与它后面的成分之间是动补关系，大致相当于补语标记成分。如：

（7）今个我得歇个痛快。今天我要休息个痛快。

（8）咱今个斗喝个烂醉再回家。咱们今天就喝个烂醉再回家。

（9）他在那儿啰唆个不停。他在那儿啰唆个不停。

（10）你那一回出事儿在我吓[0]个半死。你那一次出事把我吓了个半死。

（11）这事儿你得说个叫我心里透亮。这事你得说个让我心里明白。

"痛快""烂醉"是形容词性成分，"不停""半死"是动词性成分，"叫我心里透亮"是小句成分，但它们前面也可以加"个"，有的不加甚至不能组合，如例（8）、例（9）、例（11），加上"个"它们和动词之间的关系更为显豁，如例（7）、例（10）。跟1、2相比，这里的"个"显然是用来标示动词和它的结果、情状或程度之间关系的。

普通话中的"个"也有这些用法。

对"个"的这些用法吕叔湘先生很早就注意到了，他在《个字的应用范围，附论单位词前一字的脱落》（1984）一文中说道：性状词、动词、选择问句的紧缩式、形式比较完备的词结以及引述性的词语等前面带"个"字,"虽然不能算是名词,但在句子里无疑问的是处于名词的地位,是个实体成分,在这些词语的前头加个(一)个,是援名词的例","是个字应用范围的一度扩展"。而像"算是罚我个包揽闲事""把桌子上的菜舔了个干净"这两种情况中"个"后面的补语成分"很难于,也不必,再认为实体成分;因而这些个字,要是撇开语源,采用现实主义的看法,也就不妨认为一种联结词。"①

朱德熙先生在《语法讲义》(1982:49,121,122)里也谈到"个"的特殊用法,认为"个"可以放在并列的数量词、形容词、动词的否定形式前面组成宾语,"形容词或动词前边加上'个'变成体词性结构以后充任的宾语叫程度宾语"。从朱先生所说的"个"的这个特殊功能来看,"个"是宾语标记成分。但像上面所说的第三种意义的"个"似乎不应看作宾语标记,它跟补语标记更为接近。

吕先生所说的"联结词"也好,朱先生所说的可以组成宾语也好,就"个"的这些功能来说,把它归入结构助词应该有一定道理。

由量词虚化为结构助词也是许多南方方言里很常见的现象,如湖北的蒲圻、大冶、浠水、罗田、英山、蕲春、阳新、咸宁、通山等地,湖南的耒阳、汝城客话,江西的高安客家话,广东阳江、海康、信宜、开平等地都存在量词用为结构助词的现象。② 从虚化的程度来看,浚县方言里的"个"还没有达到很彻底的程度,但就以上"个"的句法表现来看,说它具有结构助词的语法功能是符合语言事实的。

### 5.1.2.2 那 [·nə]

"那 [·nə]"由指示代词"那 [na$^{213}$]"虚化而来,有三个结构功能:

1. 用在定语与中心语之间,标示它们是定中关系。如:

(12) 她长嘞真好看,跟$^D$画儿上画那人样。<sub>她长得真好看,跟画儿上画的人一样。</sub>

---

① 见吕叔湘《汉语语法论文集》(增订本 1984:150—154)。

② 以上地点的材料参考了黄伯荣《汉语方言语法类编》(1996)、汪化云《"箇"在湖北东部方言中的语法化》(2003 年第 11 届全国汉语方言年会论文)、石毓智《量词、指示代词和结构助词的关系》(2002)。

(13) 我才不稀罕你那东西嘞。我才不稀罕你那东西呢。
(14) 等ᴰ你下班儿那时儿再给我打电话吧。等你下班的时候再给我打电话吧。

以上例句中的"那"如果不用，句子不合语法，这里的"那"也都可以换成结构助词"嘞₃"（名词性成分标记，见5.2"嘞"）。可见，"那"的功能跟"嘞₃"有相同之处。

2. 改变动宾之间的结构关系，使动宾结构具有名词性成分的功能。如：

(15) 你干那活儿些粗糙。你干的活儿很粗糙。
(16) 瞧你写那字儿潦草嘞！看你写的字多潦草！
(17) 她穿那衣裳露嘞不得了。她穿的衣服太暴露了。

以上句子里的"那"可以不用，但不用"那"，动宾之间的关系没有改变。另外，这里的"那"也可以换成"嘞₃"。

3. 标示动补之间的结构关系，是补语标记成分。如：

(18) 走那快ᴰ些儿！走得快一点儿！
(19) 衣裳洗那干净ᴰ些儿！衣服洗得干净点儿！
(20) 你卖那便宜点儿斗有人儿要了。你卖得便宜一点就有人要了。

以上例句中的"那"用在动补之间，这里的"那"也可以不用，但用"那"动补关系更为显豁。

指示代词在一定的句法环境中虚化为结构助词，在汉语共同语中也有事实存在，比如近代汉语中的"之""底"原来都是指示代词，现在都已经虚化成结构助词了。另外，前面5.1.2.1中所列出的那些方言点的量词"个""箇"等，也都有指示代词用法和结构助词的用法。可见，指示代词和量词在一定句法环境中虚化为结构助词是语言发展的普遍共性（石毓智 2002b）。

### 5.1.3 时间助词

普通话表达与动作行为相关的时间（时制，Tense）时，一般是在谓词性成分前附加时间词或意义相当于时间词的语言成分（包括时间副词等）。浚县方言一般也用同样的手段表达时间意义，但有一个附加在

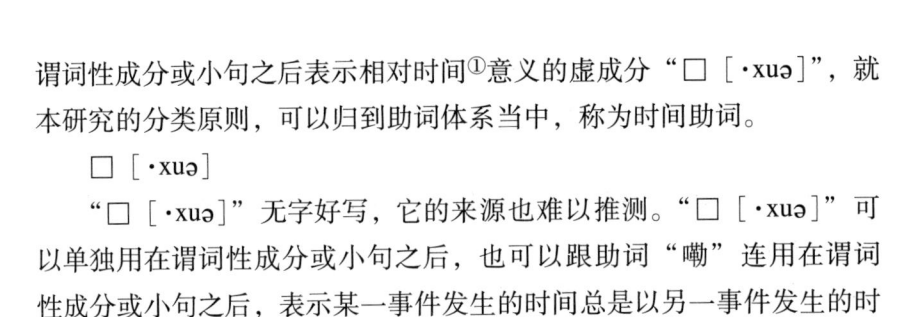

谓词性成分或小句之后表示相对时间①意义的虚成分"□〔·xuə〕",就本研究的分类原则,可以归到助词体系当中,称为时间助词。

□〔·xuə〕

"□〔·xuə〕"无字好写,它的来源也难以推测。"□〔·xuə〕"可以单独用在谓词性成分或小句之后,也可以跟助词"嘞"连用在谓词性成分或小句之后,表示某一事件发生的时间总是以另一事件发生的时间为参照点,或为先事,或为当事,或为后事。

1. "□〔·xuə〕"前谓词性成分所述事件跟另一个事件相比是先时的,称为先事。如:

(1) 我问他□〔·xuə〕他才对$^D$我说。我问他时,他才对我说的。

(2) 肉先搁冰箱里$^H$,等$^D$吃□〔·xuə〕再往外拿。肉先放在冰箱里,等吃的时候再往外拿。

(3) 那枣□〔iæŋ$^{213}$〕会儿还不熟,等$^D$熟□〔·xuə〕再薅。枣现在还不熟,等熟了再摘。

(4) 你病好$^D$□〔·xuə〕嘞,咱去北京转转。等你的病好以后,咱去北京转转。

(5) 等$^D$年些□〔·xuə〕嘞给你买个好$^D$儿嘞。等到春节给你买一个好的。

(6) 休慌嘞,给你得东西□〔·xuə〕嘞。先不要走,等我给你一些东西。

"□〔·xuə〕"前的事件总是要先发生,后面的事件才会发生。如例(6)是我问他先于他对我说,其他例句相同。需要说明的是,"□〔·xuə〕"前后的两个事件可以是已经发生的,如例(1),也可以是还未发生的,如例(2)~例(6),但不会是正在发生的。

2. "□〔·xuə〕"前谓词性成分所述事件发生的时间跟另一个事件同时,称为当事。如:

(7) 那还是我在他那儿住$^D$□〔·xuə〕他给我嘞。那还是我在他那儿住的时候他给我的。

(8) 写作业□〔·xuə〕甭横那儿瞧。写作业时别到处乱看。

---

① 相对时间是指某一事件发生的时间是以说话时间以外的某一时间为参照点,可以区分为基点前时、基点时与基点后时(或称为先事、当事和后事),与绝对时间(以说话时间为参照点,分为过去时、现在时和将来时)相对应。请参看龚千炎《汉语的时相时制时态》(1995:32—33)和张亚军《副词与限定描状功能》(2002:194)。

（9）吃饭□［·xuə］甭乱说话。吃饭的时候不要乱说话。

（10）先搁那儿吧，你来□［·xuə］再捎$^D$来。先放那儿吧，你来的时候再捎过来。

（11）他结婚□［·xuə］我才上小学。他结婚时我才上小学。

以上例句中，"□［·xuə］"前后两个事件发生的时间都是同时的。不过这里的同时是指在时间上有重合，但不一定完全重合。

3."□［·xuə］"前谓词性成分所述事件发生的时间跟另一个事件相比是后时的，称为后事。如：

（12）休嘞□［·xuə］，叫我再带点儿钱。你先不要慌，叫我再带点儿钱。

（13）你打电话□［·xuə］嘞，我都吃罢饭了。你打电话的时候，我都已经吃完饭了。

（14）坐车□［·xuə］先吃饱$^D$饭斗不晕车了。坐车的时候先吃饱饭就不晕车了。

（15）等$^D$你结婚□［·xuə］恁爸都退罢休了。等你结婚的时候，你爸都退休了。

以上例句里"□［·xuə］"前的事件是后于"□［·xuə］"后的事件而出现的，如例（14）坐车是吃饱饭之后的情况，其他例句相同。跟2）一样，这里"□［·xuə］"前后的两个事件也可以是已经发生的，如例（13），也可以是还未发生的，如例（12）、例（14）、例（15），不会是正在发生的。

从"□［·xuə］"所表示的意义来看，它跟普通话的"……的时候"相近，但跟"……的时候"性质和功能不完全相同。"……的时候"还是一个短语，"□［·xuə］"已经很虚，是一个助词。当"□［·xuə］"位于两个小句之间时，语感上它们是一体的，中间没有停顿。另外，"□［·xuə］"还可以位于第二个小句句尾，"……的时候"。如：

（16）你先甭急，等他说□［·xuə］。你先别急，等他说的时候（再做）。

（17）这一回晚了，再一回□［·xuə］吧。这一次晚了，再一次吧。

（18）这会儿太热，等凉□［·xuə］吧。这会儿太热，等凉了（再吃）吧。

浚县方言里"□［·xuə］"这种标记相对时间的用法在山西忻州、大同也有。忻州方言记作"顿唠"（陈茂山 1990），大同方言记作"顿儿"（马文忠 1987）。"□［·xuə］""顿唠"和"顿儿"之间有没有联系,是否同源值得进一步研究和探讨。

### 5.1.4 能性助词

能性助词是表示动作结果、动作趋向或动作本身等实现的可能性的助词,普通话和方言中表示可能性的助词有两种,一种是用"得"或其变体(一律记作"得")表示,形成"V得""V得C""V得CO""V得OC""VO得C"等能性述补格式;另一种是用"了"或其变体(一律记作"了")表示,形成"V了""VC了""VCO了""VC了O"等能性述补格式。前一种类型主要分布在普通话及北方一些方言和南方大部分方言中,后一种据到目前为止的报道,主要分布在河南、河北、山东、山西、陕西等地的一些方言中(柯理思1995;一杉刚弘2000)。浚县方言属于后一种类型,是用"了〔·liau〕"表示的。跟其他同一类型方言有别的是,浚县方言里能性述补格式中动词带宾语的形式极为复杂。另外,跟能性述补格式相关的不只是能性助词的问题,还跟语序类型相关,我们将在8.4做专题探讨,浚县方言里能性助词"了"的意义及句法表现也放在8.4进行讨论。

### 5.1.5 语气助词

语气助词一般是附加在句尾表示说话人对事件评价意义(或语气)的虚词,有时候也附加在短语上。与其他助词不同,语气助词一般与被附加成分没有句法关系,只给被附加成分增添一种语气意义。有些语气助词有完句的功能。

浚县方言里的语气助词没有那么丰富,很多时候,句子的语气是通过语调或别的语气成分(如语气副词等)表达的。常用的语气助词有:"啦""嘞""呗""么""哟"(嘞哟/嘹〔·lio〕)"呀"(嘞呀/俩〔·lia〕)"吧""家""算了""妥了""散焉"等,下面分别描写和分析。

#### 5.1.5.1 啦〔·la〕

浚县方言里的"啦"总包含有事态助词"了"的语义成分,准确地说应该是"了"和"啊"的合音形式。但因为"啊"在浚县方言里很少单独使用,就"啦"出现的句法位置而言,"啦"总位于句尾,跟表示情况实现的体貌助词"了"位置相同,可以认定"啦"是"了啊"

的合音，有很强的凝固性。"啦"还具有完句的功能，这跟它是"了啊"的合音不无关系。

1. 用在陈述句中，表示解释、提醒的语气。如：

（1）他走啦。他走啦。

（2）俺都去过三回啦。我已经去过三次啦。

（3）外头下雨啦。外边下雨啦。

（4）他俩明个斗结婚啦。他俩明天就结婚啦。

（5）中了，不要啦。行了，不要啦。

2. 用在疑问句中，还可以表示疑问的语气，一般是对已经实现的情况进行疑问。如：

（6）恁夜个干啥啦？你们昨天做什么啦？

（7）今个上$^Z$午你喝酒啦？今天上午你喝酒啦？

（8）你在恁哥嘞本儿撕啦？你把你哥哥的本子撕了呀？

（9）她咋哭啦？她怎么哭了呀？

**5.1.5.2　嘞 [·lɛ]**

详见 5.2.1.6 "嘞$_6$"。

**5.1.5.3　呗 [·pɛ]**

1. 用在陈述句句尾，表示一种感觉道理明显、事情简单或不屑一提而不在乎的语气。如：

（10）这一回冇考好，下一回再下劲儿呗。这一次没考好，下一次再努力呗。

（11）叫老师斗叫老师呗，有啥了不起嘞。叫老师就叫老师呗，有什么了不起的。

（12）大不了再赔他个呗。大不了再赔他一个嘛。

（13）走叫他走呗，离$^D$他咱也能过。走就让他走呗，离了他我也能过。

2. 用在祈使句中，表示请求、催促、劝告或命令等语气。如：

（14）再给他个呗。再给他一个吧。

（15）快$^D$些儿走呗，一会儿都晚了。快点儿走吧，一会儿就晚了。

（16）你去找找他呗。你去找找他吧。

（17）听听□ [iæ$^{42}$] 咋说呗。听听人家怎么说的吧。

**5.1.5.4　么 [·mə]**

1. 用在特指疑问句中，起加强疑问语气的作用。如：

(18) 刚跟ᴰ你说话那个是谁么？恁大个儿。刚跟你说话的人是谁呀？那么大的个子。

(19) 你□［tsuai⁴²］嘞打他么？你为什么打他呢？

(20) 你在那儿干啥嘞么？你在那儿干什么呢？

(21) 恁俩汤为啥不说话了么？你们两个因为什么不说话的呀？

2. 用在反问句中，表示反诘的气。如：

(22) 你不是不去么？你不是不去吗？

(23) 他不是个老师么？他不是个老师吗？

**5.1.5.5　哟［·yo］**

1. 用在疑问句句尾，有三种意义：

A：并不表示真实的疑问，而是对当前事实的确认，带有一种比较客气的打招呼语气。如：

(24) 你来了哟/嘹？你来啦？

(25) 上课嘞哟/嘹？上课呢？

(26) 你搬不动哟？你搬不动啊？

(27) 你走嘞哟/嘹？你走了？

以上例句中的情况都是说话人看到的事实，但为了表示礼貌而用了疑问的语气，实际上是在客气地打招呼。另外"哟"很容易跟前面的虚成分合音或受前面音节尾韵的影响而改变读音，如"了哟"和"嘞哟"都容易合音成"嘹［·lio］"，例（26）"动"后面的"哟"常说成"［·ŋo］"。

B：也不是有疑而问，而是对所述情况的不确定或不以为然而进行的反诘，实际上传达了说话人对所述情况不认可的态度。如：

(28) 他真有恁好哟？他真有那么好嘛？

(29) 斗恁难哟［·no］？就那么难嘛？

(30) 你叫我去求他哟？你让我去求他呀？

(31) 你还愁有饭吃哟？你还愁没有饭吃嘛？

C：针对已知事实而问，希望听话人对自己所说情况予以确认。如：

(32) 那个不是他爸哟？那个不是他爸爸嘛？

(33) 想叫我当媒人嘞哟/嘹？想让我当媒人呀？

（34）你不是吃罢了哟/嘹？你不是吃过了嘛？

2. 用在陈述句句尾，表示说话人对所发生的事情感到意外或不满的态度。如：

（35）今个才来$^D$五$^H$人哟［·no］。才来了五个人哪。

（36）十块钱镇些儿哟。十块钱才这么一点儿呀。

（37）他不斗是个局长哟。他不就是个局长嘛。

（38）还不是有人抬举你哟。还不是有人抬举你呀。

**5.1.5.6  呀［·ia］**

"呀"也常跟别的虚词发生合音或受前面音节尾韵的影响而改变发音，合音形式有"唡［·lia］"（"嘞呀"和"了呀"的合音），音变形式有［·ua］、［·ŋa］、［·na］等。

1. 用在陈述句句尾，可以表达以下两种意思：

A：表示对事实的确认，带有提醒或劝告的语气。如：

（39）今个可是冬至嘞呀/唡。今天可是冬至呀。

（40）当然还是你高呀［·ua］。当然还是你高呀。

（41）他也些难呀［·na］。他也挺难的呀。

（42）上岁数嘞人可不敢多吃糖呀［·ŋa］。上岁数的人可不敢多吃糖呀。

B：表示申辩的语气。如：

（43）他冇说你不对呀。他没说你不对呀。

（44）她不跟$^D$我去呀。她不跟我去呀。

（45）我冇用呀［·ŋa］。我没有用啊。

2. 用在祈使句句尾，表示催促、劝告的语气。如：

（46）得早$^D$点儿去呀。得早点儿去呀。

（47）你还不拿走呀［·ua］。你还不拿走呀。

（48）可甭$^D$忘去取钱呀。可别忘了去取钱呀。

（49）路上滑，你慢点儿走呀［·ua］。路上滑，你慢点儿走呀。

3. 用在疑问句句尾，有缓和疑问语气的作用，即不用"呀"也可以表示疑问，但语气比较生硬。如：

（50）谁呀？谁呀？

（51）你去不去呀？你去不去呀？

（52）你干啥嘞呀/唡？你干什么呢？

（53）你要还是不要呀［·ua］? 你要不要呀?

4. "呀"还可以用在句中停顿处，表示列举，使语气显得比较轻松。如：

（54）吃嘞呀，穿嘞呀，啥都得操心。吃的，穿的，什么都要操心。

（55）恁姑呀，恁舅呀，还有恁同学呀，都些关心你。你姑姑，你舅舅，还有你同学，都很关心你。

### 5.1.5.7 吧［·pa］

1. 用在祈使句句尾，表示请求、催促、劝告或命令等意义，有缓和语气的作用。如：

（56）吃吧。吃吧。

（57）快些儿吧。快点儿吧。

（58）你去买菜吧。你去买菜吧。

（59）叫我给ᴅ他吧。让我给他吧。

2. 用在陈述句句尾，表示建议、商量的语气，有时还表示同意某种意见或勉强同意某种意见。如：

（60）这着吧，恁俩一齐儿去。这样吧，你们俩一起去。

（61）在他也叫ᴅ上吧。把他也叫上吧。

（62）就按ᴅ你说嘞办吧。就按你说的办吧。

（63）恁都不去，我去吧。你们都不去，我去吧。

3. 用在疑问句句尾，有两种意思：

A：用在一般疑问句句尾，多不表示单纯的提问，而表示一种推测的语气，有时候干脆表示一种委婉的肯定语气。如：

（64）这是你嘞吧? 这是你的吧?

（65）今个星期三嘞吧? 今天星期三吧?

（66）车开了吧?

（67）恁爸还不知ᴴ嘞吧? 你爸爸还不知道吧?

（68）瞧ᴅ还干净吧? 看着还干净吧?

B：用在特指疑问句或选择疑问句句尾，使得疑问中商量的语气失去，而加强了对听话人的询问，有时还含有对听话人行为不满的语气。如：

（69）你说咱咋办吧? 你说咱们怎么办吧?

（70）你想叫我弄啥嘞吧？你想叫我干什么吧？

（71）你来不来吧？你来不来吧？

（72）这东西恁你们要不要吧？

### 5.1.5.8 家 [·tɕiɛ]

"家"是跟程度副词或程度指示代词搭配使用的表示夸张语气的助词，主要格式有"些……家""多……家""镇（们）……家""恁（们）……家"。如：

（73）他家里[H]些有钱家。他家里很有钱呀。

（74）他多不听话家。他太不听话啦。

（75）啥药么，镇（们）苦家？什么药哇，这么苦？

（76）那儿嘞人恁（们）多家。那儿的人那么多呀。

以上例句不用"家"也可以说，但其夸张的语气明显不同，可见，"家"有很强的加强语气的功能。

### 5.1.5.9 妥了 [tʻuə⁵⁵ ·lə]

"妥了"一般用在祈使句句尾，或跟表示随意、随便的情状副词"随便儿""胡乱""斗那"搭配使用，增强句子中所表达的随意、随便的语气，"妥了"还有完句功能。如：

（77）毛衣甭很洗，涮两下[Z]妥了。毛衣不要使劲儿洗，随便涮两下儿就行了。

（78）斗那扫扫妥了，也不多□□ [ɣɛ²⁴ ·naŋ]。随便扫扫算了，也不太脏。

（79）随便儿做点儿妥了，不多饥。随便做一点儿就行了，不太饿。

（80）胡乱弄弄妥了。随便弄一弄就行了。

以上例句不用"妥了"不能单说，同时随意、随便的语气也没有那么强烈。

### 5.1.5.10 散焉 [san²¹³ ·ian²⁴]

"散焉"用在陈述句句尾，表示说话人对别人不做、没做或没有做成的事情表示无所谓或就随他去的态度，是一个较有特色的方言词。如：

（81）他不去散焉。他不去就算了。

（82）他学不会散焉。他学不会就随他去。

（83）冇当[D]上班长散焉。没有当上班长无所谓。

(84) 她考不上学散焉，恁甭很吵她。她考不上学就随她去吧，你们别老训她。

(85) 冇找着散焉，再买个吧。没找着算了，再买一个吧。

(86) 吃不完散焉，也不能叫撑住呀。吃不完就算了，也不能让撑着呀。

以上例句里的"散焉"不用也可以成句，但句子只是表达一种客观的情况，用上"散焉"句子添加了说话人的一种很明显的主观评价意义。如例（81）"他不去"只是一种客观事实，而"他不去散焉"表明了说话人对这一客观事实的无所谓或就随他去的态度。其他例句相同。

## 5.2 "嘞"

"嘞"，音［·lɛ］，当它前面的音节的韵尾是［n］时，常读作［·nɛ］，是语流中的同化作用引起的。"嘞"是浚县方言中非常有特色的语言成分，出现频率之高是方言中较为少见的。就其功能来说可以分为四类：结构助词、体貌助词、语气助词和构词语素。就其意义来说可以再分为七个，分别记作"嘞$_1$""嘞$_2$""嘞$_3$""嘞$_4$""嘞$_5$""嘞$_6$""嘞$_7$"。不同功能和意义的语言成分在语音形式上却选用了相同的一个，其间一定有其特殊的演变机制和不同的演变路径，本小节将对各个"嘞"的功能、意义及来源进行探讨，以期能为"嘞"的发展演变理出一个清晰的头绪。

像"嘞"这种集多种功能和意义于一种形式的语言成分，整个河南方言里都广泛存在，但各地的读音不尽相同，有人写作"的［liʔ］"（贺巍 1989）、有人写作"咧"［liɛ］（翟富生 1999）、有人写作"哩［li］"（贺巍 1991；郭熙 2005）等，郭熙（2005）对中原官话的"哩"作了非常详尽的描写和分析。其实，"嘞""的""咧""哩"等成分在各地的功能和意义并不完全相同。另，有关这些成分的来源和发展演变情况还未有人涉及，笔者希望通过对浚县方言"嘞"的研究，在这些方面能有所补充。

### 5.2.1 "嘞"的意义和用法

按照意义，浚县方言中的"嘞"可以分为 7 个，下面分别描写和分析。

### 5.2.1.1 嘞$_1$

"嘞$_1$"我们叫作副词性成分标记，功能上属于结构助词，相当于普通话的"地"，即朱德熙先生所说的"的$_1$"，朱先生叫作"副词性单位的后附成分"。结构助词的功能就是附加在一个语言成分后，改变或标示被附加语言成分的结构功能。这跟朱先生说的是一个道理，即一个语言成分不管原来是什么性质的，一旦附加上这个"的$_1$"，这个语言成分加上"的$_1$"所构成的单位就是副词性的。① 同样，在浚县方言里，一个语言成分，我们记作"F"，不管它原来是什么性质的，如果附加上了"嘞$_1$"，那么"F+嘞$_1$"也是副词性的。因此，我们说"嘞$_1$"是副词性成分标记。

能附加"嘞$_1$"的语言成分主要有形容词的重叠式、副词、拟声词、并立结构②或与这些成分意义和功能相同的其他短语。如：

A：好好儿嘞  轻轻儿嘞  偷偷儿嘞  冷不丁嘞  不停嘞  嗖嗖嘞  哗啦啦嘞

B：稀里糊涂嘞  慢慢腾腾嘞  无缘无故嘞  大惊小怪嘞  七扭八歪嘞

C：不住嘴儿嘞  不停时儿嘞  一瘸一拐嘞  一惊一诈嘞  一个字一个字嘞

A组中的"F"主要是形容词的重叠式、副词或拟声词，B组、C组中的"F"是一些并立结构或其他短语。

"F+嘞$_1$"的语法功能跟副词相同，一般用在谓词性成分前表示与动作、行为相关的情状，在句子里只作状语。如：

(1) 你好好儿嘞写，甭胡乱画。你好好地写，别胡乱画。

(2) 红海冷不丁嘞给$^D$我一句，在我弄糊涂了。红海冷不丁地给了我一句，把我弄糊涂了。

(3) 那水哗啦啦嘞流，也没人管。水哗啦啦地流，也没人管。

(4) 也冇人儿说她，她无缘无故嘞哭开了。也没人说她，她无缘无故地哭

---

① 参看朱德熙先生《说"的"》(《朱德熙文集》第2卷，1999：95—130)。

② 并立结构是采用了朱德熙的说法。见《说"的"》(《朱德熙文集》第2卷，1999：95—130)。

起来了。

（5）你不住嘴儿嘞吃，到ᴅ吃饭时儿还能吃进去嚎？你不停地吃，到吃饭的时候还能吃进去吗？

（6）你得一个字一个字嘞写清ᴅ。你得一个字一个字地写清楚。

### 5.2.1.2 嘞₂

"嘞₂"我们叫作形容词性成分标记，功能上也属于结构助词，相当于普通话的"的"，即朱德熙先生所说的"的₂"，朱先生叫作"形容词性单位的后附成分"。在浚县方言里，一个语言成分，我们记作"A"，不管它原来是什么性质的，如果附加上了"嘞₂"，那么"A+嘞₂"就是一个形容词性的语言成分，因此我们可以说"嘞₂"是形容词性成分标记。

能附加"嘞₂"的语言成分主要是重叠式，包括名词重叠式、量词重叠式、动词重叠式、形容词重叠式、拟声词重叠式等。另外，跟重叠式功能类似的生动形式以及描状性的短语也可以附加"嘞₂"。我们在第三章重叠中有过说明，除副词重叠式以外，绝大多数重叠式后边都可以附加"嘞₂"，对于某些重叠式来说，"嘞₂"还是强制性的，即没有"嘞₂"，这些重叠式在句法中不能独立运用（详见第3章重叠）。下面是附加"嘞₂"的成分：

A：格儿格儿嘞　块块儿嘞　一摇一摇嘞　一骨涌一骨涌嘞

B：高高儿嘞　清亮亮嘞　热乎乎嘞　凉冰冰嘞　平平和和嘞　蜜甜蜜甜嘞

C：古里古怪嘞　苦不拉叽嘞　黏叽叽嘞　躯儿咸躯儿咸嘞　咯咯吱吱嘞

D：乌不出嘞　酸不拉即嘞　碍手碍脚嘞　冇病冇灾嘞　歪嘴斜愣眼ᶻ嘞

A组中的"A"是名词、量词、动词的重叠式，B组中的"A"是形容词的重叠式，C组中的"A"是形容词加缀重叠式，D组中的"A"是一些生动形式或描状性短语。

"A+嘞₂"的语义功能主要是描状性，句法表现比"F+嘞₁"活跃得多，可以在句中作谓语、补语、定语。如：

（7）他个儿高高儿嘞，长嘞些排场。他个子高高的，长得很好看。（作谓

（8）你嘚手凉冰冰嘚，甭招我。你的手凉冰冰的，不要碰我。（作谓语）

（9）老了老了，脾气倒变嘚古里古怪嘚。老了老了，脾气倒变得古里古怪的。（作补语）

（10）她在衣裳洗嘚干干净净嘚。她把衣服洗得干干净净的。（作补语）

（11）块块儿嘚煤好烧。块块儿状的煤好烧。（作定语）

（12）那个红红儿嘚衣裳好看。那件红红儿的衣服好看。（作定语）

当附加"嘚"的成分既能作状语又能作谓语、补语、定语时，"嘚$_1$"和"嘚$_2$"似乎有一定的纠葛，实际上是可以区分开的。作状语的成分是"F+嘚$_1$"，作谓语、补语、定语的成分是"A+嘚$_2$"。如：

（13）甭急，慢慢悠悠嘚干都中。不用急，慢慢悠悠地干就行。（作状语）

（14）他从来斗是慢慢悠悠嘚。他从来就是慢慢悠悠的。（作谓语）

（15）走嘚慢慢悠悠嘚，真急人。走得慢慢悠悠的，真急人。（作补语）

（16）她斗是个慢慢悠悠嘚脾气，你急也有用。他就是个慢慢悠悠的脾气，你急也没有用。（作定语）

### 5.2.1.3 嘚$_3$

"嘚$_3$"我们叫作名词性成分标记，功能上也属于结构助词，相当于普通话的"的"，即朱德熙先生所说的"的$_3$"，朱先生叫作"名词性单位的后附成分"。在浚县方言里，一个语言成分，我们记作"S"，不管它原来是什么性质的，如果附加上了"嘚$_3$"，那么"S+嘚$_3$"就是一个名词性的语言成分，因此我们可以说"嘚$_3$"是名词性成分标记。

可以附加"嘚$_3$"的语言成分范围很广，名词、代词、动词、形容词、数量短语、动宾短语、动补短语、主谓短语、连动短语、兼语短语、联合短语，甚至很复杂的小句都可以附加"嘚$_3$"。如：

A：小霞嘚　木嘚　夜个嘚　我嘚　俺妈嘚　吃嘚　买嘚　红嘚　便宜嘚

B：一斤嘚　三米嘚　他买嘚　夜个做嘚　跑嘚快嘚　吃嘚胖嘚　我给他嘚

C：去教室学习嘚　来看电影嘚　请我吃饭嘚　叫你出去进修嘚　俺爸俺妈嘚

D：上个月在北京买嘚　天天儿打扮嘚花里胡哨嘚　不同意你跟他

结婚嘞

A 组中的 "S" 是词，B 组中的 "S" 是短语，C 组和 D 组中的 "S" 是更为复杂的短语或小句。

"S+嘞$_3$" 的语义功能是表示自指或转指，[①] 语法功能是名词性的，可以在句中作主语、宾语、定语、谓语。如：

（17）小霞嘞是个红嘞。小霞的是个红的。（作主语、宾语）

（18）三米嘞甭买恁些。三米的不要买那么多。（作主语）

（19）这饼是夜个做嘞。这饼是昨天做的。（作宾语）

（20）那个钢笔是我给他嘞。那支钢笔是我给他的。（作宾语）

（21）去教室学习嘞人不多。去教室学习的人不多。（作定语）

（22）俺爸跟俺妈嘞床在里头嘞。我爸爸和我妈妈的床在里头呢。（作定语）

（23）一个二斤嘞，一个三斤嘞。一个二斤的，一个三斤的。（作谓语）

（24）我在路上碰见他嘞。我在路上碰见他的。（作谓语）

（25）他夜个黑家睡□［xuə$^{24}$］说嘞。他昨天晚上睡时说的。（作谓语）

例（24）、（25）可以换成相应的 "是……嘞" 句，相当于普通话的 "是……的"。如：

（26）我是在路上碰见他嘞。我是在路上碰见他的。

（27）他是夜个黑家睡□［xuə$^{24}$］说嘞。他是昨天晚上睡时说的。

对普通话 "是……的" 结构中的 "的"，学界有不同的看法。有人认为是语气助词（李讷、安珊笛、张伯江 1998），有人认为是时体助词（宋玉柱 1981b；史有为、马学良 1982），有人认为是结构助词（朱德熙 1999；袁毓林 2003）。我们同意朱德熙、袁毓林的分析，认为浚县方言的这个 "嘞$_3$" 跟普通话的 "的$_3$" 一样是名词性成分标记，与其他成分中的 "嘞$_3$" 具有同一性，但它带有一定的传信功能，这是句式本身在语用中的意义，并不影响它的名词性功能。

#### 5.2.1.4　嘞$_4$

"嘞$_4$" 我们叫作补语标记，功能上也属于结构助词，相当于普通话 "得" 的一部分用法。跟 "嘞$_1$""嘞$_2$""嘞$_3$" 不太相同，"嘞$_4$" 主要

---

[①] 关于自指和转指的意义请参看朱德熙《自指和转指》（《朱德熙文集》第3卷，1999）

附加在谓词性成分之后，使其被附加的谓词性成分具有带补语的功能。"嘞₄"后面一定有补语成分，去掉"嘞₄"，谓词性成分与其后面成分的组合或者不能成立，或者结构关系不同。即"嘞₄"具有连接述补关系的结构功能，因此，我们把"嘞₄"叫作补语标记。

"嘞₄"主要是谓词性成分与结果补语、情态补语或程度补语①的连接成分。如：

（28）今个吃嘞些饱。今天吃得很饱。（结果补语）
（29）我说嘞不好，写嘞好。我说得不好，写得好。（结果补语）
（30）菜都准备嘞差不多了。菜都准备得差不多了。（结果补语）
（31）老师忙嘞冇空儿吃饭。老师忙得没空吃饭。（情态补语）
（32）冷嘞他一个劲儿嘞跺脚。冷得他一个劲儿地跺脚。（情态补语）
（33）□［iæ⁴²］家干净嘞不得了。人家家干净得不得了。（程度补语）
（34）她妈吃嘞胖嘞很ᴰ嘞。她妈妈吃得胖得不得了。（程度补语）

用"嘞₄"还可以构成一种句式，如：

（35）瞧你吃嘞？看你吃得？
（36）瞧你嘞字儿写嘞？看你的字写得？
（37）看你在那屋里弄嘞？看你把屋子里弄得？

以上例句中的"嘞₄"位于句尾，后边并不出现补语。我们认为这是口语中的特殊句式，是以说话时的现场状况为隐形补语的一种省略句。例（35）是以吃之后的样子作为隐形补语的，例（36）是以字写成之后的样子为隐形补语的，例（37）是以把屋子里弄乱之后的样子作为隐形补语的。这种句子一般有现场语境，说话人和听话人都看得见，因此"嘞₄"后的补语可以省略，但"嘞₄"的性质没有改变。另外，这种句式里总有凸显现场性的"瞧"或"看"等成分出现。

我们说"嘞₄"只相当于普通话"得"的一部分用法，是指普通话的"得"还可以用在谓词性成分和结果补语、趋向补语之间，表示动作结果或动作趋向实现的可能性，如"吃得完吃不完""放得进去放不进去"等，浚县方言的"嘞₄"没有这种功能，表示可能性的成分是能性助词"了［·liau］"（详见8.4）。

---

① 情态补语朱德熙叫作状态补语（《语法讲义》，1982：133）。

### 5.2.1.5 嘞₅

"嘞₅"是表示事态的体貌助词,大致相当于普通话句尾的助词"呢"。跟结构助词不同的是,体貌助词不改变被附加成分的语法功能,只给被附加成分添加一定的语法意义。浚县方言的"嘞₅",一般附加在句尾,与处所词语或其他表示体貌意义的成分"正""在那儿"、D变韵等共现,表示动词的进行或状态的持续。如:

(38) 她在院儿里ᴴ洗衣裳嘞。她在院子里洗衣服呢。(进行)

(39) 她正洗衣裳嘞。她正洗衣服呢。(进行)

(40) 她正在院儿里ᴴ洗衣裳嘞。她正在院子里洗衣服呢。(进行)

(41) 她在那儿洗衣裳嘞。她在洗衣服呢。(进行)

(42) 她正在那儿洗衣裳嘞。她正在洗衣服呢。(进行)

(43) 馍在煤火上蒸ᴰ嘞。馒头在煤火上蒸着呢。(持续)

(44) 台上唱ᴰ戏嘞。台上唱着戏呢。(持续)

(45) 厂长在门口儿站ᴰ嘞。厂长在门口站着呢。(持续)

(46) 他在那儿躺ᴰ嘞。他在那儿躺着呢。(持续)

(47) 我穿ᴰ毛衣嘞。我穿着毛衣呢。(持续)

(48) 那个小狗儿俺妹养ᴰ嘞。那条小狗我妹妹养着呢。(持续)

以上例句中的"嘞₅"都是句法强制性成分,没有"嘞₅"句子不能成立。就是说"嘞₅"不仅可以跟其他成分共同表示进行或持续的意义,还具有很强的完句功能。当然,这跟它总是位于句尾的特点不无关系。

关于普通话相同情况下的"呢",朱德熙(1982)、吕叔湘(1996)、刘月华(2001)等都看成语气词或语助词,赵元任(1979)称为助词(他的助词里包含语气助词)。虽所用术语不同,但他们都有一个共同的认识,即"呢"用在陈述句句尾可以表示进行或持续。在本研究的语法体系中,进行和持续这两种语法意义属于体貌范畴,因此,这里将浚县方言里相同情况的"嘞₅"归入体貌助词。

把"嘞₅"归入体貌助词还有一个理由,即在对进行或持续的情况进行询问时,"嘞₅"跟普通话的"呢"表现不同,"呢"不在疑问句中出现,而"嘞₅"在疑问句中也是句法强制性成分,这跟浚县方言中另一个表示实现的事态助词"了"表现相同。如:

（49）他在那儿写作业嘞冇？他在写作业没有？

（50）煤火上蒸$^D$馍嘞冇？煤火上蒸着馒头没有？

（51）画儿还在那儿贴$^0$嘞冇？画儿还在那儿贴着没有？

（52）车在那儿停$^D$嘞冇？车还在那儿停着没有？

我们把"嘞$_5$"放在体貌助词里来讨论，首先是基于它本身的意义和功能。其次也跟"嘞$_5$"的历史来源和语法化过程有着极为密切的关系，详细情况在本小节"嘞"的来源中再作讨论。

#### 5.2.1.6　嘞$_6$

"嘞$_6$"是语气助词，总位于句尾，给所附加的句子添加上一定的语气意义。跟普通话类似情况下的"呢"相同。语气是比较虚灵的语法意义，语气助词在不同的句中往往可以表示不同的语气意义。总起来看，"嘞$_6$"可以表示以下几种意义：

1. 用在陈述句句尾，指明事实，表示肯定的语气，有时略带夸张、感叹。如：

（53）他来开会嘞。他来开会呢。

（54）还有俩月嘞。还有两个月呢。

（55）他还小$^D$嘞。他还小着呢。

（56）她长嘞好$^D$嘞！她长得好着呢！

（57）怪好看嘞！挺好看的！

2. 用在陈述句中，表示列举，有缓和语气的作用。如：

（58）一会儿喝水嘞，一会儿尿尿嘞，事儿些多。一会儿喝水呢，一会儿解手呢，事儿真多。

（59）今天这个请嘞，明个那个请嘞，忙嘞吃不住。今天这个请呢，明天那个请呢，忙得不得了。

3. 用在疑问句中，有三种作用：

A：在特指疑问句和选择疑问句中，加强疑问语气。如：

（60）你去哪儿嘞？你去哪儿呢？

（61）这是咋会事儿嘞？这是怎么回事呢？

（62）是骑$^D$车嘞还是地$^H$走嘞？是骑车呢还是走路呢？

（63）要贵嘞嘞还是要便宜嘞嘞？要贵的呢还是要便宜的呢？

以上例句中的"嘞$_6$"即使不说，句子的疑问性质也没有改变。可见,"嘞$_6$"在这里不负载疑问信息,只起加强疑问语气的作用。

B:用在简略式问句和假设疑问句中,表示疑问,"嘞$_6$"可以代替疑问项。如:

(64) 我嘞笔嘞? 我的笔呢?

(65) 我吃面条,你嘞? 我吃面条,你呢?

(66) 我觉嘞这着不中,你说嘞? 我觉得这样不行,你说呢?

(67) 人要不来嘞? 人要是不来呢?

(68) 明个要是下雨嘞? 明天要是下雨呢?

以上例句中的"嘞$_6$"不说,句子就不表示疑问。可见,这里的"嘞$_6$"负载有疑问信息,而且可以代替省略的疑问项。如例(64)的"嘞$_6$"代替"在哪儿",例(65)中的"嘞$_6$"代替"你吃什么",例(66)~(68)中的"嘞$_6$"代替"怎么办"。

C:用在反问句中,加强反诘语气。如:

(69) 我哪儿能不信嘞? 我哪儿能不信呢?

(70) 你咋能不知$^H$嘞? 你怎么不知道呢?

(71) 你说这还有啥用嘞? 你说这还有什么用呢?

以上例句的"嘞$_6$"不说,句子的反问性质也没有改变。可见,"嘞$_6$"也只起加强反诘语气的作用。

"嘞$_6$"跟"嘞$_5$"不同之处还在于,"嘞$_5$"是句法强制性成分,那些表示进行或持续意义的句中不能没有"嘞$_5$",而以上例句中的"嘞$_6$",用和不用只是语气的不同而已,不影响句子的完整性。可见,从这个角度出发,"嘞$_5$"跟"嘞$_6$"也应该分开,它们是两个性质不同的成分。但当"嘞$_5$"独立使用表示动作进行时,与"嘞$_6$"有纠葛。如:

(72) 我洗衣裳嘞。

(73) 他开会嘞。

这两个句子有歧义,句尾的"嘞"可以看作"嘞$_5$",表示动作正在进行,也可以看作"嘞$_6$",表示指明事实的语气,动作不一定正在进行。

#### 5.2.1.7 嘞$_7$

"嘞$_7$"是一个构词语素,有两种表现。一是构词中语音弱化的结果,如"越嘞越……",其中的"嘞"是"来"的语音弱化,这种情况比较少见。二是跟以上的"嘞"相关的平行类推现象。如:"认嘞、记嘞、怪不嘞、亏嘞、显嘞、值嘞、免嘞、省嘞、……嘞话、使嘞猛嘞"等,这应该是历史上同类语素平行类推的结果。

从跟普通话的对应来看,由"嘞$_7$"构成的词多跟"得""的"有关,在浚县方言里,"得"和"的"的语音形式都弱化为"嘞",因此相应的构词语素也类推性地弱化为"嘞$_7$"。但这种弱化一般多发生在双音节或多音节词语中比较靠后的音节上,很少发生在单音节上,或双音节、多音节的第一个音节或靠前的音节上。比如同是由"得"构成的词还有"得舒服、得得到、得劲儿、得发、得罪、得意、不得了、得力"等,其中的"得"没有发生弱化。

### 5.2.2 "嘞"的共现与兼并

由于不同意义和功能的"嘞"有时候会碰在一起,浚县方言里经常会出现"嘞"的共现和兼并现象。

#### 5.2.2.1 共现

这里所说的共现是指两个或两个以上的"嘞"出现在一个句子中。又分为两种情况:

1. 不相连共现。为了对应整齐,相应的普通话例句我们作了直译,暂不考虑其是否合语法。如:

(74) 他跑嘞快$^D$嘞。他跑得快着呢。

(75) 我嘞英语考嘞不多好。我的英语考得不太好。

(76) 那个女生唱嘞好嘞很$^D$嘞。那个女生唱得好得很着呢。

(77) 那儿嘞人种嘞辣椒都长嘞些好。那儿的人种的辣椒都长得很好。

(78) 她嘞钱在柜里$^H$锁嘞严嘞很$^D$嘞。她的钱在柜子里锁得很着呢。

(79) 你嘞比$^D$我嘞贵嘞多嘞多。你的比我的贵得多得多。

以上例句中的"嘞"都是不相连共现,例(74)、例(75)是两个"嘞"共现,例(76)、例(77)是三个"嘞"共现,例(78)、例(79)是四个"嘞"共现。不相连共现因各个"嘞"在的句中的句法位置不同,意义和功能清晰可辨。

2. 相连共现。如：

（80）饭还多$^0$嘞嘞！饭还多着的呢！

（81）我嘞嘞？我的呢？

（82）门口儿挤$^D$多$^0$嘞嘞人嘞。门口挤了多着呢的人呢。

（83）肚里$^H$多嘞$^0$嘞虫嘞。肚子里多着呢的虫呢。

（84）多$^0$嘞嘞嘞！多着呢的呢！

（85）那个红红儿嘞嘞嘞？那个红红的的呢？

相连共现也可以叫作叠加，以上的句子在浚县方言里常可以听到，尤其是强调多的时候，三个"嘞"叠加位于句尾很常用。

#### 5.2.2.2 兼并①

兼并一般不会发生在不相连共现的句中。相连共现因不同意义和功能的语音同质成分连在一起，很容易造成结构和表义的混乱，因此，语言中总有一种排斥相连共现的力量。如普通话中可以说"送给他一本书"，不说"给给他一本书"，可以说"走到图书馆"，不说"到到图书馆"。但有时候当两个同质（语音同质或语义同质）的语言成分因表达的需要不得不连用的时候，兼并现象就容易发生。如普通话中，当"了$_1$"和"了$_2$"在句尾相遇时，因语音同质合而为一，但两个语义成分还保留着，记作"了$_{1+2}$"。

浚县方言里的"嘞"同样存在着兼并现象。如：

A：是那个红红儿嘞嘞不是？ = B：是那个红红儿嘞不是？

A：我不要那个涩棱棱嘞嘞。 = B：我不要那个涩棱棱嘞。

A句中的两个"嘞"分别是"嘞$_2$"和"嘞$_3$"，B句是"嘞$_2$"和"嘞$_3$"兼并的结果。语音形式虽成了一个，但语义仍保留，是"嘞$_{2+3}$"。不过这种兼并还未在语言中完全固定下来，实际上，在浚县方言里A句和B句都可以说，只是B句更常用。

有时候兼并会造成一定的歧义。如：

A：*这是卖菜嘞嘞篮$^Z$。→ B：这是卖菜嘞篮$^Z$。

---

① 这里的"兼并"就是施其生先生所说的语言中的同质兼并，"同质兼并"的含义见第80页附注①。这里对兼并情况的分析也借鉴自施其生先生（《汉语语言成分的同质兼并》，2005年广东省中国语言学会年会论文，12月，深圳）。

A 句（不能说）中的两个"嘞"都是"嘞$_3$"，两个都是转指，但转指的对象有所不同，一个转指"卖菜的人"，另一个转指"用来卖菜的篮子"。B 句中的"嘞"是两个"嘞$_3$"兼并的结果，但因两个"嘞$_3$"语音和语义都是同质的，句子就存在歧义。B 句可以表达两个意思，一个是"这是卖菜的人的篮子"，另一个是"这是用来卖菜的篮子"。消除这种歧义的办法要靠上下文、语境或转换句式。

兼并可以发生在句中，也可以发生在句尾，但多发生在句中，因此，在浚县方言里，句尾常可以出现三个"嘞"叠加而不发生兼并的情况，如例（84）、例（85）。

### 5.2.3 "嘞"的来源

鉴于方言与共同语有着不可割裂的历史渊源关系，"嘞"的来源问题，我们借鉴了前贤和时贤对共同语相关现象的研究成果。

浚县方言里的"嘞$_1$""嘞$_2$""嘞$_3$"分别与普通话中的"的$_1$""的$_2$""的$_3$"对应。朱德熙（1999）认为"的$_1$""的$_2$"来源于近代汉语的"地"，"的$_3$"来源于近代汉语的"底"，这一结论有充分根据。据吕叔湘（1984）、曹广顺（1995）、江蓝生（1999）等考察，近代汉语中的"地"主要用在形容词或副词后，"形容词/副词＋地"常作谓语和状语，"底"主要用在名词、形容词或动词后，"名词/形容词/动词＋底"常作主语、宾语和定语。与朱德熙先生所说的情况基本相合。"地""底"可能原来不同音，但后来逐渐弱化为相同的形式，宋以后出现了"的"，到明清小说中，"的"完成了对"地"和"底"的代替。[①] 同样的情况在方言里也平行存在，18 世纪的《歧路灯》是清代河南作家李绿园用河南话写的一部长篇白话小说，其中与"的$_1$""的$_2$""的$_3$"相对应的形式既可以写作"的"，也可以写作"哩"，多写作"哩"。[②]（例句转引自傅书灵、邓小红 1999）如：

（86）姓谭的也像一个人家，为甚拦住我的箱，扭我的锁，偷我哩衣服？

---

① 参看曹广顺《近代汉语助词》（1995：136—137）。
② 参看傅书灵、邓小红《歧路灯句中助词"哩"及其来源》（1999）

(87) 孔耘轩道："请谭家哩先生，岂有不请三位之理？"

(88) 第三张是在星蓁堂书坊借哩《永乐大典》十六套。

(89) 说句不在家哩话，有何作难。

(90) 即令奶奶不喜欢他，咱大家周旋，大婶子不容他，我慢慢哩劝。

可见，"哩"应该是"的"的地域变体，到了浚县读作"嘞[·lɛ]"，因此可以认为浚县方言里的"嘞₁""嘞₂""嘞₃"与"的₁""的₂""的₃"是历史同源词。

浚县方言里的"嘞₄"与普通话类似情况下的"得"相对应。关于普通话中用在谓词性成分与结果补语、情态补语和程度补语之间的"得"的来源，有三种意见：杨建国（1959）、岳俊发（1984）等认为"V 得 C"述补结构与同形能性补语结构的"得"来源不一，前者从表示完成的"V 得"的"得"虚化而来，后者从表示可能的"V 得"的"得"虚化而来。王力（1980）、杨平（1989；1990）、蒋绍愚（1994）、吴福祥（2002a）等认为这个"得"，是"由原来的'获得'意义转化为'达成'，由'达成'的意义更进一步的虚化，而成为动词的词尾"，① 即"'V 得'，如果后接谓词性成分，那么整个结构就变成了述补结构，同时'得'也就逐渐演变成用作补语标记的结构助词。"② 赵长才（2002）认为"'V 得 C'很可能有两个来源，一是直接源于'达到、达成'义'得'的虚化；二是源于'致使'义'得'的进一步虚化。虽然二者从本质上讲又都来自'获得'义的'得'，但在形成'V 得 C'述补结构的过程中，二者所起的作用还是有所不同的。"③ 刘子瑜（2003）对赵长才的观点提出了质疑。我们觉得第二种意见比较可信。

"得"的这种用法和写法至今仍在普通话中沿用。但"得"后来也有"的"的写法。据方平权（1987）考察，"得"被用为"的"在元

---

① 见王力《汉语史稿》（1980：302）。
② 见吴福祥《汉语能性述补结构"V 得/不 C"的语法化》（2002：33）。
③ 见赵长才《结构助词"得"的来源与"V 得 C"述补结构的形成》（2002：127）。

代就见到了，明清时期的《水浒》《红楼梦》中也有见例。① 方平权认为这种替代现象多是语音弱化引起的，我们认为有一定的道理。在《歧路灯》中，补语标记"得"也有被写成"的"或"哩"的例证（例句转引自傅书灵、邓小红 1999）。如：

(91) 人多，挤的慌，又热又汗气，也隔哩远。

(92) 这王中全吃亏你爹这一班朋友，夸哩他认不的自己。

就是说"得"在河南方言也发生了弱化，先被用为"的"，后又跟结构助词"哩"变为同形。可见，浚县方言里的补语标记与结构助词"嘞$_1$""嘞$_2$""嘞$_3$"同形也不足为怪了。

"嘞$_5$"跟普通话中句尾助词"呢"的一部分用法相对应。普通话的"呢"分两个，一个表示疑问语气，另一个不表示疑问语气，江蓝生（1986）把这两个"呢"分别记作"呢$_1$"和"呢$_2$"。② "嘞$_5$"跟"呢$_2$"表示进行和持续的意义相当。据吕叔湘（1984）、江蓝生（1986）、曹广顺（1995）考察，"呢$_2$"来源于近代汉语的"在"和"在裏"。"'裏'字俗书又作'里、俚、裹'等"，宋代写作"里、哩"，元明清写作"哩"。"呢"在元代已有，但一般跟"哩"大致还存在着分工，"呢"多用作"呢$_1$"，"哩"多用作"呢$_2$"。③ "明代以后，'呢'使用渐多，清代前期的长篇白话小说《儒林外史》《歧路灯》中，'哩'和'呢'并用，《红楼梦》中只用'呢'。再晚一些的《儿女英雄传》基本上也只用'呢'。清代随着'呢'的广泛使用，'哩'基本上消失了。这一消失的过程，从文献中看，在不同地区快慢有所不同。"④

《歧路灯》中，"呢$_2$"也写作"哩"。如：

(93) 大爷与舅爷家小相公说话哩。（三·28）

(94) 我去了娄师爷正惹气，相公在院里跪着哩。（二五·242）

以上这种用作"呢$_2$"的"哩"，目前还广泛地存在于河南方言中。

---

① 关于"的"用作"得"的例证方平权举出了从元代到清代以及至今的很多例证。参看方平权《"的"、"得"之辨的由来》（1987）。

② 参看江蓝生《疑问语气词"呢"的来源》（《近代汉语探源》，2000：19—36）。

③ 见江蓝生《疑问语气词"呢"的来源》（《近代汉语探源》，2000：19—36）。

④ 见曹广顺《近代汉语助词》（1995：177—178）。

吕叔湘（1984）说"唐宋俗语中，有于在字之后更缀一裏字者。此一语中，在、裏二字，原来当皆具有几分实义（裏即'这裏、那裏'之裏）"，"浸假而裏之本义渐没，在裏一词之用遂渐趋于空灵，不复有'于此'之义矣。"① 曹广顺也说"语气助词'在'较早的用例见于唐代，表示强调某种事物存在的语气。"② 可见"在""在里"最初并不只表示语气，还多少含有"处所"或"存在"之义。因此，我们推测，普通话中的"呢$_2$"用在陈述句中还可以表示进行和持续意义的用法，应该跟"在""在里"原来所具有的"处所"或"存在"义不无关系。

　　浚县方言的"嘞$_5$"是"呢$_2$"较实意义的承继和保留，在表示动作进行的意义和用 D 变韵表示动作持续的意义时都是句法强制性成分，不可或缺。这一点跟普通话的"呢$_2$"不太相同，"呢$_2$"在表示进行和持续意义时，并不是句法强制性成分。因此学界把普通话中表示进行和持续的"呢$_2$"也归入了语气词，但显然这种语气意义不很虚灵。我们根据浚县方言的事实，将表示进行和持续的"嘞$_5$"跟表示虚灵语气的"嘞$_6$"区分开来，正是基于以上的考虑。

　　"嘞$_6$"跟普通话的"呢$_1$"以及一部分"呢$_2$"的意义相对应。

　　"呢$_2$"来源于早期用在句尾的"在"或"在里"，但因处于句尾，意义逐渐虚化，使用范围也随之扩大。语法化的普遍规律显示：句法位置的固定化和句法范围的扩大化是词汇语法化的强大诱因。因此，处在句尾的"在""在里"从弱"处所""存在"义到"申言之辞，以袪疑树信为用"，③ 再到跟"呢$_1$"统一，最后达到了彻底的虚化。

　　"呢$_1$"的来源，据江蓝生（2000）、曹广顺（1995）考察，是直接由唐五代时期的语气词"聻"发展而来的，后又写作"你""尼""哩""呢"，到清代后期完全统一为"呢"。

　　在《歧路灯》中，相当于普通话"呢"意义的有两个形式，一个是"呢"，另一个是"哩"，"哩"兼"呢$_2$""呢$_1$"的用法，而"呢"字基本上只用为"呢$_1$"。④（例句转引自江蓝生 2000）如：

---

　　① 见吕叔湘《汉语语法论文集》（1984：60）。
　　② 见曹广顺《近代汉语助词》（1995：171）。
　　③ 见吕叔湘《汉语语法论文集》（1984：59）。
　　④ 参看江蓝生《疑问语气词"呢"的来源》（《近代汉语探源》，2000：30）。

(95) 怎么不见端福儿哩?

(96) 你娘哩?

(97) 何不叫先生引两个孩子走走呢?

(98) 这良乡到京还有多远呢?

(99) 谭先生呢?

可见，在《歧路灯》里，"呢₁"可以写作"哩"，而"呢₂"绝不写作"呢"。换句话说，就是在河南方言中，"呢"是向"哩"的方向演变，这跟普通话中"裹""里""哩"等是向"呢"的方向演变表现不同。正是这种不同的演变方向，形成了目前河南方言中结构助词、体貌助词和语气助词共同使用同一种形式的格局。

就以上事实可以推测，浚县方言的"嘞₆"跟《歧路灯》中类似情况的"哩"同源，一部分来源于"在""在里"，另一部分来源于"聻"。

"嘞₇"是个构词语素，多是由"得"构成的词语类推弱化而来，并不是"得"自身发展的结果，因此，"嘞₇"无所谓源和流的问题。

我们将各个"嘞"的来源以及与普通话的相对应形式总结如下：

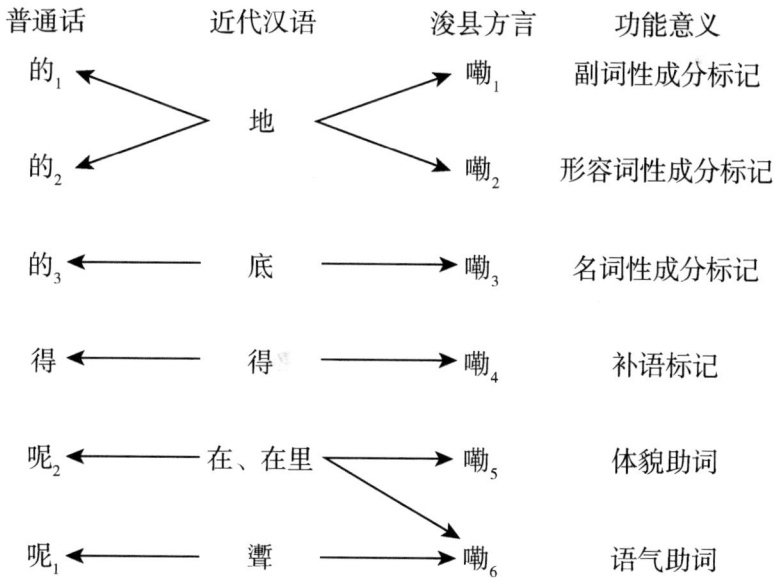

| 普通话 | 近代汉语 | 浚县方言 | 功能意义 |
|---|---|---|---|
| 的₁ ← | 地 | → 嘞₁ | 副词性成分标记 |
| 的₂ ← |  | → 嘞₂ | 形容词性成分标记 |
| 的₃ ← | 底 | → 嘞₃ | 名词性成分标记 |
| 得 ← | 得 | → 嘞₄ | 补语标记 |
| 呢₂ ← | 在、在里 | → 嘞₅ | 体貌助词 |
| 呢₁ ← | 聻 | → 嘞₆ | 语气助词 |

## 5.3 "不咋"

浚县方言中有一个复合语气词"不咋",读作[·pu ·tsa],总出现在句子的末尾,句末使用降调,可以用在陈述句和祈使句中。用在陈述句中,一般用于应答,表示"无奈、勉强""不在乎、无所谓""强调事实显而易见"等语气;用在祈使句中,表示"劝告、催促",并强调"事理显而易见"的语气。"不咋"或与"不咋"类似的语言成分分布范围较广,在河南、河北、山东、江苏等地都有分布。不同的地区发音不太相同,大概有"不咋""吧咋/吧咋也""不来[·pu ·lɛ]""不啦[·pu ·la]"等几种说法。

关于"不咋"或与"不咋"类似的这种复合语气助词所表示的语法意义,学者有过研究,大致可以概括为三种看法:第一种看法以钱曾怡、黄伯荣为代表。钱曾怡(1993)认为山东博山方言里的"走吧咋""洗吧咋""吃吧咋"中的"吧咋"是"表示催促的语气"。① 黄伯荣主编的《汉语方言语法类编》(1996)中在描写安阳话的语气词时指出"不咋"是安阳话里常用的语气词,"大致相当于普通话里的'吧'","'不咋'单用有责备行动太晚并加以敦促之意"。②第二种看法以苏晓青、吕永卫为代表。苏晓青、吕永卫(1996)指出徐州方言的"'不来'用在陈述句的末尾,相当于北京话的'呗'",有三个意思,一是"表示事实或道理明显,很容易了解";二是"表示认可或勉强同意,无可奈何的语气";三是"表示无关紧要或不在乎的语气"。③ 第三种看法是陈慧娟(2008)的研究。她对安阳方言的"不咋"作了很详细的解读,认为安阳话句末的"不咋"可以表示"敦促""请求""无奈""建议""肯定""欣喜自豪""央求""解释"等多种语气意义。④ 概言之,学者认为"不咋"或与"不咋"类似语言成分的语法意义大致相

---

① 钱曾怡:《博山方言研究》,社会科学文献出版社1993年版,第14、184页。
② 黄伯荣主编:《汉语方言语法类编》,青岛出版社1996年版,第574页。
③ 苏晓青、吕永卫:《徐州方言词典》,江苏教育出版社1996年版,第51页。
④ 陈慧娟:《河南安阳方言中的语气词"不咋"》,《安阳师范学院学报》2008年第1期,第111—113页。

当于普通话里的"吧"或"呗"。根据浚县方言的语言事实，我们认为第一种看法和第二种看法还不够全面，他们都只揭示了"不咋"类语气助词的一个方面的用法。陈慧娟的解读则过于繁杂，有些意义，比如"欣喜自豪""央求"则是把句子所表达的意思强加给了"不咋"，混淆了句子的意义与语气词的意义。

关于"不咋"及其类似语言成分的来源，冯春田的研究认为方言中"吧咋"或"不咋"的源头是清代《醒世姻缘传》里的"VP 罢怎么/仔么"，后来"怎么/仔么"合音为"咋"，成为"VP 罢咋"，"罢"进一步发生语音弱化，成为"吧咋"或"不咋"。[①] 我们对"不咋"及其类似的语言成分做了进一步调查，从目前的方言分布和表义看，它的来源问题还有进一步讨论的空间。

### 5.3.1 "不咋"的语法意义

浚县方言的"不咋"既能用在陈述句中也能用在祈使句中，归结起来可以表示四种语气意义：无奈、勉强；不在乎、无所谓；强调事实显而易见；劝告、催促，并强调事理显而易见。"不咋"与浚县方言的另外两个语气词"吧［·pa］""呗［·pɛ］"在功能和表义方面有近似之处，但在表达具体的主观态度方面有不同。

**5.3.1.1** 陈述句中，"不咋"用在某人征求意见或提出请求时的答句中，表示应答者对所提意见或请求不太认可，却又有点儿无可奈何、有点儿勉强的语气。如：

(1) A：我在［kai²¹³］这儿吧？<sub>我在这儿吧？</sub>

　　B：那你在这儿不咋。<sub>那你就在这儿呗，谁能怎样你呢。</sub>

(2) A：开始写吧？

　　B：写不咋。<sub>那你就写呗，还能怎样。</sub>

(3) A：我去瞧瞧不去？

　　B：去不咋。<sub>去就去呗，还能怎样啊。</sub>

---

① 冯春田：《汉语方言助词"吧咋"、"不咋"的来历》，《古汉语研究》1996 年第 1 期，第 55—57 页。

(4) A：给<sup>D</sup>① ［kɛ⁵⁵⁻⁴²］他不给<sup>D</sup>他嘞？给他不给他呢？

　　B：给<sup>D</sup>他不咋。给他就给他呗，还能怎样。

(5) A：回去，你不买□［·tɛ］啥儿哟？要回去了，你不买些什么吗？

　　B：买□［·tɛ］不咋。你说买那就买一些呗，也没什么。

以上的答句中也可以用"吧"或"呗"表示同意或应诺，但具体的语气附加意义与用"不咋"不同。用"吧"时，只表示正面的同意或允诺，对所提意见或请求还比较认可，不包含无奈、勉强的意味。用"呗"时，是一般的应答语气，不包含对所应答事情的不太认可、不太满意等语气，或可以说是一般的认可。而"不咋"包含对所应答事情不太认可或不太满意的语气，是一种消极的认可，语气中总带有一种"不这样，还能怎样"的无奈意味。这些区别可以通过添加后续信息得以显现。如上面例（3），用不同的语气词要添加有三种不同的后续信息：

(3a) A：我去瞧瞧不去？

　　B：去吧，去瞧瞧都不后悔了。

(3b) A：我去瞧瞧不去？

　　B：去呗，我不管你。

(3c) A：我去瞧瞧不去？

　　B：去不咋，别嘞也冇法儿呀。去就去呗，别的也没办法呀。

综上，从对意见或请求的认可度看，"吧""呗""不咋"可以做如下排列：

　　　　吧（正面认可） ＞ 呗（一般认可） ＞ 不咋（消极认可）

**5.3.1.2** 陈述句中，"不咋"用在答句或表明对某种事件态度的话语中，表示一种"不在乎、无所谓"等语气。又分两种情况：

1. 只出现在答句中，当别人提出一个事实或一个请求、建议，答话人对这个事实、请求或建议不在乎，或觉得无所谓时，在句尾用"不咋"，有一种强调"事情不值得理会"的不屑语气。如：

(6) A：俺明个就［·təu］走。我明天就走。

---

① 上标"D"表示浚县方言动词、形容词和介词的变韵，可参看辛永芬《河南浚县方言的动词变韵》，《中国语文》2006年第1期。本文涉及动词的变韵和介词的变韵，它们所表达的意义随文解释。

B：走、走不咋。走就走呗，多大事儿呀。

（7）A：书他拿走啦。

B：拿走、拿走不咋。拿走就拿走呗，那有什么呢。

（8）A：扔<sup>D</sup>[ʐo²⁴]它吧？扔了它吧？

B：扔<sup>D</sup>、扔<sup>D</sup>不咋。扔了就扔了呗，又不值什么钱。

回答时，答话人常重复对话人所述事实，加强了那种不耐烦的态度。用"不咋"表示对所属事实不在乎、无所谓、不值得去理会的语气。有时可以加上相应的后续句，进一步表明态度。如：

（9）A：外头下雨啦。

B：下、下不咋，不出去不就妥了。下就让它下呗，不出去不就行了。

（10）A：他瞧见了。

B：瞧见、瞧见不咋，又有做啥丢人事儿。看见就看见呗，又没做什么丢人事儿。

以上例句的末尾也可以使用"吧"或"呗"，但和用"不咋"有不同。用"吧"时，表示答话人知道事实后觉得可以认可的语气，用"呗"时，增添了一种无所谓的语气，而用"不咋"时，不在乎、无所谓的语气加重，且强调这种事不值得去理会。

2. 对某一做法等不太认可或不太满意，却又表现出不在乎、无所谓的态度。可以直接用在提供背景或后续信息的话语中，且"不咋"所在句中常重复出现不太认可或不太满意的事件内容。如：

（11）走叫他走不咋，咱离<sup>D</sup>[liɛ²¹³]他也能过。走就让他走算了，咱离开了他也能过。

（12）告你去告不咋，谁怕谁呀！要告你就去告呗，谁怕谁呀！

（13）叫老师就叫老师不咋，冇啥了不起嘞。叫老师就叫老师呗，没什么了不起的。

以上例句中的"不咋"可以换用"吧"或"呗"，用"吧"表示对事实认可，用"呗"表示无所谓的态度，而用"不咋"则带有明显的不满意之情。

**5.3.1.3** 陈述句中，"不咋"用来回答对方所问或应答对方，指明事实，且认为事实是显而易见的，并带有明显的追加解释的意味。如：

（14）A：干啥嘞？

B：屋里有人儿，想叫你进来坐坐不咋。屋里没人，就是想让你进来坐坐，没别的意思。

(15) A：他咋啦？他怎么啦？

B：叫□[iæ⁴²]打了不咋。还不是叫人家打了呗。

(16) A：他俩咋在一佗儿嘞么？他们两个怎么在一起了呢？

B：他俩对脾气儿不咋。那还用说，他俩对脾气呗。

(17) A：你说嘞谁呀？你说的是谁呀？

B：国孬[·nau]不咋。那还能有谁，小国呗。

(18) A：你□[tsuai⁴²]嘞不对ᴅ[tuɛ²¹³]他说呀？为什么不告诉他呢？

B：我怕他存不住气儿不咋。我还不是怕他控制不住自己呗。

(19) A：他跑嘞<u>些</u>快。他跑得很快。

B：可<u>不是</u>[pei⁵⁵]不咋，撵都撵不上。可不是嘛，赶都赶不上。

这种语境中的"不咋"都不能用"吧"替换，例(14)～(18)可以用"呗"，用"呗"表示指明事实，"事实显而易见，无须多说"的语气，而用"不咋"比用"呗"增添了一种追加解释的意味，带有明显的强调语气。

**5.3.1.4 用在祈使句中，表示劝告、催促，话语中总带有说话人认定所劝告或催促之事是理所应当的、道理是显而易见的语气。**

(20) 他要要就给他买个不咋，花不了几个[tɕiɛ⁵⁵]钱儿。他要是要的话就给他买一个得了，又花不了几个钱。

(21) □[iæ⁴²]都写了，你也写点儿不咋。人家都写了，你也写点儿呗。

(22) 慌啥嘞，再住一天不咋。慌什么呢，再住一天呗。

(23) 叫你吃你就吃不咋，作啥假儿嘞。让你吃你就吃呗，客气什么呢。

(24) 快些儿走不咋，一会儿就晚了。快点儿走呗，一会儿就晚了。

这种语境中的"不咋"也可以换用"吧"和"呗"，但表达的语气不同。例(20)～(22)用"吧"表示商量的语气，例(23)、例(24)用"吧"表示劝告、催促，但不含说话人主观认定事理显而易见的语气。以上例句中的"不咋"换成"呗"也可以，但在表达主观认定事理显而易见的语气方面要弱一些，另外，含"不咋"的话语中，一般都有追加解释的信息，如例(20)、例(21)、例(23)、例

(24)。

综上，与普通话的"吧"相同，浚县方言的"吧"也可以表示商量、催促、劝告、疑问、赞同等意义，"不咋"只在表示催促、劝告和赞同义方面与之相近，但表达的主观态度明显不同。浚县方言的"呗"与普通话的"呗"基本对应，但"呗"跟"不咋"在表达主观态度方面也存在区别。就是说，浚县方言句末的"不咋"有其独特的语法意义和语用价值，它与"吧""呗"共存，在语义表达上形成一定互补。在对事实认可以及表示催促、劝告的态度方面，"吧"倾向于正面、"呗"倾向于中性，而"不咋"则倾向于负面，表达一种消极的态度。从表义上推测，它可能是句末反问形式演化而来的，带有"不这样，又怎样"的意味。无论是"无奈、勉强"，还是"不在乎、无所谓"，抑或是"强调事实、事理显而易见"其实都是对自己态度的一种"申明"，主观性很强。从句法功能上看，"不咋"已完全虚化为语气词，句末用或不用只是语气的不同，并不影响句子的理性意义。和其他位于句末的语气词一样，句中没有其他完句成分时，"不咋"有完句的功能。

### 5.3.2 "不咋"类语气词的方言分布和来源问题

"不咋"及其类似的语言成分在河南、河北、山东、江苏等地有广泛的分布。不同的地区发音有不同，豫北安阳、汤阴、鹤壁、淇县、滑县、内黄、清丰、延津，河北邯郸、峰峰，山东的淄博、潍坊等地使用"不咋"；保定说成"不□[·tsai]"；山东博山，河北魏县、邯郸、肥乡、涉县、大名使用"吧咋/吧咋着（也）"；江苏徐州说成"不来[·pu ·lɛ]"；江苏沭阳、宜兴说成"不啦[·pu ·la]"。[①] 从用法上看，这些地方的"不咋"所表示的语气意义基本相同，都是既能用在陈述

---

① 保定的材料由唐健雄老师提供，邯郸的材料来自吴继章老师提供的邯郸市语言文字工作委员会编的《普通话与邯郸方言》，吉林人民出版社2004年版。博山、淄博、潍坊的材料转引自冯春田老师的《汉语方言助词"吧咋"、"不咋"的来历》，《古汉语研究》1996年第1期，第54页。江苏徐州的材料来自苏晓青、吕永卫老师《徐州方言词典》，江苏教育出版社1996年版，第51页。江苏沭阳、宜兴的材料由河南大学硕士李勤、张荣提供，谨此表达谢意！河南的材料为笔者调查而来。

句中也能用在祈使句中。但在安阳、汤阴话中,用在陈述句中的"不咋"消极主观性不太明显,有时只表示一般的申明语气。比如:

(25) A:几点开会呀?
　　　B:八点不咋。　　　　　　(安阳,陈慧娟,2008)
(26) A:你觉得咋样呀?
　　　B:中不咋。　　　　　　　(安阳,陈慧娟,2008)
(27) A:哪个"xian"字儿啊?
　　　B:"贤人"嘞"贤"不咋。(汤阴)

在汤阴话里"不咋"还进一步引申出了话题标记的用法。如:

(28) 简单一个例子,那个"屋儿"不咋,汤阴话都说成"ver"。(汤阴)

可以看出,表示一般申明语气或只用来做话题标记的用法应该是"不咋"主观性较强意义的进一步虚化。

从构成上看,"不咋"是一个复合式语气词。"咋"是个合音成分。冯春田(1996)对这个词的来源及其演变过程进行过较为详细的考察,认为现代山东方言句尾的"吧咋"、河南安阳方言句尾的"不咋"等来源于明末清初时期的"VP罢+怎么",是"罢怎么"合音成"罢咋"后又进一步虚化的结果。冯著还指出清末白话小说《儿女英雄传》中出现过"不咱""不则",应该是方言"不咋"的前身,是从"罢+怎么"演变而来的,"不"是"罢"的音变形式。[①]这个结论有一定道理。从目前方言中的表现看,用于祈使句的"不咋"与"VP罢+怎么"用法比较吻合,但其演变过程笔者还有一点疑问,即冯著所讲的"VP罢+怎么"中的"罢"是一个"表示祈使或者申明"的语气助词,其语音形式应该已经弱化,写成"吧"或"罢"容易理解,但到《儿女英雄传》中成为"不咱""不则",现代方言那么多地方都说成"不咋",这种从"罢"到"不"的形式变化还需要进一步寻找证据。另外,冯著所举《醒世姻缘传》中的例句共3例,它们的形式分别是"罢怎么""罢呀仔么""罢仔么",表达一种祈使、劝告语气,这种用

---

[①] 冯春田:《汉语方言助词"吧咋"、"不咋"的来历》,《古汉语研究》1996年第1期,第55—57页。

法只对应于方言中"不咋"在祈使句中的用法，而"不咋"在陈述句中的用法方言里表现得更为活跃，分布地域也很广。就是说，冯著所说的"罢+怎么"的文献例证与目前"不咋"及其类似语言成分在方言中的用法和广泛分布不太吻合，这一点也需要进一步寻找证据。

根据浚县方言及其他方言的事实，我们做了第二个问题的考察与分析。

我们从《醒世姻缘传》里又找出几例"罢呀怎么"的用法：

（29）薛如兼道："家去罢呀怎么！俺弟兄们且利亮利亮。"（醒74）

（30）狄希陈道："你管他怎么呀？你只管俺三个人有一个替你递呈子报仇罢呀怎么？"（醒74）

（31）素姐说："别要听他！他甚么三百钱合缠带布衫呀！"史先瞑着两个瞎眼，伸着两只手，往前扑素姐道："没有罢呀怎么！我只合你到官儿跟前讲去！"看的人围的越发多了。（醒76）

很明显，例（30）、例（31）不是祈使语气，也是冯著没有举出的例证，是否可以认为这种用法应该是"不咋"用于陈述句的前身？

冯著所举《儿女英雄传》里的"不咱""不则"用法与现代方言相同，应该是方言"不咋"的前身这一点值得相信。据齐如山报道，北京土话里至今还有"不则"的这种用法，<sup>①</sup> 付民、高艾军《北京话词语》写作"不咱"，发音是"bù ze"。<sup>②</sup> 下面是《儿女英雄传》的例句：

（32）（张金凤）一时完事，因向十三妹道："姐姐不方便方便？"十三妹道："真个的，我也撒一泡不咱。"（儿9）

（33）他姊妹正在一头说笑，一头作活，听得是长姐儿的声音，便问说："是长姐姐吗？大爷没在屋里，你进来坐坐儿不则？"（儿33）

（34）（那位老爷）见一掀帘子，进来了个消瘦老头儿，穿着糟旧衣裳。他望着勾了勾头儿，便道："一块坐着不则，贵姓啊？"（儿36）

（35）长姐儿见大爷出来，连忙站起来……。这个当儿，张姑娘又让他说："你只管坐下，咱们说说话儿不则！"（儿38）

---

① 齐如山：《北京土话》，辽宁教育出版社2008年版。
② 付民、高艾军：《北京话词语》，北京大学出版社2001年版，第23页。

我们考察了近代白话语料，与"不咱""不则"用法相同且分布较广的还有一个位于句尾的"不是"。我们从《金瓶梅》《红楼梦》《儒林外史》中检索出许多例句，特别是《金瓶梅》，其中许多用法与现代方言对应整齐。请看下面的例句：

（36）我这里不耐烦。又身上来了，不方便。你往别人屋里睡去不是，只来这里缠！（金51）

（37）月娘便道："李大姐，他叫你，你和他去不是！省的急的他在这里恁有副划没是处的。"（金51）

（38）金莲道："是我的丫头也怎的？你每打不是！我也在这里，还多着个影儿哩。"（金75）

（39）书童道："你说不是！我怕你？你不说，就是我的儿！"（金51）

（40）西门庆要便来回打房门首走，老婆在檐下叫道："房里无人，爹进来坐坐不是？"（金26）

（41）月娘道："慌去怎的，再住一日儿不是？"（金75）

（42）袭人便走上来，坐在床沿上推他，说道："怎么又要睡觉？闷的很，你出去逛逛不是？"（红26）

（43）六老爷道："这何妨？请他进来不是，我就同他吃酒。"（儒42）

（44）大爷、二爷进来，上面坐下。两个婊子双双磕了头。六老爷站在旁边。大爷道："六哥，现成板凳，你坐着不是。"（儒42）

例（36）、例（37）表示不满意。例（38）、例（39）表示不在乎、无所谓等语气。例（40）指明事实，并加以强调的语气。例（41）～（44）表示劝告、催促语气，这些用例与现代方言里的"不咱"意义基本对应。

从搜索来的例句看，句尾的"不是"反诘的语气较强，是通过反诘表示一种肯定的态度，多用于祈使句，但也用于非祈使句，如（37）～（39）、例（43）。句式范围的扩大，使得表反诘的"不是"进一步虚化，进而产生了"显而易见、无须多言"之意。方言中的"不耐烦、不在乎、无所谓"等语气是"显而易见、无须多言"意义的进一步延伸，其主观意义越来越强，最后演变为一种消极的语气，如浚县方言。消极语气的用法进一步泛化，其消极意义受到一定磨损，最后只是表示一种申明语气甚至只是一个话题标记,这应该是实词语法化的极致表现了吧?如安阳方言、汤阴方言。

从语音上看,表反诘的"不是"常处于句尾,有时为了加强说话者的主观态度,说话者还在后面添加其他语气成分,笔者从《醒世姻缘传》中检得一例:

(45)高四嫂道:"有数的事,合他家里理论,咱别分了不是来。"(醒 8)

我们是否可以这样推测:处于句尾的"不是"本来意义就较虚,添加的那些成分意义更虚,它们很容易发生语音弱化,进而产生合音,出现"不咋""不 [·tsai]""不来 [·pu·lɛ]""不啦 [·pu·la]"等形式。但"不"这个语素所表示的反诘意味始终不能为其他成分替代,所以方言中保留了这个语素,这也是"不咋"倾向于表示负面态度的根本因素。另外,口语表达中,说话人有时会在句尾添加"啊""呀""哟"等更虚的语言成分这个事实方言中也有证据,前面浚县方言的例(19)常可以说成:

(46)A:他跑嘞些快。

　　B:可唄不是呀/哟,撑就撑不上。

安阳、汤阴、淇县、延津等地也有类似说法。

据以上考察,我们认为方言中的"不咋"及其类似语言成分应该有两种来源,明清时期的"罢怎么/罢呀怎么/罢呀仔么/罢仔么"是其中一种,主要对应于祈使句中的用法,句尾的"不是"是第二种来源,与陈述句中的用法更为吻合。

# 第6章　介词

按传统的说法，介词是起介引作用的一类虚词，"介词的作用在于引出与动作相关的对象（施事、受事、与事、工具）以及处所、时间等。"（朱德熙 1982）。在句法上，介词通常先与体词性成分构成介词短语（或叫介词词组、介词结构），然后再跟谓词发生直接语法关系。从传统的研究来看，汉语的介词对于它所介引的体词性成分而言是前置性的，介词短语对于谓词而言主要是前置的，少数也可以是后置的。以上对介词的定义和研究主要着眼于现代汉语普通话，如果我们放开眼界，从跨语言或跨方言的角度来观察，对介词的认识和探讨可能更接近介词的本质。从介词在句法中的作用和意义来看，它是各种语言中普遍存在的词类，但对介词的定义不尽相同。如英语叫附置词（adposition），其中包括前置词（preposition）和后置词（postposition）两类。汉语叫作介词，但主要指前置词。日语叫作格助词，是后置性的。从类型学的角度来概括，介词是句法系统中主要起联结（结构）作用的虚成分，它把跟谓词间接相关的体词性成分（主宾语是直接相关的体词性成分）与谓词联结起来，并标明体词性成分跟谓词性成分的语义关系。不同类型的语言，介词与它所介引的体词性成分的句法位置以及介词短语与谓词的句法位置不尽相同。英语的介词主要是前置的，介词短语主要是后置的；日语的格助词都是后置的，格助词短语都是前置的；与英语和日语不同，现代汉语普通话的介词主要是前置的，介词短语也主要是前置的。我们说"主要"是从现代汉语普通话的语言事实来看，前置并不是全部，也有一些后置的、作用和意义都可以归入介词的成分，如"桌子上有书""客厅里请""空中跳伞""鲜花般美丽""贼似的溜了"中的"上、里、中、般、似的"，过去是被分别归入了方位词（上、里、中）和助词（般、似的）。但实际上，这些成分在句法中独自承担了将体词性成分介引给谓词并标明体词性成分与谓词性成分语义关系的功能，有时它们跟前置词搭配时还是句法中必不可少的强制性成分。如"在黑板上写字""从箱子里拿出""像鲜花般美丽"中的"上、里、般"是不可缺少的。普通话里有许多由前置成分与后置成分构成的框式结构，如"在……上""从……里""像……一样""对……来说""跟……一起""到……为止""为了……起见""为……而"等已经形成较为固定的格式，在句法中共同承担介词的功能和意义。再从现代汉语方言来看，刘丹青先生通过对吴方言许多个案的研究发现："比起普通话和古代汉语来，吴方言是后置词的作用更加重要和活跃、前置词的作用相对较弱的一群方言"（刘丹青 2003）。虽然我们不能说别的方言也都有后置的相当于介词的成分，但如果从语言类型学的角度去考察，一定能更全面地认识和揭示方言事实。浚县方言里的介词几乎都是前置的，后置的成分一般不能单独起介引的作用，只能跟前置介词构成框式结构。本节对浚县方言介词系统的描写和分析，拟在传统研究的基础上，既对前置的介词进行描写和分析，也将对相应的框式结构进行探讨。

汉语的介词大多数是由动词虚化而来的，但每个介词虚化的程度不一样，有的介词还明显带有动词的语法特征和语义特征，有些还是动、介两用。为了更详细地揭示介词虚化的进程，我们在讨论具体的介词时，将举出那些还并存使用着的动词的用法。

由于共同演变机制的制约，不同的方言往往会走过相同或相似的历程，其中不乏一些形式完全相同或目前看来形式不同但历史上同源的成分，同时各方言也都或多或少地选择了自己独用的成分。浚县方言的介词跟普通话的介词相比有很多都是同源的，如"从、往、朝、替、跟、对、离、到、用、比、按、照、趁"等，它们的意义和用法也大致相同，但浚县方言的介词在进入句法系统时有一个很独特的现象，即绝大多数单音节介词要发生变韵，变韵的形式跟动词、形容词相同，即都使用 D 变韵系统。另外，有些介词虽然形式跟普通话相同，是共有成分，如"给、把、用、跟、到、照、连、叫"等，但在使用范围、使用频率或使用条件上同中有异，不能完全画等号。

## 6.1 各类介词

本小节对介词的描写和分析借鉴李如龙、张双庆（2000）等先生的做法，先按介词的语义大概分成 5 大类 18 小类（见表 6－1），然后对常用的介词（包括框式结构）逐一进行讨论。

**表 6－1　　　　　浚县方言介词和普通话介词对照\***

| 介词类别 | | 浚县方言所有 | 普通话所有 | 共有成分 |
|---|---|---|---|---|
| 时间处所 | 1. 所在 | 在［kai²¹³］ | 在［tsai⁵¹］ | |
| | 2. 起点 | 打、从、打从、押、搂 | 打、从、自、自从 | 打、从 |
| | 3. 经由 | 打、从、押、挨、搂、沿住、顺住 | 从、沿、沿着、顺、顺着、经、经过 | 从 |
| | 4. 方向 | 往、朝、照、照住、对住 | 往、朝、朝着、向、向着、照、照着、对着 | 往、朝、照 |
| | 5. 终点 | 到ᴰ | 到 | 到 |
| | 6. 距离 | 离 | 离、距、距离 | 离 |
| 施事受事 | 7. 施事 | 叫 | 被、叫、让、给 | 叫 |
| | 8. 受事 | 在、弄ᴰ、把 | 把、将 | 把 |
| 关涉对象 | 9. 关涉 | 对ᴰ、给 | 对、对于、关于、至于、给 | 对、给 |
| | 10. 替代 | 替ᴰ | 替 | 替 |
| | 11. 协同 | 跟ᴰ | 和、跟、同、与 | 跟 |
| | 12. 比较 | 比ᴰ | 比、比较 | 比 |
| | 13. 包括 | 带ᴰ、连、连……带ᴰ…… | 连、连……带…… | 连、连……带…… |
| | 14. 排除 | 除ᴰ、除出ᴴ | 除、除了、除开、除去 | 除 |
| 工具依据 | 15. 工具 | 使ᴰ、搁ᴰ、掌ᴰ、用、拿 | 用、拿 | 用、拿 |
| | 16. 依据 | 趁ᴰ、趁住、问、按ᴰ、按住、照ᴰ、照住、比住、依ᴰ、凭、论、可、可住、尽ᴰ | 趁、趁着、按、按着、照、照着、按照、依照、依、依据、根据、凭、凭着、靠、尽、尽着、任、由、任由 | 趁、按、照、依、凭、论、尽 |

续表

| 介词类别 | | 浚县方言所有 | 普通话所有 | 共有成分 |
|---|---|---|---|---|
| 原因 | 17. 原因 | 汤为 | 由于、因为 | |
| 目的 | 18. 目的 | 为<sup>D</sup> | 为、为了 | 为 |

*说明：表中所列的介词是常用介词，不是全部。

### 6.1.1 引进时间处所的介词

浚县方言引进时间处所的介词主要有"在、打、从、打从、押、挨、沿住、顺住、搂、往、朝、照、照住、冲住、对住、到、离"，其中"从、打、往、朝、到、离"跟普通话共有，意义和用法完全相同的地方我们从略或只举例子，对差异之处将着重描写和分析。

#### 6.1.1.1 在 [kai²¹³]

"在"单字音读"[kai²¹³]"，有时弱化为"[kei²¹]""[kɛ²¹]"，是一个训读字，本字不明。"在"是浚县方言引进所在的常用介词，差不多相当于普通话的介词"在"，但从读音和用法上看，浚县方言的"在"跟普通话的"在"不同源。关于浚县方言的"在"，我们将专门进行讨论（见6.2）。

一个值得注意的现象是，"[kai²¹³]"及其弱化形式只在县城及县城以东的一部分地区使用，其他地区都使用"[tai²¹³]"及其弱化形式[tɛ²¹]。"[kai²¹³]"和"[tai²¹³]"显然不具有同源关系，属于两种不同的类型，从声母看可以叫作t声母类型和k声母类型。浚县处于豫北晋语区向中原官话区过渡的地带，相当于普通话"在"的成分，浚县周边晋语区的人倾向于使用t声母类型，中原官话区的人倾向于使用k声母类型。关于它们的源头，目前我们还不能做出较为准确的推测。

#### 6.1.1.2 打 [ta⁵⁵]、从 [tsʻuəŋ⁴²]、打从 [ta⁵⁵ tsʻuəŋ⁴²]、押 [ia²⁴]、挨 [iɛ²⁴]、搂 [lou²⁴]、沿住 [ian⁴² ·tʂʅ]、顺住 [ʂuən²¹³ ·tʂʅ]

这是一组表示时间、处所起点或经由的介词，其中"打"和"从"跟普通话的意义和用法基本相同，在浚县人的语感上，"打"更本土化一些，"从"是比较文一点儿的说法。但从近时期的使用频率来看，

"从"越来越比"打"常用。"打"和"从"都既可以引进时间，也可以引进处所，二者可以自由替换。如：

（1）他夜个才打/从北京回来。他昨天才从北京回来。

（2）她打/从小儿都些懂事儿。她从小就很懂事。

（3）打/从第十页儿开始读吧。从第十页儿开始读吧。

（4）打/从明个开始，俺斗不用打小工了。从明天开始，我就不用做小工了。

（5）我打/从□[tɕ'iæŋ]起一直干到□[iæŋ²¹³]会儿。我从早上一直干到现在。

（6）这个录音机打/从你拿来都坏了。这个录音机从拿过来就已经坏了。

"打从"是这两个词的叠置，但只能引进时间起点，不能引进处所起点。所介引的时间成分一般都是较为复杂的短语形式。如：

（7）打从跟ᴰ他结婚斗冇好过过。自从跟他结婚之后就没过过好日子。

（8）打从他有ᴰ病，斗不吸烟了。自从他有了病，就不抽烟了。

（9）打从他考ᴰ上学，冇给家要过钱。自从他考上了大学，没有向家里要过钱。

（10）打从北京回来，我还冇见过他嘞。从北京回来之后，我还没见过他呢。

例（7）~（9）中的"跟ᴰ他结婚""他有ᴰ病""他考ᴰ上学"都是短语，它们后边都可以加上"以后"，说成"打从跟ᴰ他结婚以后""打从他有ᴰ病以后""打从他考ᴰ上学以后"，表示时间起点，但以不加"以后"为绝对优势用法。在当地人的语感上，这个"打从"已经凝固成一个词了，也可以换成单用的"打"或"从"意思不变。例（10）比较特殊，从表面上看，"打从"后边是处所成分，引进的好像是处所起点，但实际上这个介词短语不能分析为"打从北京+回来"，应该分析为"打+从北京回来"，或者"打从+从北京回来"，其中两个"从"合成了一个。"打从"只能引进时间起点，不能引进处所起点。如果换成单用的"打"或"从"，句子的意义没变，但结构发生了变化，"打/从北京回来"只能分析为"打/从北京+回来"，"打/从"是引进处所的成分。这个句子对译成普通话只能用"从"或框式结构"从……之后"，其中"从"是引进处所的介词，跟浚县方言用"打从"的句子等义不等值。

"押"是由表示"跟随着照料和看管"的动词虚化而来的,在浚县方言里还有动词的用法,如"押车""押送""他叫押公安局了"等。"押"可以引进时间起点,也可以引进处所起点或经由。如果"押"后面是时间成分,"押"只表示起点,如果"押"后边是处所或其他成分,"押"有时表起点,有时表经由。如:

(11) 押前年个开始,他斗在那个厂里干活儿了。从前年开始,他就在那个厂干活儿了。

(12) 押开始上初中,他斗有$^D$病了。从开始上初中,他就有病了。

(13) 押这边儿开始栽吧。从这边儿开始栽吧。

(14) 俺上学见天押他家门口儿过。我上学每天从他家门口过。

例(11)、例(12)表示时间起点,例(13)表示处所起点,例(14)表示经由。

"挨"是由表示"靠近"义的动词虚化而来的,作动词时有两个读音[ɣɛ$^{24}$]和[iɛ$^{24}$],二者可以自由替换,但以读[ɣɛ$^{24}$]为常,如"挨住你""挨边儿"。介词"挨"只有一读[iɛ$^{24}$]。"挨"只能表示经由,表示经由时可以跟"押"互换。如:

(15) 挨/押前头走,甭叫他碰见$^D$。从前面走,别让他碰见。

(16) 挨/押小路过近。从小路过比较近。

"搂"作动词是表示用手或工具把东西往自己的方向聚集,如"我用搂筢$^Z$搂恁些树叶$^Z$"。后引申出表示经由、起点或方向的介词用法,相当于普通话的"从"或"朝着"。如:

(17) 搂那条路走铁远。从那条路走太远。

(18) 你搂哪儿来嘞呀?你是从哪儿来的?

(19) 搂这头儿开始吧。从这边开始吧。

(20) 搂屁股上打。朝着屁股打。

"打""从""押""搂"比较而言,"打""从"偏重于表示起点,"押""搂"偏重于表示经由,"搂"还可以表示方向,如例(20)。

"沿住""顺住"跟普通话的"沿着""顺着"是历史同源词,其用法和意义也完全相同。只是在浚县方言里,"顺住"有时候可以用变韵"顺$^D$"替换,如"屋顶上嘞水顺住/顺$^D$墙流下来了"。

表示起点和经由的介词短语都只能用在动词前。

### 6.1.1.3  往［uaŋ⁵⁵］、朝［tṣʻau⁴²］、照［tṣau²¹³］、照住［tṣau²¹³·tṣʅ］、对住［tuei²¹³·tṣʅ］

这是一组引进动作方向的介词，其中"往"和"朝"是跟普通话共有的成分，其意义和用法跟普通话大致相同。"往"侧重于表示动向的处所，"往"字句所表示的动作一般是有方向性的移动。"朝"既可以表示动向的处所，也可以表示静态的朝向，静态的朝向是指动作朝向何方，是非移动性的。因此，"往"都可以用"朝"替换，但表示静态时"朝"不能用"往"替换。如：

(21) 往/朝北走一点儿斗是邮电局。往北走一点儿就是邮局。

(22) 她在孩ᶻ往/朝床上一扔可出去了。她把孩子往床上一扔就出去了。

(23) 你老是往/朝后头跑干啥呐ᴴ［·lia］？你老是往后边跑干什么呢？

(24) 那个出租车朝/往中山路跑了。那个出租车往中山路跑了。

(25) 你脸儿朝/*往里ᴴ睡，他脸儿朝/*往外睡。你脸朝着里边睡，他脸朝着外边睡。

(26) 门儿朝/*往南开光线好。门朝南开光线好。

"往"字介词短语在普通话里还可以用在动词后，如"这趟火车开往北京""这批钢材是运往广州的"。在浚县方言里，表示方向的介词短语只能用在动词前，不能用在动词后。

"照"和"照住"跟普通话的"照""照着"相同，它们是同源词。在浚县方言里，"照"一般只用于未然的情况，"照住"既可以用于未然，也可以用于已然。表示已然的情况时，"照住"可以用变韵的"照ᴰ［tṣo²¹³］"替换。如：

(27) 照/照住屁股上打，白照/照住头上打。朝屁股上打，别朝头上打。

(28) 照住/照ᴰ腰上抡ᴰ一棍。照着腰上抡了一棍。

(29) 照住/照ᴰ肚上攮ᴰ一刀。照着肚子扎了一刀。

"照"或"照住"引进方向时跟"往"和"朝"有区别，"往""朝"一般侧重于引进纯指方向的成分，如例（21）、例（23）、例（25）、例（26），或方位、处所所指称的方向，如例（22）、例（24）。"照""照住"一般只引进具体事物所代表的方向。如例（27）~（29）。

"对住"跟普通话的"对着"是历史同源词，也可以引进方向。引进方向时跟"往""朝"不同，而跟"照"或"照住"相同，只引进具体事物所代表的方向。如：

(30) 白对住窗户滋水。别对着窗户喷水。

(31) 电扇不能对住脸吹。电扇不能对着脸吹。

(32) 对住瓶口儿喝。对着瓶口儿喝。

(33) 白对住□［iæ⁴²］嘞脸咳嗽。别对着别人的脸咳嗽。

#### 6.1.1.4 到 ［tau²¹³］

"到"是跟普通话共有的成分，引进处所或时间。"到"与处所词语或时间词语构成的短语放在动词前，"到"已经变成了介词。但放在动词后是否也是介词，学界有不同的看法。有人认为是介词，有人认为是趋向动词。其实，介词本是位于连动结构前一个位置的动词虚化而来的，当"到"字短语位于动词后，跟动作相关的体貌成分一般是附加在"到"后的，这跟介词一般不可以附加体标记的特点不合。可见，这里的"到"动词性更强，因此我们认为附加在动词后的"到+处所或时间"还没有完全变成介词短语。浚县方言的"到+处所或时间"位于动词后，"到"不出现，但它常常使前面的动词发生变韵，在此，我们避开"介""动"之争，把位于动词后的"到"看作跟动作结果相关的终点格标记（见 2.3.1 动词变韵），而"到"字短语位于动词前的情况则视为介词短语。另外，浚县方言的"到"作介词时跟其他很多单音节介词一样，也常常以变韵的形式出现。如：

(34) 到ᴰ哪儿去瞧ᴰ瞧ᴰ呀？到哪儿去看了看病呀？

(35) 我到ᴰ前头问个事儿。我到前边问个事儿。

(36) 剩嘞到ᴰ明个再吃吧。剩下的到明天再吃吧。

(37) 他到ᴰ年些才典礼嘞。他到春节才结婚呢。

"到"还常常跟引进起点的"打""从"构成框式结构"打/从……到……"表示范围。如：

(38) 这儿打南到北都是他家嘞地张儿。这里从南到北都是他家的地方。

(39) 打上大学到□［iaŋ²¹³］会儿俺有给家要过钱。从上大学到现在我没给家里要过钱。

(40) 俺从头儿到尾都不能歇。我从头到尾都不能休息。

(41) 从夜个到今个他一口水都没喝。从昨天到今天他一口水都没喝。

#### 6.1.1.5 离 ［li²¹³］

在浚县方言里，"离"已经是一个纯介词，有两种介引作用：一个是引进空间距离或时间距离。另一个是引进对象、条件。

引进空间距离或时间距离的"离",意义和用法跟普通话相同,由表示"距离"义的动词虚化而来。但浚县方言里,"离"进入句中有两个形式:基本韵形式"离〔li²¹³〕"和变韵形式"离ᴰ〔liɛ²¹³〕"。二者可以自由替换,但以变韵的"离ᴰ"为常用。如:

(42) 恁家离ᴰ/离学校多远呀? 你家离学校有多远?

(43) 离ᴰ/离城里还有五里地嘞。离城里还有五里地呢。

(44) 离ᴰ/离恁大妮ᶻ出嫁还有半个月嘞吧? 离你大女儿出嫁还有半个月吧?

(45) 离ᴰ/离八月十五冇几天了。离八月十五没几天了。

引进对象、条件时,"离"总是以变韵的形式进入句中,大致相当于普通话的"离了",应该是由"离开"义的动词虚化而来的,虚化的程度比普通话要高。普通话中的"离了"作介词的用法很受限制,一般只引进依赖的对象。如"离了你我们照样能干成"。浚县方言里的"离ᴰ"用法很广,既可以引进依赖的对象,也可以引进其他条件,已经虚化成一个纯粹的介词了。请看下面的例子:

(46) 你离ᴰ他不能活哟? 你离了他不能活呀?

(47) 孩ᶻ还小ᴰ嘞,离ᴰ牛奶营养不够。孩子还小呢,离了牛奶营养不够。

(48) 离ᴰ你去冇门儿。非你去不行。

(49) 你请瞧了,他今个离ᴰ去找你不中。你看着,他今天非去找你不行。

(50) 他嘞病离ᴰ吃中药不中。他的病非吃中药不行。

例(46)、例(47)中的"离ᴰ"引进的是依赖对象"他""牛奶",跟普通话的"离了"相对应。例(48)~(50)中的"离ᴰ"后引进的是条件"你去""去找你""吃中药",不能对译成普通话的"离了"。

### 6.1.2 引进施事受事的介词

浚县方言里,引进施事的介词较为单一,只有"叫"。引进受事的介词有三个,即"在""弄ᴰ"和"把",其中"在"跟引进处所的介词"在"形式相同。另外,用"弄ᴰ"引进受事在其他方言里也很少见到。"把"引进受事时是受普通话的影响,一般文化水平较低的人较少使用。

### 6.1.2.1　叫 [tɕiau²¹³]

现代汉语普通话或方言里，引进施事的介词（被动句的标记成分）通常是由表示"给予"义、"遭受"义或"容许"义的动词虚化而来的，不同的方言表示这些意义的动词不一定来自古代汉语相同的词，但"语源不同的成分在不同的方言里不约而同地走了同样的演变路线，形成了有趣的平行现象"（施其生 2000a）。普通话里有四个可以引进施事的介词"被""叫""让""给"，它们分别是由表示"遭受"义的"被"、"容许"义的"叫"和"让"，以及"给予"义的"给"虚化而来的，形成了多源并存并用的现象。跟普通话相比，浚县方言里引进施事的介词只有一个，由表示"容许"义的"叫"虚化而来。

"叫"普通话也用，但使用频率远比不上"被"字。和"被"相比，普通话中的"叫"一般不直接用在动词前。浚县方言的"叫"差不多涵盖了普通话"被""叫""让""给"四个介词的用法。有时，被介引的施动者不需要说出或无法说出时还可以省略，"叫"直接用在动词前。如：

（1）他叫老师吵ᴰ一顿。<sub>他被老师训了一顿。</sub>
（2）你说她嘞坏话甭叫她听见ᴰ。<sub>你说她的坏话别被她听见。</sub>
（3）那个人叫汽车轧住腿了。<sub>那个人被汽车轧着腿了。</sub>
（4）我刚出门儿又叫他叫回去了/我刚出门儿又叫叫回去了。<sub>我刚出门又被（他）叫回去了。</sub>
（5）衣裳叫雨淋湿了/衣裳叫淋湿了。<sub>衣服被（雨）淋湿了。</sub>
（6）小鸡儿叫黄鼠狼叼ᴰ走一只/小鸡儿叫叼ᴰ走一只。<sub>小鸡儿被（黄鼠狼）叼走一只。</sub>

浚县方言的"叫"字被动句大多含有不如意的意思，有时可以用在一些中性意义的句中，但绝不用在表示积极意义的句中。如：

（7）厂长叫□[iæ⁴²]请ᴰ去喝酒了。<sub>厂长被人家请去喝酒了。</sub>
（8）她叫河南师大录取了。<sub>她被河南师大录取了。</sub>
（9）*他叫同学选成班长了。<sub>他被同学选为班长了。</sub>
（10）*俺叔叫厂里奖ᴰ一辆汽车。<sub>我叔叔被厂里奖了一辆汽车。</sub>

例（7）表达的是中性意义，可以用"叫"字被动句。例（8）对应的普通话表达的是如意的事情，但在浚县方言里，这个句子是说虽然被河南师大录取了，但并不如意。例（9）、例（10）表达的是积极意义，不能用"叫"字被动句，但相应的普通话可以用"被"字句。

**6.1.2.2 在 [kai²¹³]、弄ᴰ [no²¹³]、把 [pa²¹³]**

"在"既可以作动词，也可以作介词。作动词时，表示存在义。作介词时，可以弱读为"[kei²¹]、[kɛ²¹]"，既可以引进处所，也可以引进受事（表示处置意义），但这种引进处所和引进受事共用同一个形式的现象在方言中非常罕见。普通话或别的方言里，一般引进受事表示处置意义的介词由"手持""把握"或与之相近意义的动词虚化而来，如普通话的"把""将"，苏州、上海方言的"拿"，金溪、休宁方言的"帮"，福州、泉州方言的"共""将"，连城、梅县、广州方言的"将"等。① 由表示"存在"义的动词虚化而来引进受事表示处置意义的方言还没有见过报道。

在开始的调查中，引进受事的介词常常用弱化形式"[kei²¹]、[kɛ²¹]"，我们以为这个"[kei²¹]、[kɛ²¹]"是由表示给予义的"给"弱化而来，但"给"在浚县方言里读[kei⁵⁵]，即使从语流音变的角度推测，也不可能弱化为"[kei²¹]"和"[kɛ²¹]"。在以后的调查中又发现，老年人的口语中更多地使用"[kai²¹³]"这个读音，这正是引进处所的介词"在"的读音，弱化形式也相符。但仅读音相合并不足以证明这两个形式是一个成分。因此我们又把视野扩大到了周边地区，结果有了进一步的发现。浚县有八镇两乡，表示存在和引进处所的形式有两个，一个读"[kai²¹³]"，另一个读"[tai²¹³]"，"[kai²¹³]"只在县城及县城以东的一部分地区使用，其他地区都用"[tai²¹³]"。而引进受事的成分除了善堂镇用"连[liaŋ⁴²]"以外，县城及县城以东的一部分地区用"[kai²¹³]"及其弱化形式"[kei²¹]、[kɛ²¹]"，其他地区用"[tai²¹³]"及其弱化形式"[tɛ²¹]"。我们认为这不是偶然的巧合，这个方言事实清楚地说明，浚县方言引进受事的形式跟引进处所的形式是同一个成分，但"[kai²¹³]"和"[tai²¹³]"又显然不是同源词，其来源和演变历程还值得进一步探讨。

"在"引进受事的句法表现跟普通话中的"把"字句基本相

---

① 有关引进受事成分的材料请参看李如龙、张双庆主编《动词谓语句》（1997）。

同，如：

（11）他在俺嘞本儿撕烂了。他把我的本子撕破了。

（12）那个孩$^Z$在她气嘞有法儿。那个孩子把她气得没有办法。

（13）在酱油给$^D$恁妈。把酱油给你妈。

（14）一会儿在屋里嘞地扫扫。一会儿把屋里的地扫一扫。

（15）她在头一低，啥也不说。她把头一低，什么也不说。

（16）他家穷嘞在屋都卖了。他家穷得把房子都卖了。

（17）他嫌热，在衣裳脱$^0$来一件儿。他嫌热，把衣服脱下来了一件。

（18）我在饭又烫$^D$一遍。我把饭又热了一遍。

（19）你在作业写完$^D$再出去吧。你把作业写完了再出去吧。

"弄$^D$"也是一个引进受事的成分，由动词"弄"虚化而来。"弄"的动词义比较笼统，可以说是一个泛义动词，但它是一个强自主动词，本身有很强的对宾语的处置意义，因此"弄"虚化为引进受事表示处置意义的介词有充分的语义基础。"弄"引进受事时，总是用变韵的形式，这与其他由动词虚化而来的大部分单音节介词情况相同，"弄$^D$"的句法表现跟"在"基本相同，即可以用"在"的地方都可以换成"弄$^D$"，但在表处置意义上，"弄$^D$"字句更为凸显。如：

（20）风弄$^D$那棵树刮倒了。风把那棵树刮倒了。

（21）弄$^D$窗户关住吧。把窗户关住吧。

（22）冇弄$^D$钱借给他。没有把钱借给他。

（23）这一大盘$^Z$肉我能弄$^D$它吃完$^D$。这一大盘子肉我能把它吃完。

（24）弄$^D$书放$^D$桌$^Z$上了。把书放在桌子上了。

"把"在浚县方言里也可以引进受事，但"把"不是浚县方言自身演变虚化而来的，是普通话在方言中的渗透，使用频率不如"在"和"弄$^D$"，使用范围也受到一定的限制，一般文化教育程度较低的人很少使用。因此一些从普通话中吸收来的"把"字句不能换成"在"或"弄$^D$"字处置句；还有一些普通话中的"把"字句，浚县方言不用对应的"在"或"弄$^D$"字处置句。如：

| 普通话 | 浚县方言 |
|---|---|
| 你能把我怎么样？ | 你能把我咋着/ *你能在/弄$^D$我咋着？ |
| 他把那个孩子当成亲生的。 | 他对那个孩$^Z$跟亲生嘞样。 |

把个小王听得入迷了。　　叫小王儿都听迷了。
别把这件事告诉他。　　白对^D他说这个事儿。

### 6.1.3　引进关涉对象的介词

引进关涉对象的介词又分六小类，即关涉、替代、协同、比较、包括、除外。

#### 6.1.3.1　对［tuei²¹³］、给［·kei］

"对"引进关涉的对象，是由"对待"义虚化而来的，大致相当于普通话中的"对"和"对于"。"对"在句中可以发生变韵，但用变韵还是用基本韵并没有明确的分工，多数时候可以自由替换。如：

(1) 甭对/对^D他说。别对他说。
(2) 他家嘞人对/对^D人些热情。他家的人对人很热情。
(3) 可甭对^D他嘞面儿说这话。可别当着他的面说这话。
(4) 俺对/对^D你有意见。我对你没意见。

浚县方言的"对"使用范围没有普通话广，普通话中有些用"对"或"对于"的句子，在浚县方言里不用相应的"对"字句。如：

| 普通话 | 浚县方言 |
|---|---|
| 小李对我笑了笑。 | 小李儿跟^D我笑^D笑^D。 |
| 我会对这件事负责的。 | 这个事儿我会承担起^H嘞。 |
| 对于作文教学，王老师很有经验。 | 作文教学，王老师有经验。 |

跟普通话一样，浚县方言的"对"也常跟"来说"构成框式结构，"表示从某人和某事的角度来看"（吕叔湘1996），其中"对"用基本韵和变韵都可以。如：

(5) 这对/对^D他来说不是个大事。这对他来说不是个大事。
(6) 一万块钱对/对^D俺家来说不是个小数。一万块钱对我们家来说不是个小数。

普通话中的"关于""至于"也可以引进动作关涉的对象，但在浚县方言中不用介词，直接引进。如：

| 普通话 | 浚县方言 |
|---|---|
| 关于这件事情，你得去问校长。 | 这个事儿你得去问校长。 |
| 她提出了一个关于节约用水的 | 她提出^H个能节省用水嘞好意见。 |

好建议。

至于你提的要求，我们再考虑　你提嘞要求，叫俺再好好儿想想。
考虑。

至于电费，我想下个星期再交。　那个电费我想下个礼拜再交嘞。

"给"所引进的关涉对象是指动作的接受者，可分两种情况：一种是交付或传递的对象，另一种是服务的对象或者说受益者。浚县方言表达这两种意义的时候，是利用"给"字介词短语相对于谓语动词的语序进行分工的。引进交付或传递的对象时，"给"字介词短语用在谓语动词后，动词多具有"予"的语义特征；引进服务的对象时，"给"字介词短语用在谓语动词前，动词没有"予"的语义限制。在语音形式上，两种意义的"给"也存在着明显的分工，在动词后一般用基本韵，在动词前一般用变韵。如：

（7）我借给他五千块钱。我借给他五千块钱。

（8）过年嘞时儿，俺班同学送给老师一个挂历。过年的时候，我们班同学送给老师一个挂历。

（9）弄$^D$醋递给我。把醋递给我。

（10）到$^D$北京，给$^D$我来个电话。到北京，给我来个电话。

（11）老师给$^D$俺布置$^D$恁些作业。老师给我们布置了那么多作业。

（12）给$^D$他使$^D$个眼色儿。给他使了个眼色。

与普通话还有一点不同，当"给"字介词短语用在动词后，动词又带宾语时，普通话还可以把"给"字介词短语放在宾语后，如"借了五千块钱给他""送了一本挂历给老师"，浚县方言里"给"字介词短语不能出现在宾语后。普通话宾语后的这个"给"是动词还是介词，学界还有争论，但浚县方言用在动词后的"给"不能独立运用，语音形式也发生了弱化，常读轻声［·kei］，显然已经失去独立的动词意义，只在动词后起到了介引关涉对象的作用，彻底虚化为介词了。

### 6.1.3.2　替$^D$［tʻiɛ²¹³］、跟$^D$［kɛ²⁴］、比$^D$［piɛ⁵⁵］

"替""跟""比"是跟普通话共有的成分，来源、意义和用法也跟普通话基本相同。它们都还保留着动词的用法，作介词时分别可以引进替代、协同和比较的对象。其中"跟"大致涵盖了普通话中的"和""跟""同""与"四个介词的用法。

作介词的"替""跟""比"在浚县方言里有一个很重要的特点,就是在句中都必须发生变韵,也就是说它们只以变韵的形式承担介词的功能和意义。下面分别举出用"替$^D$""跟$^D$""比$^D$"的例子:

(13) 今个你替$^D$我值班儿吧。今天你替我值班吧。

(14) 瞧你那样儿,我都想替$^D$你疼。瞧你那样儿,我都想替你疼。

(15) 做好$^D$你嘞事儿吧,甭替$^D$我操心了。做好你的事吧,别替我操心了。

(16) 我跟$^D$你一齐儿去。我跟你一起去。

(17) 在学校甭跟$^D$□[iæ$^{42}$]打架呀。在学校不要跟别人打架呀。

(18) 跟$^D$年时年比$^D$,今年是好收成。跟去年比,今年是好收成。

(19) 我嘞身体比$^D$那会儿好多了。我的身体比以前好多了。

(20) 他吃嘞比$^D$你吃嘞多嘞多。他吃的比你吃的多得多。

(21) 一天比$^D$一天冷了。一天比一天冷了。

(22) 俺家比$^D$恁家强不到哪儿去。我们家比你们家也强不到哪儿去。

"跟$^D$"可以与"样"构成框式结构"跟$^D$……样",相当于普通话中的"跟……一样",但语感上"样"已经跟其前边的成分联系紧密,不能再还原为"一样"了。如:

(23) 她长嘞跟$^D$她妈样恁排场。她长得跟她妈妈一样漂亮。

(24) 瞧见他爸,他跑嘞快嘞跟$^D$飞样。看到他爸爸,他跑得快得跟飞一样。

(25) 跟$^D$恁哥样不待$^D$见学习可不中。跟你哥哥一样不喜欢学习可不行。

**6.1.3.3 带$^D$[tɕ$^{213}$]、连[lian$^{42}$]、连[lian$^{42}$]……带$^D$[tɕ$^{213}$]……**

"带$^D$""连""连……带$^D$……"都可以引进包括的对象,其中"带$^D$"的使用频率最高,由"携带"义虚化演变而来。"连""连……带$^D$……"是跟普通话共有的成分,"连"有时可以替换"带",但听感上不如"带"自然,可我们没有根据说"连"不是浚县方言自身虚化演变而来的,也许两个词曾经有过竞争,"连"是竞争中弱势的一方。"连……带$^D$……"是框式结构,可以引进两个或两个以上的包括对象,跟普通话用法基本相同。

作介词的"带"进入句中,也必须以变韵的形式承担介词的功能和意义,"连"则没有这个特点。如:

(26) 苹果带$^D$皮儿吃$^D$有营养。苹果带皮儿吃有营养。

(27) 她在花儿带$^D$根儿拔$^0$来了。她把花儿连根拔下来了。

（28）带ᴰ桌ᶻ上那俩，满共十ᴴ。连桌子上那两个，一共十个。

（29）芹菜连梗带ᴰ叶儿都能吃。芹菜连梗带叶子都能吃。

（30）连吃嘞带ᴰ穿嘞满共买200多块钱嘞。连吃的带穿的一共买了200多块钱的。

（31）孩ᶻ连蹦带ᴰ跳嘞跑过来，你连理都不理。孩子连蹦带跳地跑过来，你连理都不理。

朱德熙、吕叔湘、赵元任等先生都把表示强调的"连"看成介词。我们有不同的看法，理由有三：

1. 介词是用来介引跟谓语动词间接相关的体词性成分的，而"连"后边的成分不限于此，从语义上看也不尽是体词性成分。如"连看也不看我一眼""连说一句好听的都不说""连他姓什么叫什么还都不知道呢"。

2. 介词是结构性的虚词，不仅起联结的作用，还有标明所介引成分语义角色的作用，句法上不能省略。而表示强调的"连"常常可以省略，省略后不影响句子的意思。如上举的例子可以说成"看也不看我一眼""一句好听的也不会说""他姓什么叫什么还都不知道呢"，意思不变。

3. 从聚合关系上看，表示强调义的"连"可以用"就是"替换，语法意义和功能都没有发生改变。就是说表示强调时，"连"和"就是"类的语法意义和语法功能相同，而跟介词的"连"有较多的不同。

据此，我们没有将表示强调的"连"归入介词。

### 6.1.3.4　除ᴰ [tʂʻuɤ⁴²]、除出ᴴ [tʂʻu⁴²·tʂʻuai]

"除ᴰ、除出ᴴ"是引进排除对象的介词，相当于普通话的"除了""除开""除去"，可以表达三种意义：或排除特殊，强调一致；或排除已知，补充其他；或二者必居其一。"除"在句法中必须强制性地发生变韵。"除出ᴴ"是由短语"除出来"合音之后再虚化而来的，已经凝固成词。"除"和"除出ᴴ"差不多可以自由替换，但各有偏重。第一种意义多用"除ᴰ"，第二种和第三种意义多用"除出ᴴ"。如：

A：排除特殊，强调一致。

（32）这一间屋除ᴰ/除出ᴴ小一点儿，别嘞冇毛病。这间房子除了小一点儿，没别的毛病。

(33) 除ᴰ/除出ᴴ楼上那一家儿，我都通知了。除了楼上那一家儿，我都通知了。

(34) 除ᴰ/除出ᴴ下雨他不来，别嘞时儿他都来。除了下雨他不来，别的时间他都来。

(35) 这事儿除ᴰ/除出ᴴ他干，别嘞人不干这事儿。除了他干，别的人不干这事儿。

B：排除已知，补充其他。

(36) 到这儿偷东西嘞，除出ᴴ/除ᴰ他还有俩嘞。到这儿偷东西的，除了他还有两个呢。

(37) 除出ᴴ/除ᴰ开拖拉机，我还会开汽车嘞。除了开拖拉机，我还会开汽车呢。

(38) 除出ᴴ/除ᴰ留给他嘞那一张，斗剩两张了。除了留给他的那一张，就剩两张了。

(39) 除出ᴴ/除ᴰ恁爸给你嘞，我再给你500够不够？除了你爸给你的，我再给你500元够不够？

C：二者必居其一。

(40) 你见天除出ᴴ/除ᴰ吃都是玩儿，有啥意思？你整天除了吃就是玩儿，有什么意思？

(41) 月ᶻ里ᴴ嘞小孩儿除出ᴴ/除ᴰ吃都是睡。月子里的小孩儿除了吃就是睡。

普通话中的"除""除了""除开""除去"可以跟"外""以外""之外"构成框式结构"除/除了/除开/除去……外/以外/之外"，浚县方言的"除ᴰ""除出ᴴ"没有相应的框式结构。

### 6.1.4 引进工具依据的介词

#### 6.1.4.1 使ᴰ [ʂɻə⁵⁵]、搁⁰ [kə²⁴]、掌ᴰ [tʂæŋ⁵⁵]、用 [yəŋ²¹³]、拿 [na⁴²]

这是一组引进工具、材料或方式的介词，其中"使ᴰ""搁⁰""掌ᴰ"是浚县方言所用的成分，"用""拿"是跟普通话共有的成分。如：

(1) 使ᴰ/搁⁰/掌ᴰ筷吃，甭使ᴰ/搁⁰/掌ᴰ手捏。用筷子吃，别用手捏。

(2) 天冷，使ᴰ/搁⁰/掌ᴰ温水洗脸吧。天冷，用温水洗脸吧。

（3）衣裳上嘞漆使<sup>D</sup>/搁<sup>0</sup>/掌<sup>D</sup>汽油能洗下来。衣服上的漆用汽油能洗下来。

（4）这东西可是使<sup>D</sup>/搁<sup>0</sup>/掌<sup>D</sup>钱买不来。这东西可是拿钱买不来的。

（5）使<sup>D</sup>铁做嘞，不是使<sup>D</sup>铝做嘞。用铁做的，不是用铝做的。

（6）他家还用牲口犁地嘞。他家还用牲口犁地呢。

（7）用心学才能学会嘞。用心学才能学会呢。

（8）这句话用/拿浚县话咋说嘞？这句话用浚县话怎么说的？

（9）甭用/拿孩来吓唬我。别拿孩来吓唬我。

"使<sup>D</sup>""搁<sup>0</sup>""掌<sup>D</sup>"一般只引进具体的工具和材料，不能引进方式，也不能引进表示有生命的或抽象事物的体词性成分。"使<sup>D</sup>"是由"使用"义虚化而来的，动词的用法还很活跃。如"叫俺使使恁嘞铁锨吧""这个钢笔不好使""我在这边儿使不上劲儿"。"搁"可能是由"放置"义逐渐演变虚化而来的，在浚县方言里还常有"你搁那儿用吧"这种说法，其中"搁"的"放置"义已经弱化，只表示你拿着用的意思。"掌<sup>D</sup>"是由"手持"义虚化而来的，这个义项的动词已经不使用了。"使<sup>D</sup>""搁<sup>0</sup>""掌<sup>D</sup>"基本可以替换，以"使<sup>D</sup>"为常用，有时只能用"使<sup>D</sup>"，如例（5）。"掌<sup>D</sup>"只在年龄较大的人群中使用，在年轻人的口里已经很少说了。另外，"使<sup>D</sup>""搁<sup>0</sup>""掌<sup>D</sup>"在句法中的变韵是强制性，其中"搁"应该属于零形式变韵。

"用"跟普通话相同，既可以引进具体的工具、材料，也可以引进方式，还可以引进表示有生命的或抽象事物的体词性成分。因此用"使<sup>D</sup>""搁<sup>0</sup>""掌<sup>D</sup>"的地方都可以换成"用"，如例（1）～（5）。但"用"有不可替代的功能，如例（6）～（9）只能用"用"。

"拿"跟普通话相同，这里不再赘述。

**6.1.4.2** 趁<sup>D</sup> [tʂʻɛ²¹³]、趁住 [tʂʻən²¹³·tʂʅ]、问 [uən²¹³]、按<sup>D</sup> [ɣæ²¹³]、按住 [ɣan²¹³·tʂʅ]、照<sup>D</sup> [tʂo²¹³]、照住 [tʂau²¹³·tʂʅ]、比住 [pi⁵⁵·tʂʅ]、依<sup>D</sup> [iɛ²⁴]、凭 [pʻiəŋ⁴²]、论 [luən²¹³]、可 [kʻə⁵⁵]、可住 [kʻə⁵⁵·tʂʅ]、尽<sup>D</sup> [tɕiɛ⁵⁵]

这是一组引进依据、凭借的介词，有跟普通话相同的成分，如"趁<sup>D</sup>""按""照<sup>D</sup>""依<sup>D</sup>""凭""论""尽<sup>D</sup>"，也有历史上跟普通话同源的成分，如"趁住""按住""照住"分别和普通话的"趁着""按着""照着"同源。"问""比住""可""可住"是浚县方言所用的成分。下面分别讨论。

"趁$^D$""趁住"跟普通话的"趁""趁着"基本相同，表示利用有利的机会或条件，是由"搭乘"义虚化而来的，目前在浚县方言里还保留着动词的用法，如"你趁$^D$车去吧","叫我趁趁恁嘞车吧"。作为介词的"趁$^D$"或"趁住"后边可以是体词性的成分，也可以是谓词性的成分或小句。"趁"入句时一定要发生变韵，"趁住"跟"趁$^D$"可以自由替换，但以"趁$^D$"为常用。如：

（10）趁$^D$/趁住年轻多学点儿。趁年轻多学点儿。

（11）我得趁$^D$/趁住空儿拆拆盖的。我得趁空拆洗拆洗被子。

（12）趁$^D$/趁住热儿吃好吃。趁热吃好吃。

（13）趁$^D$/趁住老师在这儿嘞，有啥问题赶紧问。趁老师在这儿，有什么问题赶紧问。

（14）趁$^D$/趁住天还冇黑赶紧回去。趁天还没黑赶紧回去。

"问"只是一个借音字，本字为"闻［uən$^{42}$］"，可能因意义的虚化声调发生了变异。"闻"引进时机是近代汉语用法的遗留，在唐诗和敦煌变文中已有用例（转引自马贝加 2002）。如：

（15）闻身强健时，多施还须吃。（王梵志，人生一代间）

（16）须知浮世俄尔是，闻早回心莫等闲。（欢喜国王缘，敦煌变文）

宋元时期承继了这一用法（转引自马贝加 2002），其中跟"早"连用比较常见，如：

（17）回告刘郎，但对奴家闻早说。（刘知远诸宫调）

（18）忘忧草，含笑花，劝君闻早冠宜挂。（白朴，庆东原）

"闻"用作表示时机的用法在现代汉语普通话中已经消失，但方言中还有用例，也不限于只跟"早"连用。如甘肃宕昌、武都、文县方言（莫超 2004）中有"闻热吃，等下就凉了""闻他在赶紧说一下""闻早走，好凉快些"等用法。浚县方言引进时机的"闻"（音"问"）只保留了跟"早"连用的用法，并且"早"在句中要用儿化韵"早儿"。如：

（19）有啥活儿，问早儿对$^D$我说。有什么活儿趁早对我说。

（20）我瞧$^D$还是问早儿给$^D$事儿办$^D$吧。我看还是趁早把婚事儿办了吧。

（21）他家今年问早儿可贴上门对儿了。他家今年及早就贴上春联了。

浚县方言里还有一个"及早儿"，意义跟"问早儿"大致相同，但从功能上看"及早儿"已经凝固成副词了。

"按$^D$""按住""照$^D$""照住""比住""依$^D$"主要用来引进依据或标准，是一组同义或近义词，它们大致存在着分工。"按$^D$""按住""照$^D$""照住"既可以引进依据也可以引进标准，引进依据时可以自由替换。"依$^D$"只用来引进依据，但比"按$^D$""按住""照$^D$""照住"受限制，一般只引进某人的说法、看法或脾气等主观方面的依据。"比住"只用来引进模仿或比照的标准，可以跟"按$^D$""按住""照住"引进标准时替换。"按$^D$""照$^D$""依$^D$"变韵形式是句法强制性的。如：

（22）按$^D$/按住/照$^D$/照住/依$^D$你说嘞办吧。按/照你说的办吧。

（23）按$^D$/按住/照$^D$/照住/依$^D$我嘞脾气，得狠狠嘞打他一顿。照/依我的脾气，得狠狠地打他一顿。

（24）按$^D$/按住/照$^D$/照住上一回嘞分吧。按/按照上一次的分吧。

（25）这一回是按$^D$/按住成绩录取嘞。这一次是按/按照成绩录取的。

（26）按$^D$/按住/照住/比住恁哥嘞鞋样儿铰嘞。比着你哥哥的鞋样剪的。

"凭"跟普通话的"凭""凭着"相同，用来引进动作的凭借、依靠或根据，其中"凭"入句时可以发生变韵，但不是强制性的，也可以不变。如：

（27）你凭/凭$^D$啥说是我偷嘞嘞？你凭什么说是我偷的呢？

（28）俺凭/凭$^D$本事吃饭，有啥丢人嘞？我凭本事吃饭，有什么丢人的？

（29）光凭/凭$^D$老师教那一点儿根本学不会。只凭老师教那一点儿根本学不会。

（30）上大学得凭考试成绩，不能凭谁家有钱冇钱。上大学得凭考试成绩，不能凭谁家有钱没钱。

"论"与普通话相同，跟量词组合表示以某单位为标准，跟其他名词或动词组合表示根据某个方面来谈论。如：

（31）西瓜论斤卖嘞，不论个儿。西瓜论斤卖的，不论个儿。

（32）俺这儿嘞水费都是论家儿收嘞，不论用多用少。我们这儿的水费都是论家收的，不论用多用少。

（33）论年龄我比你大，论挣钱你比我挣嘞多。论年龄我比你大，论挣钱你比我挣的多。

(34) 论吃饭，他吃嘞最多，论干活儿，他干嘞最少。论吃饭，他吃的最多，论干活儿，他干的最少。

"可""可住"引进的依据较为特殊，一般是指所介引成分的体积、面积或范围等，"可""可住"意思是最大限度地利用所介引成分的体积、面积或范围。如：

(35) 疼嘞他可地打滚儿。疼得他可着地打滚儿。

(36) 可住这个箱$^Z$能装多儿斗装多儿。可着这个箱子能装多少就装多少。

(37) 你可住肚吃，不撑慌才怪嘞。你可着肚子吃，不撑得慌才怪呢。

(38) 给你那500块钱，甭可住劲儿花，你留出$^H$点儿。给你的500块钱，不要可着花，你留出来一点儿。

"尽$^D$"从语义上看，跟普通话的"尽""尽着"是同源成分。普通话的"尽""尽着"有两个意思（《现代汉语词典》1998）：A. 表示以某个范围为极限，不得超过。如："尽着三天把事情办完"。B. 表示让某些人或事物尽先。如"先尽旧衣服穿""单人房不多，先尽着女同志住"。浚县方言的"尽$^D$"也有两个意思，第二种意思跟普通话一样。第一种意思从源头上来看应该是一脉相承的，都是由"全部用出"的动词义虚化而来的，但浚县方言的"尽$^D$"在这个意义上的虚化与普通话不同，"尽$^D$"后边引进的不是表示范围的成分，而是人称代词或指人的名词或名词性短语，意思是听任或任由某人做某事。另外，普通话中的"尽""尽着"的动词意义还比较显著，有些语法著作干脆就不承认它们是介词。浚县方言里这两个意思的"尽$^D$"都已经完全虚化为介词了，并在语音上跟"替$^D$""跟$^D$""比$^D$""使$^D$""趁$^D$""按$^D$"等介词一样，在句法中的变韵是强制性的。下边分别举例说明。

1. 引进指人的代词、名词或名词性短语，表示听任或任由某人做某事。

(39) 他要哭都尽$^D$他哭。他要哭就让他哭个够。

(40) 尽$^D$他蹦他能蹦多高？尽着他蹦他能蹦多高？

(41) 图书馆儿嘞书尽$^D$学生瞧嘞，不用买。图书馆的书尽着学生看呢，不用买。

(42) 这儿嘞衣裳尽$^D$恁几$^H$人挑嘞。这儿的衣服尽着你们几个挑呢。

有时，当听任或任由的对象无须说出时，还可以省略，"尽$^D$"直接用在动词前。如：

（43）这袜$^Z$一块钱一双，尽$^D$挑尽$^D$拣。这袜子一块钱一双，任你挑任你选。

（44）厂里$^H$嘞点心尽$^D$吃不尽$^D$拿。厂里的点心尽吃但不尽着拿。

2. 引进指人或指物的名词、名词性短语，表示动作优先考虑的对象。

（45）饭剩$^D$不多儿了，先尽$^D$老儿嘞跟$^D$小儿嘞吃。饭剩的不多了，先尽着老人和孩子吃。

（46）先尽$^D$大点儿嘞拿。先尽着大一点儿的拿。

（47）尽$^D$便宜嘞买，白尽$^D$贵嘞买。尽着便宜的买，别尽着贵的买。

（48）考试嘞时儿，先尽$^D$好做嘞题做。考试的时候，先尽着容易做的题做。

### 6.1.5　引进原因目的的介词

#### 6.1.5.1　汤为 [t'aŋ²⁴ ·uei]

"汤为"的"汤 [t'aŋ²⁴]"是个借音字，本字不明。在浚县方言里，"汤为"是介词兼连词。作连词时，表示因果关系中的原因；作介词时，引进动作发生的原因，跟普通话的"因为"同。如：

（1）汤为这点儿小事吵架，值当嘞不值当？因为这点儿小事吵架，值得不值得？

（2）汤为你俺都挨$^D$两回吵了。因为你我已经挨了两次训了。

（3）汤为跟$^D$□ [iæ⁴²] 打架，学校弄$^D$他开除了。因为跟人家打架，学校把他开除了。

（4）汤为我嘞事儿，叫恁忙$^D$三四天，心里$^H$些过意不去。因为我的事，让你们忙了三四天，心里很过意不去。

#### 6.1.5.2　为$^D$ [uɛ²¹³]

"为$^D$"引进动作的目的，也必须以变韵的形式进入句中，相当于普通话的"为"或"为了"。如：

（5）我还不是为$^D$孩$^Z$才干这活儿嘞哟。我还不是为了孩子才干这活儿的。

（6）为$^D$省点儿钱，俺都是骑$^D$洋车儿自行车去。

（7）为$^D$给$^D$你娶媳妇儿，恁妈都使病了。为给你娶媳妇，你妈都累病了。

尽管都属于官话方言，也普遍被认为官话方言内部应该具有很高的一致性，但细致比较起来，不同官话方言之间的差距不见得比官话与非官话方言之间的差距小多少。浚县方言及已报道过的其他方言的语言事实表明，相同的发展演变机制使得每种方言的介词都有与共同语共有或相平行的成分，但又各自形成了一个独立的系统，方言区内自身发展演变而来的成分表现出更多的差异性，也是值得关注的地方。

与普通话及其他方言相比，浚县方言的介词有一个非常突出的特点，即大部分单音节介词在语音上保留了其源头词发生变韵的特点。但介词的变韵不同于动词和形容词，它一般不表示特定的语法意义，跟基本韵之间没有分工，更多的时候只是一种句法强制性，这也许只是动词向介词虚化过程中遗留的一种标记，抑或是方言系统内部语音的类化发挥了作用。到目前为止，我们还没有见到过其他方言有这种现象的报道。但我们相信，这绝不是一种孤立的现象，希望引起研究者的关注。

## 6.2 "在"①

普通话中的"在"有三个，一个是动词，主要有三个义项：①表示存在。②表示人和事物存在的处所、位置。③表示在于，决定于。第二个是介词，跟时间、处所、方位等词语组合。有五个义项：①表示时间。②表示处所。③表示范围。④表示条件。⑤表示行为的主体。其中①、②、③中"在"字短语可以用在动词前作状语，也可以用在动词后作补语。第三个是副词，用在动词前表示动作的进行（吕叔湘1996）。普通话中的这三个"在"语音形式相同，意义和用法上有紧密的联系，从动词到介词再到副词词汇意义越来越虚，语法化程度越来越高，但普通话中的"在"没有彻底语法化，即还没有发展出纯标记形式就停止了。许多方言中都存在着与普通话"在"平行发展的语言成分，有些甚至已经发展成纯标记形式了，如武汉方言的"在[tai³⁵]或[tsai³⁵]"（吴伶1998），上海方言的"辣辣[1ʌʔ¹¹ 1ʌʔ²³]"（李如龙等2000），汕头方言的"在[to³⁵⁻²¹]"（施其生1996d），除了具有跟普通话"在"相同用法的动词、介词、副词，都可以放在动词后或句尾表示持续体意义。浚县方言的"在"与普通话及其他方言中的相应成分

---

① 这一小节所讨论的"在"仅指浚县县城及县城以东一部分地区所使用的类型，即k声母类型。

相比，很多方面都不尽相同。本小节打算对浚县方言"在"的形式、意义和用法展开讨论，并进一步分析他们之间的语源关系。

### 6.2.1　"在"的语音形式、意义和用法

浚县方言相当于普通话"在"的成分有五个：作动词的"在"有两个，语音形式分别是［tsai²¹³］和［kai²¹³］，我们写作"在₁""在₂"；作介词的"在"，语音形式是［kai²¹³］、［kei²¹］或［kɛ²¹］，我们写作"在₃"；"在₄"总是以弱化形式［·kei］或［·kɛ］跟"这儿"或"那儿"构成虚化的介词短语，用在谓词性成分前或句尾，表示进行或持续的体意义；还有一个跟普通话谓词性成分后相对应的"在"，没有独立的语音形式，是黏附在其前一音节上的，使得其前一音节发生变韵现象，我们写作"在₅"。下面分别进行考察。

#### 6.2.1.1　"在₁"和"在₂"

"在₁"和"在₂"都是动词，但在浚县方言中，它们的语音形式不同，语义和语法功能也不同，大致成互补分布。

6.2.1.1.1　在₁［tsai²¹³］

"在₁"有两个义项，一是表示人的存在，即在世。如：

（1）他爷还在嘞，他奶早斗不在了。他爷爷还健在呢，他奶奶早就不在了。

（2）她奶都不在两年了。她奶奶已经去世两年了。

（3）他是年时年不在嘞。他是去年去世的。

表示人的存在的"在₁"是一个不及物动词，后边不能带宾语，但可以带时量宾语如例（3），一般不单独作谓语，总跟"还、不、嘞、了"等一起使用。也不能单独回答问题。如浚县方言询问人是否在世时不能说"他爷在不在？——在。"

第二个义项是表示"在于、决定于"。如：

（4）这事儿责任全在你。这事儿责任全在你。

（5）考好考不好还在你自ᴴ［tsɿə²¹³］"自个"的合音。考好考不好还在你自己。

（6）你去吧，考学不在这一会儿。你去吧，考学不在这一会儿。

（7）上大学难斗难在咱冇钱。上大学难就难在咱没钱。

这个义项的"在₁"是一个及物动词，并是一个黏着的及物动词，

必须带宾语。宾语可以是词如例（4）、例（5），可以是词组如例（6），可以是小句如例（7）。

"在$_1$"的这两个义项与普通话基本相同。

**6.2.1.1.2　在$_2$〔kai$^{213}$〕**

"在$_2$"的本字不明，这里只是训读。这个语音形式的"在"不是全县范围内都使用，而只在县城和县城以东的一部分地区使用。属于前面（见介词"在"）所说的 k 声母类型，跟其他中原官话方言在类型上具有一定的一致性，但跟浚县县城和县城以东以外的地区以及周边晋语区的 t 声母类型不同。

"在$_2$"也有两个义项，一个是表示物的存在，这个义项的"在$_2$"是一个黏着形式，不能单独作谓语，后边一定要带弱处所义的"那儿〔·nar〕"或"这儿〔·tʂər〕"。普通话相应的义项可以不带处所宾语。如：

（8）那本书还在那儿嘞。那本书还在那儿呢/那本书还在呢。

（9）你放心吧，你嘞车儿还在这儿嘞。你放心吧，你的车子还在这儿呢/你放心吧，你的车子还在呢。

（10）那张相片儿还在那儿嘞。那张相片还在那儿呢/那张相片还在呢。

另一个义项是表示人或事物的存在的处所、位置，浚县方言这个"在$_2$"也是黏着的，必须带处所宾语。相应的普通话的"在"一般情况下也带宾语，如果处所是已知的，可以不带宾语。如：

（11）文件儿在桌儿上嘞。文件在桌子上呢。

（12）他冇在楼上。他没在楼上。

（13）张老师在这儿嘞冇？——在这儿嘞，进来吧。张老师在吗？——在，请进！

（14）俺去找校长，校长冇在那儿。我们去找校长，校长不在。

动词"在$_1$"和"在$_2$"加起来跟普通话的动词"在"大致相同。

**6.2.1.2　在$_3$〔kai$^{213}$〕/〔kei$^{21}$〕/〔kɛ$^{21}$〕**

"在$_3$"有三个语音形式分别是〔kai$^{213}$〕、〔kei$^{21}$〕和〔kɛ$^{21}$〕，后两个是〔kai$^{213}$〕的弱化形式，三者可以自由替换。"在$_3$"可以跟处所、方位、时间等词语组合，组合后的介词短语只能用在动词前作状语，不能用在动词后作补语。

"在₃"跟处所或方位词语组合，可以表示动作发生或事物存在的处所，也可以表示出生、发生、居留的处所。普通话中，表示出生、发生、居留时可以用在动词前也可以用在动词后。浚县方言只用在动词前作状语。如：

（15）小鸟儿在天上飞ᴰ嘞。<small>小鸟在天上飞着呢。</small>

（16）她俩在屋说事儿嘞。<small>她俩在屋里说事儿呢。</small>

（17）你嘞书在桌儿上搁⁰嘞。<small>你的书在桌子上搁着呢。</small>

（18）他在乡里生嘞。<small>他在乡下出生的/他出生在乡下。</small>

（19）他在城里住ᴰ嘞。<small>他在城里住着呢/他住在城里。</small>

（20）事儿是在老张家出嘞。<small>事情是在老张家里发生的/事情发生在老张家里。</small>

表示时间时，"在₃"不能跟具体的时间词语组合，只跟"那会儿、以前、……嘞时儿<small>的时候</small>"等表示过去的词语组合，一般用于假然事件或已然事件。如：

（21）要是在那会儿，早斗饿死了。<small>要是在以前，早就饿死了。</small>

（22）要在以前，一个月三十块钱能养活一家ᶻ人。<small>要在以前，一个月三十块钱能养活一家子人。</small>

（23）我在乡里嘞时儿都学会了。<small>我在乡里时就学会了。</small>

（24）恁爷在你小嘞时儿都去台湾了。<small>你爷爷在你小的时候就去台湾了。</small>

普通话这个义项的"在"可以与时间词语自由组合，组合后的介词短语可以用在动词前，也可以用在动词后。可以用于已然事件，也可以用于未然事件。如：

a. 我是在去了上海以后才听说这件事的。

b. 专车在下午三点到北京，你一定去接。

c. 故事发生在很久以前。

d. 这件事放在下星期一再谈吧。

浚县方言的"在₃"没有这种用法。

"在₃"跟一些名词或动词等组合，可以用在动词、形容词或主语前边，表示范围。如：

（25）他在学习上真中。<small>他在学习方面真行。</small>

（26）他在玩儿上还真有一套。<small>他在玩儿上还真有一套。</small>

（27）在这一行儿里，他吃嘞些开。<small>在这一行里，他很吃得开。</small>

普通话中表示范围时也可以用在动词后。如:

e. 年龄限制在25岁以下。

f. 温度保持在24度到28度之间。

普通话介词的"在"还可以表示条件、行为的主体,浚县方言无此用法。

**6.2.1.3  在$_4$〔·kei〕/〔·kɛ〕**

"在$_4$"有两个语音形式〔·kei〕和〔·kɛ〕,这两个形式是自由变体。与普通话和其他方言不同的是,浚县方言的这个"在$_4$"是一个黏着形式,它必须带上有弱处所义的"那儿/这儿"才可以入句。入句后与句尾的"嘞$_5$"搭配,可以表示动作本身的持续、动作所形成的状态的持续。如:

(28) 他在那儿开会嘞。他在开会呢。

(29) 俺妹在那儿唱歌儿嘞。我妹妹在唱歌呢。

(30) 衣裳在这儿挂$^0$嘞。*衣服在挂呢。

(31) 他在那儿坐$^0$嘞。*他在坐呢。

动作本身的持续也可以说是动作的进行,普通话的"在"只表示动作的进行,不表示动作状态的持续。上面例(28)、例(29)是动作本身的持续,也是动作的进行,与相应的普通话意义相同。例(30)、例(31)是动作所形成状态的持续,普通话不用"在"表示。

浚县方言中的"那儿/这儿"在不同的句式中处所义略有不同,跟"在$_3$"组合时表示实在的处所义,语音形式不弱化,跟"在$_4$"组合带微弱的处所义或完全失去处所义,语音也弱化为轻声。如:

(32) 我在这儿〔tʂər$^{42}$〕玩儿会儿。我在这儿玩儿一会儿。

(33) 叫他在那儿〔nar$^{213}$〕睡会儿吧。让他在那儿睡会儿吧。

(34) 我在这儿〔·tʂər〕玩儿嘞。我在玩儿呢。

(35) 叫他在那儿〔·nar〕睡$^D$吧。让他在那儿睡吧。

例(32)、例(33)中的"在"是"在$_3$",整个句子不表示动作本身或动作状态的持续。例(34)、例(35)中的"在"是"在$_4$",例(34)表示动作本身的持续,例(35)表示动作状态的持续。

有时候"在$_4$+那儿/这儿"跟"嘞$_5$"搭配因完全失去了处所义,它后边还可以再带处所词语,也可以放在句尾。如:

(36）他在那儿里头梳头嘞。他正在里边梳头呢。

(37）他在那儿厨屋炒菜嘞。他正在厨房炒菜呢。

(38）他俩在那儿吵架嘞。/他俩吵架嘞在那儿。他俩在吵架呢。

(39）画儿在那儿贴嘞。/画儿贴嘞在那儿。画儿在那儿贴着呢。

普通话表示动作进行的"在"是副词，可以称为体貌副词，浚县方言的"在₄+那儿/这儿"是虚化了的介词短语，但只表示微弱的处所义或完全不表示处所义，甚至可以放在句尾。因此我们把"在₄+那儿/这儿"看成由介词短语虚化而来的体貌标记成分，① 与普通话体貌副词"在"的功能和意义相同。

### 6.2.1.4　在₅（D 变韵）

普通话中的"在"与时间、处所、方位等词语组合的介词短语，既可以放在动词前作状语，也可以放在动词后作补语。但放在动词前和放在动词后，表示的意义不大相同。② 下边是普通话中"在+处所（时间）"位于动词后的例子以及浚县方言与之相对应的说法：

| 普通话 | 浚县方言 |
| --- | --- |
| 把电话号码记在本子上。 | 把电话号码儿记ᴰ本儿上。 |
| 把猫拴在树上吧。 | 弄ᴰ猫拴ᴰ树上吧。 |
| 他死在医院了。 | 他死ᴰ医院了。 |
| 他一脚跳在水里。 | 他一脚跳ᴰ水里。 |
| 会议改在六点了。 | 会改ᴰ六点了。 |
| 婚礼定在下星期吧。 | 婚礼定ᴰ下星期吧。 |

以上普通话例句中的"在"后面都是动作或状态实现后所到达的处所或时间，从格的语义上讲，这个处所或时间我们称为"终点格"（详见 2.3 D 变韵），浚县方言里相当于这种意义的形式是 D 变韵，因为这个 D 变韵跟普通话"在"的一部分用法相对应，我们暂且把它记作"在₅"。

记作"在₅"仅仅是从它与普通话相对应的角度说的，如果从语源

---

① 体标记的界定我们采用《动词的体》前言部分所列的四个标准，即意义的虚化；结构关系的粘着；功能上的专用；语音的弱化（轻声或合音）。

② 参看俞咏梅《论"在+处所"的语义功能和语序制约原则》（1999）。

的角度考虑，浚县方言这个"在$_5$"没有独立的语音形式，我们在 D 变韵一节做过探讨和推测，初步认为这个"在$_5$"可能是近代汉语中表示结果的"得"或其他表示结果的形式演变而来的（详见 2.3 D 变韵），记作"在$_5$"可能不尽符合历史演变的事实，只是方便跟普通话的"在"或浚县方言里的其他"在"作比较。

从"在$_5$"的角度出发，浚县方言中的"在+处所（时间）"位于动词后，"在"就失去了独立的语音形式，但并不是省略或消失，它与其前一音节合而为一，使前一音节的韵母发生了变化。这更证明了这个"在$_5$"是一个高度语法化的形式。从它的功能来看，变韵后总是带处所词语或时间词语，表示动作或状态等实现之后所到达的处所或时间。如果我们把这种表示终点的成分称为"终点格"，"在$_5$"就是这种"终点格"的标记应该是没有问题的。

另外，这个位置上的动词变韵也可以后跟表示弱处所义的"那儿"，表示动作或状态实现以后所形成的一种结果状态。这里的变韵所表示的意义更加虚灵，可以理解为终点格，也可以理解为持续体标记。如：

(40) 他立$^D$那儿了。他站在那儿了。

(41) 书我放$^D$那儿了。书我放在那儿了。

(42) 地都荒$^D$那儿了。地都荒在那儿了。

(43) 梨都烂$^D$那儿了。梨都烂在那儿了。

如果例（40）、例（41）的"那儿"还可以理解为动作行为完成之后到达了的处所（很微弱）的话，例（42）、例（43）中"那儿"完全没有处所义了，整个句子只表示一种状态持续。因此，这里的 D 变韵既可以说是终点格标记，也可以说是持续体标记，但说是持续体标记更符合实际语感。

### 6.2.2 "在"之间的语源关系

这一部分我们只讨论浚县方言的几个"在"之间的语源关系。至于"在"的语源探讨，因涉及历时演变、共时分布等多方面的复杂情况，容我们另行讨论。

从"在$_1$""在$_2$""在$_3$""在$_4$"的语音形式、意义和用法来看，

"在₁"明显与其他"在"不同源。首先是语音形式,"在₁"与其他"在"的最大区别是声母不同,"在₁"是"ts",其他是"k"。从浚县方言语音的演变规律来看,"ts"来自精组洪音,"k"来自见组洪音,二者没有相混的现象,不可能是同一声纽分化出来的,我们只能把二者理解为不同源。其次是意义和用法,"在₁"是动词,与动词"在₂"正好呈互补分布,二者加起来等于普通话的动词"在"。根据目前"在₁""在₂"的分布格局,我们推测,"在₁"不是浚县方言的固有成分,应该是晚近时期共同语对浚县方言的渗透。由于固有成分"在₂"的稳固地位很难动摇,普通话的"在"在向浚县方言渗透的过程中,只填补了"在₂"不具有的那一部分功能,并以普通话的声韵形式留在了浚县方言中,但声调纳入了浚县方言的语音体系。

"在₂""在₃""在₄""在₅"是浚县方言的固有成分,其中"在₂""在₃""在₄"明显具有同源关系。其中"在₂"是源头,也是"在"最基本的用法,"在₃""在₄"是从"在₂"发展演变而来的。

从意义上看,"在₂"是实义动词,不能单独作谓语,总是与处所词语共现构成"在+处所词语"形式。这显然是一个空间概念的形式,当这一空间概念与动作相联系时,"在+处所词语"就成了附属成分,用来表示动作发生的场所。"在"的功能也发生了变化,成了介词"在₃"。任何一个动作都既占据一定的空间又占据一定的时间,当这个动作在一定的空间持续性存在时,"在+处所词语"就身兼两职,既表空间义又表时间义。如果"在+处所词语"中的具体处所词用指示的方式来替代时,即变为"在+那儿/这儿"时,它所表示的空间义变得模糊起来,时间义就会得到凸显,"在"便进一步演化为"在₄",只表示动作的体意义了。"在"的这种由表空间成分到表时间成分的渐变过程仍共时分布在浚县方言中。如:

(44)他在寝室嘞。他在寝室。(在₂)

(45)他在寝室写作业嘞。他在寝室写作业。(在₃)

(46)他在那儿写作业嘞。他在那儿写作业。(在₄)

(47)他写作业嘞在那儿。他在写作业。(在₄)

"在₅"与普通话位于动词后的"在"的一部分用法相对应,从浚县方言本身来看,"在₅"可能跟"在₂""在₃""在₄"没有直接的同源关系。从浚县周边的方言来看，相当于"在$_5$"的形式也不尽相同，有"上"（安阳、汤阴）、"到"（鹤壁、濮阳、内黄）、D变韵（淇县、滑县、延津、卫辉），因此，"在$_5$"的源头形式很难确认。但"在$_5$+处所"首先是以表示空间意义的短语出现在动词后，进而又与动词进一步融合应该是语言演变的事实。当它失去独立的语音形式后，虚化得更为彻底，所表示的既不单是空间意义，亦不单是体意义，而是兼而有之。与动作终点相关的是格意义，与动作结果状态相关的是体意义，可以肯定地说"在$_5$+处所"是空间意义的进一步引申和语法化。

总之，从"在$_2$"到"在$_5$"，是一个动词→介词→体意义（格意义）的语法化过程，是从表空间存在的词汇意义向表时间的语法意义逐渐过渡的过程。这个渐变的过程是一个完整的链条，即存在→处所→弱处所→持续→持续、格。意义的渐变使得"在"在功能上也形成了一个完整的链条，即动词→介词→体标记→格标记。

伴随着意义和功能的演变，它们的语音形式也产生了变化。"在$_2$""在$_3$""在$_4$"都有独立的语音形式，声母相同，但韵母的主元音从"a"到"ε"再到"e"逐渐高化，声调也从"213"到"21"再到轻声呈渐变的趋势。"在$_5$"没有独立的语音形式，与其前一音节融为一体，但并不是消失，我们把它看作轻声音节继续演化的结果。总之，在语音上从"在$_2$"到"在$_5$"也刚好形成了一条清晰的渐变链条，即 [kai$^{213}$] → [kai$^{213}$]、[kε$^{21}$]、[kei$^{21}$] → [·kε]、[·kei] →D变韵。

浚县方言的"在$_2$""在$_3$""在$_4$""在$_5$"之间的语法化过程与普通话和其他方言大致相同，不同的是"在"的演变进程。首先浚县方言的"在$_2$""在$_3$""在$_4$""在$_5$"都是黏着的，不能单独入句，因此位于动词前的"在"没有副词的用法。其次是普通话的"在"是到动词前表进行的副词为止，武汉方言、上海方言和汕头方言是到动词后或句尾的体标记为止，浚县方言原来表示处所的介词短语"在$_4$+那儿/这儿"已经完全虚化为体标记，有时可以整体位于句尾。另外，表示终点的"在$_5$"，位于动词后则完全失去了独立的语音形式，它所表示的语法意义也更加虚灵和琢磨不定。

# 第 7 章　连词

　　就语法位置而言，连词是附加在两个或两个以上语言结构体之间的虚词。连词对它所附加的语言结构体没有意义上的影响，但对它所附加的语言结构体的大小、性质等有一定的选择性。在大小方面，有的只连接词或短语，有的只连接句子，有的二者都可以；在性质方面，有的只连接体词性成分，有的只连接谓词性成分，有的二者都可以。就语义而言，连词不表示具体的动作、性质、状态、程度、动态、时态等意义，只表示抽象的语法关系意义或逻辑关系意义。

　　由于连词的这种功能特点和语义特点，在实际的汉语口语中，连词的省略是常见现象，人们可以直接借助事件本身的联系或其他手段（语境、副词等）来表达它们之间的语法关系或逻辑关系。方言主要是口语现象，少用连词或不用连词是各方言共同的特点。与普通话书面语相比，浚县方言里的连词也没有那么丰富、活跃。本节沿用对副词描写和分析的体例，把浚县方言常用的连词分为两组，A 组是跟普通话完全相同或基本相同的连词，B 组是方言里特有的或跟普通话不太一致的连词，我们只对 B 组连词进行描写和分析。

　　根据连词所附加的语言结构体之间的语义关系，连词首先可以分为联合连词和偏正连词，联合连词和偏正连词还可以根据具体语义关系再分为表示并列、连贯、递进、选择、因果、转折、条件、假设、让步、目的等关系的连词。限于浚县方言连词系统本身的篇幅，我们不再对连词进行下位分类，只笼统地分为联合连词和偏正连词，下位的关系意义在具体的描写分析中予以说明。

## 7.1 联合连词

A：又……又……、一是……二是……、越……越……、一面……一面……、不止……还……、又、再加上、要不……要不……、是……还是……

B：跟$^D$、再者说、甭说、不光……还……、不是……斗是、不递、斗是……也……

### 7.1.1 跟$^D$ [kɛ$^{24}$]

"跟$^D$"由动词义的"跟着"虚化而来，总是以变韵的形式存在。作连词时表示并列关系，可以附加在体词性成分之间，有时也可以附加在谓词性成分之间，但只能用来连接词和短语，不能用来连接句子。如：

(1) 今个跟$^D$夜个他都冇来。今天和昨天他都没有来。

(2) 他买嘞电视跟$^D$冰箱都些便宜。他买的电视和冰箱都很便宜。

(3) 吃嘞跟$^D$穿嘞都是他叔管$^D$嘞。吃的和穿的都是他叔管着呢。

(4) 玩儿跟$^D$学得调剂好，不能光玩儿，也不能光学。玩儿和学得调剂好，不能光玩儿，也不能光学。

(5) 学跳舞跟$^D$学游泳哪个难呀？学跳舞和学游泳哪个难呀？

浚县方言里没有"和""同""与""及"等连词，"跟$^D$"差不多承担了相当于普通话中这些连词的全部功能，因此使用频率极高，另外"跟$^D$"还有介词用法，是个兼类词。

### 7.1.2 再者说 [tsai$^{213}$ tʂʅə$^{55}$ ʂuə$^{24}$]

"再者说"是表示递进关系的连词，主要附加在句子上。前一个分句说明了一个情况或理由，后一个分句前用"再者说"表示追加的情况或理由，跟普通话的"再说"意思相同。如：

(6) 这个电脑铁贵，再者说了你又不咋儿用，甭买了。这个电脑太贵，再说你又不怎么用，别买了。

(7) 给你你不要，再者说你也不待$^D$见。给你你不要，再说你也不喜欢。

(8) 去那儿些远家，再者说我也有空儿，我不去了。去那儿太远，再说我也没有时间，我不去了。

### 7.1.3 甭说 [piəŋ⁴² ʂuə²⁴]

"甭说"是表示递进关系的连词，可以附加在词和短语上，也可以附加在句子上。一般用在两种情况中的一个情况前，相当于普通话的"不要说""不用说""别说"等意思，主要用来贬低一种情况，而突出另一种情况。如：

(9) 甭说两千块钱，斗是两万也不中。别说两千块钱，就是两万块也不行。

(10) 吃饭还顾不住嘞，甭说买电视机了。吃饭还顾不住呢，别说买电视机了。

(11) 甭说是个小孩儿，斗是大人也吃不住。别说是个孩子，就是大人也受不了。

(12) 我来ᴰ三月还冇学会嘞，甭说你才来ᴰ几天。我来了三月还没学会呢，别说你才来几天了。

(13) 甭说别嘞，光聘礼都给ᴰ□[iæ⁴²]一万。不要说别的，光聘礼就给了人家一万块。

### 7.1.4 不光 [pu⁴² kuaŋ²⁴]……还 [xai⁴²]……

"不光……还……"是表示递进关系的关联连词，一般附加在句子上，"不光"和"还"有时用在主语前，有时用在主语后。其中"不光"表示一种情况，"还"表示进一步的情况，跟普通话的"不但……而且……""不仅……还……""并且"等意思大致相当。如：

(14) 他不光会英语，还会日语、法语。他不光会英语，还会日语、法语。

(15) 这件儿衣裳不光便宜还好看，买ᴰ吧。这件衣服不光便宜还好看，买了吧。

(16) 恁不光吃我嘞喝我嘞，还拿我嘞。你们不光吃我的喝我的，还拿我的。

(17) 不光我不愿意，恁爸还不愿意嘞。不光我不愿意，你爸还不愿意呢。

"不光"还可以跟"也""都"搭配使用表示递进关系，但多表示雷同的情况，即前一种情况和后一种情况雷同。如：

(18) 不光你得来，我也得来。不光你得来，我也得来。

（19）不光你说嘞不算，我说嘞也不算。不光你说的不算，我说的也不算。

（20）老板不光脾气好，对工人也些照顾。老板不光脾气好，对工人也很照顾。

（21）她不光说你嘞坏话，谁嘞坏话她都说。她不光说你的坏话，谁的坏话她都说。

### 7.1.5 不是 [pu⁴² ʂʅ²¹³] ……斗是 [tou²¹³ ·ʂʅ] ……

"不是……斗是……"是表示选择关系的关联连词，可以附加在词、短语上，也可以附加在句子上。

A：可以表示两种情况一定有一种是真实的。如：

（22）弄坏ᴰ电视机嘞不是你斗是恁弟弟。弄坏电视机的不是你就是你弟弟。

（23）不是你记错了，斗是我记错了。不是你记错了，就是我记错了。

（24）他不是今个回来，斗是明个回来。他不是今天回来，就是明天回来。

B：可以表示两种情况交替出现。如：

（25）他上课嘞时儿不是说话斗是睡觉，反得不学习。他上课的时候不是说话就是睡觉，反正不学习。

（26）放ᴰ假有啥事儿，不是看电视斗是打麻将。放了假没什么事儿，不是看电视就是打麻将。

（27）你在家不是吵斗是打，总有好事儿。你在家不是吵就是打，总没好事儿。

### 7.1.6 不递 [pu⁴² ti²¹³]

"不递"是表示选择关系的连词，一般附加的短语或句子上。"不递"后面的情况是说话人认为应该选择的，跟普通话中"与其……不如……"中的"不如"相同，但浚县方言里没有前项关联词。如：

（28）你去说不递他去说。你去说不如他去说。

（29）坐出租车还不递骑ᴰ洋车嘞。与其坐出租车还不如骑自行车。

（30）你送ᴰ她幼儿园不递送ᴰ她老家。你与其把她送到幼儿园还不如把她送到老家。

（31）我瞧跟ᴰ他结婚还不递不结嘞。我看与其跟他结婚还不如不结。

### 7.1.7 斗是 [tou²¹³ ·ʂʅ] ……也 [iɛ⁵⁵] ……

"斗是……也……"是表示选择关系的关联连词，一般附加在句子上，表示说话人宁肯选择前一种情况，也不愿意后一种情况出现；或选择一种情况目的是另一种情况，跟普通话的"就是……也……""宁肯……也……""宁愿……也……"意思大致相当。如：

（32）我斗是去要饭，也不进恁嘞家。我就是去要饭，也不进你们的家。

（33）俺斗是少挣点儿，也不会叫恁吃亏。我就是少挣点儿，也不会让你们吃亏。

（34）斗是不挣钱也不去给他低那个头。宁肯不挣钱，也不去向他低头。

（35）斗是三天不吃饭，也得在论文儿写出<sup>H</sup>。就是三天不吃饭，也要把论文写出来。

## 7.2　偏正连词

A：既然……就/斗……、因为、怪不嘞、不过、只是、不管、除非、只要、只有、假如说、哪怕、就/斗是……也……、就/斗算……也……、即便……也……

B：汤为、就/斗是、除<sup>D</sup>、甭管、冲、脆、要是……（嘞话）、要……（嘞话）、望望儿、为<sup>D</sup>、免嘞、省嘞

### 7.2.1　汤为 [t'aŋ²⁴ ·uei]

"汤为"的"汤"是同音字，本字不详。"汤为"既可以作介词，也可以作连词，作连词时表示因果关系，可以附加在词、短语或句子上，表示原因。表示结果的分句常常不用关联词或用副词"才"与之呼应。跟普通话的"因为"不太相同的是，"汤为"表示的原因一般是人为的，自然原因不能用"汤为"。如：

（1）汤为那个屋，他两家<sup>Z</sup>打一年官司。因为那个房子，他两家打了一年官司。

（2）汤为迟到，老师吵他了。因为迟到，老师批评他了。

（3）汤为跟她老头吵架，她喝药了。因为跟她丈夫吵架，她喝药了。

（4）*汤为下雨我有来上课。因为下雨我没来上课。

例（4）只是一种自然的原因，用"汤为"不合语法。

### 7.2.2　就/斗是 [tɕiou²¹³/tou²¹³ ·ʂʅ]

"就/斗是"是表示转折的连词，一般附加在句子上，用在后一个

分句前，意思相当于普通话的"但（是）""可（是）""却""就是"等意思。如：

(5) 她长嘞不错，就/斗是有点儿傻。她长得不错，只是有点儿傻。

(6) 俺些想买，就/斗是有钱。我很想买，但没有钱。

(7) 坐飞机快是快，斗是票铁贵。坐飞机快是快，就是飞机票太贵。

(8) 他嘞脑子也些管用，斗是不好好儿学。他的脑子也很好使，就是不好好学。

浚县方言里不用"但（是）""可（是）""却"，表示转折关系的连词主要由"不过"和"就/斗是"承担。

### 7.2.3 除$^D$ [tʂʻuə$^{42}$]

"除$^D$"是介词兼连词，用作连词时，表示条件关系。"除$^D$"所指出的是唯一的条件，跟普通话的"除非""只有……才……"大致相当。如：

(9) 除$^D$放假，他才回来瞧瞧。只有放假，他才回来看看。

(10) 除$^D$刮风下雨，他一般都出摊儿。除非刮风下雨，他一般都出摊儿。

(11) 他自$^H$不会来嘞，除$^D$去请他。他自己不会来的，除非去请他。

(12) 他哪天都喝酒，除$^D$有钱嘞时儿。他哪天都喝酒，除非没有钱的时候。

### 7.2.4 不管 [pu$^{24}$kuan$^{55}$]、甮管 [piəŋ$^{42}$kuan$^{55}$]、冲 [tʂʻuəŋ$^{213}$]、脆 [tsʻuei$^{213}$]

这是一组表示条件关系的连词，其中"冲"和"脆"是同音字，也可能二者是一个词的变体形式。"不管""甮管""冲""脆"都表示无条件，常跟"都""也"呼应，相当于普通话中的"不管""别管""无论""不论"等的意思。但它们的句法表现不太相同。

1. "不管""甮管"后边既可以是疑问代词，也可以是正反疑问形式或选择疑问形式。如：

(13) 不管哪儿睡一夜妥了。不管哪儿睡一夜就行了。

(14) 不管你吃不吃，反得我做$^D$那儿饭了。不管你吃不吃，反正我已经做好饭了。

(15) 不管刮风下雨，他都在这儿。无论刮风下雨，他都在这儿。

（16）甭管啥，给他点儿叫他走吧。不管什么，给他点儿让他走吧。

（17）甭管湿嘞干嘞，有斗中。不管湿的干的，有就行。

（18）甭管他对□［iæ⁴²］好不好，对你好斗中。不管他对别人好不好，对你好就行。

2."冲""脆"后边只能是疑问代词形式。如：

（19）冲啥都冇给俺买过。什么都没有给我买过。

（20）冲谁都不能去。谁都不能去。

（21）冲咋说，他都不愿意。不管怎么说，他都不愿意。

（22）脆啥都能吃。什么都能吃。

（23）脆谁都有难处。谁都有难处。

（24）脆咋难，也得往前过呀。无论怎么难，也得过下去。

### 7.2.5 要是［iau²¹³·ʂʅ］……（嘞话［·lɛ·xua］）、要［iau²¹³］……（嘞话［·lɛ·xua］）

"要是……（嘞话）""要……（嘞话）"是表示假设关系的连词，"要是""要"用在前一个分句，提出假设的条件，有时候"嘞话"用在假设条件的句尾，可以跟"要是"或"要"形成呼应，后一个分句常常有"斗"与之搭配。相当于普通话的"如果……就""假如……就""要是……就""倘若""……的话"等的意思。如：

（25）要是不想去，斗对ᴰ我说一声儿。要是不想去，就跟我说一声。

（26）要是快嘞话，明个斗生了。要是快的话，明天就生（孩子）了。

（27）要吃斗去买，甭在那儿冇出息。要吃就去买，别没出息。

（28）你要不愿意斗朗利点儿，甭扯不清。你要不愿意就爽快点儿，别扯不清。

（29）要不得劲儿嘞话，你斗去医院瞧瞧。要是不舒服，就去医院看看。

浚县方言里不用"如果""假如""倘若"等连词，"……嘞话"一般也不能单用。

### 7.2.6 望望儿［uaŋ²¹³ueʴ³⁵］

"望望儿"是一个语气副词，但也可以用来表示假设关系。"望望儿"一般表示可能性极小的假设情况，相当于普通话的"万一"。如：

(30) 望望儿想不起ᴴ，你看看本儿，本上有。万一想不起来，你就看看本子，本子上有。

(31) 望望儿他冇在那儿，你斗随ᴰ回来。万一他没在那儿，你就马上回来。

(32) 这个药望望儿管用嘞，你只管试试吧。这个药万一管用呢，你只管试试吧。

(33) 再等他一会儿吧，望望儿他来嘞。再等他一会儿吧，万一他来呢。

### 7.2.7 为ᴰ [uɛ²¹³]

"为ᴰ"是表示目的连词，一般用在表示目的的分句中。

(34) 为ᴰ给恁领好孩ᶻ，咱妈都使病了。为了给你们带好孩子，咱妈都累病了。

(35) 为ᴰ你嘞面儿，我才冇跟ᴰ他计较嘞。为了你的面子，我才没有跟他计较。

(36) 我辛辛苦苦嘞干，还不是为ᴰ给恁挣点儿家产哟。我辛辛苦苦地干，还不是为了给你们挣点儿家产呀。

(37) 为ᴰ这俩孩ᶻ，我也得撑下去。为了这两个孩子，我也要撑下去。

### 7.2.8 免嘞 [miæn⁵⁵·lɛ]、省嘞 [ʂəŋ⁵⁵·lɛ]

"免嘞""省嘞"都是表示目的关系的连词，一般用在后一个分句中，表示前面所做的动作、行为是为了避免后面不希望的情况发生，跟普通话的"免得""省得"意思相当。如：

(38) 我多做点儿吧，免嘞不够吃。我多做点儿吧，免得不够吃。

(39) 你多穿点儿衣裳，免嘞冻感冒。你多穿点儿衣服，免得冻感冒。

(40) 那嘴勤问ᴰ点儿，免嘞走冤枉路。你勤问着点儿，免得走冤枉路。

(41) 你住ᴰ这儿吧，省嘞天天儿跑。你住在这儿吧，省得天天跑。

(42) 干脆买个新嘞吧，省嘞老是得修。干脆买个新的吧，省得老要修理。

(43) 你替我对ᴰ他说一声儿吧，省嘞我再跑一趟ᶻ。你替我跟他说一声吧，省得我再跑一趟。

多数情况下，"免嘞"和"省嘞"可以替换。但在语感上，"省嘞"侧重避免麻烦的情况，"免嘞"好像不受此限制。有时候"免嘞"后面的情况可以是严重点儿的，像例（39）中"冻感冒"这样的情况比较严重一点儿，一般只用"免嘞"。

# 第 8 章　句法格式

　　这里的格式主要指句法结构,① 是一种动态的用在各种句式中表示一定句法意义的结构形式，比如判断格式、比较格式、被动格式、处置格式、疑问格式、述补格式、动词拷贝格式等。我们平时所说的短语（词组）也是一种结构形式，比如主谓短语、偏正短语、联合短语、动宾短语、数量短语、介词短语、动结式、动趋式等，但它们都是静态的，只反映静态的两个语言成分间的结构关系，可以只作为一个备用的语法单位游离于句法之外，或在不同的句法结构中充当不同的句法成分。比如"看书"是个动宾短语，可以用在判断句中作主语，如"看书是件好事情"，也可以用在一般的陈述句中作宾语，如"我喜欢看书"，还可以直接作谓语，如"他看书呢"等。静态的短语结构普通话与其他各方言都大体相同，汉语的句法结构跟短语结构也有许多一致的地方，我们不打算去细究它们之间的区别与联系，只针对具体的问题进行描写和分析。

　　本章把句法格式作为一种语法手段进行讨论，与前面的音变、重叠、副词、助词、介词、连词等手段处于平行地位。我们从具体的句法格式入手，把这些句法格式中的语序作为与普通话或其他方言相比较的一个参项来考虑，并力求做出类型学方面的思考和解释。

---

　　① 格式和结构有时候很难分清，结构有些笼统，包含的形式较为宽泛，格式更为具体一些。本章主要侧重具体的句法格式。但有些格式，学界习惯上称为结构，如反复问结构、述补结构等，这里统一称为格式。

## 8.1 各类句法格式

鉴于浚县方言跟普通话相比较的各种句法格式一致性较高，本节只列举出跟普通话基本相同的一些，较为特殊的句法格式分专节进行讨论。

### 8.1.1 判断格式

肯定形式：NP$_1$ 是 NP$_2$　　如：他是个慢性人。
否定形式：NP$_1$ 不是 NP$_2$　　如：我不是大学生。
　　　　　　　　　　　　　　　　今个不是星期天。

### 8.1.2 比较格式

#### 8.1.2.1 平比格式

肯定形式：X 跟$^D$ Y 一般／一样 + AP　　如：这个屋跟$^D$那个屋一般大儿。
　　　　　X 跟$^D$ Y 一样 + VP　　如：我跟$^D$你一样不会说。
否定形式：X 跟$^D$ Y 不一样　　如：他嘞水平跟$^D$你不一样。

#### 8.1.2.2 差比格式

肯定形式：X 比$^D$ Y + AP/VP　　如：这个相片儿比$^D$那个好看嘞多。
　　　　　　　　　　　　　　　　　我只比$^D$你晚来$^D$一会儿。
否定形式：X 不比$^D$ Y + AP/VP　　如：我不比$^D$你高多儿。
　　　　　　　　　　　　　　　　　　他学嘞不比$^D$别谁差。
　　　　　X 没/冇 Y + AP/VP　　如：这个没那个贵。
　　　　　　　　　　　　　　　　他冇他弟学习好。
　　　　　X 不递 Y　　如：在外头不递在家。在外不如在家。
　　　　　　　　　　　　　我学嘞还不递你嘞。我学的还不如呢。

（X、Y 为比较项）

### 8.1.3 双及物格式

V + O$_1$（间接）+ O$_2$（直接）　　如：我借给他两本儿书。
　　　　　　　　　　　　　　　　　　老师问我个事儿。

### 8.1.4 被动格式

NP$_1$叫（NP$_2$）+VP　如：家嘞门儿叫小偷儿□［piɛ²¹³］了。家里的门被小偷撬了。

他叫□［iæ⁴²］打⁰一顿。他被人家打了一顿。

我嘞衣裳叫淋湿了。我的衣服被淋湿了。

### 8.1.5 述补格式

VC（O）　如：桌$^Z$我擦净了。

你进来也不吭一声儿，吓死$^D$我啦。

他给$^D$我捎$^D$来一条儿烟。

小顺儿只满拿出$^H$一百块。

V+嘞+C　如：他象棋下嘞些好。他象棋下得很好。

这天儿冻嘞人直打哆嗦。这天冻得人直打哆嗦。

他长嘞些像他爸。他长得很像他爸爸。

你炒嘞菜咸嘞吃不住。你炒的菜咸得不得了。

### 8.1.6 动词拷贝格式

VO+V+嘞+C　如：俺想家想嘞不得了。

他打麻将打嘞些有劲儿。

她看电视看嘞都发迷了。

### 8.1.7 疑问格式

特指问：如：你干啥嘞？

哪儿有这号儿镙丝？

我咋着说好？

你给$^D$他多儿钱？

选择问：如：你要红嘞还是黑嘞？

是前头还是后头？

反复问：见 8.2。

## 8.2 反复问格式

与普通话或其他方言相比，浚县方言的疑问句系统稍显单薄一些，主要有特指问句、选择问句和反复问句，缺少与普通话或其他方言中相对应的"吗"字类是非问句。相应的"吗"字类是非问句多是由反复问句来承担的。

就反复问（余蔼芹 1992；施其生 2000b；2005a 等也称"中性问"）格式的类型来说，浚县方言又呈现出与普通话及其他方言不太相同的一些特点。本节描写和分析浚县方言的反复问格式，并拟探讨造成"吗"字类是非问空缺的主要原因。

### 8.2.1 反复问格式的形式

朱德熙指出，"反复问也是一种选择问句。区别在于一般的选择问要对方在 X 与 Y 里选择一项作为回答，反复问句是让人在 X 和非 X 里选择一项作为回答。"① 反复问跟选择问、是非问之间有一定的纠葛，正像太田辰夫所说的"反复疑问"是"把肯定否定并列着问。形式上和选择问相似，内容上和是非问无异。"② 这里我们不细究反复问跟选择问、是非问语义上的纠葛，只从语法形式出发，把浚县方言里采用"VP – neg – VP"或"VP – neg"形式的问句都归在反复问格式之内。③

浚县方言里的这两种反复问格式根据否定词不同，呈互补分布，"VP – neg – VP"中只能出现"不"，"VP – neg"中只能出现"冇"。它们在语义上也构成了互补，"VP 不 VP"用于询问判断、意愿、事实或性质等情况，"VP 冇"用于询问存在、领有、完成、经历、进行、持续等情况。

---

① 参看朱德熙《汉语方言里的两种反复问句》（《朱德熙文集》第 3 卷，1999：66）。
② 参看太田辰夫《中国语历史文法》（2003：368）。
③ 朱德熙先生认为汉语方言里有两种反复问类型，一种是"VP – neg – VP"，另一种是"KVP"。余蔼芹（1992）、施其生（2000b，2005a）先生认为在这个层面上还应该有"VP – neg"类型。朱德熙先生也提出过这一类型，但没有做太详细的论述。浚县方言的事实支持有"VP – neg"类型的说法，浚县方言还有"VP – neg – VP"类型，但没有"KVP"类型。

#### 8.2.1.1　VP 不 VP

"VP 不 VP"主要针对判断、意愿、事实或性质等情况进行询问，VP 是谓词性成分，VP 不同又可分为不同的小类。

8.2.1.1.1　谓词性成分是光杆动词或形容词。如：

A：你吃不吃？　　　　　　　B：饭熟不熟？
　　厂长去不去？　　　　　　　　我嘞脸红不红？
　　你愿意不愿意？　　　　　　　恁妹好看不好看？
　　孩ᶻ咳嗽不咳嗽？　　　　　　外头凉快不凉快？

这一小类的反复问格式是"V 不 V"或"A 不 A"。A 组里的谓词性成分是动词，B 组是形容词，不管单音节还是双音节，"V 不 V"和"A 不 A"都是完全形式，没有普通话或其他方言中"愿不愿意""好不好看"的说法。

8.2.1.1.2　谓词性成分是带简单宾语（包括双宾语）的形式。如：

（1）你吃饭不吃？你吃饭不吃/你吃不吃饭？
（2）厂长去北京不去？厂长去北京不去/厂长去不去北京？
（3）给他钱不给？给他钱不给/给不给他钱？
（4）那个小孩儿闹人不闹？那个孩子闹人不闹/那个孩子闹不闹人？

这一小类的反复问格式为"VO 不 V"，相应的普通话是两种格式并存，即"VO 不 V"和"V 不 VO"。

8.2.1.1.3　谓词性成分中的宾语较为复杂，或者是含助动词的谓词性成分，或者动词为"是""认嘞认得""信嘞相信""懂嘞懂得""知ᴴ知道"等。如：

（5）你会画画儿不会/你会不会画画儿？你会画画儿不会/你会不会画画儿？
（6）你敢打他一巴掌不敢/你敢不敢打他一巴掌？你敢打他一巴掌不敢/你敢不敢打他一巴掌？
（7）他是张老师不是/他是不是张老师？他是张老师不是/他是不是张老师？
（8）你认嘞他是谁不认嘞/你认嘞不认嘞他是谁？你认得他是谁不认得/你认得不认得他是谁？
（9）你懂嘞这事儿该咋办不懂嘞/你懂嘞不懂嘞这事儿该咋办？你懂得这事儿该怎么办不懂得/你懂得不懂得这事儿该怎么办？

这一小类的反复问格式有两种，一是"VO 不 V"，二是"V 不

VO"。

助动词与后面谓词性成分的结构关系，朱德熙先生和施其生先生都认为是动宾关系，施其生先生（1990a）还在汕头方言中找到了相关的证据。浚县方言的事实也为这种说法提供了一个证据，因为浚县方言里的反复问格式总是动宾结构中的动词发生肯定否定的叠加，而含助动词的谓词性成分采用的是助动词肯定否定的叠加形式，不是后面的动词。

虽说以上两种格式在浚县方言里都可以用，但就使用频率而言，"VO 不 V"占绝对优势，"V 不 VO"也可以用，却不如前者自如、习惯，使用者也多是年轻人，估计是受普通话影响所致。而在普通话里，以上两种格式好像已经势均力敌，或者说在新派一方"V 不 VO"更占上风一些。

8.2.1.1.4 谓词性成分为连动式或兼语式。如：

(10) 恁来喝酒不来？ 你们来喝酒不来/你们来不来喝酒？

(11) 你去菜市儿买菜不去？ 你去菜市买菜不去/你去不去菜市买菜？

(12) 叫恁同学去不叫？ 叫你同学去不叫/叫不叫你同学去？

(13) 请他来帮忙不请？ 请他来帮忙不请/请不请他来帮忙？

这一小类的反复问格式是"$V_1$（O）$V_2P$ 不 $V_1$"。抽象地看，这种格式的反复问跟"VO 不 V"类型一致，而相应的普通话则还有"V 不 VO"的说法。

8.2.1.1.5 谓词性成分中含介词短语。如：

(14) 你搂这儿过不过/你搂这儿过不搂这儿过？ 你从不从这儿过？

(15) 对$^D$他说不说/对$^D$他说不对$^D$他说？ 对不对他说？

(16) 给$^D$他打电话不打？ 给不给他打电话/给他打电话不给？

(17) 在窗户关住不关住？ 是不是把窗户关住？

(18) 弄$^D$洋车儿推$^D$屋不推$^D$？ 是不是把自行车推到屋里？

这一小类的反复问格式主要是"PPV 不 V"，如果动词后不带宾语和补语成分，介词短语还可以跟动词一起重复，形成"PPV 不 PPV"。

含介词短语的反复问格式，浚县方言仍然使用动词的肯定否定相叠加的形式，普通话则表现不同，有些采用介词的肯定否定叠加形式，如例（14）~（16），而有些则不能，如例（17）、例（18）的"把"。差异最大的是，普通话里含介词短语的句子，其反复问格式基本不使用动词的肯定与否定叠加形式，这是一种值得关注的现象。

8.2.1.1.6 谓词性成分中含非能性补语。① 如：

（19）这活儿今个干完$^D$不干完$^D$？ 这活儿今天要不要干完？

（20）东西拿走不拿走？ 东西要不要拿走？

（21）衣裳你洗嘞净不净？ 衣服你洗得干净不干净？

（22）恁爸打你打嘞狠不狠？ 你爸打你打得狠不狠？

这一小类的反复问格式是"VC 不 VC""V 嘞 C 不 C"。非能性补语的情况以句中有没有补语标记"嘞"区分为两类，浚县方言中带"嘞"的情况与普通话相同，不带"嘞"的情况与普通话有别。普通话是在原谓词性成分前添加使用助动词的肯定否定叠加形式，浚县方言仍然使用谓词性成分本身的肯定否定叠加形式，这与含介词短语的情况相同，同时也说明浚县方言在反复问的类型上始终保持着内部一致性。

8.2.1.1.7 谓词性成分中含能性补语。如：

（23）一碗饭吃饱吃不饱/一碗饭吃饱了吃不饱？ 一碗饭能吃饱不能？

（24）后半儿去来及来不及/后半儿去来及了来不及？ 下午去来得及来不及？

（25）你搬上去搬不上去/你搬上去了搬不上去？ 你搬得上去搬不上去？

（26）你吃了三碗饭吃不了/你吃了了三碗饭吃不了/你吃了三碗饭了吃不了？ 你吃得完三碗饭吃不完？

（27）拿动恁些拿不动/拿动了恁些拿不动/拿动恁些了拿不动？ 拿得动那么多拿不动？

这一小类的反复问格式不带宾语时有两种，即"VCV 不 C""VC 了 V 不 C"，带宾语时有三种，即"VCOV 不 C""VC 了 OV 不 C"和"VCO 了 V 不 C"。这些格式中，不管前面的成分有多复杂，反复问的否定部分总是"V 不 C"，如果我们只关注反复问格式本身抽象形式的话，这种类型的实质还是"VP 不 VP"。至于肯定形式方面，与普通话和其他方言相比，在于能性述补格式本身采用了不同的标记和不同的语序，这一点具有类型学方面的意义，我们将在 8.4 详细讨论。

### 8.2.1.2　VP 冇

"VP 冇"主要针对领有、存在、完成、经历、进行、持续等情况

---

① 这里说的非能性补语指结果补语、趋向补语、情态补语和程度补语。

进行询问，"VP"为肯定部分，"冇"为否定部分，其中"冇"总处于句尾，后边不能附加任何别的成分。

8.2.1.2.1　询问领有情况。如：

（28）这号儿洗衣膏儿恁有冇？<sub>这种洗衣膏你们有没有？</sub>

（29）恁这儿有白糖冇？<sub>你们这儿有白糖没有/你们这儿有没有白糖？</sub>

询问是否领有时，如果"有"不带宾语，浚县方言与普通话格式相同，都是"有冇没有"，"有"带宾语时，浚县方言为"有 O 冇"，普通话有两种格式，即"有 O 没有"和"有没有 O"。如果我们把"有"看成一般动词，浚县方言表示领有的反复问格式也可以写作"VO 不 V"，普通话则有"VO 不 V"和"V 不 VO"两种。

8.2.1.2.2　询问存在情况。如：

（30）恁妈在家嘞冇？<sub>你妈在家没有/你妈在没在家/你妈在不在家？</sub>

（31）车在那儿嘞冇？<sub>车在那儿没有/车在没在那儿/车在不在那儿？</sub>

询问是否存在时，浚县方言的反复问格式为"VP 冇"，相对应的普通话表现不同，有三种，即"VO 没有""V 没 VO"和"V 不 VO"。

8.2.1.2.3　询问完成、经历情况。如：

（32）他来了冇？<sub>他来了没（有）/他来没来？</sub>

（33）过年嘞东西买好了冇？<sub>过年的东西买好了没（有）/过年的东西买好没买好？</sub>

（34）你看过这个电影冇？<sub>你看过这个电影没（有）/你看（过）没看过这个电影？</sub>

（35）这个事儿你问过老师冇？<sub>这件事儿你问过老师没有/这件事儿你问（过）没问过老师？</sub>

询问完成和经历情况时，浚县方言的反复问格式是"VP 冇"，普通话则有"VP 没（有）"和"V 没 VP"两种。

8.2.1.2.4　询问进行、持续情况。如：

（36）他在那儿打麻将嘞冇？<sub>他在那儿打麻将没有/他在没在那儿打麻将/他在不在那儿打麻将？</sub>

（37）他在学里<sup>H</sup>上<sup>D</sup>课嘞冇？<sub>他在学校上课没有/他在没在学校上课/他在不在学校上课？</sub>

（38）那个存折儿在箱<sup>Z</sup>里放<sup>D</sup>嘞冇？<sub>那个存折在箱子里放着没有/那个存折在没在箱子里放着/那个存折在不在箱子里放着？</sub>

（39）锅里炒<sup>D</sup>菜嘞冇？ 锅里炒着菜没有？

询问进行和持续情况时，浚县方言的反复问格式是"VP 冇"，普通话仍有"VP 没（有）"或"V 没 VP"两种。如果动词前有介词短语，普通话采用介词的肯定否定叠加形式，且"没"和"不"可以自由使用而不影响意义。如例（36）～（38）相应的普通话表达格式。

### 8.2.1.3 "VP 不 VP"与"VP 冇"的语义对立

"VP 不 VP"格式中，"VP"表示判断、意愿、事实或性质等情况，"VP 不 VP"对这些情况进行询问。"VP 冇"格式中，"VP"表示领有、存在、完成、经历、进行、持续等情况，"VP 冇"对这些情况进行询问。如果我们把表示领有的情况归入"VO 不 V"，其他情况的"VP 冇"格式中，"冇"总是跟句尾或动词后的助词"嘞""了"或"过"共现，"VP 不 VP"从不与这些成分共现。

可见，"VP 不 VP"和"VP 冇"在语义上形成了严整的对立，或者说，浚县方言里，"VP 不 VP"和"VP 冇"互不干涉，互不侵犯，"不"从不进入"VP - neg"格式，"冇"也从不在"VP - neg - VP"格式中出现，二者呈互补格局，它们共同构成了浚县方言的反复问系统。

### 8.2.2　反复问格式的类型

朱德熙先生（1985）指出，反复问格式中的"KVP""VP - neg - VP"具有类型学的意义，并谨慎地推测这两种不同类型的反复问格式"无论历史上还是在现代始终互相排斥，不在同一种方言里并存"。朱先生的研究引起了学界的关注，后来许多研究者（王世华 1985；施其生 1990a；刘丹青 1991；贺巍 1991；黄伯荣 1996）发现"KVP"和"VP - neg - VP"不仅可以在一种方言里并存，有的方言里还出现了两种类型的混合式（施其生 1990a；2000b；刘丹青 1991；游汝杰 1993）。随着研究的进一步深入，朱德熙（1991）、余蔼芹（1992）、施其生（2000b；2005a）等先生从汉语史和汉语方言的事实出发，认为在"KVP""VP - neg - VP"的层面上还存在着"VP - neg"类型。这种类型目前在陕西、山西、河南等地的一些方言以及吴语、粤语里都比较常用（朱德熙 1991；邵敬敏，王鹏翔 2003；李延梅，汪沛 2003；马晓琴 2004；郭校珍 2005；黄伯荣 1996；游汝杰 1993；余蔼芹 1992）。施其生先生（2000b；2005a）也指出，闽南方言中最具普遍性的反复问格式实际上是"VP－neg"型。①

浚县方言里没有"KVP"型问句，"VP 不 VP"属于"VP－neg－VP"型，"VP 冇"属于"VP－neg"型。

我们没有把"VP 冇"看成"VP－neg－VP"的省略式，而从汉语史及方言的实际出发把它归入了"VP－neg"型。据吴福祥（1997）考察，"反复问句的'VP－neg'式见于文献的时间可追溯到西周时期"，早期可进入这种格式的否定词是"不"和"否"，入汉，"未"开始进入"VP－neg"格式，南北朝时期，"无"也能进入这种格式，唐以后，"VP 无"已普遍可见。② 如（以下例句转引自吴福祥 1997）：

（40）曰："齐多知，而解此环不？"（战国策·齐策）

（41）子之持戟之士，一日而三失伍，则去之否乎？（孟子·公孙丑下）

（42）君除吏已尽未？（史记·魏其武安侯列传）

（43）不知彼有法无？（佛说义足经下）

（44）闲云随卷舒，安识身有无？（李白诗）

朱德熙先生（1991）也指出，在唐代"最占优势的反复问句式是'VP－neg'"。而目前"VP－neg"型反复问格式在汉语方言中的广泛分布，也充分证明了这种格式的由来已久。到了元明时期，"没""没有"替换了"VP 无"中的"无"出现了"VP 没/没有"格式。浚县方言里的"VP 冇"应该是元明时期"VP 没有"格式的一种继承和发展。另外，从汉语史这些例句来看，"VP－neg"中的否定词是针对整个 VP 的，浚县方言"VP 冇"中的"冇"显然也是对整个"VP"的否定，而且"冇"后边根本不能补出所谓省略的"VP"成分。可见浚县方言的"VP 冇"不是"VP－neg－VP"的省略式，而跟古汉语的"VP－neg"有更为密切的联系，应该是"VP－neg"格式的直接承继。

---

① 见施其生先生《〈汕头话读本〉所见潮州方言中性问句》（中国东南部方言比较研究计划研讨会会议论文，2005 年 9 月，上海）。

② 见吴福祥《从"VP－neg"式反复问句的分化谈语气词"麼"的产生》（1997：44—54）。

"VP – neg – VP"类型下,学界普遍认为,"VO – neg – V"和"V – neg – VO"也具有类型学的意义。如果上一个层面区分"KVP""VP – neg – VP"和"VP – neg"类型是从格式本身出发的话,那么这个层面显然是以动词和宾语的语序作为区分标准的,可见,语序也是方言语法研究一个非常重要的类型学参项。"VO – neg – V"和"V – neg – VO"具有不同的地域分布特征,"VO – neg – V"主要"分布在从河北、山西、河南北部一直延续到陕西、甘肃、青海的广大地区"①,"V – neg – VO"主要分布在"西南官话、粤语、吴语、闽语、客家话以及一部分北方官话(山东话、东北话)"② 区。北京口语主要是采用"VO – neg – V"类型,但"由于南方话特别是吴语的影响,'V – neg – VO'已经逐渐成为北京话里可以被接受的句型,特别是在知识分子里。"③ 普通话中,这种来自南方话或吴语的影响显得更强势一些,或者说几乎是呈两种类型并存的局面。浚县方言的语言事实显示,"VP – neg – VP"类型下的反复问格式基本属于"VO – neg – V"型,但也出现了一些"V – neg – VO"型,如 8.2.1.1.3 中的反复问格式。这种现象正如施其生先生所分析的,"汉语方言中性问句有区域性的类型差异,是客观存在并很值得研究的现象,但有关不同类型的中性问句不在同一方言中共现的推断只适用于相对闭塞的方言。方言的融合和相互影响可以引起变化,突破类型上的单一性,形成并在相当长的时期里保持一种'混杂'的状态。一种类型的分布区域会有调整,类型'混杂'是区域调整过程中不可避免的现象,也是形成类型的区域性的必由之路,随着社会的日益开放,'混杂'现象将越来越难以忽视。"④ 我们预测,随着普通话对方言影响的不断深入,浚县方言里的

---

① 参看朱德熙《"V – neg – VO"与"VO – neg – V"两种反复问句在汉语方言里的分布》。

② 参看朱德熙《"V – neg – VO"与"VO – neg – V"两种反复问句在汉语方言里的分布》。

③ 参看朱德熙《"V – neg – VO"与"VO – neg – V"两种反复问句在汉语方言里的分布》。

④ 参看施其生《闽南方言中性问句的类型及其变化》(《语言变化与汉语方言——李方桂先生纪念文集》抽印本,美国华盛顿大学、中国台湾"中央研究院"语言学研究所筹备处联合出版,2000 年)。

"V – neg – VO"类型也会随之而扩大地盘,进入除具有 8.2.1.1.3 外的其他格式中。

浚县方言的反复问格式与普通话或其他方言还有不同。普通话或其他方言中有"VP – neg – VP"和"VP – neg"类型时,二者多呈并存状态,"不"类否定词和"没"类否定词都可以自由进入两种格式。如普通话中既可以说"你吃不吃""你吃没吃",也可以说"你吃不""你吃了没"。浚县方言这两种类型则呈互补分布的状态,意义不同要使用不同的格式,像上面与普通话相同的意义浚县方言只有"你吃不吃""你吃了冇"两种说法。

### 8.2.3 "吗"字类是非问空缺的成因

现代汉语中的"吗"字是非问来源于古代汉语中的反复问"VP – neg"句式,"吗"是位于句尾的"不"或"无"的虚化,这一点在学界已成定论。王力认为"'吗'的较古形式是'麼'","'麼'应该是从'无'变来的。"[①] 吕叔湘也指出"'无'字就是白话里的'麼'和'吗'的前身。"[②] 吴福祥(1997)论证得更为详细,他认为"'麼'的产生过程肇端于反复问句'VP – neg'式中否定词的虚化以及由此造成的'VP – neg'的分化,其时间可追溯到后汉。"[③] 吴先生举出了大量的汉语史事实,说明早期的"VP – neg"句式都是反复问,后来由于位于句尾的一部分否定词开始虚化,"VP – neg"句式发生了分化,否定词虚化的那一部分"VP – neg"变成了现代汉语的是非问、测度问和反诘问,另一部分则保留了反复问的用法,"吗"字句只承接了否定词虚化那一部分中是非问的语义和功能。[④]

以上的论证是就汉语共同语来说的,同样的情况在方言里有可能没有同步发展。就目前"VP – neg"反复问和"吗"字类是非问在汉语方

---

① 见王力《汉语史稿》(1980:450)。
② 见吕叔湘《中国文法要略》(1990:286)。
③ 见吴福祥《从"VP – neg"式反复问句的分化谈语气词"麼"的产生》(1997:44—54)。
④ 见吴福祥《从"VP – neg"式反复问句的分化谈语气词"麼"的产生》(1997:44—54)。

言中的分布情况来看，反复问格式"VP-neg"在许多方言里的分化与汉语共同语有一定的差异。据观察，一般在"VP-neg"反复问类型比较强势的方言中，几乎都较少使用"吗"字类是非问或干脆没有"吗"字类是非问。比如在山西、陕西、河南的大部分地区都没有"吗"字类是非问句，浚县方言里也没有，与"吗"字是非问相对应的问句大都用反复问来表达。这种现象似乎为我们提供了一个信息，即反复问句多用"VP-neg"格式的方言里，句尾否定词的虚化受到了一定的限制，由此也影响了句尾表示疑问的语气词的产生。与此同时，"VP-neg-VP"格式的大量使用可能也对"VP-neg"格式的分化产生了影响。浚县方言中，由于"VP-neg-VP"与"VP-neg"呈互补分布，使得"VP-neg"中的否定词只限定在"没"类词的范围内。词汇虚化的普遍规律显示，使用范围的扩大和词汇意义的泛化是虚化的重要条件，"没"类词不具备这样的条件，故很难发生虚化。

据此，我们可以大致推测出，浚县方言"吗"字类是非问空缺的主要原因跟浚县方言中反复问系统的格局有关，或者说浚县方言里位于"VP-neg"中的否定词不具备进一步虚化的条件，这种情形直接阻碍和限制了"吗"字类疑问语气词的产生和出现。

## 8.3　处置格式

"处置式"是王力先生最早提出的，他在《中国语法理论》中说"中国语里有一种特殊形式，就是用助动词'把'（或'将'）字，把目的语提到叙述语的前边"。"大致说来，'把'字所介绍者乃是一种'做'的行为，是一种施行（execution），是一种处置。在中文里，我们把它称为处置式。"[①] 后来，许多研究者认为"处置式"不足以概括这类句式的特点，尤其是后来新发展出来的"把（将）"字句，有许多并不表示处置的意义。于是，"不都表处置"说（吕叔湘1984）、"致使"说（薛凤生1987）、部分"处置"部分"情态矢量"说（崔希亮1995）、"结果、情态和动量"说（金立鑫1997）、"完全受影响"说

---

① 转引自蒋绍愚《近代汉语研究概况》（1994：178—179）。

（张伯江 2000）、"位移"说（张旺熹 2001）、"主观处置"说（沈家煊 2002）等相继出现，对这类句式的研究也越来越充分和深入。我们认为，只要能揭示句式本身的特点和使用规律，如何定义和称呼只是角度和侧面的不同而已。如果从这类句式的来源和典型意义出发，王力先生的"处置"说更具概括性，影响也最广大，目前学界也还是多采用"处置"说，将这类句式也多叫作"处置句"。本节的讨论仍沿用"处置"说，并从宽泛的角度出发，把表达处置意义的格式都叫作"处置格式"。

现代汉语普通话里表示处置意义的格式主要是"把（将）"字句，崔希亮（1995）把"把"字句的格式描写为"（A）把/将 B – VP"，并根据 VP 的不同将"把"字句的格式类型分为两大类九小类，① 即：

A：VP 是 VR 或包含 VR 的谓词性成分。②
    a VP =（AD）+ VR（结果）（AD 是状语）
    b VP =（AD）+ VR（趋向）
    c VP = VR（R 是介词结构）
    d VP = VR + vp（连动结构）

B：VP 是其他形式的谓词性成分。
    a VP =（AD）+ 一 V
    b VP = V 一 V
    c VP = VR（R 是动量补语）
    d VP = 0（零形式）或 Idiom（熟语）
    e VP =（AD）+ V

其中 A 类是"把"字句的典型形式，即 VP 是一个述补结构或包含述补结构的谓词性成分。

崔先生的分类是就普通话而言的，这九种结构式基本上涵盖了现代汉语普通话中所有"把"字句的格式类型，但到了汉语各个方言里，表示处置意义的格式又有不同。首先是"把"类标记词不同。方言里除了使用与普通话相同的"把""将"以外，还有"拿"（苏州、安

---

① 参看崔希亮《"把"字句的若干句法语义问题》（1995：12—21），这九种结构式基本按原文列举，与本研究说法不同处稍做了说明。

② VR 是述补结构，本研究将述补结构都记作 VC，这里为尊重原著仍写作 VR。动词后加"了""着"的情况也归入此类。

义、上海、高淳、泰兴、汝城、闻喜、蓝山土市话）"捡"（蓝山土市话）、"捉"（安庆、洞口、益阳、阳江）、"给"（洛阳、开封、交城、芮城、宿迁）、"帮"（金华汤溪、休宁、西南官话、歙县、长汀、舟山、闽北）、"听"（金华汤溪）、"跟"（湖北随县、江苏淮阴、沭阳）、"提"（休宁）、"逮"（温州）、"共"（福州、闽南、泉州）、"搦"（泉州）、"对"（汕头）、"揞"（屯田）、"牵"（屯田）、"同"（梅县）、"哈"（临夏、青海）、"阿"（临武）等。其次是有标记词的具体结构式不同。有些"把"字结构式，如 B 类中的 d、e 型结构式，普通话虽少但也有，有的方言里根本不存在，而在另一些方言里很常用（渭南、运城、山西、陕西、新疆、呼和浩特）；① 有些"把"字结构式普通话不用，而方言里很常用，如否定成分出现在"把"类标记词后边的结构式（渭南、兰州、洞口、鄂东、青海、西宁、新疆、闽南、安山）、在动词后或句尾加上一个复指成分"他（它）""伊""渠""佢""俚"的结构式（巢县、鄂南、英山、上海、汕头）。第三个不同是方言里还存在着不使用"把"类标记词的处置式，如临夏方言（黄伯荣 1996）、金华汤溪方言、温州方言（李如龙等 1997）等直接把受事放在动词前表示处置意义，还有一些方言是在动词前或动词后附加一个复指性成分"他（它）""伊""共伊""佮伊""渠""佢"等表示处置意义，如上海方言、汕头方言、泉州方言、粤方言②（黄伯荣 1996；李新魁等 1995；李如龙等 1997）等。

浚县方言表示处置意义的格式有两种，一种是采用与普通话"把"字格式基本相当的形式，但所使用的标记词和具体的结构式不尽相同，我们称为有标记处置式。另一种是句中不出现功能相当于"把（将）"

---

① 渭南方言的材料来自杜永道《渭南话"把"字句的几种特殊现象》（1989），蓝山土市话的材料来自伍巍、蒋尊国《湘南蓝山土市话的处置式》（2005），泰兴方言的材料来自李人鉴《泰兴方言里的拿字句》（1962），洞口方言的材料来自胡云晚《湘西南洞口方言虚词研究》（2005），山西方言的材料来自乔全生《晋方言语法研究》（1998），安山方言的材料来自蔡勇《安山方言带双受事格的"把"字句》（2002），芮城方言的材料来自李改样《芮城方言常用介词浅析》（1999），其他材料主要来自李如龙、张双庆主编《动词谓语句》（1997）和黄伯荣主编《汉语方言语法类编》（1996）。

② 金华汤溪方言、温州方言、汕头方言、泉州方言、粤方言的材料来自李新魁等《广州方言研究》（1995）、李如龙等《动词谓语句》（1997）。

的标记词，但动词要使用变韵形式，且动词后总有一个复指性的代词成分与之同现，我们称为代词复指型处置式或无标记处置式。前者记作"（A）＋在/弄$^D$/把 B＋VP"，后者记作"（A/B）＋V$^D$＋复指性代词＋X"（X 为动词后的其他成分）。

### 8.3.1　有标记处置式：（A）＋在/弄$^D$/把 B＋VP

浚县方言相当于"把/将"的标记词是"在""弄$^D$"和"把"。"在"跟引进处所的介词是同一个形式（详见 6.1），这种现象在方言中非常罕见。由于缺乏汉语史方面的资料，"在"的来源目前还不太清楚，但"在"作动词表示存在这一点与普通话或其他方言中引进受事的成分一般来自"把握""手持""抓握"或"给予"等意义的动词有很大的不同，是一个值得关注的现象。"弄$^D$"是一个泛义动词，表示处置意义时用法跟"在"基本相同，二者可以自由替换，但语感上"弄$^D$"比"在"的处置义更为显豁。这种由泛义动词虚化而来用于引进动作受事表示处置意义的现象，别的方言尚未见报道，然在我们的调查中这并不是一个孤立的现象，浚县周边的内黄、滑县、淇县也有这种用法。"把"也可以用来引进动作的受事，但"把"不是浚县方言自身发展演变的结果，应该是普通话在方言中的渗透，使用群体受到了一定的限制，一般只在文化程度较高的人群中使用。

由"在""弄$^D$"和"把"构成的处置格式跟普通话的"把/将"字处置句大同小异。其中，A 类中的四种结构式也是浚县方言里的典型形式，B 类中的 e、d 型结构式在浚县方言中不见使用。另外，"（A）＋在/弄$^D$/把 B＋VP"中各部分的使用条件也基本上跟普通话相同，这里不再赘述。

根据 VP 的不同，浚县方言的有标记处置式可以分为两大类七小类。

#### 8.3.1.1　VP 是述补结构或是包含述补结构的谓词性成分[①]

（一）VP＝AD＋VC（C 是结果补语）

（1）她在厨屋$^H$收拾唠些干净。她把厨房收拾得很干净。

---

[①] 由于"在"和"弄 D"可以随意替换，"把"字的使用只是受使用人的限制，因此例中都以"在"代表。

（2）在钱放好$^D$，甭弄掉$^D$。把钱放好，别弄丢了。

（3）他在俺家嘞枣差不多儿都够完了。他把我们家的枣差不多都摘完了。

（4）甭在口［iæ$^{42}$］嘞洋车儿弄坏$^D$。别把人家的自行车弄坏了。

（5）他在钱花了。他把钱花了。

（二）VP = AD + VC（C 是趋向补语）

（6）在这点儿苹果提上去吧。把这点儿苹果提上去吧。

（7）我又在他拉回来了。我又把他拉回来了。

（8）他在局长嘞老底儿都抖出$^H$了。他把局长的老底都抖出来了。

（9）在酱油递过来。把酱油递过来。

（三）VP = AD + VC（C 相当于普通话中的"在、到、给、成"及连带成分）

（10）你招呼$^D$点儿，甭在玻璃杯弄$^D$地$^H$。你小心点儿，别把玻璃杯弄到地上。

（11）在衣裳挂$^0$当院$^Z$了。把衣服挂在院子里了。

（12）我早斗在钱还给他了。我早就把钱还给他了。

（13）在这个庙改成学校了。把这个庙改成学校了。

（四）VP = VC + vp（VP 是连动结构）

（14）我在手表摘$^D$下来叫他押$^0$那儿了。我把手表摘下来让他押在那儿了。

（15）老师在他叫$^D$去吵$^D$一顿。老师把他叫去训了一顿。

（16）你在这块儿牛肉拿$^0$走吃$^D$吧。你把这块儿牛肉拿走吃了吧。

（17）他在我嘞洋车儿偷$^D$走卖了。他把我的自行车偷走卖了。

#### 8.3.1.2 VP 是其他形式的谓词性成分

（一）VP =（AD）+ 一 V

（18）他在眼一塌懵［t'a$^{24}$·məŋ］，你冲说啥他都不吭气儿。他把眼一耷拉，不管你说什么他都不吭声。

（19）我在钱往桌上一搁可跑出$^H$了。我把钱往桌子上一放就跑出来了。

（20）在那黄瓜一拍，弄点儿盐调调斗能吃。把黄瓜一拍，用点儿盐调一调就能吃。

（21）你在衣裳一换，胡一刮，也些排场。你把衣服一换，胡子一刮，也很帅。

（二）VP = VV

（22）在门口儿嘞雪扫扫吧。把门口的雪扫一扫吧。

（23）我刚在那剩饭烫$^D$烫$^D$。我刚把剩饭热了热。

（24）你去在我嘞洋车儿修$^D$修吧。你去把我的自行车修一修吧。

（25）该过年了，去在你嘞头发铰$^D$铰吧。该过年了，去把你的头发剪剪吧。

（三）VP = VR（R 表示动量）

（26）那个门儿在我嘞手挤$^D$一下$^Z$。那个门把我的手挤了一下。

（27）都怨你，叫俺妈在俺吵$^D$一顿。都怪你，让我妈把我训了一顿。

（28）你在那篇课文儿再念一遍吧。你把那篇课文再念一遍吧。

（29）我在红薯叶又翻$^D$一遍。我把红薯叶又翻了一遍。

## 8.3.2 代词复指型处置式：(A/B) +$V^D$+复指性代词+X

### 8.3.2.1 结构特点

"（A/B）+$V^D$+复指性代词+X"是一种不使用"把"类标记词而表达处置意义的格式。这种格式最明显的特征是动词（包括动结式）必须使用变韵形式，动词后一定有一个代词用来复指受事成分。有时候被复指的受事成分可以在动词前出现，有时候也因说话人和听话人共知而隐去不说。X 是动词后的其他成分，但有一定的限制。根据 X 的不同，我们把这种格式分为三种：X 为表示处所的成分；X 为表示位移的成分；X 为零形式或小句等。

8.3.2.1.1 X 为表示处所的成分，包括抽象的处所如"脑后""心里"等，"（A/B）+$V^D$+复指性代词+X"表示将某人或某物处置到某一地方。如：

（30）那个羊拴$^D$它树上吧。把那只羊拴在树上吧。

（31）剩饭我盖$^D$它锅里$^H$了。我把剩饭盖在锅里了。

（32）那事儿我早都忘$^D$它脑$^Z$后了。我早已经把那事儿忘在脑后了。

（33）你说嘞我都记$^D$它心里$^H$了。你说的我都把它记在心里了。

（34）扔$^D$它地$^H$吧。把它扔在地上吧。

（35）领$^D$她派出所儿了。把她领到派出所了。

（36）搬$^D$它院儿里$^H$吧。把它搬到院子里吧。

（37）安置$^D$他厂里$^H$。把他安置在厂里了。

例（30）~（33）中被复指的受事成分出现在动词前，例（34）~（37）中被复指的受事成分没有出现，但说话人和听话人都知道，是一种语境省略。

8.3.2.1.2　X 是表示位移的成分，一般有"来""去""走""跑"等，"（A/B）+ $V^D$ + 复指性代词 + X"表示将某人或某物从一个地方处置到另一个地方，但处所成分并不出现。如果复指性代词是指人的名词，有的也可以直接放在动词后。如：

（38）你捎$^D$它来吧。你把它捎来吧。

（39）老师叫$^D$他去了。老师把他叫去了。

（40）撵$^D$它走吧。把它撵走吧。

（41）拐$^D$她跑了。把她拐跑了。

8.3.2.1.3　X 是零形式或小句，谓词多是一个动结式，"（A/B）+ $V^D$ + 复指性代词 + X"表示一种有结果的处置。如：

（42）打碎$^D$它吧。把它打碎吧。

（43）不听话斗拧哭$^D$他。不听话就把他拧哭。

（44）那个鱼恁吃$^D$它吧，甭放坏$^D$。你们把那条鱼吃了吧，别放坏了。

（45）写完$^D$它再睡。把它写完了再睡。

（46）修好$^D$它再给［iæ$^{42}$］吧。把它修好了再给人家吧。

浚县方言里，以上三种代词复指型处置式都可以用相应的有标记处置式替换，意义基本不变，但相比来说，复指型处置式更简约易用，尤其当表示的意义是将某人或某物处置到某一地方时，方言区的人更常用复指型处置式。

"（A/B）+ $V^D$ + 复指性代词 + X"常用在陈述句或祈使句中，其中陈述句用于表示已然的情况，祈使句用于表示未然的情况，这跟句式义本身的特点有关。处置式的典型意义就是 A 通过动作 V 使 B 或要使 B 发生某种改变、产生某种影响，也只有动作完成或实现后，结果才会出现，句式义才能得到体现。因此，浚县方言中表示动作完成或实现的动词变韵成了这一句式中的必要条件。

**8.3.2.2　语义特点**

8.3.2.2.1　受事为定指性高的语义成分。

代词复指型处置式中的受事都是定指性比较高的成分，常常位于句首。然而能否在句首出现跟这个名词所指称事物的生命度有关，即在生命度等级序列"第一/第二人称代词＞第三人称代词＞其他人类名词短语＞动物名词短语＞无生命物名词短语"① 中除人称代词外，其他越是位于等级序列后面的成分越容易在句首出现。如：

（47）你说嘞我都记$^D$它心里$^H$了。你说的我都把它记在心里了。

（48）那个狗撵$^D$它走吧。把那只狗撵走吧。

（49）（那个女嘞）说书嘞拐$^D$她跑了。说书的把那个女的拐跑了。

这种情况与施事主语所遵循的生命度等级规则正好相反，即越是位于等级序列前边的成分越容易充当施事主语。

生命度与自控度相对应，人称代词的自控度最高，当它与施事同时位于动词前又无显性标记时，施受关系容易混淆。因此，从句法规则的角度讲，人称代词作为受事在代词复指型处置式中不能位于句首。如下面的句子不能说：

（50）＊她警察带$^D$她派出所儿了。

**8.3.2.2.2** 动词或动结式使用变韵形式，变韵相当于终点格标记或完成体标记。

浚县方言的动词变韵可以表达完成体意义、持续体意义和终点格意义。② 在代词复指型处置式中，当复指性代词后为处所成分时，动词变韵是终点格标记，相当于普通话动词后的"到"或"在"。当复指性代词后无处所成分时，动词变韵是完成体标记，相当于普通话动词后的"了$_1$"。如：

（51）板凳搬$^D$它院儿里$^H$吧。把板凳搬到院子里吧。

（52）那事儿我早都忘$^D$它一边儿了。我早已经把那事儿忘在一边了。

（53）那个押金条儿你回去撕$^D$它吧。你回去把那押金条撕了吧。

终点格也好，完成体也好，都表示动作实施后有结果。处置式的典型意义是 A 通过动作 V 使 B 或要使 B 发生某种改变、产生某种结果等，只有动作完成或实现后，结果才会出现，句式义才能得以体现。因此，这里的动词变韵是句法结构中核心意义的体现者，是必不可少的语义成分。

---

① 这个生命等级系列引自于沈家煊译，伯纳德·科姆里所著《语言共性和语言类型》（1989：158）。

② 参看辛永芬 2006。

**8.3.2.2.3** 代词为复指性的，不负载语义重音，只读轻声"［·ta］"。如：

(54) 瓜子儿皮儿扔$^D$它地$^H$吧。"地下"的合音吧。把瓜子皮扔在地上吧。

在浚县方言里有一种情况值得注意，即动词后的这个不负载重音的代词还可以是第一人称或第二人称。如：

(55) 他差点儿推$^D$我河里$^H$。他差点儿把我推到河里。

(56) 抬$^D$你走吧？把你抬走吧？

这种情况下，动词前是补不出先行词的，把这里的第一人称或第二人称看作复指性代词显然存在问题。但从句法和语义的对应看，它们又与用第三人称代词复指表示位移处置的情况平行一致，因此是一种值得进一步关注和讨论的句式。

**8.3.2.2.4** 复指性代词后的成分有一定语义限制，要么是表示处所的成分，包括抽象的处所；要么是表示位移的成分，限于"来、去、走、跑"；要么是零形式。如：

(57) 剩饭我盖$^D$它锅里$^H$了。我把剩饭盖在锅里了。

(58) 这点儿屈慌你就咽$^D$它肚里$^H$吧。你就把这点儿委屈咽在肚子里吧。

(59) 那个手机你去买$^D$它来吧。你去把那个手机买来吧。

(60) 拴牢$^D$它，甭叫它跑$^D$。把它拴牢固了，别让它跑了。

### 8.3.2.3 语法意义

浚县方言的代词复指性处置式主要用来表示位移处置和结果处置，以位移处置最为常见。代词复指型处置式都可以相应地替换为介词型处置式而意义不变，但相比来说，代词复指型处置式更简约易用，尤其当表示的意义是位移处置时，方言区的人更常用代词复指型处置式来表达，而介词型处置式用起来倒显得有点生硬或不顺口。

代词复指性处置式常用在陈述句或祈使句中，且二者分工明确，陈述句一般用于表示已然情况，祈使句一般用于表示未然情况。如：

(61) 衣裳我放$^D$它柜里$^H$了。我把衣服放在柜子里了。

(62) 衣裳你穿$^D$它身上吧。你把衣服穿在身上吧。

据笔者调查，这种类型的代词复指型处置式不止浚县方言有，浚县周边的安阳、滑县、新乡、淇县、卫辉、长垣、封丘、原阳等地都有。从地理分布看，这种处置式带有明显的地域性特征。

#### 8.3.2.4 其他方言相关格式

用代词复指来表达处置意义的现象在方言中并不鲜见,学界对这种现象也给予了相当多的关注。根据李新魁(1995)、黄伯荣(1996)、李如龙、张双庆(1997)、项梦冰(1997)、徐烈炯(1998,2003)、陈淑梅(2001)、刘丹青(2003)、麦耘(2003)、石毓智(2008)、叶祖贵(2009)等学者的研究,我们把方言中与代词复指相关的处置式类型归纳为以下几种(句中下加线的成分为复指代词、处置介词和表处置义的介代短语):

(一)单代型

(63)柴火垛子烧它。把柴火垛烧了。(罗山)

(64)床铺它呕。把床铺了。(固始)

(65)侬地板拖拖伊。你把地板拖一下。(上海)

(66)耐衣裳汏汏清爽俚。你把衣服洗干净了。(苏州)

(67)葛只鸡杀掉它。(杭州)

(68)饮晒啲啤酒佢啦。把这些啤酒喝了吧!(广州)

(69)门开咗佢。把门打开。(香港)

(70)这碗饭食撇佢!(连城)

单用代词复指来表示处置意义的格式在河南南部、吴语、客家话以及粤语中是更常用的句式。刘丹青(1997)指出,苏州方言里"祈使性的'拿'字句,假如动词后有结果补语而没有其他宾语,常用代词'俚'(他/它)复指受事成分,这个代词在译成<普>时不译出来更好,而在<苏>中则用了更顺口,而'拿'字倒用不用无所谓"。同样的情况香港粤语中也有,张双庆(1997)指出:"用'佢'来复指受处置的对象,已表达出较强的处置意味,所以有些处置句的介词'将'也可以不出现,(但宾语不能提到动词前)同样具有处置意义"。

(二)介代呼应型

(71)把门关严它。(巢县)

(72)把事情办好了它。(鄂南)

(73)把门关哒它。(公安)

(74)把这盆水泼了它。(英山)

(75)你把我打死它。(孝感)

（76）<u>叫</u>桌子擦擦它。（确山）

（77）你要再乱说，我<u>把</u>你杀了它。（罗山）

（78）<u>拿</u>旧书旧报侪卖脱伊。（上海）

（79）<u>拿</u>哀两段课文背熟俚。把这两段课文背熟了。（苏州）

（80）<u>将</u>条颈链卖咗佢，唔系有钱啰。把项链卖了，不就有钱了！（广州）

（81）<u>将</u>啲功课做咗佢，唔喺唔带你哋去睇戏。把这些功课做完，不然的话不带你去看电影。（香港）

用处置介词与复指代词呼应表达处置意义的句式其分布范围很广，除东南部方言外，中部地区使用广泛，像安徽巢县（黄伯荣1996），湖北公安（朱冠明2005）、英山（陈淑梅2001）、孝感（左林霞2001），河南确山（石毓智等2008）、罗山（王东等2007）等地的方言中，动词前用处置介词介引受事，动词后用代词复指受事是一种强势句式，在有些方言中这种句式甚至曾经是固有的唯一格式（左林霞2001）。与只用处置介词的句式相比，这种强化式所表达的处置意义更为强烈，一般用在祈使句中。

（三）介代短语型

（82）那块儿面我<u>把它</u>擀了面条了。（普通话）

（83）许几个学生<u>共伊</u>叫入来。把那几个学生叫进来。（泉州）

（84）玻璃<u>共伊</u>褪下来。把玻璃卸下来。（福州）

（85）酱油<u>逮渠</u>递丐我。把酱油递给我。（温州）

（86）许的钱<u>着开护伊</u>了。那些钱要把它花完。（泉州）（给他）

（87）撮饭<u>甲伊</u>食了。（潮州）

（88）我双鞋<u>俗伊</u>物对地块去。把我的鞋给弄哪儿去了？（汕头）

（89）只猪<u>给伊</u>卖卖掉。把那头猪卖掉。（澄海）

这种情况的处置式普通话中也有，但用例较少，其他主要分布在闽语和南部吴语中。复指性代词常跟一个起介引作用的介词相邻共现，组成一个介代短语，一般用在动词前，也可以出现在动词后，如例（86）。其中的代词用来复指被置于动词前的受事成分，而那个起介引作用的介词有时候不一定是与普通话中"把"对应的介词，如泉州方言的"护"、潮州方言的"甲"、汕头方言的"佮"、澄海方言的"给"等，但这些介代短语在句中是用来表示处置意义的，有的方言去掉这个介代短语，句子不表示处置意义，如例（88）汕头方言的"佮伊"。

（四）介词与介代短语呼应型

（90）你<u>逮</u>妹妹<u>逮渠</u>丐我。你把孩子给我。（温州）

（91）<u>将</u>大厝<u>共伊</u>卖嗦去，哪会无钱。把大房子给卖了，哪能没钱？（泉州）

（92）伊<u>将</u>个碗<u>甲伊</u>扣破喽。（潮州）

（93）伊<u>对</u>凄凄惨惨趁来许几个钱<u>拢佮伊</u>输到白白去。他把辛辛苦苦赚来的几个钱全给输光了。（汕头）

这种句式主要分布在闽语地区，也是一种强化处置句式，即在用处置介词将受事成分置于动词前的基础上又使用介代短语进一步强化了处置意义。

（五）介代短语与代词呼应型

（94）许的钱着<u>共伊</u>开<u>伊</u>了。那些钱要把它花完。（泉州）

（95）衫裤<u>共伊</u>曝<u>伊</u>熯。把衣服晒干。（泉州）

这种句式目前见于报道的只有闽语泉州方言。从语法手段上讲，它与介代呼应型、介词与介代短语呼应型有异曲同工之处，是介代短语与复指代词前后呼应的强化句式，也表达了一种强烈的处置意义。

从表义上看，以上五种处置式差不多都是用来表达结果处置的，动词后大都有表示完成意义的体助词或者结果补语，除介代短语型和介代短语与代词呼应型外，复指性代词一般位于助词或补语后，如果之后没有语气词，它常位于句末。从指称上看，复指性代词的指称意义较虚，它既可以指称第一人称，如例（75），也可以指称第二人称，如例（77）；既可以指称单数，也可以指称复数，如例（81）。

浚县及其周边地区方言的代词复指型处置式属于单代型。但与上列单代型不同的是，除表示结果处置外，这些地区方言的代词复指型处置式更多地用于位移处置，且表示位移处置的句式中，复指性代词后边另有处所成分或位移成分，复指代词不位于句末。也许正是这种句法位置的不同，使得这些方言里这个复指性代词的虚化程度打了折扣，除第三人称外也可以是第一人称或第二人称，具有了较为实在些的指称意义。

浚县方言和其他方言的语言事实和讨论表明，与介词型处置式相比，代词复指型处置式在汉语方言中普遍存在，并具有一定的地理分布特征。从类型学角度看，浚县及其周边地区方言表示位移处置或结果处置的代词复指型处置式体现了不同于其他方言的区域性特征，但与其他方言的同类句式在类型学上是一致的，值得学界关注。

### 8.3.3 处置格式的来源

#### 8.3.3.1 有标记处置式

有标记处置式的来源问题，学界已经有了相当深入的研究，主要观点有四个：①来源于连动结构"将/把+$NP_1$+$V_2$"中"将/把"的语法化（王力1980；祝彻敏1957；贝罗贝1989；何亚南2001）；②承继了上古汉语"以"字结构的用法（陈初生1983）；③一部分来源于上古汉语"以"字结构，一部分来源于连动结构（梅祖麟1990；蒋绍愚1994；太田辰夫2003；曹广顺、遇笑容2000；刘子瑜1995）；④处置义语义上的不同类别是同一句式发展演变的结果，即经历了连动式＞工具式＞广义处置式＞狭义处置式＞致使义处置式的演变历程（吴福祥2003b）。无论哪种看法，其中"将/把"类标记词都是由动词义变来的是大家的共识，大量的方言事实也支持这种结论，从这一点来看，我们认为处置式起源于连动结构最为可信。

普通话中的"将""把"是由"带""领""持""握""拿"义虚化而来的，大多数方言里的标记词也大都由"带""领""持""握""拿"或与之相近的意义虚化而来，有的方言还由表示"给予"义的动词虚化而来。浚县方言的处置标记词"在""弄"也由动词发展演变而来，但"在"和"弄"作动词既不是一般所说的"带""领""持""握""拿""给予"义，也不是与之相近的其他意义。"在"作动词表示存在，"弄"是泛义动词，这是浚县方言有标记处置式的特殊之处，也是一个非常值得关注的现象。

#### 8.3.3.2 代词复指型处置式

代词复指型处置式的来源还没有人做过探讨。从这种结构式的特点出发，我们推测可能有两个来源：一是来源于近代汉语中的受事主语句；二是来源于有标记处置式"标记词+$NP_1$+V+$NP_2$+其他成分"。

受事主语句中，受事成分由动词后被移至动词前时，动词后就出现了一个语法空位，用复指性的代词来填补这个空位就成了无标记处置

式,这种情况在近代汉语中不乏其例。如:

(96) 此法幸愿解之。(伍子胥变文)

(97) 驸马赐其千匹彩。(王昭君变文)

(98) 赤黑易器盛之。(孝子传)①

朱德熙(1982)曾经说过,处置式跟受事主语句有很密切的关系。梅祖麟(1990)进一步论证了这种说法,认为一部分处置式是在受事成分前添加标记词而形成的。这跟在动词后边添加复指性代词有异曲同工之处,因此可以推测,在受事主语句的动词后添加一个复指性代词可能是无标记处置式的来源之一,这种情况在方言中有旁证。李新魁等(1995)指出:广州方言里的处置格式可以"把表示被处置对象的词语放在动词之后,并且紧接着加上一个'佢'来复指,如:饮晒啲啤酒佢啦把这些啤酒喝了吧! 加'佢'有很强的处置义,不加'佢'就没有。"②同样的情况在香港的粤语中也有。张双庆指出:"把宾语提前,然后在句末用代词'佢'复指宾语,而形成处置的效果,这种句子,可以视为受事前置。"③

有标记处置式"标记词 + $NP_1$ + V + $NP_2$ + 其他成分"中,当 $NP_1$ 和 $NP_2$ 同指时,$NP_2$ 常用代词"之"或"他/它"来复指。这种例子汉语史上也有很多。如:

(99) 丁常言:"将我儿杀之,都不复念!"(三国志魏书裴注引《魏略》)

(100) 梵志闻之,复捉髑髅击之。(增壹阿含经卷二十)

(101) 把嘴撕烂了他的!(红楼梦44回)

到了现代汉语普通话中,动词后的复指性代词已很少出现,可以认为是复指性代词的脱落,同样的情况在方言里有可能是标记词的脱落。比如苏州方言(刘丹青1997)、香港粤语(张双庆1997)据此,我们可以推测当 $NP_1$ 和 $NP_2$ 同指时,$NP_2$ 常用代词来复指,此时"标记词 + $NP_1$ + V + $NP_2$ + 其他成分"格式中,有的出现了复指性代词脱落,像

---

① 例(71)~(73)转引自李文(《敦煌变文集中的受事主语句》,1996)。
② 参看李新魁等《广州方言研究》(1995:572)。
③ 参看张双庆《香港粤语的动词谓语句》(李如龙、张双庆主编《动词谓语句》,1997:255)。

普通话，有的出现了标记词脱落，如苏州方言、香港粤语。当标记词脱落时就形成了方言中的无标记处置式。从这个角度看，浚县方言的无标记处置式走了跟普通话不同，而跟苏州方言、粤方言相同的演变路径。

至此，我们似乎应该承认，用复指性代词来标记处置意义的结构式在现代汉语及方言中也具有类型学方面的意义。

## 8.4　能性述补格式①

能性是一种语义范畴。现代汉语里有两种手段可以表达能性范畴，一种是词汇手段，即用助动词来表达，如普通话中的"能""可以""会"，汕头方言（施其生 1996a）中的"会""会得""有变""好"等；另一种是句法手段，即用能性述补格式来表达，如普通话中的"V 得 C/V 不 C"格式，河北、河南、山东、山西等北方官话中的"VC 了/V 不 C"格式等。

根据学界的研究（朱德熙 1982；刘月华 1980；柯理思 1995；2000；黄伯荣 1996；吴福祥 2002a；2003a），我们把能性述补格式的意义表述为"动作结果、动作趋向或动作本身实现的可能性。"② 从类型学的角度讲，现代汉语中的能性述补格式首先可以分为两大类型。一种以"得"或其变体"的"等为标记，统一记作"V 得 C/V 不 C"；另一种以"了"或其变体"咾""唠""喽""溜"等为标记，统一记作"VC 了/V 不 C"。这两种格式代表着不同的标记类型和语序类型，它们具有不同的地域分布特征。前一种主要分布在西南官话区、江淮官话区、南方方言区和北方部分官话区，现代汉语普通话属于这种类型。第二种据目前的报道主要分布在河北、河南、山东、山西和陕西的部分方

---

① 能性述补格式学界多称为能性述补结构，我们这里为跟反复问格式、处置格式保持统一，称为能性述补格式。

② 关于能性述补结构不同的学者有不同的表述。丁声树等（1961）称为"补语的可能式"，朱德熙（1982）认为带可能补语的述补结构"是表示可能性的"。刘月华（1980）根据能性述补结构的类型意义将其概括为"表示主、客观条件是否容许实现某种动作的结果或趋向"及"由于受主、客观条件的限制，不能实现某种动作或变化"两种。多数学者认可"表示可能性"的说法。我们认为"表示可能性"太笼统，我们借鉴了刘月华先生的表述，对能性述补结构的意义做了进一步的概括。

言区。很多学者对"V 得 C/V 不 C"格式进行了深入细致的研究，成果很多（吕叔湘 1984；王力 1980；太田辰夫 2003；刘月华 1980；岳俊发 1984；杨平 1989；1990；蒋绍愚 1994；李宗江 1994；赵长才 2000；刘子瑜 2002；吴福祥 2002a；2003a 等），关于"VC 了/V 不 C"格式，目前见到的研究报告还较少，柯理思（1995；2000）和一杉刚弘（2000）较为关注这种类型，并做了一些研究。侯精一（1981）、黄伯荣（1996）等也有过报道。能性述补格式中如果动词带宾语，那么宾语、补语以及能性标记词之间的语序差异也存在着类型学方面的意义。

吴福祥（2003a）对南方方言中这个层面的语序类型做了较为详细的研究。柯理思（1995；2000）、一杉刚弘（2000）对"VC 了/V 不 C"格式带宾语的语序类型也做过一些研究，但还不够深入细致。浚县方言的能性述补格式属于"VC 了/V 不 C"类型，但跟其他同类型的方言相比，也有一些极为特殊的表现。本节对浚县方言的"VC 了/V 不 C"格式进行深入细致的描写和分析，并附带讨论与之相关的一些问题。

### 8.4.1 能性述补格式的类型

在讨论能性述补格式之前，先谈一下浚县方言的"了"。浚县方言里书写为"了"的词有三个，它们的读音不同。一个是体貌助词"了[·lə]"，相当于普通话句尾的"了$_2$"，记作"了$_1$"。一个是表示"完结"意义的动词"了[liau$^{55}$]"，常在动词后作补语，相当于普通话"V 得了/V 不了"中的"了"，记作"了$_2$"。一个是能性助词"了[·liau]"，表示动作结果、动作趋向或动作本身实现的可能性，大致相当于普通话中能性述补格式中的"得"，记作"了$_3$"。与本节相关的主要是动词"了$_2$"和能性助词"了$_3$"。①

刘月华（1980）把普通话中的能性述补格式（可能补语）分为三类，即 A 类"V 得 C/V 不 C"、B 类"V 得了/V 不了"、C 类"V 得/V 不得"，并对这三类结构式的意义、特点和用法做了较为详细的研究。

---

① 为避免混乱，以下浚县方言的"了$_1$""了$_2$""了$_3$"都予以标注，其他方言中的"了"不加标注。

与普通话相比，浚县方言里不使用 C 类结构式，C 类结构式所表达的意义，浚县方言常常用助动词"能""会"等加上动词来表达。与 A 类、B 类相对应的形式分别是"VC 了$_3$/V 不 C""V 了$_2$了$_3$/V 不 了$_2$"。下面分别描写和分析。

### 8.4.1.1　VC 了$_3$/V 不 C

"VC 了$_3$"中的"C"一般是结果补语或趋向补语，主要由动词、形容词充当，能性助词"了$_3$"总出现在补语的后边或句尾，当补语后有宾语时，也可以位于宾语的后边或句尾。"VC 了$_3$"跟普通话的"V 得 C"格式所表达的意义相同，即主要"表示主、客观条件是否许可实现某种动作的结果或趋向"。① "V 不 C"是"VC 了$_3$"的否定形式，跟普通话"V 得 C"的否定形式相同。

8.4.1.1.1　V 不带宾语。如：

（1）你说嘞话我听着［tʂuə$^{42}$］了$_3$。你说的话我听得见。
（2）这本儿书你看懂了$_3$哟？这本儿书你看得懂吗？
（3）只要他拿出$^H$了$_3$，我也拿出$^H$了$_3$。只要他拿得出来，我也拿得出来。
（4）你一个人搬上去了$_3$吧？你一个人搬得上去吧？
（5）上头嘞窗户关不住。上边的窗户关不住。
（6）这事儿我也说不清。这件事我也说不清。
（7）路太远，一个钟头儿回不来。路太远，一个小时回不来。
（8）两万块钱我借不来。两万块钱我借不来。

例（1）～（4）是肯定形式，例（5）～（8）是否定形式。跟普通话一样，肯定形式的"VC 了$_3$"较少单独用在陈述句中，一般多用在答句、问句或与其他情况对举的语境中，如例（1）常常在回答别人的问题时用，例（2）、例（3）是问句，例（4）是有对举的语境。否定形式"V 不 C"不受什么限制，使用频率很高。这种肯定否定使用频率不对称的现象，正如刘月华先生（1980）通过研究得出的结论那样，当要表达"由于受主、客观条件的限制，不能实现某种结果或趋向'，即'非不愿也，实不能也'这个意义"时，"'V 不 C'是最恰当的甚至往往是唯一的表达方式，它是'不能 VC'等形式所代替不了的"；

---

① 参看刘月华《可能补语用法的研究》（1980：246—257）。

"当要表达'有能力、有条件实现某种动作的结果或趋向'这个意义时,更多的是用'能 VC'"等形式。浚县方言也一样,肯定形式多使用"能 VC",否定形式基本使用"V 不 C"。

从类型学的角度讲,不带宾语的"VC 了$_3$/V 不 C"与"V 得 C/V 不 C"的不同有二:一是标记词不同,前者的标记词是"了$_3$",后者是"得"。二是肯定形式的语序不同,前者标记词"了$_3$"位于补语后,后者标记词"得"位于动词和补语之间。

我们在调查中发现一个很值得注意的现象:在浚县方言的八镇两乡中,善堂镇和王庄乡表现特殊。其中善堂镇肯定形式不使用"VC 了$_3$",而只用"能 VC",否定形式仍使用"V 不 C"。这种类型在北方方言中并不孤立,与善堂镇相邻的内黄县也使用这种类型。另据柯理思(1995)"结果补语可能式(VC 了)分布图"可知,山东的莘县、菏泽、滕县、枣庄、临沂、苍山、莒南、即墨、招远、牟平等地,山西的天镇、大同、朔县、山阴、原平、忻州、阳曲、清徐、吉县、河津、万荣、永济、新绛等地也使用"能 VC/V 不 C"类型。王庄乡的能性述补格式是"VC 了$_3$/V 不 C",但否定形式有时也可以使用"V 不 C 了$_3$",即在补语的后边添加了一个标记词"了$_3$",这种情况归结为格式类推而形成的"了$_3$"的衍生,下文再做具体分析。

8.4.1.1.2 V 带宾语。如:

(9) a. 我听着了$_3$你嘞声音。我听得见你的声音。

b. 我听着你嘞声音了$_3$。我听得见你的声音。

c. 我听着了$_3$你嘞声音了$_3$。我听得见你的声音。

(10) a. 这个布袋儿装进去了$_3$三斤。这个袋子装得进去三斤。

b. 这个布袋儿装进去三斤了$_3$。这个袋子装得进去三斤。

c. 这个布袋儿装进去了$_3$三斤了$_3$。这个袋子装得进去三斤。

(11) a. 你打不过他。你打不过他。

b. 你打不过了$_3$他。你打不过他。

c. 你打不过他了$_3$。你打不过他。

(12) a. 他拿不出$^H$镇多钱。他拿不出这么多钱。

b. 他拿不出$^H$了$_3$镇多钱。他拿不出这么多钱。

c. 他拿不出$^H$镇多钱了$_3$。他拿不出这么多钱。

普通话的能性述补格式如果动词带宾语，肯定形式和否定形式都只有一种语序类型，即"V 得 CO"和"V 不 CO"。相同类型的南方方言情况比较复杂，据吴福祥（2003a）报告，肯定形式和否定形式最多的有三种语序类型，分别为"V 得 CO""V 得 OC""VO 得 C"和"V 不 CO""V 不 OC""VO 不 C"，如长沙、绩溪、屯溪、舟山、开化、黄冈、上海等方言。有的方言具有其中的一种或两种，如高淳、汤溪、安庆、连成、苏州、岳阳、邵阳、巢县、温州、宁远、梅县、婺源等方言。①

能性述补格式为"VC 了/V 不 C"的方言，如果动词带宾语，从已经报道过的情况（侯精一 1981；柯理思 1995；2000；黄伯荣 1996；一杉刚弘 2000）来看，肯定形式和否定形式也只有一种语序类型，即"VCO 了"和"V 不 CO"，如平遥、长治、昌黎、献县、德州、利津、聊城、诸城等方言。

浚县方言能性述补格式带宾语的表现极为特殊，肯定形式和否定形式都有三种语序类型，即"VCO 了$_3$""VC 了$_3$O""VC 了$_3$O 了$_3$"和"V 不 CO""V 不 C 了$_3$O""V 不 CO 了$_3$"，而且不管肯定形式还是否定形式，标记词"了$_3$"都参与了语序构造，这与以"得"为标记的能性述补格式带宾语的情况不尽相同。以"得"为标记的肯定形式，标记词"得"参与了语序构造，但否定形式中，"得"不再出现，参与语序构造的成分是"C""O"和"不"。浚县方言这种复杂的语序类型非常有趣，也十分值得注意。

可见，在动词带宾语的层面上，浚县方言的能性述补格式既与"V 得 C/V 不 C"类型不同，又与其他"VC 了/V 不 C"类型不同。

8.4.1.1.3　与"能"的共现

能性述补格式的否定形式一般不与"能"共现，肯定形式常与"能"共现，这跟普通话相应的情况一样。如：

（13）电视机俺家能买起了$_3$。电视机我们家能买得起。

（14）镇高嘞楼你能爬上去了$_3$哟？这么高的楼你能爬得上去吗？

---

① 参看吴福祥《南方方言能性述补结构"V 得/不 C"带宾语的语序类型》（2003a：243—254）。

(15) 他今年能考上大学了₃。他今年能考得上大学。

(16) 你能要回来了₃那钱吧？你能要得回来那钱吧？

#### 8.4.1.1.4　反复问形式

"VC 了₃/V 不 C"的反复问形式主要有"VCV 不 C""VC 了₃V 不 C"。动词带宾语的情况稍为复杂一些，主要有"VCOV 不 C""VCO 了₃V 不 C""VC 了₃OV 不 C"三种。如：

(17) 这碗饭你吃完吃不完？这碗饭你吃得完吃不完？

(18) 这碗饭你吃完了₃吃不完？这碗饭你吃得完吃不完？

(19) 你吃完这碗饭吃不完？你吃得完这碗饭吃不完？

(20) 你吃完这碗饭了₃吃不完？你吃得完这碗饭吃不完？

(21) 你吃完了₃这碗饭吃不完？你吃得完这碗饭吃不完？

以上例句中否定部分的形式都是"V 不 C"，跟普通话相应情况的否定部分形式相同，但肯定部分的不同主要在于标记词和带宾语的语序不同。换一个角度可以说，考察能性述补格式的类型学意义，标记词和语序应该是极为重要的两个参项。

### 8.4.1.2　V 了₂了₃/V 不 了₂

"V 了₂了₃"中"了₂"的本义是"完毕""结束"，用在"V 了₂了₃/V 不 了₂"格式中，有两种意思：

一是表示"完""尽"等结果义。如：

(22) 镇多衣裳你一个人洗了₂了₃洗不了₂？这么多衣服你一个人洗得完洗不完？

(23) 一瓶酒咱一回喝不了₂。一瓶酒咱们一次喝不完。

(24) 这活儿你今个一天干了₂了₃哟？这活儿你今天一天干得完吗？

这种意义的"了₂"作补语一般指向受事成分，句中常有表示数量义的词语与之呼应，表示在一定的条件下，是否能完成这一数量的任务。因此这种"V 了₂了₃/V 不 了₂"还是结果补语的可能式，本质上跟 8.4.1.1 的"VC 了₃/V 不 C"没有什么区别。

第二个意思的"了₂"已经失去"完""尽"等结果义，变得很虚，这种"了"赵元任（1979）叫作"傀儡补语"，认为"没有什么特殊意义，其作用在于使可能式成为可能。"① 柯理思（2001）称为"虚补语"。刘月华（1980）也认为这个"了"与动作的结果或趋向无关。实际上这个意义上的"V 了$_2$了$_3$/V 不了$_2$"已经不是结果补语基本式"VC"的可能式，而构成了一种与动作本身对应的可能式。② 如：

（25）这个病你治了$_2$治不了$_2$？这个病你治得了治不了？

（26）明个我有事儿，来了$_2$了$_3$。明天我没事，来得了。

（27）我有学过英语，这本儿书我看不了$_2$。我没学过英语，这本儿书我看不了。

显然以上例句中"了$_2$"的语义指向是动作本身，表示动作本身的实现与否，"V 了$_2$了$_3$/V 不了$_2$"则表示动作实现的可能性。

下面不区分"V 了$_2$了$_3$/V 不了$_2$"的两种语义差别，只就这种形式本身进行考察，也从 V 不带宾语、V 带宾语、与"能"共现以及反复问形式几个方面来讨论。

8.4.1.2.1　V 不带宾语。如：

（28）这个大西瓜你吃了$_2$了$_3$哟？这个大西瓜你吃得了吗？

（29）镇热嘞天去干活儿，谁受了$_2$了$_3$呀？这么热的天去干活儿，谁受得了呀？

（30）这个事儿我啥时儿都忘不了$_2$。这件事我什么时候都忘不了。

（31）他嘞病医生也治不了$_2$了$_1$。他的病医生也治不了了。

动词不带宾语的结构类型可以描写为"V 了$_2$了$_3$/V 不了$_2$"，跟使用"V 得了/V 不了"类型的方言相比，也是标记词及肯定形式的语序不同。前者的标记词是"了$_3$"，后者是"得"，"了$_3$"位于补语后，"得"位于动词和补语之间。不过，在浚县王庄乡，否定形式有时也使用"V 不了$_2$了$_3$"，与第一种格式的"V 不 C 了$_3$"形成对应。

在这个层面上，同样具有"V 了$_2$了$_3$/V 不了$_3$"类型的方言，肯定形式"V 了$_2$了$_3$"有的方言可以说成"V 了"，有的方言只能说成"V

---

① 参看赵元任《汉语口语语法》（1979：210）。

② 参看刘月华《可能补语用法的研究》（1980）和柯理思《从普通话里跟"得"有关的几个格式去探讨方言类型学》（2001）。

了"。如①：

(32) ——这碗面你吃咾吃不咾？这碗面你吃得了吃不了？
　　　——吃咾咾＝吃咾。吃得了。（平遥）

(33) 这活儿我一个人干了了＝这活儿我一个人干了。这活儿我一个人干得了。（郓城）

(34) 这一大篮子菜我拿了唠＝这一大篮子菜我拿唠。这一大篮子菜我拿得了。（济南）

(35) 三个馍馍吃了了＝三个馍馍吃了。三个馒头吃得了。（曲阜）

(36) 镇多饭我吃唠唠＝镇多饭我吃唠。这么多饭我吃得了。（淇县、延津）

(37) 他今天来嘍。他今天来得了。（聊城）

(38) 一碗大米饭她吃咾。一碗大米饭她吃得了。（林州）

这种情况柯理思先生（1995）叫作"叠音脱漏"，即"两个'了'被挤压成一个音节。"② 施其生先生（2005b）归纳为"同质兼并"，即表示结果或完成的"了"跟表示能性的"了"因语音同质而发生了兼并，③ 浚县方言的"了$_2$"和"了$_3$"不发生兼并。

8.4.1.2.2　V带宾语。如：

(39) a. 你吃了$_2$三碗饭了$_3$哟？你吃得了三碗饭吗？
　　　b. 你吃了$_2$了$_3$三碗饭哟？你吃得了三碗饭吗？
　　　c. 你吃了$_2$了$_3$三碗饭了$_3$哟？你吃得了三碗饭吗？

(40) a. 你受了$_2$这罪了$_3$哟？你受得了这罪吗？
　　　b. 你受了$_2$了$_3$这罪哟？你受得了这罪吗？
　　　c. 你受了$_2$了$_3$这罪了$_3$哟？你受得了这罪吗？

(41) a. 我跑不了$_2$八百米。我跑不了八百米。
　　　b. 我跑不了$_2$了$_3$八百米。我跑不了八百米。
　　　c. 我跑不了$_2$八百米了$_3$。我跑不了八百米。

---

① 以下平遥的材料来自侯精一（1981），郓城、济南、曲阜、聊城的材料来自一杉刚弘（2000），林州的材料来自谷向伟（2006），淇县、延津的材料为笔者调查所得。

② 参看柯理思《北方官话里表示可能的动词词尾"了"》（1995：267—278）。

③ 参看施其生《汉语言成分的同质兼并》（广东省中国语言学会2005年年会论文，12月，深圳）。

（42）a. 他上不了₂大学。他上不了大学。
　　　b. 他上不了₂了₃大学。他上不了大学。
　　　c. 他上不了₂大学了₃。他上不了大学。

动词带宾语的结构类型可以描写为"V 了₂O 了₃""V 了₂了₃O""V 了₂了₃O 了₃"和"V 不了₂O""V 不了₂了₃O""V 不了₂O 了₃"，肯定形式和否定形式都有三种形式，跟"VC 了₃/V 不 C"带宾语的情况相同。

这个层面上，具有"V 了了/V 不了"类型的方言中，有的方言当两个"了"相遇时，也有"同质兼并"现象发生（例句不赘）。

#### 8.4.1.2.3　与"能"的共现

否定形式"V 不了₂"不与"能"共现，肯定形式"V 了₂了₃"可以与"能"共现。如：

（43）明个我能去了₂了₃。明天我去得了。
（44）这我能忘了₂了₃哟？这我能忘得了吗？
（45）她一个人能拿了₂了₃镇多东西哟？她一个人能拿得了这么多东西吗？
（46）他一回能喝了₂一斤白酒了₃。他一次能喝得了一斤白酒。

#### 8.4.1.2.4　反复问形式

"V 了₂了₃/V 不了₂"的反复问形式主要有"V 了₂V 不了₂""V 了₂了₃V 不了₂"。动词带宾语时有"V 了₂OV 不了₂""V 了₂了₃OV 不了₂""V 了₂O 了₃V 不了₂"三种。如：

（47）这活儿你一个人干了₂干不了₂? 这活儿你一个人干得了干不了？
（48）这活儿你一个人干了₂了₃干不了₂? 这活儿你一个人干得了干不了？
（49）你一个人干了₂这活儿干不了₂? 你一个人干得了这活儿干不了？
（50）你一个人干了₂了₃这活儿干不了₂? 你一个人干得了这活儿干不了？
（51）你一个人干了₂这活儿了₃干不了₂? 你一个人干得了这活儿干不了？

显然"V 了₂了₃/V 不了₂"的反复问形式同"VC 了₃/V 不 C"基本相同，不同的只是作结果补语或虚补语的成分不同。

### 8.4.2　能性述补格式中"了"的性质

普通话能性述补格式中"得"的性质，学界有不同的看法，朱德熙先生（1982）认为是独立的助词，"得"既不属前也不属后，"V 得

C"是一个三分结构。有更多的学者认为"得"为结构助词，起到了连接动词和补语的功能作用。在表义上，有的学者（刘月华1980）认为"得"不仅是结构助词，也兼表能性意义。但也有学者（岳俊发1984；李宗江1994；吴福祥2002a；）从"V得C/V不C"格式的产生和语法化过程分析，能性意义不是由"得"表示的，而是整个格式赋予的。李新魁（1995）、施其生（1995a）根据"得"是黏附在动词之后或动结式之上并给被黏附成分增添可能性意义的特点，把广州方言相同情况的"得"归为表示可能的形尾。① 本研究不区分"形尾（动词后缀）"和"助词"，把黏附在一个语言成分之上起一定语法作用的虚成分都叫作助词，但区分修饰性助词和结构性助词。② 从"V得C"格式中的"得"的语法意义和语法功能看，"得"是修饰性助词，它给整个"VC"增添一种能性意义，没有这个"得"，"VC"不表能性，因此称这种"得"为能性助词。从"得"的黏附对象看，"得"不黏附在动词上，而黏附在整个"VC"上，只不过句法位置比较特殊，不是位于"VC"之后，而是中置于"V"和"C"之间。这种中置的修饰性助词在广州方言中也有，施其生先生（2003）指出，广州方言里有个"鬼"，附加在某些语言单位上，给这个单位增添一定的感情意义。如：

(52) 部电话又畀个仔整鬼坏咗嘞！真系百鬼厌。电话又让儿子弄坏了！真他妈的淘气！

(53) 我真系怕鬼晒佢嘞。我真是彻底怕了他了！

(54) 锁匙锁喺屋入便嘞！呢下论鬼尽嘞。钥匙锁在屋里了！这下麻烦了！

"鬼"的位置总是中置的，但意义显然是添加在整个结构上的，与能性述补格式中"得"的性质相同。因此，分析问题不能总囿于旧有的框框或局限在一种语言或方言中，要根据语言实际，并注意跟其他语言或方言作对比可能会看得更清楚。据此我们认为普通话或其他方言能性述补格式中的"得"是黏附在"VC"之上的、表示能性意义的修饰性助词，"V得C"应该分析为：

---

① 参看李新魁、黄家教、施其生、麦耘、陈定芳《广州方言研究》（1995：563—564）和施其生《论广州方言虚成分的分类》（1995a：114—123）。

② 关于修饰性助词和结构性助词，我们采用施其生先生的定义，详细内容请参看施其生《论广州方言虚成分的分类》（1995a：114—123）。

```
V  得  C
|__↑__|
   |___|
```

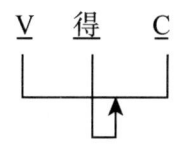

以上是"得"性质的讨论,下面再看"VC了"中"了"的性质。

柯理思 1995 年的报道,将这种情况的"了"叫作"动词词尾",2000 年的报道称为"表示可能的助词"。我们从"了"的语法意义和语法功能来考察,认为"VC了"表示"VC"实现的可能性,如果去掉"了",这个格式便没有了能性意义,可见"了"是能性意义的负载者;从功能上看,"了"是一个黏附性成分,总位于动词、动结式、动趋式后或句尾,有的方言只能用在句尾(如林州方言,谷向伟 2006),给被黏附成分 VC 等添加一种能性意义,属于修饰性助词。

以上分析表明,"VC了"中"了"与"V得C"中"得"的语法意义和语法功能都相同,即"了"也是一个黏附在"VC"之上、表示能性意义的修饰性助词,跟"得"不同的只是句法位置,"得"中置,"了"后置。"VC了"可以分析为:

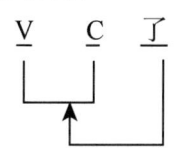

```
V  C  了
|__|__↑
    |__|
```

### 8.4.3 能性述补格式的来源

#### 8.4.3.1 "V得C"和"V不C"的来源

据学界研究,能性述补格式"V 得 C"和"V 不 C"有不同的来源。

8.4.3.1.1 "V 得 C"的来源

"V 得 C"的来源主要有两种意见。一种认为"V 得 C"来源于表可能义的"V 得"(岳俊发 1984),其演变的路径是(例子取自岳俊发):

  得  →  得V  →  V得  →  V得O  →  V得C
  西南得朋  欲免,得乎  一人击得  染得一匹御  无人画得成
  获得  →  可能  →  可能  →  可能  →  可能式

胡云晚(2005c)认为湘西洞口方言的能性述补格式有一部分走的

是这条路径。①

另一种意见认为"V 得 C"来源于表完成义的"V 得（O）"（王力 1980；杨平 1989；1990；蒋绍愚 1994；吴福祥 2002a），其演变路径为（例子取自吴福祥）：

得 → V 得（O） → V 得（O） → V 得 O → V 得 C
　　（连动）　　（动补）　　（动相）　　（能性）
西南得朋　攻得十城　　锄得五遍以上　失得柏与马　野外狐狸搜得尽
获得义 → 获得义　→　结果补语 → 完成实现义 → 可能义

有更多的方言事实支持第二种观点。彭小川（1998）认为广州方言"V 得（O）"结构产生、演变的过程是：

1）"得"用在 V 后表示动作实现、有结果。

2）"V 得（O）"结构在使用过程中产生分化：

a. 仍表动作实现有结果（使用频率不高）。

b. 出现在非已然语境，表示实现某结果的可能性。

3）该结构进一步演变、分化：

a. 表示实现某结果的可能性（现使用频率不高）。

b. 表示实现某动作的可能性。

现代汉语普通话中的"V 得 O"结构已基本不表能性，但在广州方言中，"V 得 O"结构"主要承担着表示实现某动作的可能性这一职责"，这种现象正像彭先生所说的"这正是保留了较古老的语言现象。"②

另外，能性述补格式"V 得 C"在发展演变过程中，带宾语的情况出现过"V 得 OC"和"V 得 CO"两种结构式。目前现代汉语普通话中只保留了"V 得 CO"一种类型，但在南方方言中却存在着"V 得 OC""VO 得 C"和"V 得 CO"三种类型，有的方言甚至三种类型可以并存使用。吴福祥（2003a）认为南方方言中的"V 得 OC"结构是方言从历史汉语中继承下来的，体现的是唐代的语法层次，到了清代，

---

① 胡云晚（《湘西南洞口方言虚词研究》，中山大学 2005 年博士论文）认为湘西洞口方言的一部分能性述补结构虚化来源图为"得 V→V 得→V 得 O→V 得 C"。这种推测可能符合洞口方言的语言事实，为第一种观点提供了方言佐证。

② 以上引自彭小川《广州话的"V 得（O）"结构》（1998：53—57）。

这种结构在北方方言里逐渐减少，最终消失，但却大面积地保留在南方方言里。"V 得 CO"是宋代兴起的，到了元代则开始大量使用，但这种格式只局限在北方方言里，后来才逐渐向南方方言扩散，就是说"V 得 CO"是一种源于北方官话的外来层次。至于"VO 得 C"结构，在历史文献中也较为罕见，应该是方言在使用过程中类推出来的结构形式。①

8.4.3.1.2 "V 不 C"的来源

我们说"V 不 C"是"V 得 C"的否定形式，是从它们在共时平面上的语义对立来说的。从形式和意义上看，它们都是对称的，但事实上，"V 不 C"和"V 得 C"没有共生②的关系，它们产生于不同的时代和不同的句法环境中。

吕叔湘在《与动词后得与不有关之词序问题》（1984）中指出"'V 不 C'，'VO 不 C'，'V 不 CO'"，"语其由来，未必为得字之省略，盖旧来自有此种句法，如'呼之不来，挥之不去'，惟本用以表实际之结果者，今用以表悬想之可能而已。"③ 蒋绍愚（1995）对吕先生的观点又做了进一步论证，指出："'V 不 C'原来是'VC'的否定式"；"'V 不 C'原来表实现的结果，后来才表悬想之可能"；"从历史上看，'V 不 C'比'V 得 C'产生得早。"④ 吴福祥对"V 不 C"的来源做了更为详细的考察。他指出，汉语述结构"VC"的否定形式最初是"VFC"，F 表示否定副词，可以是"未"也可以是"不"等。否定词"不"与"未"的严格分工是唐代以后的事，在此之前，"不"也可以用来否定完成体以致混同于"未"的用法。当这种用于否定完成体的"V（O）不 C"用于未然语境时就变成表悬想之可能。到了宋代"V 不 C"已经摆脱对特定语境的依赖，语法化为专门表能性述补格式

---

① 参看吴福祥《南方方言能性述补结构"V 得/不 C"带宾语的语序类型》（2003a：243—254）。

② "共生"是本研究自创的说法，指一种结构的产生直接引发了另一种与之语义对立的结构的产生。

③ 参看吕叔湘《与动词后得与不有关之词序问题》[《汉语语法论文集》（增订本）1984：132—144]。

④ 参看蒋绍愚《内部构拟法在近代汉语语法研究中的运用》[《汉语词汇语法史论文集》（2000：201—208）]。

的形式了。① "V 不 C" 的具体演化过程如下：

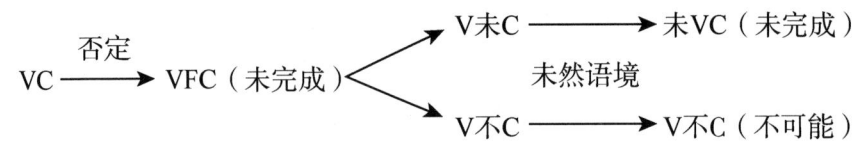

$$VC \xrightarrow{\text{否定}} VFC（未完成）\begin{cases} V未C \longrightarrow 未VC（未完成） \\ V不C \longrightarrow V不C（不可能） \end{cases} \text{未然语境}$$

以上分析可以看出，虽然"V 得 C"和"V 不 C"来源不同，它们却走了平行的演化道路，即都是由表示完成或实现的结构在未然的语境中演化而来的，并在共时平面上形成了极为对称的结构类型，正可以说是殊途同归了。

"V 不 C"在发展演变过程中，带宾语的情况也出现过"VO 不 C"和"V 不 CO"两种结构式。但目前在现代汉语普通话中也只保留了"V 不 CO"一种类型，正好跟"V 得 CO"形成对应。但在共时的汉语方言中，"V 不 C"带宾语的格式还存在着"VO 不 C""V 不 OC"和"V 不 CO"三种类型，尤其是在南方方言中，"VO 不 C"好像更占优势一些（吴福祥 2003a；胡云晚 2005c），这跟南方方言肯定形式的"V 得 C"带宾语的类型构成了一种平行，详细情况请参看吴福祥（2003a），此不赘述。

**8.4.3.2　"VC 了"和"V 不 C"的来源**

同样，"VC 了"和"V 不 C"也具有不同的来源。

8.4.3.2.1　"VC 了"的来源

柯理思（1995）指出，"VC 了"的"了"来源于"'了 liao'字的形式"，"'了'和'得'在表达上具有平行性。两者是从表示'实现'义转到'可能'义。但出现的句式却不大相同，可能词尾'了'放在 VC 后，来构成可能补语'VC 了'，而普通话的'得'插在 V 和 C 之间构成'V 得 C'"。"用'VC 了/V 不 C'的方言偏离了普通话'V 得 C/V 不 C'的对称形式"，"这种语法形式不能简单地归之于'词汇替代'现象，还需要另外加以分析"。"'了'和'得'在可能补语里出现的位置不同，也可能跟这两个形式的其他语法功能有关。"②

---

①　参看吴福祥《汉语能性述补结构"V 得/不 C"的语法化》(2002a：29—40）。
②　以上所说引自柯理思《北方官话里表示可能的动词词尾"了"》（1995：267—278），但在这篇文章中，柯理思没有进一步考察"了"及"VC 了"的来源问题。

柯理思先生虽没有对"VC 了"的具体演化过程做进一步的分析，但却提出了探讨"VC 了"来源的明确思路。沿着这一思路，结合"V 得 C"的历史演变情况，我们推测"VC 了"的演化路径应该如下：

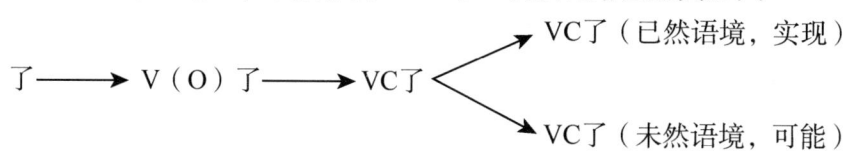

了──→ V（O）了──→ VC 了 ╱ VC 了（已然语境，实现）
　　　　　　　　　　　　　　╲ VC 了（未然语境，可能）

完结 ──→ 完成、结束 ──→ 完成、实现 ──→ 实现；可能

以上的演变过程可以描述为："了"的本义是"完结"，用在动词后作补语表示完成或结束，此时的"V（O）了"还是动补结构。"了"在这个位置上进一步虚化，逐渐失去补语的性质，变成完成体助词，表示动作的完成或实现。当动词后出现别的补语时，"了"位于补语后表示这个述补结构所述情况的完成或实现，当这种表示完成或实现的"VC 了"用于某些未然语境时，也可以表示"悬想之可能"。至此，"VC 了"格式首先在语义上产生分化，一部分仍表完成或实现，另一部分表示完成或实现的可能性。伴随着语义的分化，"了"的语音形式在某些地域也产生了分化，表示完成或实现的"了"弱化为［·lə］、［·lie］、［·la］等形式，表示可能性的"了"弱化为［·liau］、［·lau］、［·liou］等形式。但有些地方，二者仍使用相同的语音形式。

以上"VC 了"的演变过程我们在北方的某些方言中可以找到一些证据。据谷向伟（2006）报道，河南林州话有一个助词"咾［·lau］"，在共时平面上有四种用法，这四种用法正好揭示了能性助词"咾"的演化历程。请看林州方言①的情况：

林州话的"咾"有四种句法位置：动词后，连动式第一个动词后，假设小句句尾，句尾。四种句法位置分别表示四种不同的语法意义，即动作行为已经实现，动作行为将要实现，假设事态将要实现，可能事态将要实现。如：

（55）夜个儿我买咾₁两本书。昨天我买了两本书。（动作行为已经实现）
（56）你下咾₂火车就坐公共车。你下了火车就坐公共汽车。（动作行为将要实现）

------

① 林州方言的材料是笔者的同门师弟谷向伟（2006）提供的。

（57）孩子吃饱咾₃就不哭啦。孩子吃饱的话就不哭了。（假设事态将要实现）

（58）赶黑儿地犁完咾₄。天黑前地犁得完。（可能事态将要实现）

以上例句显示，林州话的"咾"从依附于动词到动补后（小句句尾），再到句尾，从动作实现到事态实现，从现实再到可能，逐渐演变为表示可能的助词"咾"。其演变过程为我们上面所述"VC 了"的来源提供了有力的支持。

同样的情况，如果能在汉语史上找到证据，此推测便更加可信了。但到目前为止，只有柯理思先生（1995）在外国传教士19世纪末20世纪初所编写的北方官话课本中找到了有关记录，此外，还没有人从汉语史的角度进行过论证。但我们相信，这种在北方方言区分布范围广、使用频率高又极为活跃的能性述补格式在汉语史上不应该没留痕迹，① 因此，这个课题很值得进一步探讨和研究。

使用"VC 了"格式的方言中，"VC 了"带宾语的类型在大部分地区只有一种，即"VCO 了"，即"了"总是放在宾语的后边，这一种格式应该是方言从汉语史上继承下来的。浚县方言里，除了"VCO 了₃"格式，还有"VC 了₃O"和"VC 了₃O 了₃"两种类型。我们推测，后两种格式应该是方言区的人在使用过程中因类推而创造出来的。首先看"VC 了₃O"格式，人们可能将"VC 了₃"当作一种表达能性的固定形式，带宾语时就把宾语放在了它们后边。而"VC 了₃O 了₃"格式的类推心理则跟"了₃"本身的能性意义和句法位置不无关系，人们可能觉得说"VC 了₃O"还是不足以表达能性意义，在句尾又添加了一个"了₃"加以凸显，产生了"了₃"的衍生。

另据柯理思（1995；2000）报道，山东利津、德州、济南、河北遵化的"VC 了"格式能说成"VC 了了"，并推测，这种情况大概是

---

① 柯理思在《北方官话里表示可能的动词词尾"了"》（1995：267—278）中指出："这个可能词尾'了'分布不限于北方少数地区，而且不是一种已经被淘汰，或正在被淘汰过程中的个别现象。从它的分布情况来看，北京话反而显得很突出，北方话里说不定可能补语不用'得'的为多。我们的调查进一步证实了柯理思先生的说法，在浚县、安阳、林州、汤阴、鹤壁、卫辉、延津、淇县等豫北的广大地区都使用"VC 了"类型，而不使用"V 得 C"类型。

这些方言受格式"V了了"的影响，把"了了"当作表示可能的固定形式而进行的类推。① 这种情况在河北清苑、高阳、唐县、徐水、献县、滦县、曲州等方言也有。

可见，类推也是方言语法创新的一种很重要手段。

#### 8.4.3.2.2　"V 不 C"的来源

在共时平面上，"V 得 C"和"V 不 C"极为对称，但它们并不存在共生关系，"V 不 C"的来源跟"V 得 C"无关（蒋绍愚 1995；吴福祥 2002a）。那么在共时平面上不具有对称关系的"VC 了"和"V 不 C"同样没有共生关系，这一类型中的"V 不 C"跟"V 得 C/V 不 C"类型中的"V 不 C"并无二致，二者是同一种结构。换句话说，"V 不 C"是两种类型的能性述补格式共有的否定形式。

需要解释的是，在动词带宾语的层面上，浚县方言不同于普通话或其他方言，其否定的能性述补格式带宾语的类型有三种："V 不 CO""V 不 C 了$_3$O"和"V 不 CO 了$_3$"。其中"V 不 CO"是普通话和其他方言所共有的，这应该是从汉语史中继承下来的，浚县方言里这种格式也占绝对优势。但正如肯定形式中的创新一样，否定形式中的"V 不 C 了$_3$O"和"V 不 CO 了$_3$"也是方言类推的结果。在否定形式中，类推的力量明显来自"了$_3$"的能性意义，即在宾语前或宾语后添加一个"了$_3$"以凸显格式中的能性意义是类推的强大推动力。这种推动力甚至延及了不带宾语的"V 不 C"结构，即我们前文所说的，在浚县王庄乡"V 不 C"有时也可以说成"V 不 C 了$_3$"。

---

① 柯理思在《北方官话里表示可能的动词词尾"了"》中说"VC 了了""也可能是属于一种'僵化'现象，因为'V 了了'用的多所以发生一种类推作用，VC 后边的可能词尾'了'也说成'了了'了"（1995：267—278）。

# 第 9 章　浚县方言的语法系统及特点

本研究将浚县方言赖以表达语法意义的手段归纳为音变、重叠、附加、格式和语序四大类，但这些只是重要的语法手段，并不是全部，语调①就没有论及。这些语法手段中，音变是浚县方言表现最为突出的一种，它使得浚县方言的语法系统有别于现代汉语普通话或其他方言，形成了自己独特的个性特征。为了突出这种个性特征，前 2~8 章侧重从各种语法手段入手，对浚县方言的种种语法现象进行了详细描写和分析，但这种侧重容易将一些性质上相同的语法意义割裂开来，一定程度上掩盖了语法系统的整体面貌。为弥补这方面的不足，本章将较多地从各类语法意义②出发，一方面勾勒浚县方言语法系统的整体面貌，另一方面总结和归纳浚县方言语法系统的重要特点。

施其生先生（1995a）指出："从语义的功能看，语法意义可以分为两大类：修饰意义和结构意义。"③ 基于这一分类原则，本章对浚县方言语法系统的勾画和分析也从修饰性语法意义系统和结构性语法意义系统入手，分两节进行讨论。

---

① 论文开题时，麦耘老师提出了语调问题，认为语调也是表达语法意义的一种重要手段。本书没有论及主要是笔者学力所限，还驾驭不了这个问题，故只能把语调作为后续研究的课题了。

② 把性质相同的语法意义概括成类就是通常所说的语法范畴，但从系统的角度将各类语法意义都归入一定的范畴还存在一些难度，比如程度意义、范围意义、处置意义等归入何种范畴？好像也不能直接叫作程度范畴、范围范畴、处置范畴，故这里暂不使用语法范畴这个概念，仍叫作语法意义。成系统的语法意义如体貌意义、语气意义等，在具体讨论时也称为体貌系统、语气系统。

③ 引自施其生《论广州方言虚成分的分类》（1995a：117）。

## 9.1 修饰性语法意义系统及表达特点

修饰性语法意义指通过一定语法手段所表达的理性意义，这种意义不改变或不标记语言成分的功能类型。主要包括体貌意义、量意义、情态意义、语气意义、时间意义、程度意义、范围意义、情状意义、被动意义、处置意义、比较意义、指称意义等。

### 9.1.1 体貌意义

表 9-1 是浚县方言体貌系统的整体面貌。从表中可以看出，表达体貌意义的语法手段主要涉及音变、附加、重叠三种。

表 9-1　　　　　　　　　体貌意义

| | | | |
|---|---|---|---|
| 体貌 | 体 | 完成体 | 音变（D 变韵）·附加助词（罢、过） |
| | | 进行体 | 附加副词/助词（正、在那儿/这儿、嘞₅） |
| | | 持续体 | 音变（D 变韵）·附加副词/助词（在 + 那儿/这儿、嘞₅） |
| | | 经历体 | 附加助词（过） |
| | | 起始体 | 附加助词（开、起ᴴ） |
| | | 实现体 | 附加助词（了） |
| | 貌 | 短时貌 | 重叠（VV）·附加助词（一下ᶻ/一下儿） |
| | | 尝试貌 | 重叠（VV）·附加助词（一下ᶻ/一下儿、试试） |
| | | 随意貌 | 附加副词/助词（斗那、胡乱、随便儿、妥了） |

许多时候，一种语法意义并不止采用一种语法手段或一种语法形式表达。浚县方言的体貌系统中除经历体和实现体只采用一种语法手段（或一种语法形式）外，其他体貌意义的表达都不只是一种手段或一种形式。而两种或多种语法手段（或语法形式）表达一种语法意义的情况又存在着不同表现。

1. 有时候两种或多种形式各自独立，不能共现。比如完成体既可以用 D 变韵表达，也可以用附加"罢""过"准助词表达；起始体既可以用附加"开"表示，也可以用附加"起ᴴ"表示；短时貌和尝试貌可以用动词重叠和附加"一下ᶻ/一下儿"两种形式表示；随意貌可以通过附加"斗那""胡乱""随便儿"三种形式表示。这些形式是各自独立的，从不共现。

2. 有时候两种或多种形式是一种共现关系。比如进行体和持续体中的"正"、D变韵、"在那儿""嘞₅"等需要共现才可以表达进行或持续的意义；尝试貌中的"试试"和随意貌中的"妥了"也都不独立使用，前者需要跟动词重叠或动词附加"一下ᶻ/一下儿"共现，后者需要跟"斗那""胡乱""随便儿"共现。

一种语法意义使用多种手段或多种形式表达是一方面，另一方面，多种手段或多种形式所表达的同一种语法意义更多时候并不完全等同。浚县方言的体貌系统主要有以下两点表现：

1. 意义不等同，句法分布有交叉。比如同样表示完成，使用D变韵和附加"罢""过"不完全相同。D变韵是纯体标记形式，一般针对一个具体的动作过程而言，强调这个过程的完成或实现，"罢"和"过"只针对动词，强调动作本身的完结、完毕。这种不同虽然可以通过在句法中的不同分布或结合面来实现，但它们并不绝对对立，有的句法环境中，这些形式都可以出现，甚至可以互相替换。比如动词后有数量义成分时，D变韵、"罢""过"都可以出现，也可以互相替换（详见5.1.1.1完成体助词）。另外，起始体助词"开"和"起ᴴ"意义也不等同，但句法分布既有相同的地方，也有互补的地方（详见5.1.1.4起始体助词）。

2. 意义互补，句法分布不同。比如同样都表示动作进行，"正……嘞"和"在那儿/这儿……嘞"表达的意义互补，"正……嘞"表示正在进行，"在那儿/这儿……嘞"表示持续进行，二者的句法分布不同（详见5.1.1.2进行体、持续体助词）。

### 9.1.2 量意义

表9-2　　　　　　　　　　　量意义

| | | |
|---|---|---|
| 量 | 大小量 | 音变（名词儿化、量词儿化） |
| | 多少量 | 重叠（名词重叠、量词重叠、数量短语重叠、动词重叠、拟声词重叠） |
| | 程度量 | 音变（形容词短语儿化）·重叠（形容词重叠、副词重叠、生动式） |

我们把量意义分为大小量、多少量和程度量主要根据参与表达量意义语言成分本身的特点以及所表达量的特点确定的。大小量是指通过一定的语法手段对事物或单位等在大小方面予以标注的意义，比如名词和量词的儿化就是对同类事物或同类单位的较小者予以标注的语法手段，这种手段所表示的语法意义归入大小量意义。多少量是指通过一定的语法手段对事物、单位或动作等在多少方面或由于多少的不同形成不同结果予以标注的意义，比如单个量词只表示事物的单位，重叠之后表示遍指，数量上从少到多；单个动词一般表示一次性的动作行为，重叠之后表示一种可控的动作量，这种量也是多少方面的；名词、数量短语、拟声词重叠前意义不同，重叠后都可以表示多个事物或动作连续起来所构成的情状；所以我们把名词、量词、数量短语、动词和拟声词重叠所表达的语法意义归入多少量意义。程度量是指通过一定的语法手段对事物的性质、性状等在程度量方面予以标注的意义，比如形容词短语儿化是对事物度量衡程度方面的小予以标注的语法手段，这种语法手段表示的语法意义归入程度量意义；另外形容词重叠、副词重叠和一些生动形式与其基式相比都含有程度量的增加或减少，这些形式所表示的语法意义也归入程度量意义。

以上量意义的表达主要是通过音变和重叠手段实现的。

音变方面主要使用儿化形式，表达量意义时是小称标记。浚县方言的小称儿化不仅可以作用于名词、量词表示同类事物或同类单位的小，还可以作用于形容词短语表示程度量的小，是一种跨层级的语法表现。这种跨层级的语法表现不止浚县方言独有，其他方言如汕头、信宜、容县等方言也有（详见2.1）；也不只是小称儿化一种，重叠、附加方面也有跨层级的语法表现。

重叠方面几乎涉及浚县方言的各种重叠形式，主要表达多少量和程度量意义。重叠的主要语义功能是"使基式状态形容词化"，从本质上讲，基式与重叠式之间的区别实际上都包含一个量的问题（详见3.2），如果从更高的层面来概括这种语义功能的话，可以说重叠主要是表达量意义的一种语法手段。或者可以这样表述："使基式状态形容词化"之后的意义称为情状义，情状义是重叠式的语义特征，而这种语义是通过量化来实现的，重叠是量化的手段。跟音变中的小称儿化一样，重叠也是一种跨层级的语法手段，既可以在词的层面上活动，也可以在短语的层面上活动。在短语层面，汕头方言的表现尤为突出（施其生 1997a）。

### 9.1.3 情态意义

表 9-3　　　　　　　　　　情态意义

| | | |
|---|---|---|
| 情态 | 必然 | 附加副词/助动词（肯定、保准、反得、一定） |
| | 或然 | 附加助动词/副词（可能、大概、光冒、敢、敢是） |
| | 必要 | 附加助动词（得、该） |
| | 意愿 | 附加助动词（想、愿意） |
| | 可能 | 附加助动词/助词（能、会、了）·格式和语序（VC 了/V 不 C） |

情态意义跟语气意义有一定纠葛。现代汉语语法研究中，情态多被归入广义的语气系统，情态和语气不作严格区分。① 这里根据表达手段和具体语义的不同，把情态和语气分开讨论，情态意义主要采用附加助动词的手段，有时也使用语气副词或能性助词及其所构成的特定格式，表达说话者在必然、或然、必要、意愿和可能等方面的主观态度和情绪。语气意义主要采用附加语气副词、语气助词或使用语调等手段，表达说话者在陈述、祈使、疑问和情感等方面的主观态度和情绪。

浚县方言情态意义的表达主要使用了两种手段，一种是附加，另一种是格式和语序。附加手段中又使用了三种附加成分：助动词②、语气副词和能性助词。

助动词和语气副词是前置性的附加成分，它们都是针对整个谓语而言，表示说话人对整个谓语所述情况的主观评价意义。与普通话相比，浚县方言用于表达情态意义的助动词和语气副词没那么丰富，常用的成分见以上列表。

表示可能意义时，浚县方言还可以采用附加能性助词的手段，但能性助词与格式和语序是结合的关系，即能性助词总与特定的格式相

---

① 参看贺阳（1992）、齐沪扬（2002）。

② 由于助动词意义比较实在，前面章节没有涉及，但考虑到系统的完整性以及与其他手段的对比意义，这里把助动词也列在系统之中。

结合，并通过不同语序构成不同的形式。现代汉语普通话或方言中，表达可能意义的格式有两种，一种是"V 得 C/V 不 C"，另一种是"VC 了/V 不 C"，浚县方言使用的是后者。这两种类型的区别首先是附加的能性助词不同，前者为"得"，后者为"了"。其次是语序不同，前者的"得"位于动词和补语之间，后者的"了"位于补语后。在动词带宾语的层面上，浚县方言的肯定形式和否定形式都有三种语序类型，分别是"VCO 了""VC 了 O""VC 了 O 了"和"V 不 CO""V 不 C 了 O""V 不 CO 了"。这一点与普通话或使用"VC 了/V 不 C"的其他方言有很大不同，形成了浚县方言能性述补格式的独特之处（详见 8.4）。

### 9.1.4 语气意义

表 9-4 语气意义[①]

| 语气 | 功能 | 陈述 | 肯定 | 附加助词（啦、嘞$_6$、呗、呀） |
|---|---|---|---|---|
| | | | 否定 | 附加副词（不、没、冇、没冇、休、甭、白） |
| | | 祈使（请求命令） | | 附加助词（吧、呀）·音变（D 变韵） |
| | | 疑问 | 询问 | 附加助词（嘞$_6$、哟、呀、啦、么、吧）·格式和语序（VP 不 VP、VP 冇、A 还是 B） |
| | | | 反诘 | 附加助词（么、哟、嘞$_6$） |
| | 情感 | 不满 | | 附加副词/助词（才着、请、清、散焉、哟） |
| | | 估料 | | 附加副词/助词（光冒、约摸儿、敢、敢是、种、吧） |
| | | 愿望 | | 附加副词（望望儿、看、亏嘞、端$^D$） |
| | | 感叹 | | 附加副词/助词（真是、可、家、呀、嘞$_6$） |

语气是通过一定语法形式表达的说话人针对命题的一种主观态度、评价或感情（贺阳 1992；齐沪扬 2002），是附加在句子层面上的语法意义。根据语义功能的不同，语气意义可分为功能语气和情感语气。传统的研究把功能语气跟句子的类别相提并论，将功能语气又分为陈述、祈使、疑问和感叹四类，我们认为感叹语气更多地表达了说话人的情

---

[①] 这里的语气系统及其分类参照了齐沪扬《语气词及语气系统》（2002）中的分类标准，并结合了浚县方言的语言事实。

感，将其从功能类别中抽出归到了情感类别中。

语调、语气助词、语气副词和叹词被认为是表达语气意义的主要成分，对语气的研究也多局限在这几个方面。然随着研究的深入和细密化，其他表达语气的手段也逐步引起人们的注意，比如一定的格式、人称或时态成分等有时也可以表达某种语气意义（齐沪扬2002）。浚县方言表达语气意义的语法手段主要有音变（D变韵）、附加（语气副词、语气助词）、叹词、一定的格式和语调等。叹词和语调因本研究没有论及，没有纳入系统，暂不做讨论。以下归纳浚县方言语气系统的表达特点：

1. 用D变韵表示祈使语气（详见2.3.2形容词变韵）。这种现象本书是第一次报道，但这不是浚县方言的独有现象，据笔者调查，浚县周边的淇县、滑县、延津等地的方言也有。虽说这种意义的D变韵是由表示祈使语气的虚成分与前一音节的进一步融合，却代表了语法化过程中的一个重要阶段，丰富了语气系统的表达形式或表达手段。

2. 否定语气的表达浚县方言主要使用"不、没、冇、没冇、休、甭、白"等否定副词，其中"没、冇、没冇、甭、休"虽是从汉语史中继承来的，却走了与共同语不尽相同的演变路径，形成了方言富有个性的否定表达方式（详见4.1.5否定副词及4.2"没、冇和没冇"）。

3. 疑问语气中表达询问手段时，普通话或其他方言可以采用疑问语气助词和一定的疑问格式，浚县方言里没有"吗"字类疑问语气助词，这跟浚县方言反复问系统中"VP不VP"和"VP冇"成互补分布的格局有直接关系（详见8.2），是浚县方言在此方面的个性表现。

4. 语气意义比较虚灵，反映说话人的主观态度，因此，每种语气意义都可以再加细分，都不止一种表达形式；如"啦、嘞$_6$、呗、呀"都可以表达肯定语气，但在具体的次类意义上又各有侧重。"啦"侧重解释、提醒，"嘞$_6$"侧重夸张、感叹，"呗"侧重不屑、不在乎，"呀"侧重提醒、劝告。有时候，一种形式在不同的语境中还可以表达多种语气意义。如语气助词"嘞$_6$"可以表达肯定、疑问、反诘和感叹等多种语气。

## 9.1.5 时间意义

表9–5　　　　　　　　　　时间意义

| 时间 | 绝对时间 | 附加时间频率副词（正、登时、先、后、才、立马儿、赶紧、快、要、经常、一直、压根儿、总是、轻易、又、再、还、将、都、随ᴰ、斗、随ᴰ斗、随ᴰ可、顷刻、老、终会儿、成天ᶻ、见天儿、天天儿、只根、就/斗豁儿、本质、有时儿、不定啥时、绷个仁儿、使嘞猛嘞、一弄、弄不弄等） |
|---|---|---|
| | 相对时间 | 附加时间助词（□［·xuə］） |

这里的时间意义与通常所说的时制（Tense）相对应，是从外部对事件的时间进行的观察，主要指某一事件相对于参照时间点的先后关系或同时关系。以说话时间为参照点的时间意义叫绝对时间，又分过去时、现在时和将来时；以说话时间以外的时间为参照点的时间意义叫相对时间，又分先事、当事和后事。①

时间意义，不同语言有不同的表达方式，印欧语通过形态手段表达，汉语多使用时间名词或附加时间频率副词等表达。时间名词属于词汇手段，暂不讨论。本研究把在谓词性成分前附加时间副词、频率副词的手段归入语法手段。浚县方言表示时间意义时采用了附加时间频率副词和附加时间助词的语法手段。

1. 时间频率副词是前置性的附加成分，用在谓词性成分前主要表示以说话时间为参照点的绝对时间意义。这方面，浚县方言中"随ᴰ、斗、随ᴰ斗、随ᴰ可、顷刻、终会儿、只根、就/斗豁儿、本质、绷个仁儿、使嘞猛嘞、弄不弄"等副词或准副词的使用颇具地方特色（详见4.1.1 时间频率副词）。

2. 在谓词性成分或小句后附加时间助词"□［·xuə］"是浚县方言时间意义表达的特殊之处。"□［·xuə］"只表示相对时间意义，即表示某一事件的发生时间总是以另一事件的发生时间为参照点，或为先

---

① 关于时制的意义和分类主要参照了龚千炎《汉语的时相时制时态》（1995：32—33）和张亚军《副词与限定描状功能》（2002：194）。

事，或为当事，或为后事，与以说话时间为参照点的绝对时间意义形成对应（5.1.3 时间助词）。这种表示相对时间意义的语言成分在河南、山西、陕西等地的方言中都有，且都是附加在谓词性成分之后，是一个语法化程度较高的语言形式，应当引起重视。

### 9.1.6 程度意义

表9-6　　　　　　　　　程度意义

| 程度 | 附加程度副词 | 太、够、真、怪、多、有点儿、更、还、最、些、铁、生、略稍、降、不咋儿、越发、越嘞越、很、饿不了、吃不住、慌、啥儿样等 |
|---|---|---|
| | 重叠 | 形容词重叠、副词重叠 |
| | 音变 | 形容词 D 变韵 |

这里的程度意义与前面在量系统中所说的程度量意义是从不同角度对程度进行的观察，程度意义是从高低、深浅角度进行的观察，如"她嘞脸儿些红<sub>她的脸很红</sub>"是指红的程度较高。程度量意义是对从量角度进行的观察，如"他只满一米七高儿<sub>他只有一米七</sub>"是说话人认为一米七是一个小程度量。程度与程度量有时候是相容并存的，如形容词重叠含有两种意义，比如"弄<sup>D</sup>桌<sup>Z</sup>擦嘞干净净嘞<sub>把桌子擦得干干净净的</sub>"一方面是说把桌子擦得很干净，另一方面还暗含"干净净嘞"在程度量上比"干净"高。

浚县方言程度意义的表达可以使用三种语法手段：附加程度副词、重叠和音变。

1. 附加程度副词有两种情形，一种是附加在谓词性成分前作状语；另一种是附加在谓词性成分后作补语，作补语时跟谓词性成分之间用结构助词"嘞"连接。作状语时既可以表示高程度意义，也可以表示低程度意义。作补语时只表示高程度意义（详见 4.1.2 程度副词）。

2. 用重叠手段表示程度意义时，浚县方言出现了一些特殊的语音变化模式。像形容词重叠式 AA 儿、ABB（ABB 儿）、BAA、Axx、Ayxx 等都有固定的读音（详见 3.1.4 形容词重叠），其中有些音节与基式相比发生了变化，属于伴随着重叠手段而产生的音变现象。①

3. 程度意义还可以用音变手段表示，即形容词发生变韵之后与语气助词"嘞"配合使用可以表示高程度意义，并带有夸张的语气（详见 2.3.2 形容词变韵）。这种现象至今也还没有见到过报道，但这一现象也并非浚县方言独有，据笔者调查，浚县周边的卫辉、淇县、内黄、滑县也有这种用法。

### 9.1.7 情状意义

表 9–7　　　　　　　　　　情状意义

| 情状 | 附加情状副词 | 胡、乱、瞎、白、偷偷儿、直接、使劲儿、硬、手把手、亲眼、很、胡乱、随便儿、斗那、当门儿、单门儿、出心、冷不丁、冷不防儿、一齐儿、赶ᴰ、伙、吃劲儿等 |
|---|---|---|
| | 重叠 | 绝大多数重叠式 |

情状意义指通过一定的语法手段所表示的事物的情状或动作行为进行的方式、状态等意义。浚县方言里，情状意义可以用状态形容词、附加情状副词或使用重叠手段表达。状态形容词是词汇手段，暂不讨论。情状副词是前置性的附加成分，主要附加在谓词性成分前表示动作行为进行的方式、状态等意义，情状副词不能描摹事物所具有的情状。用重叠手段所构成的许多重叠形式，绝大多数都具有描状作用，有些既可以描摹事物的情状，也可以表示动作行为的情状（详见 4.1.4 情状副词）。

### 9.1.8 范围意义

表 9–8　　　　　　　　　　范围意义

| 范围 | 附加范围副词 | 都、全、全都、总共、一共、只、也、满共、一满、只满、光、斗、净等 |
|---|---|---|

---

① 这一点是庄初升老师提醒指出的。

范围意义指通过一定的语法手段表示的对事物或动作行为在数量方面的限定意义。浚县方言里，范围意义主要通过附加范围副词的手段表达。这与普通话或其他方言基本相同，不同的是所使用的范围副词有些具有地方特色，如"满共、只满、一满"是浚县方言的特色词（详见4.1.3 范围副词）。

### 9.1.9 处置意义

表9-9　　　　　　　　　　处置意义

| 处置 | 附加介词 | 在/弄$^D$/把 |
|---|---|---|
| | 格式和语序 | (A) 在/弄$^D$/把 B + VP、(A/B) + V$^D$ + 复指性代词 + X |

处置意义的表达有两种手段，一种是附加介词，一种是使用格式和语序。实际上这两种手段常常是一种结合的关系。现代汉语普通话使用介词"把"来标记受事，并构成"(A) 把 B + VP"的格式表达处置意义。浚县方言标记受事的介词有"在""弄$^D$""把"三个，其中"把"借自普通话，但"在"和"弄$^D$"的来源与普通话或其他方言有别。"在"跟介引所在的介词相同，而"弄$^D$"则是由泛义动词虚化而来的（详见6.1.2.2 介词"在 [kai$^{213}$]、弄$^D$ [no$^{213}$]、把 [pa$^{213}$]"）。

另外，浚县方言里，部分处置义还可以使用没有介词的格式"(A/B) + V$^D$ + 复指性代词 + X"表达，其中 D 变韵和复指性代词成分是这一格式中的必要成分。这种格式与上海方言、苏州方言、汕头方言、泉州方言、粤方言（黄伯荣，1996；李如龙等，1997；李新魁等，1995）等使用受事前置并在动词后用复指性代词予以复指的格式具有类型上的一致性，其演化过程是平行的（详见8.3.2 代词复指型处置式）。

### 9.1.10 被动意义

表9-10　　　　　　　　　　被动意义

| 被动 | 附加介词 | 叫 |
|---|---|---|
| | 格式和语序 | NP$_1$ 叫（NP$_2$）+ VP |

被动意义也是使用附加介词与一定格式相结合的方式表达。浚县方

言表示被动意义所使用的格式和语序与普通话完全相同，不同的是所附加的介词，普通话有"被""叫""让""给"四个，浚县方言只使用"叫"，且"叫"字被动格式不用于表示积极意义的事件（详见6.1.2.1 介词"叫"）。

### 9.1.11　比较意义

表 9–11　　　　　　　　　比较意义

| 比较 | 附加介词 | 跟、比 |
|---|---|---|
| | 格式和语序 | X 跟$^D$Y 一般/一样 + AP/VP、X 跟$^D$Y 不一样、X 比$^D$/不比$^D$/没/有 Y + AP/VP、X 不递 Y |

比较意义的表达浚县方言与普通话基本相同，都可以使用附加介词或一定的格式和语序表达，附加介词时要和一定的格式和语序相结合。浚县方言表比较的特点是介词"跟"和"比"引进比较对象时要用变韵形式。

### 9.1.12　指称意义

与其他语法意义不同，指称意义是通过词汇手段表达的，前四章的描写和分析没有涉及，这里以表格的形式，把浚县方言里的人称代词、指示代词和疑问代词列举如下：

表 9–12　　　　　　　　　人称代词

| 代词 | | 单数 | 复数 | |
|---|---|---|---|---|
| | | | 包括式 | 排除式 |
| 三身代词 | 第一人称 | 我［uə$^{55}$］　俺［ɣan$^{55}$］ | 咱［tsan$^{42}$］ | 俺［ɣan$^{55}$］ |
| | 第二人称 | 你［ni$^{55}$］　恁［nən$^{55}$］ | 恁［nən$^{55}$］ | |
| | 第三人称 | 他（她）［t'a$^{55}$］ | □［iæ$^{42}$］ | |
| 非三身代词 | 自己 | 自$^H$［tsɿ$^{213}$］ | | |
| | 别人 | □［iæ$^{42}$］　别谁［piɛ$^{42}$·ʂei］　旁谁［p'aŋ$^{42}$·ʂei］　别嘞人［piɛ$^{42}$·lɛ zən$^{42}$］ | | |
| | 大家 | 咱大家［tsan$^{42}$ ta$^{213-21}$ tɕia$^{24}$］ | | |

表 9-13　　　　　　　　　　　指示代词和疑问代词

|  | 指示代词 | | 疑问代词 |
| --- | --- | --- | --- |
|  | 近指 | 远指 |  |
| 人或事物 | 这个/个体量词<br>这号儿/这慌 | 那个/个体量词<br>那号儿/那慌 | 啥　啥慌　谁　哪<br>谁家 |
| 处所 | 这儿/这个地张儿 | 那儿/那个地张儿 | 哪儿/哪个地张儿 |
| 时间 | 这会儿/时儿 | 那会儿/时儿 | 哪会儿/时儿　啥时儿 |
| 方式 | □着<br>[tʂɛ⁴²·tʂuə] | □着<br>[nɛ²¹³·tʂuə] | 咋　咋着<br>[tsa⁵⁵·tʂuə] |
| 情状 | 这样儿 | 那样儿 | 咋样儿　啥样儿<br>啥慌样儿 |
| 程度 | 镇　镇们 | 恁　恁们 | 多 [tuo⁵⁵] |
| 数量 |  |  | 几　几 [tɕiɛ⁵⁵]　多儿 |
| 原因 |  |  | 咋　为啥　□ [tsuai⁴²]<br>或□ [tsuai⁴²] 嘞 |

从特点上讲，浚县方言人称代词的单复数共用一种多是由合音而来的形式，如"俺""恁""□ [iæ⁴²]""自ᴴ [tsʅə²¹³]"分别是"我们""你们""人家""自个"的合音，它们既可以用于称代单数人称，也可以用于称代复数人称，其间的区分是通过上下文或一定语境实现的。指示代词和疑问代词中也有许多合音形式，如"□着 [tʂɛ⁴²·tʂuə]""□着 [nɛ²¹³·tʂuə]"是"这么着""那么着"的合音，"镇""恁"是"这么""那么"的合音，"啥""咋""多儿"分别是"什么""怎么""多少"的合音。另外，浚县方言用于方式和程度的指示代词和疑问代词存在着形式上的区别（见表 9-13），这跟普通话或其他一些方言使用相同的形式表现不同。

以上修饰性语法意义系统的表现显示，附加虚词以及使用格式和语序时，其语法意义较为稳固，一般一种形式专职于表达一种语法意义。音变和重叠手段比较活跃，它们参与了许多语法意义的表达。但音变手段和重叠手段的表现又不尽相同。如果说音变手段所表达的多种语法意义，是通过跟不同的语言成分共现进行区别的话，那么重叠手段所表达的多种语法意义，常常是同一种重叠形式同时具有的。就是说，音变所表示的多种语法意义都具有不同的句法分布特征,比如 D 变韵发生在动词或动结式上表示完成义,与"在那儿""嘞$_5$"共现表示持续义,形容词变韵与"嘞$_6$"共现表示程度义、与"些儿/点儿"共现表示祈使语气义,动词变韵与复指性代词共现表示处置义等。重叠所表达的多种语法意义常常是一种重叠形式本身所具有的。比如形容词的各种重叠形式本身既包含程度量的意义,也包含程度意义和情状意义,三者融在了一起。可见,相同的一个语法形式包含多种语法意义是重叠手段所独有的表达特点。

## 9.2 结构性语法意义系统及表达特点

从功能上讲,结构性语法意义不改变语言成分的理性意义,只改变或标记语言成分的结构功能类型,包括格意义、逻辑关系意义和功能标记意义等。

### 9.2.1 格意义

传统的语法研究中,"格"是指通过形态变化表示出来的名词、代词与句中其他词的语法关系,如英语中的主格、宾格、所有格等。这里所讲的"格"与之不同,是指底层结构中每一个名词成分与跟它有关动词之间的句法关系。这种格在表层结构中不一定通过名词或代词的形态变化表示出来,它也可以通过语序、附加成分、介词或其他方式来表现。[1]

现代汉语普通话或方言中,格主要是通过附加介词来表现的,不同的格对介词有一定的选择性,但有时候相同的格可以由几个不同的介词来表现。尤其后者,是现代汉语格系统中极富特色的一种现象。介词的作用主要是把它所标记的格与谓词性成分连接起来,因此,格意义从功能上讲是一种结构性语法意义。

---

[1] 转引自俞如珍、金顺德编著《当代西方语法理论》(1994:255)。

表 9–14　格意义

| 格 | | | | |
|---|---|---|---|---|
| | 时间处所 | 所在 | 附加介词 | 在 |
| | | 起点 | 附加介词 | 打、从、打从、押、搂 |
| | | 经由 | 附加介词 | 打、从、押、挨、搂、沿住、顺住 |
| | | 方向 | 附加介词 | 往、朝、照、照住、对住 |
| | | 终点 | 附加介词 | 到$^D$·音变（D 变韵） |
| | | 距离 | 附加介词 | 离 |
| | 施事受事 | 施事 | 附加介词 | 叫 |
| | | 受事 | 附加介词 | 在、弄$^D$、把 |
| | 关涉对象 | 关涉 | 附加介词 | 对、给 |
| | | 替代 | 附加介词 | 替$^D$ |
| | | 协同 | 附加介词 | 跟$^D$ |
| | | 比较 | 附加介词 | 比$^D$ |
| | | 包括 | 附加介词 | 带$^D$、连、连……带$^D$…… |
| | | 排除 | 附加介词 | 除$^D$、除出$^H$ |
| | 工具依据 | 工具 | 附加介词 | 使$^D$、搁、掌$^D$、用、拿 |
| | | 依据 | 附加介词 | 趁$^D$、趁住、问、按$^D$、按住、照照住、比住、依$^D$、凭、论、可、可住、尽$^D$ |
| | 原因目的 | 原因 | 附加介词 | 汤为 |
| | | 目的 | 附加介词 | 为$^D$ |

浚县方言的格意义系统，有以下几个表达特点：

1. 这个系统中，所在、距离、施事、替代、协同、比较、原因、目的格跟所附加的介词是一对一的关系，其他格意义的表示都不止使用一个介词，因此介词的丰富多彩也是浚县方言语法系统的特色之一。

2. 不同的介词在表示相同的格意义时并不都是完全等价的，有时候它们互有侧重，大致存在着分工。如同是表示方向的介词，"往"侧重于表示动向的处所，"往"字句所表示的动作一般是有方向性的移动。"朝"既可以表示动向的处所，也可以表示静态的朝向，静态的朝向指动作朝向何方，是非移动性的。"照""照住"一般只引进具体事物所代表的方向。

3. 有时候，同一种格所使用的不同介词在来源、使用频率或使用群体等方面存在着不同。如同是引进受事的介词，"在""弄$^D$"是浚县方言固有的成分，"把"是从普通话中借来的成分，在使用频率上"在""弄$^D$"明显比"把"高，"把"一般只在知识水平较高的群体中使用。

4. 由于表示格意义的介词多是由动词虚化而来，浚县方言有许多单音节介词常常以其源头词（动词）所具有的变韵形式进入格的表达系统，但这种变韵没有明确的语法意义，是动词变韵在虚化过程中所遗留的语音痕迹，只表现为一种句法强制性。这种现象至今还未见过报道，据推测应该不是孤立现象，其他有动词变韵的方言里也应该有同类表现。

5. 终点格意义的表达有两种表现，终点格位于动词前时，使用介词"到$^D$"介引；位于动词后时，使用 D 变韵表示（详见 2.3 D 变韵），显示了浚县方言中变韵手段的活跃特征。

### 9.2.2 逻辑关系意义

表 9-15  逻辑关系意义

| | | |
|---|---|---|
| 逻辑关系 | 附加联合连词 | 又……又……、一是……二是……、越……越……、一面……一面……、不止……还、又、再加上、要不……要不……、是……还是……、跟$^D$、再者说、甭说、不光……还……、不是……斗是、不递、斗是……也……等 |
| | 附加偏正连词 | 既然……就/斗……、因为、怪不嘞、不过、只是、不管、除非、只要、只有、假如说、哪怕、就/斗是……也……、就/斗算……也……、即便……也……、汤为、就/斗是、除$^D$、甭管、冲、脆、要是……（嘞话）、要……（嘞话）、望望儿、为$^D$、免嘞、省嘞等 |
| | 零形式 | |

逻辑关系意义是指语言结构体之间的各种逻辑关系，如并列、递进、选择、转折、因果、假设、条件等。逻辑关系意义可以用附加连词的手段来表达，连词对它所附加的语言成分没有理性意义的影响，只起到连接的作用；有时候，逻辑关系意义也可以使用零形式表达，即不附

加任何其他成分，只通过语言结构体本身的逻辑关系来显示。逻辑关系意义是语言结构体之间本身所具有的，从功能上说，属于结构性语法意义。

与普通话相比，浚县方言表达逻辑关系意义的连词不太丰富，据调查，在纯口语性的浚县方言中，零形式的使用更具普遍性。

### 9.2.3 功能标记意义

功能标记意义指对语言成分在结构功能上予以标记的语法意义。现代汉语普通话里，功能标记意义通常使用儿化、附加词缀或附加结构助词的手段实现的。

表 9–16　　　　　　　　　功能标记意义

| 功能标记 | 名词标记 | 音变 | 儿化、子变韵 |
|---|---|---|---|
| | 名词性成分标记 | 附加助词 | 嘞$_3$、个、那 |
| | 副词性成分标记 | 附加助词 | 嘞$_1$ |
| | 形容词性成分标记 | 附加助词 | 嘞$_2$ |
| | 补语标记 | 附加助词 | 嘞$_4$、个、那 |

浚县方言功能标记意义的表达有以下几个特点：

1. 音变方面除使用儿化形式外，普通话或别的方言使用子尾或相当于子尾的形式标记名词时，浚县方言是通过子变韵（Z 变韵）表示的。具体地说，就是一个语言成分使用了儿化韵或子变韵之后就具有名词的功能，如"尖"（形容词）→"尖儿"（名词）"盖"（动词）→"盖儿"（名词）"剪"（动词）→"剪$^z$剪子""骑车"（动宾短语）→"骑车$^z$"（名词）。

2. 副词性成分标记、形容词性成分标记、名词性成分标记和补语标记原本不同源，由于共同虚化机制的作用，到浚县方言里都不约而同地弱化为"嘞 [·lɛ]"，分别记作"嘞$_1$""嘞$_2$""嘞$_3$""嘞$_4$"，并与体貌助词"嘞$_5$"、语气助词"嘞$_6$"同音，形成了浚县方言颇具特色的"嘞"的丰富使用局面（详见 5.2"嘞"）。

3. "个"和"那"本来分别是量词和指示代词，但在某些句法环境中，二者明显产生了虚化，具有连接动宾关系或动补关系的结构功能。这一现象在现代汉语普通话或方言中有普遍共性，在某些南方方言里表现更为突出（详见 5.1.2 结构助词）。

在结构性语法意义系统中，除儿化和附加词缀（浚县方言表现为子变韵）以外，附加手段发挥着极为重要的作用，具体体现为附加介词、连词和结构助词。至此，我们不得不佩服施其生先生犀利的学术眼光，[①] 施先生将汉语里的虚成分分为修饰性的和结构性的两大类，并认为介词、连词和结构助词（施先生称为结词）都属于结构性虚成分，它们的作用主要在于表示被附加成分的结构功能（施其生，1995）。这种分析的眼光和分类的原则一方面是基于广州方言虚成分的本质特点，另一方面也是基于整个汉语或汉语方言里虚成分的本质特点，浚县方言的语法系统及其表现同样支持这种观点。

---

[①] 施其生先生在《论广州方言虚成分的分类》（1995a：117）中说道："虚成分都有一定的语法意义，从语义功能看，语法意义可以分为两大类：修饰意义和结构意义，因此虚成分从语义功能看，也有修饰性与结构性的分别。"

# 第 10 章　结语

汉语共同语语法和汉语方言语法存在着许多共性特征，方言语法研究应该在关注共性特征的同时，深入挖掘和探讨那些富有个性特征的语法现象和表现规律，并将其放在共同语法规律的框架中予以考察和分析。本研究从这一思路出发，在充分调查和充分描写的基础上，对浚县方言有特殊表现的语法现象做了深入细致的挖掘和探讨，得出以下几点结论：

（一）音变手段在浚县方言里表现突出。音变现象普通话和各个方言里都有，但作为一种语法手段，既成系统又成规模涉及范围又广的音变在浚县方言里表现极为突出。如浚县方言有成系统的儿化韵、子变韵和 D 变韵，它们都是由基本韵变来的，与基本韵有整齐的对应关系。其中儿化韵既是小称标记，也是名词性标记，并负载有一定的感情色彩和轻松、随意的口语色彩。子变韵（也称 Z 变韵），是方言中的子尾或相当于子尾的成分与前一语言成分的合音形式，浚县方言里的子变韵不和子尾词并存并用，它的语法功能是名词性标记，一般表示一类事物的统称。D 变韵包括动词变韵、形容词变韵、介词变韵和地名词变韵，其中介词变韵和地名词变韵没有明确的语法意义，动词变韵和形容词变韵可以表示体意义、格意义、程度意义和祈使语气意义等。

（二）有些语法手段是跨层级的，浚县方言在这方面有两点表现：一是同一种语法手段或语法形式既可以表达词法层面的语法意义，也可以表达句法层面的语法意义。如儿化在词法的层面是名词性小称标记，在句法的层面可以表达形容词短语所代表的程度量或数量的小。二是同一种语法手段其活动的范围是跨层级的。如子变韵表达的是词法层面的名词标记意义，但子变韵活动的范围涉及语素、词和短语等多个层面；

重叠和附加手段表达的是句法层面的语法意义，重叠手段涉及声母或韵母（一些生动形式）、语素、词和短语；附加手段也可以在词、短语或句子的层面活动。

（三）有些语法意义的表达，浚县方言采用了富有个性的语法形式。比如浚县方言一部分表示事物度量衡特征或数量的形容词跟指量词语等构成的短语可以发生儿化，儿化之后是小称形式，与名词、量词的指小功能具有同一性，用来表示形容词短语所代表的程度量或数量的小；表示动作完成或实现、动作持续、动作完成或状态实现的终点时，普通话或其他方言使用完成体助词、持续体助词或介词"在""到"等形式表达，浚县方言使用 D 变韵表达；表示夸张的程度意义和祈使语气意义时，浚县方言也可以使用"形容词变韵（D 变韵）＋嘞"和"形容词变韵（D 变韵）＋些儿/点儿"的形式表达；表示处置意义时，除了可以使用有介词标记的"（A）在/弄$^D$/把 B＋VP"格式以外，还可以使用无介词标记的"（A/B）＋V$^D$＋复指性代词＋X"表达；表示可能意义时，浚县方言采用的格式是"VC 了/V 不 C"，其中能性助词和语序都与普通话或南方方言有类型上的不一致。

（四）同一种语法形式常常是不同语法成分经过相同的发展演变或相同的语法化历程而形成的。比如 D 变韵形式的源头不止一个，分别是表示完结、完毕义的"了"、表示附着义的"著"、表示结果义的"得"等逐步虚化、分化并与前一音节进一步融合而来的。"嘞 [·lɛ]"也有多个来源，分别由指代词"地""底"、表完成的"得"、表存在的"在""在里"和表语气的"謦"演变虚化而来。

（五）具有相同源头的语法成分在有些方言中走了不同于共同语或其他方言的演化路径，形成了方言中特殊的表达形式。如浚县方言的否定成分"没""冇"和"没冇"与汉语共同语有相同的来源，却走了与汉语共同语不同的演化路径，是不同历史时期形成的相同的语义成分，其中的演变机制包括语言成分的同质兼并，"冇"和"没冇"都是兼并的结果。再如汉语史上早期的"VP－neg"都是反复问句，在共同语里，位于句尾的一部分否定词开始虚化，"VP－neg"句式发生了分化，否定词虚化的一部分"VP－neg"变成了现代汉语的"吗"字是非问。但相同的发展演变在浚县方言里没有发生，"VP－neg"句式仍保留了反复问的用法，但能进入这一格式的否定词只有"冇"，"VP 冇"又与另一种反复问格式"VP 不 VP"构成了表达上的互补，使得"VP – neg"中的否定词不具备进一步虚化的条件，直接阻碍和限制了"吗"字类疑问语气词的产生和出现，造成了浚县方言"吗"字类是非问的空缺。

　　本书首次对官话方言一个单点的语法进行全面、系统、深入的研究，填补了官话方言语法研究的空白。与已往研究不同的是，本书采用了全新的结构框架，先从语法手段入手，描写分析了各种语法形式所表达的语法意义，又从语法意义的角度对浚县方言语法的整体面貌进行了梳理、归纳和总结。限于篇幅和精力，本书对有些语法现象的描写和分析还欠细密，有些语法现象的成因仍需进一步深入探讨。相信，随着调查和认识的进一步深入，这些问题会在以后的研究中逐步解决。

# 参考文献

**期刊**

安华林：《信阳方言特殊的语法现象论略》，《信阳师范学院学报》1999年第2期。

贝罗贝：《早期"把"字句的几个问题》，《语文研究》1989年第1期。

蔡勇：《安山方言带双受事格的"把"字句》，《语言研究》2002年特刊。

曹广顺：《语气词"了"源流浅说》，《语文研究》1987年第2期。

曹广顺、龙国富：《再谈中古汉语处置式》，《中国语文》2005年第4期。

曹广顺、遇笑容：《中古译经中的处置式》，《中国语文》2000年第6期。

曹志耘：《南部吴语的小称》，《语言研究》2001年第3期。

巢宗祺：《苏州方言中"勒笃"等的构成》，《方言》1986年第4期。

陈浩：《〈水浒全传〉"得"的词义初探》，《语文研究》1984年第2期。

陈初生：《早期处置式略论》，《中国语文》1983年第3期。

陈法金：《泉州方言的述补结构》，《方言》1992年第3期。

陈立民：《论动词重叠的语法意义》，《中国语文》2005年第2期。

陈茂山：《忻州方言的"动词（形容词）＋顿唠"》，《语文研究》1990年第3期。

陈鹏飞：《豫北晋语语音演变研究》，博士学位论文，南开大学，2003年。

陈前瑞：《动词重叠的情状特征及其体的地位》，《语言教学与研究》2001年第4期。

陈淑梅：《鄂东方言中"箇"的用法》，《方言》1999年第1期。

陈淑梅：《谈鄂东方言的"V得得"》，《方言》2000年第3期。

陈卫恒：《林州方言"子"尾读音研究》，《语文研究》2003年第3期。

陈泽平：《福州话的否定词与反复疑问句》，《方言》1998年第1期。

陈泽平：《福州方言的结构助词及其相关的句法结构》，《语言研究》2001年第2期。

陈治文：《关于北京话里儿化的来原》，《中国语文》1965年第5期。

程琪龙、王宗炎：《兼语一般句式和把字句式的语义特征》，《语文研究》1998年第1期。

崔希亮：《"把"字句的若干句法语义问题》，《世界汉语教学》1995年第3期。

戴耀晶：《赣语泰和方言语法的完成体（上）》，《语文研究》1995a年第1期。

戴耀晶：《赣语泰和方言语法的完成体（下）》，《语文研究》1995b年第2期。

翟富生1999：《关于濮阳方言中的"咧"》，《濮阳教育学院学报》第2期。

丁全：《南阳方言韵母说略》，《南都学刊》1995年第5期。

丁全：《南阳方言中的程度副词》，《南都学刊》2000年第5期。

丁全：《南阳方言中的特殊副词》，《南都学刊》2001年第4期。

丁声树：《河南省遂平方言记略》，《方言》1989年第2期。

丁喜霞：《〈歧路灯〉助词"哩"之考察》，《古汉语研究》2000年第4期。

董绍克：《阳谷方言的儿化》，《中国语文》1985年第4期。

杜永道：《渭南话"把"字句的几种特殊现象》，《中国语文》1989年第2期。

杜永道：《华县话反复问句的几种特殊形式》，《中国语文》1990年第3期。

范晓：《动词的配价与汉语的把字句》，《中国语文》2001年第4期。

范方莲：《试论所谓"动词重叠"》，《中国语文》1964年第4期。

范继淹：《重庆方言名词的重叠和儿化》，《中国语文》1962年12月号。

范继淹：《论介词短语"在+处所"》，《语言研究》1982年第1期。

方梅：《北京话句中语气词的功能研究》，《中国语文》1994年第2期。

方平权：《"的"、"得"之辨及其由来》，《云梦学刊》1987年第3期。

方平权：《岳阳方言的介词"尽""驾""得"》，《云梦学刊》1998年第2期。

费春元：《说"着"》，《语文研究》1992年第2期。

冯爱珍：《福清话名词性后缀"囝"》，《中国语文》1991年第6期。

傅书灵、邓小红：《歧路灯句中助词"哩"及其来源》，《殷都学刊》1999年第2期。

高平平：《谈"把"字句中的动词叠用》，《汉语学习》1999年第5期。

高永奇：《浚县方言中的体貌系统初探》，《殷都学刊》2001年第2期。

葛本成：《信阳方言词语散论》，《河南大学学报》2000年第4期。

龚熙文：《洛阳方言的动词形容词考释》，《洛阳师专学报》1996年第4期。

郭攀：《丹江口方言"狠的"的复叠形式》，《方言》2002年第3期。

郭锐：《汉语动词的过程结构》，《中国语文》1993 年第 6 期。

郭锐：《过程和非过程——汉语谓词性成分的两种外在时间类型》，《中国语文》1997 年第 3 期。

郭熙：《"放到桌子上""放在桌子上""放桌子上"》，《中国语文》1986 年第 1 期。

郭熙：《河南境内中原官话的"哩"》，《语言研究》2005 年第 3 期。

郭建荣：《孝义方言动词的重叠式》，《语文研究》1987 年第 1 期。

郭小武：《"了、呢、的"变韵说》，《中国语文》2000 年第 4 期。

郭校珍：《山西晋语的疑问系统及其反复问句》，《语文研究》2005 年第 2 期。

郝维：《补语的可能式研究综述》，《汉语学习》2001 年第 3 期。

何天贞：《阳新三溪话的小称形式》，《语言研究》1982 年第 2 期。

何亚南：《汉语处置式探源》，《南京师大学报》2001 年第 5 期。

贺巍：《中和方言中的"吥"、"骨""圪"》，《中国语文》1959 年 6 月号。

贺巍：《中和方言的代词》，《中国语文》1962 年 1 月号。

贺巍：《获嘉方言韵母变化的功用举例》，《中国语文》1965 年第 4 期。

贺巍：《获嘉方言的连读变调》，《方言》1979 年第 2 期。

贺巍：《获嘉方言的表音字词头》，《方言》1980 年第 1 期。

贺巍：《济源方言记略》，《方言》1981 年第 1 期。

贺巍：《获嘉方言韵母的分类》，《方言》1982 年第 1 期。

贺巍：《获嘉方言形容词的后置成分》，《方言》1984a 年第 2 期。

贺巍：《洛阳方言记略》，《方言》1984b 年第 4 期。

贺巍：《河南省西南部方言的语音异同》，《方言》1985a 年第 2 期。

贺巍：《河南山东皖北苏北的官话（稿）》，《方言》1985b 年第 3 期。

贺巍：《冀鲁豫三省毗连地区的方言分界》，《方言》1986 年第 1 期。

贺巍：《获嘉方言的轻声》，《方言》1987 年第 1 期。

贺巍：《获嘉方言的代词》，《中国语文》1988 年第 1 期。

贺巍：《获嘉方言的语法特点》，《方言》1990 年第 2 期。

贺巍：《获嘉方言的疑问句》，《中国语文》1991 年第 5 期。

贺巍：《汉语方言语法研究的几个问题》，《方言》1992 年第 3 期。

贺巍：《中原官话的分区（稿）》，《方言》2005 年第 2 期。

贺阳：《试论汉语书面语的语气系统》，《中国人民大学学报》1992 年第 5 期。

侯精一：《平遥方言的动补式》，《语文研究》1981 年第 2 辑。

侯精一：《晋东南地区的子变韵母》，《中国语文》1985 年第 2 期。

侯精一：《垣曲方言用变调表示"子"尾》，《中国语文》1988 年第 4 期（署名米青）。

胡明扬：《语法形式和语法意义》，《中国语文》1958 年 3 月号。

胡明扬：《北京话的语气助词和叹词（上）》，《中国语文》1981a 年第 5 期。

胡明扬：《北京话的语气助词和叹词（下）》，《中国语文》1981b 年第 6 期。

胡双宝：《文水话的若干语法现象》，《语文研究》1981 年第 2 辑。

胡云晚：《洞口方言非能性"得"字研究》，《山西大学学报》2005a 年第 2 期。

胡云晚：《洞口方言能性"得"字研究》，《南昌大学学报》2005b 年第 3 期。

胡云晚：《湘西南洞口方言虚词研究》，博士学位论文，中山大学，2005c 年。

华培芳、华书琴：《荥阳方言合音词例释》，《平顶山师专学报》1995 年第 4 期。

黄敏：《试论"的时候"句的时间性》，《语言研究》1999 年第 2 期。

黄伯荣：《广州话补语宾语的词序》，《中国语文》1959 年 6 月号。

黄家教、詹伯慧：《广州方言中的特殊语序现象》，《语言研究》1983 年第 2 期。

黄群建：《湖北阳新方言的小称音变》，《方言》1993 年第 1 期。

黄雪贞：《永定（下洋）方言形容词的子尾》，《方言》1982 年第 3 期。

黄月圆：《把/被结构与动词重复结构的互补分布现象》，《中国语文》1996 年第 2 期。

江蓝生：《疑问语气词"呢"的来源》，《语文研究》1986 年第 2 期。

江蓝生：《"动词＋X＋地点词"句型中介词"的"探源》，《古汉语研究》1994 年第 4 期。

江蓝生：《处所词的领格用法与结构助词"底"的由来》，《中国语文》1999 年第 2 期。

蒋冀骋：《论明代吴方言的介词"捉"》，《古汉语研究》2003 年第 3 期。

蒋平、沈明：《晋语的儿尾变调和儿化变调》，《方言》2002 年第 4 期。

蒋绍愚：《内部构拟法在近代汉语语法研究中的运用》，《中国语文》1995 年第 3 期。

蒋绍愚：《把字句略论》，《中国语文》1997 年第 4 期。

蒋绍愚：《元曲中的把字句》，《语言研究》1999 年第 1 期。

蒋希文：《赣榆话儿化词的特殊作用》，《中国语文》1962 年 6 月号。

焦长华：《无为方言的反复问句"VP 没有？"的表述》，《南昌大学学报》1994 年第 2 期。

金昌吉：《谈动词向介词的虚化》，《汉语学习》1996 年第 2 期。

金立鑫：《"把 OV 在 L"的语义、句法、语用分析》，《中国语文》1993 年第 5 期。

金立鑫：《"把"字句的句法、语义、语境特征》，《中国语文》1997 年第 6 期。

金忠实：《"形容词＋着"格式的句法语义特点》，《汉语学习》1998 年第 3 期。

劲松：《北京话的语气和语调》，《中国语文》1992 年第 2 期。

竟成：《关于动态助词"了"的语法意义问题》，《语文研究》1993

年第 1 期。

柯理思:《北方官话里表示可能的动词词尾"了"》,《中国语文》1995 年第 4 期。

柯理思:《河北方言里表示可能的助词"了"》,载《首届官话方言国际会议学术讨论会论文集》,钱曾怡、李行杰主编,青岛出版社 2000 年版。

柯理思:《从普通话里跟"得"有关的几个格式去探讨方言类型学》,《语言研究》2001a 年第 2 期。

柯理思、刘叔学:《河北省冀州方言"拿不了走"一类的格式》,《中国语文》2001 年第 5 期。

孔令达:《关于动态助词"过$_1$"和"过$_2$"》,《中国语文》1986 年第 4 期。

李静:《平顶山方言语流音变的调查》,《平顶山师专学报》1999 年第 3 期。

李蓝:《西南官话名词和动词的重叠式(三)》(贵州大方方言名词和动词的重叠式),《方言》1987 年第 3 期。

李蓝:《贵州大方话的"到"和"起"》,《中国语文》1998 年第 2 期。

李宁、王小珊:《"把"字句的语用功能调查》,《汉语学习》2001 年第 1 期。

李荣:《温岭方言的变音》,《中国语文》1978 年第 2 期。

李荣:《官话方言的分区》,《方言》1985 年第 1 期。

李文:《敦煌变文集中受事主语句》,《镇江师专学报》1996 年第 2 期。

李改样:《芮成方言常用介词浅析》,《语文研究》1999 年第 1 期。

李国正:《四川话儿化词问题初探》,《中国语文》1986 年第 5 期。

李立成:《"儿化"性质新探》,《杭州大学学报》1994 年第 3 期。

李讷、安珊笛、张伯江:《从话语角度论证语气词"的"》,《中国语文》1998 年第 2 期。

李讷、石毓智:《论汉语体标记诞生的机制》,《中国语文》1997 年第 2 期。

李人鉴：《泰兴方言里的拿字句》，《中国语文》1962 年 8、9 月号。

李人鉴：《关于动词重叠》，《中国语文》1964 年第 4 期。

李如龙：《论汉语方言的类型学研究》，《暨南学报》1996 年第 2 期。

李如龙：《闽南方言的结构助词》，《语言研究》2001 年第 2 期。

李如龙：《论汉语方言的语流音变》，《厦门大学学报》2002 年第 6 期。

李素娟：《禹州方言中助词"哩"的用法》，《许昌师专学报》1998 年增刊。

李小凡：《苏州方言的体貌系统》，《方言》1998 年第 3 期。

李兴亚：《试说动态助词"了"的自由隐现》，《中国语文》1989 年第 5 期。

李延梅、汪沛：《陕北方言反复问句的句法形式》，《河南科技大学学报》2003 年第 3 期。

李延瑞：《"儿化"性质及普通话儿化韵的发展趋势》，《语文建设》1996 年第 10 期。

李宇明：《泌阳方言的儿化及儿化闪音》，《方言》1996a 年第 4 期。

李宇明：《泌阳话性质形容词的重叠及有关的节律问题》，《语言研究》1996b 年第 1 期。

李宇明：《动词重叠的若干句法问题》，《中国语文》1998 年第 2 期。

李宗江：《"V 得（不得）"与"V 得了（不了）"》，《中国语文》1994 年第 5 期。

厉兵：《长海方言的儿化和子尾》，《方言》1981 年第 2 期。

梁德曼：《西南官话名词和动词的重叠式（二）》（成都方言名词的重叠式），《方言》1987 年第 2 期。

梁玉璋：《福州方言的"切脚词"》，《方言》1982 年第 1 期。

梁玉璋：《福州方言的"囝"字》，《方言》1989 年第 3 期。

梁玉璋：《福州话"着"的词性与语法功能》，《语言研究》1990 年第 1 期。

梁忠东：《玉林话的小称变音》，《广西师范大学学报》2002 年第

3 期。

林焘：《现代汉语轻音与句法结构的关系》，《中国语文》1962 年 7 月号。

林华勇：《广东廉江方言助词研究》，博士学位论文，中山大学，2005a 年。

林华勇：《可控副词和非可控副词》，《语言研究》2005b 年第 1 期。

林立芳：《梅县方言的"同"字句》，《方言》1997 年第 3 期。

林连通：《福建永春方言的"仔"尾》，《中国语文》1988 年第 2 期。

蔺璜：《现代汉语介词的语法作用》，《语文研究》1997 年第 2 期。

刘坚：《乐平方言形容词"量"的表达式》，《语言研究》1993 年第 2 期。

刘坚、曹广顺、吴福祥：《论诱发汉语词汇语法化的若干因素》，《中国语文》1995 年第 3 期。

刘翠香：《山东栖霞方言中表示处所/时间的介词》，《方言》2004a 年第 2 期。

刘翠香、施其生：《山东栖霞方言相当于普通话"了"的虚成分》，《语文研究》2004 年第 2 期。

刘村汉、肖伟良：《广西平南白话形容词的重叠式》，《方言》1988 年第 2 期。

刘丹青：《苏州方言重叠式研究》，《语言研究》1986 年第 1 期。

刘丹青：《汉藏语系重叠形式的分析模式》，《语言研究》1988 年第 1 期。

刘丹青：《苏州方言的发问词与"可 VP"句式》，《中国语文》1991 年第 1 期。

刘丹青：《语法化中的更新、强化和叠加》，《语言研究》2001 年第 2 期。

刘丹青：《汉语中的框式介词》，《当代语言学》2002 年第 4 期。

刘冬冰：《开封方言记略》，《方言》1997 年第 4 期。

刘冬冰：《关于开封方言研究的视野》，《河南广播电视大学学报》2001 年第 3 期。

刘纶鑫：《江西上犹社溪方言的"子"尾》，《中国语文》1991年第2期。

刘宁生：《论"着"及其相关的两个动态范畴》，《语言研究》1985年第2期。

刘祥柏：《汉语方言体貌助词研究与定量分析》，《中国语文》2000年第3期。

刘晓然：《黄冈方言的后加成分"和你"》，《中国语文》2002年第3期。

刘雪春：《儿化的语言性质》，《语言文字应用》2003年第3期。

刘勋宁：《现代汉语句尾"了"的来源》，《方言》1985年第2期。

刘勋宁：《中原官话与北方官话的区别及〈中原音韵〉的语言基础》，《中国语文》1998年第6期。

刘勋宁：《现代汉语句尾"了"的语法意义及其解说》，《世界汉语教学》2002年第3期。

刘月华：《可能补语用法的研究》，《中国语文》1980年第4期。

刘月华：《动词重叠的表达功能及可重叠动词的范围》，《中国语文》1983年第1期。

刘月华：《动态助词"过$_2$过$_1$了"用法比较》，《语文研究》1988年第1期。

刘子瑜：《唐五代时期的处置式》，《语言研究》1995年第2期。

刘子瑜：《也谈结构助词"得"的来源及"V得C"述补结构的形成》，《中国语文》2003年第4期。

卢英顺：《谈谈"了$_1$"和"了$_2$"的区别方法》，《中国语文》1991年第4期。

陆丙甫：《从宾语标记的分布看语言类型学的功能分析》，《当代语言学》2001年第4期。

陆俭明：《关于现代汉语里的疑问语气词》，《中国语文》1984年第5期。

陆俭明：《"着（·Zhe）"字补议》，《中国语文》1999年第5期。

陆镜光：《粤语"得"字的用法》，《方言》1999年第3期。

罗福腾：《山东方言里的反复问句》，《方言》1996年第3期。

罗自群：《现代汉语方言"VP +（O）+在里/在/哩"格式的比较研究》，《语言研究》1999 年第 2 期。

罗自群：《现代汉语方言持续标记的类型》，《语言研究》2004 年第 1 期。

罗自群：《现代汉语方言表示持续意义的"住"》，《中国语文》2005 年第 2 期。

吕叔湘：《被字句把字句动词带宾语》，《中国语文》1965 年第 4 期。

吕叔湘：《把字句用法研究》，载《汉语语法论文集》增订本，商务印书馆 1982 年版。

吕叔湘：《与动词后得与不有关之词序问题》，载《汉语语法论文集》（增订本），商务印书馆 1982 年版。

吕文华：《"把"字句的语义类型》，《汉语学习》1994 年第 4 期。

吕枕甲：《运城方言两个表时间的助词》，《方言》1993 年第 2 期。

马真：《"把"字句补议》，《现代汉语虚词散论》，北京大学出版社 1985 年版。

马庆株：《时量宾语和动词的类》，《中国语文》1981 年第 2 期。

马庆株：《自主动词和非自主动词》，《中国语言学报》1988 年第 3 期。

马庆株：《数词、量词的语义成分和数量结构的语法功能》，《中国语文》1990 年第 3 期。

马文忠：《大同方言的"动 + 顿儿"》，《中国语文》1987 年第 2 期。

马文忠：《大同方言语助词"着"》，《中国语文》1992 年第 1 期。

马晓琴：《陕北方言的反复问句》，《广西大学学报》2004 年第 6 期。

麦耘《广州话以"佢"复指受事者的句式》，《第八届国际粤方言研讨会论文集》，中国社会科学出版社 2003 年版。

毛修敬：《动词重叠的语法性质语法意义和造句功能》，《语文研究》1985 年第 2 期。

梅祖麟：《现代汉语完成貌句式和词尾的来源》，《语言研究》1981

年第 1 期。

梅祖麟：《汉语方言里虚词"著"字三种用法的来源》，《中国语言学报》1988 年第 3 期。

梅祖麟：《唐宋处置式的来源》，《中国语文》1990 年第 3 期。

梅祖麟：《比较方法在中国》，1926—1998，《语言研究》2003 年第 1 期。

孟琮：《关于"着"的某些用法》，《中国语文》1963 年第 3 期。

莫超：《白龙江流域汉语方言的介词》，《甘肃高师学报》2004 年第 3 期。

木村英树：《关于补语性词尾"着/zhe/"和"了/le/"》，《语文研究》1983 年第 2 期。

潘家懿：《临汾方言里的"来"和"去"》，《语文研究》1984 年第 1 期。

庞可慧：《豫东方言的语法特点》，《商丘师范学院学报》2005 年第 3 期。

彭小川：《广州话的"V 得（O）"结构》，《方言》1998 年第 1 期。

彭小川：《广州话的动态助词"开"》，《方言》2002 年第 2 期。

钱惠英：《屯溪方言的小称音变及其功能》，《方言》1991 年第 3 期。

钱乃荣：《上海方言的语气助词》，《语言研究》1996 年第 1 期。

乔全生：《洪洞话的"去""来"》，《语文研究》1983 年第 3 期。

乔全生：《洪洞方言"着"的共时研究》，《语言研究》1989 年第 1 期。

乔全生：《山西方言"子尾"研究》，《山西大学学报》1995 年第 3 期。

乔全生：《晋语附加式构词的形态特征》，《山西大学学报》1996a 年第 3 期。

乔全生：《试论北京话、晋南话对唐以来助词"着"的类化作用》，《语文研究》1996b 年第 2 期。

乔全生：《从洪洞方言看唐宋以来助词"着"的性质》，《方言》1998 年第 2 期。

乔全生：《山西方言"儿化、儿尾"研究》，《山西大学学报》2000年第5期。

桥本万太郎：《现代吴语的类型学》，《方言》1979年第3期。

桥本万太郎：《北方汉语的结构发展》，《语言研究》1983年第1期。

桥本万太郎：《汉语被动式的历史·区域发展》，《中国语文》1987年第1期。

饶长溶：《福建长汀方言动词的体貌》，《中国语文》1996年第6期。

饶长溶：《长汀方言助词"嚟"和"咧"》，《语文研究》1996年第2期。

沙平：《福州方言词"掏"的语法、语义功能》，《中国语文》2000年第3期。

邵敬敏、王鹏翔：《陕北方言的正反是非问句》，《方言》2003年第1期。

沈明：《太原话的"给"字句》，《方言》2002年第2期。

沈明：《山西方言的小称》，《方言》2003年第4期。

沈慧云：《晋城方言的"子尾"变调》，《语文研究》1983年第4期。

沈慧云：《晋城方言的助词"哈"和"咾"》，《语文研究》2003年第4期。

沈家煊《类型学中的标记模式》，《外语教学与研究》1997年第1期。

沈家煊：《"在"字句和"给"字句》，《中国语文》1999年第2期。

沈家煊：《如何处置"处置式"》，《中国语文》2002年第5期。

施关淦：《"给"的词性及与此相关的某些语法现象》，《语文研究》1981年第2辑。

施其生：《汕头方言的持续情貌》，《中山大学学报》1984年第3期。

施其生：《闽、吴方言持续貌形式的共同特点》，《中山大学学报》

1985 年第 4 期。

施其生：《汕头方言的反复问句》，《中国语文》1990a 年第 3 期。

施其生：《汕头方言的结构助词"咀"》，《语言文字论集》，广东人民出版社 1990b 年版。

施其生：《广州方言元音音位再探讨》，第二届国际粤方言研讨会论文集》，暨南大学出版社 1990c 年版。

施其生：《广州方言的介音》，《方言》1991 年第 2 期。

施其生：《汕头方言的人称代词》，《方言》1993 年第 3 期。

施其生：《论广州方言虚成分的分类》，《语言研究》1995a 年第 1 期。

施其生：《汕头方言的指示代词》，《方言》1995b 年第 3 期。

施其生：《论"有"字句》，《语言研究》1996a 年第 1 期。

施其生：《广州方言的"量 + 名"组合》，《方言》1996b 年第 2 期。

施其生：《汕头方言的"了"及其语源关系》，《语文研究》1996c 年第 3 期。

施其生：《汕头方言表示"在"的介词》，《中山大学学报》1996d 年第 6 期。

施其生：《汕头方言的体》，载张双庆主编《动词的体》，香港中文大学中国文化研究所吴多泰中国语文研究中心出版社 1996e 年版。

施其生：《论汕头方言中的"重叠"》，《语言研究》1997a 年第 1 期。

施其生：《汕头方言量词和数量词的小称》，《方言》1997b 年第 3 期。

施其生：《汕头方言的介词》，载李如龙、张双庆主编《介词》，暨南大学出版社 2000a 年版。

施其生：《闽南方言中性问句的类型及其变化》，载《语言变化与汉语方言》，美国华盛顿大学、台湾中央研究院语言学研究所筹备处联合出版，台北，2000b 年。

施其生：《论汉语词组的"形态"》，广东省中国语言学会 2003 年年会论文，12 月，梅州，2003 年。

施其生：《〈汕头话读本〉所见潮州方言中性问句》，中国东南部方言比较研究计划会议论文，上海，2005a 年。

施其生：《汉语语言成分的同质兼并》，广东省中国语言学会 2005 年年会论文，12 月，深圳，2005b 年。

施其生：《粤语的"有"、"冇"、"唔"、"未"、"唔曾"》，2005 年第十届国际粤方言研讨会论文，12 月，香港，2005c 年。

石汝杰、刘丹青：《苏州方言量词的定指用法及其变调》，《语言研究》1985 年第 1 期。

石毓智：《"V 得 C"和"V 不 C"使用频率差别的解释》，《语言研究》1990 年第 2 期。

石毓智：《试论汉语的句法重叠》，《语言研究》1996 年第 2 期。

石毓智：《论汉语的结构意义和词汇标记之关系》，《当代语言学》2002a 年第 1 期。

石毓智：《量词、指示代词和结构助词的关系》，《方言》2002b 年第 2 期。

石毓智、刘春卉：《汉语方言处置式的代词回指现象及其历史来源》，《语文研究》2008 年第 3 期。

史素芬：《山西武乡方言的疑问句》，《语文研究》2000 年第 3 期。

史素芬：《山西武乡方言的选择问句》，《语文研究》2002 年第 2 期。

史有为、马学良：《说"哪儿上的"及其"的"》，《语言研究》1982 年第 1 期。

宋秀令：《汾阳方言中的"的"》，《语文研究》1988 年第 2 期。

宋玉柱：《关于"把"字句的两个问题》，《语文研究》1981a 年第 2 辑。

宋玉柱：《关于时间助词"的"和"来着"》，《中国语文》1981b 年第 4 期。

宋玉柱：《林县方言的几个语法特点》，《语言研究论丛》第二辑，天津人民出版社 1982 年版。

宋玉柱：《"把"字句、"对"字句、"连"字句的比较研究》，载《现代汉语语法论集》，北京语言学院出版社 1996 年版。

孙朝奋:《再论助词"着"的用法及其来源》,《中国语文》1997年第2期。

唐健雄:《河北方言的程度表示法》,《河北师范大学学报》2000年第4期。

唐玉环:《石门方言中的"把"、"给"、"让"》,《娄底师专学报》2000年第1期。

陶红印、张伯江:《无定式把字句在近、现代汉语中的地位问题及其理论意义》,《中国语文》2000年第5期。

陶玉霞、王东:《河南罗山县朱堂话的"得"》,《殷都学刊》2000年第2期。

田希诚:《临汾方言语法的几个特点》,《语文研究》1981年第2辑。

田希诚:《山西和顺方言的子变韵母》,《中国语文》1986年第5期。

田希诚、吴建生:《山西晋语区的助词"的"》,《山西大学学报》1995年第3期。

涂光禄:《贵阳方言的名词重叠式》,《方言》1987年第3期。

涂光禄:《贵阳方言的重叠式》,《方言》2000年第4期。

万幼斌:《鄂州方言的儿化》,《方言》1990年第2期。

汪平:《贵阳方言的语法特点》,《语言研究》1983年第1期。

汪平:《苏州方言的"仔、哉、勒"》,《语言研究》1984a年第2期。

汪平:《苏州话里表疑问的"阿、䏧、啊"》,《中国语文》1984b年第5期。

汪平:《湖北省西南官话的重叠式》,《方言》1987年第1期。

汪国胜:《湖北大冶话的情意变调》,《中国语文》1996年第5期。

汪国胜:《可能式"得"字句的句法不对称现象》,《语言研究》1998年第1期。

汪国胜:《湖北方言的"在"和"在里"》,《方言》1999年第2期。

汪化云:《团风方言的儿尾》,《方言》1999年第4期。

汪化云：《"箇"在湖北东部方言中的语法化》，第 11 届全国汉语方言年会论文，2003 年。

王东、罗明月：《河南罗山方言"把＋O＋V＋它"式处置式》，《信阳师范学院学报》2007 年第 6 期。

王芳：《安阳方言中的语缀"的"》，《殷都学刊》2000 年第 1 期。

王还：《动词重叠》，《中国语文》1963 年第 1 期。

王还：《"把"字句中"把"的宾语》，《中国语文》1985 年第 1 期。

王还：《再谈现代汉语词尾"了"的语法意义》，《中国语文》1990 年第 3 期。

王晖：《汉语共同语处置句与方言处置句句型比较》，《东方论坛》1997 年第 3 期。

王卉：《（陕西省）关中地区河南方言的人称代词》，《松辽学刊》2001 年第 3 期。

王森：《甘肃临夏方言的两种语序》，《方言》1993 年第 3 期。

王森：《荥阳（广武）方言的合音词和分音词》，《语言研究》1994 年第 1 期。

王森：《临夏方言的儿化音变》，《语言研究》1995 年第 1 期。

王森：《济源方言形容词的级》，《语言研究》1996 年第 2 期。

王森：《郑州荥阳（广武）方言的变韵》，《中国语文》1998 年第 4 期。

王艾录：《祁县方言动词结果体的内部屈折》，《语言研究》1992 年第 1 期。

王红旗：《"把"字句的意义究竟是什么》，《语文研究》2003 年第 2 期。

王洪君：《汉语常用的两种语音构词法》，《语言研究》1994 年第 1 期。

王洪君：《从山西闻喜的小方言差异看 Z 变音的衰变》，《语文研究》2004 年第 1 期。

王鸿滨：《"除"字句溯源》，《语言研究》2003 年第 1 期。

王理嘉、王海丹：《儿化韵研究中的几个问题》，《中国语文》1991

年第 2 期。

王临惠:《临猗方言的子尾与子变韵母》,《山西师大学报》1993 年第 1 期。

王培基、吴新华:《关于青海口语语法的几个问题》,《中国语文》1981 年第 1 期。

王鹏翔:《陕北方言的疑问句》,《延安大学学报》2002 年第 3 期。

王绍新:《"得"的语义、语法作用衍变》,《语文研究》1985 年第 1 期。

王世华:《扬州话里两种反复问句共存》,《中国语文》1985 年第 6 期。

王廷贤:《天水方言的"子"尾》,《天水师范学院学报》2001 年第 3 期。

王希杰、华玉明:《论双音节动词的重叠性及其语用制约性》,《中国语文》1991 年第 6 期。

王希哲:《昔阳话的子变韵母和长元音》,《语文研究》1997 年第 2 期。

王政红:《"把"字句的情状类型及其语法特征》,《南京师大学报》1994 年第 4 期。

尉迟治平:《英山方言的儿尾》,《语言研究》1989 年第 2 期。

文练、胡附:《汉语语序研究中的几个问题》,《中国语文》1984 年第 3 期。

吴伶:《武汉方言的助词"在"》,《华中师范大学学报》1998 年专集。

吴福祥:《从"VP-neg"式反复问句的分化谈语气词"麽"的产生》,《中国语文》1997 年第 1 期。

吴福祥:《重谈"动+了+宾"格式的来源和完成体助词"了"的产生》,《中国语文》1998 年第 6 期。

吴福祥:《南方方言几个状态补语标记的来源(一)》,《方言》2001 年第 4 期。

吴福祥:《汉语能性补语结构"V 得/不 C"的语法化》,《中国语文》2002a 年第 1 期。

吴福祥：《南方方言几个状态补语标记的来源（二）》，《方言》2002b 年第 1 期。

吴福祥：《南方方言能性述补结构"V 得/不 C"带宾语的语序类型》，《方言》2003a 年第 3 期。

吴福祥：《再论处置式的来源》，《语言研究》2003b 年第 3 期。

吴继章：《魏县方言的"子"尾词》，《语文研究》2003 年第 2 期。

吴建生：《万荣方言的"子"尾》，《语文研究》1997 年第 2 期。

吴凌非：《论"了$_1$"和"了$_2$"》，《语言研究》2002 年第 1 期。

吴为章：《"X 得"及其句型》，《中国语文》1987 年第 3 期。

吴云霞：《万荣方言语法研究》，博士学位论文，厦门大学，2002 年。

吴振国：《关于正反问句和"可"问句分合的一些理论方法问题》，《语言研究》1990 年第 2 期。

伍巍：《广东曲江县龙归土话的小称》，《方言》2003 年第 1 期。

伍铁平：《词义的感染》，《语文研究》1984 年第 3 期。

伍巍、蒋尊国：《湘南蓝山土市话的处置式》，《方言》2005 年第 3 期。

武继山：《不止是大同方言说"动 + 顿儿"》，《中国语文》1990 年第 2 期。

向道华：《镇龙方言儿尾》，《首都师范大学学报》1998 年第 4 期。

项梦冰：《连城（新泉）话相当于北京话"的"字的语法成分》，《方言》1989 年第 1 期。

项梦冰：《连城（新泉）话的反复问句》，《中国语文》1990 年第 2 期。

项梦冰：《东南部汉语方言比较研究——关于东南方言结构助词的比较研究》，《语言研究》2001 年第 2 期。

萧斧：《早期白话中的"X 着哩"》，《中国语文》1964 年第 4 期。

萧国政：《"'这么'+形容词+'点儿'"格式及相关的句法语义问题》，《语言研究》2000 年第 1 期。

肖奚强：《"正（在）"、"在"与"着"功能比较研究》，《语言研究》2002 年第 4 期。

谢留文：《南昌县（蒋巷）方言的"子"尾和"里"尾》，《方言》1991年第2期。

谢留文：《客家方言的一种反复问句》，《方言》1995年第3期。

谢书民：《商丘方言的儿化音变》，《商丘师范学院学报》2004年第3期。

谢元春：《冷水江方言的"仔"和"卿"》，《湖南省政法管理干部学院学报》2002年第1期。

辛菊：《翼城方言"子"尾的特点》，《语文研究》1999年第1期。

辛永芬：《河南浚县方言的动词变韵》，《中国语文》2006年第1期。

辛永芬：《河南浚县方言的子变韵》，《方言》2006年第3期。

邢向东：《神木话的助词"着"》，《语文研究》1996年第3期。

熊正辉：《南昌方言的子尾》，《方言》1979年第3期。

徐丹：《北京口语中非指人的"他（它）"》，《方言》1989年第1期。

徐丹：《评介〈介词问题及汉语的解决办法〉》，《中国语文》1990年第6期。

徐丹：《北京话中的语法标记词"给"》，《方言》1992a年第1期。

徐丹：《汉语里的"在"与"着（著）"》，《中国语文》1992b年第6期。

徐丹：《关于汉语里"动词＋X＋地点词"的句型》，《中国语文》1994年第3期。

徐丹：《从北京话"V着"与西北方言"V的"的平行现象看"的"的来源》，《方言》1995年第4期。

徐丹：《从动补结构的形成看语义对句法结构的影响》，《语文研究》2001年第2期。

徐连祥：《动词重叠式VV与V一V的语用差别》，《中国语文》2002年第2期。

徐烈炯：《再论处置性代词句》，《中国语言学论丛》2003年第3辑，第46—62页。

徐烈炯、邵敬敏：《上海方言语法研究》，华东师大出版社1998

年版。

徐烈炯、邵敬敏：《"阿 V"及其相关疑问句式比较研究》，《中国语文》1999 年第 3 期。

徐思益：《语法结构的同一性和差别性》，《语文研究》1984 年第 3 期。

徐通锵：《宁波方言的"鸭"［ε］类词和"儿化"的残迹》，《中国语文》1985 年第 3 期。

徐阳春：《南昌方言的体》，《南昌大学学报》1999 年第 3 期。

许仰民：《信阳方言的声韵调系统及其特点》，《信阳师范学院学报》1994 年第 4 期。

薛凤生：《试论"把"字句的语义特征性》，《语言教学与研究》1987 年第 1 期。

薛凤生：《"把"字句和"被"字句的结构意义》，载《功能主义与汉语法》，戴浩一、薛凤生编，北京语言学院出版社 1994 年版。

严兆厚：《信阳方言中的特殊语言现象》，《信阳师范学院学报》1989 年第 4 期。

颜峰：《略论汉语方言儿化韵的历史演变》，《语言研究》2002 年特刊。

颜森：《黎川方言的仔尾和儿尾》，《方言》1989 年第 1 期。

杨蓓：《上海话"辣～"的语法功能、来源及其演变》，《方言》1999 年第 2 期。

杨平：《"动词+得+宾语"结构的产生和发展》，《中国语文》1989 年第 2 期。

杨平：《带"得"的述补结构的产生和发展》，《古汉语研究》1990 年第 1 期。

杨建国：《述补式发展试探》，《语法论集》第 3 集，中华书局 1959 年版。

杨荣祥：《近代汉语否定副词及相关语法现象略论》，《语言研究》1999 年第 1 期。

杨素英：《从情状类型来看"把"字句（上）》，《汉语学习》1998a 年第 2 期。

杨素英：《从情状类型来看"把"字句（下）》，《汉语学习》1998b 年第 3 期。

叶蓉：《关于非是非问句里的"呢"》，《中国语文》1994 年第 6 期。

叶国泉、唐志东：《信宜方言的变音》，《方言》1982 年第 1 期。

叶祖贵：《河南固始方言表处置的"V 头"及"头"的合音来源》，《中国语文》2009 年第 5 期。

一杉刚弘：《山东方言可能补语类型》，载钱曾怡，李行杰主编《首届官话方言国际会议学术讨论会论文集》，青岛出版社 2000 年版。

尹世超：《东北官话的介词》，《方言》2004 年第 2 期。

应雨田：《湖南安乡方言的儿化》，《方言》1990 年第 1 期。

游汝杰：《吴语里的反复问句》，《中国语文》1993 年第 2 期。

于江：《动词重叠研究概述》，《汉语学习》2001 年第 1 期。

于根元：《上海话的"勒勒"和普通话的"在、着"》，《语文研究》1981 年第 1 辑。

于红岩：《浅析"拿"字处置式》，《语文研究》2001 年第 3 期。

余蔼芹：《广东开平方言的中性问句》，《中国语文》1992 年第 4 期。

俞光中：《"V 在 NL"的分析及其来源献疑》，《语文研究》1987 年第 3 期。

俞咏梅：《论"在＋处所"的语义功能和语序制约原则》，《中国语文》1999 年第 1 期。

喻遂生：《重庆方言的"倒"和"起"》，《方言》1990 年第 3 期。

袁莉容：《说不尽的把字句》，《内蒙古师范大学学报》2003 年第 6 期。

袁毓林：《祈使句式和动词的类》，《中国语文》1991 年第 1 期。

袁毓林：《正反问句及相关的类型学参项》，《中国语文》1993 年第 2 期。

袁毓林：《从焦点理论看句尾"的"的句法语义功能》，《中国语文》2003 年第 1 期。

岳俊发：《"得"字句的产生和演变》，《语言研究》1984 年第

2 期。

詹伯慧：《浠水话动词"体"的表现方式》，《中国语文》1962 年 8、9 月号。

张博：《组合同化：词义衍生的一种途径》，《中国语文》1999 年第 2 期。

张崇：《"嵌 l 词"探源》，《中国语文》1993 年第 3 期。

张辉：《南阳方言的名词重叠式》，《南阳师范学院学报》2004 年第 11 期。

张静：《论汉语动词的重叠形式》，《郑州大学学报》1979 年第 3 期。

张黎：《"着"的语义分布及其语法意义》，《语文研究》1996 年第 1 期。

张敏：《从类型学和认知语法的角度看汉语重叠现象》，《国外语言学》1997 年第 2 期。

张宁：《昆明方言的重叠式》，《方言》1987 年第 1 期。

张伯江：《否定的强化》，《汉语学习》1996 年第 1 期。

张伯江：《现代汉语的双及物结构式》，《中国语文》1999 年第 3 期。

张伯江：《论"把"字句的句式语义》，《语言研究》2000 年第 1 期。

张成材：《商县方言动词完成体的内部屈折》，《中国语文》1958 年第 6 期。

张大旗：《长沙话"得"字研究》，《方言》1985 年第 1 期。

张光明：《忻州方言形容词的重叠式》，《方言》1992 年第 1 期。

张华文：《昆明方言"得"字用法》，《方言》1991 年第 2 期。

张惠英：《说"给"和"乞"》，《中国语文》1989 年第 5 期。

张其昀：《扬州方言"消极"性完成体标记"得"》，《中国语文》2005 年第 5 期。

张邱林：《陕县方言的儿化形容词》，《语言研究》2003 年第 3 期。

张生汉：《从〈歧路灯〉看十八世纪河南方言词汇》，《河南广播电视大学学报》2001 年第 4 期。

张寿康：《说"结构"》，《中国语文》1978年第4期。

张旺熹：《"把字结构"的语义及其语用分析》，《语言教学与研究》1991年第3期。

张旺熹：《"把"字句的位移图式》，《语言教学与研究》2001年第3期。

张先亮：《动词重叠研究中的几个问题》，《浙江师范大学学报》1997年第6期。

张小克：《长沙方言的介词》，《方言》2002年第4期。

张谊生：《论与汉语副词相关的虚化机制》，《中国语文》2000年第1期。

张振兴：《现代汉语方言语序问题的考察》，《方言》2003年第2期。

赵江：《洛阳方言中的若干古语词》，《语文研究》2002年第3期。

赵新：《动词重叠在使用中的制约因素》，《语言研究》1993年第2期。

赵秉璇：《晋中话"嵌l词"汇释》，《中国语文》1979年第6期。

赵冬梅：《关于小称的基本认识》，《语文学刊》2002年第2期。

赵清治：《长葛方言的动词变韵》，《方言》1998年第1期。

赵日新：《徽语的小称音变和儿化音变》，《方言》1999年第2期。

赵日新：《说"在"及相当于"在"的成分》，《语文研究》2001a年第4期。

赵日新：《形容词带程度补语结构的分析》，《语言教学与研究》2001b年第6期。

赵元任：《北京、苏州、常州语助词的研究》，《方言》1992年第2期。

赵月朋：《洛阳方言中的一些语法现象》，《中国语文》1958年7月号。

赵长才：《结构助词"得"的来源与"V得C"述补结构的形成》，《中国语文》2002年第2期。

郑杰：《现代汉语"把"字句研究综述》，《语言教学与研究》2002年第5期。

郑良伟：《台湾话动词重叠式的语义和语法特点》，《中国语文》1988年第6期。

郑远汉：《近代汉语结果式"得"字句》，《古汉语研究》1997年第4期。

郑张尚芳：《温州方言的儿尾》，《方言》1979年第3期。

郑张尚芳：《温州方言儿尾词的语音变化（二）》，《方言》1981年第1期。

钟兆华：《近代汉语完成态动词的历史沿革》，《语言研究》1995年第1期。

钟兆华：《汉语牵涉介词试论》，《中国语文》2002年第2期。

周磊：《乌鲁木齐话"给"字句研究》，《方言》2002年第1期。

周家筠：《成都话的"得"》，《四川大学学报》1983年第1期。

周庆生：《郑州方言的声韵调》，《方言》1987年第3期。

周小兵：《介词的语法性质和介词研究的系统方法》，《中山大学学报》1997年第3期。

周元琳：《安徽庐江方言的虚词"之"》，《方言》2000年第2期。

周祖瑶：《广西容县方言的小称变音》，《方言》1987年第1期。

朱德熙：《北京话、广州话、文水话和福州话里的"的"字》，《方言》1980年第3期。

朱德熙：《汉语方言里的两种反复问句》，《中国语文》1985年第1期。

朱德熙：《"V–neg–VO"与"VO–neg–V"两种反复问句在汉语方言里的分布》，《中国语文》1991年第5期。

朱德熙：《现代汉语形容词研究》，《朱德熙文集》第2卷，商务印书馆1999年版。

朱冠明：《湖北公安方言的几个语法现象》，《方言》2005年第3期。

朱建颂：《西南官话名词和动词的重叠式（武汉方言的重叠式）》，《方言》1987年第1期。

朱景松：《动词重叠式的语法意义》，《中国语文》1998年第5期。

祝克懿：《析"动+个+形/动"结构中的"个"》，《汉语学习》

2000年第3期。

祝敏彻：《论初期处置式》，《语言学论丛》1957年第1辑。

祝敏彻：《〈朱子语类〉中"地""底"的语法作用》，《中国语文》1982年第3期。

左林霞：《孝感话的"把"字句》，《孝感学院学报》2001年第5期。

**专著**

伯纳德·科姆里著：《语言共性和语言类型》，沈家煊译，华夏出版社1989年版。

曹广顺：《近代汉语助词》，语文出版社1995年版。

曾广平、张启焕、许留森：《洛阳方言志》，河南人民出版社1987年版。

曾毓美：《湘潭方言语法研究》，湖南大学出版社2001年版。

陈昌来：《介词与介引功能》，安徽教育出版社2002年版。

陈淑梅：《鄂东方言语法研究》，江苏教育出版社2001年版。

戴耀晶：《现代汉语时体系统研究》，浙江教育出版社1997年版。

戴昭铭：《五台方言初探》，中国社会科学出版社2003年版。

邓思颖：《汉语方言语法的参数理论》，北京大学出版社2003年版。

丁声树等著：《现代汉语语法讲话》，商务印书馆1961年版。

董绍克：《阳谷方言研究》，齐鲁书社2005年版。

方小燕：《广州方言句末语气助词》，暨南大学出版社2003年版。

菲尔墨著：《"格"辨》，胡明扬译，商务印书馆2002年版。

龚千炎：《语言文字探究》，北京语言学院出版社1994年版。

龚千炎：《汉语的时相时制时态》，商务印书馆1995年版。

贺巍：《获嘉方言研究》，商务印书馆1989年版。

贺巍：《洛阳方言研究》，社会科学文献出版社1993年版。

贺巍：《洛阳方言词典》，江苏教育出版社1996年版。

侯精一：《现代晋语的研究》，商务印书馆1999年版。

侯精一主编：《现代汉语方言概论》，上海教育出版社2002年版。

胡明扬：《词类问题考察》，北京语言文化大学出版社1996年版。

胡明扬：《胡明扬语言学论文集》，商务印书馆2003年版。

胡裕树、范晓主编：《动词研究综述》，山西高校联合出版社1996年版。

黄伯荣等编著：《汉语方言语法调查手册》，广东人民出版社2001年版。

黄伯荣主编：《汉语方言语法类编》，青岛出版社1996年版。

江蓝生：《近代汉语探源》，商务印书馆2000年版。

蒋绍愚：《近代汉语研究概况》，北京大学出版社1994年版。

蒋绍愚：《汉语词汇语法史论文集》，商务印书馆2000年版。

蒋绍愚、江蓝生：《近代汉语研究》（二），商务印书馆1999年版。

浚县地方史志编纂委员会编：《浚县志》，中州古籍出版社1990年版。

李珊：《动词重叠式研究》，语文出版社2003年版。

李如龙：《汉语方言的比较研究》，商务印书馆2001a年版。

李如龙：《汉语方言学》，高等教育出版社2001b年版。

李如龙 张双庆主编1997：《动词谓语句》，暨南大学出版社年版。

李如龙（主编）2002《汉语方言研究文集》，暨南大学出版社年版。

李如龙、张双庆（主编）1997《动词谓语句》，暨南大学出版社年版。

李如龙、张双庆（主编）1999《代词》，暨南大学出版社年版。

李如龙、张双庆（主编）2000《介词》，暨南大学出版社年版。

李思敬：《汉语"儿"［ɚ］音史研究》，商务印书馆1986年版。

李小凡：《苏州方言语法研究》，北京大学出版社1998年版。

李新魁、黄家教、施其生、麦耘、陈定方：《广州方言研究》，广东人民出版社1995年版。

刘丹青：《苏州方言的动词谓语句》，《动词谓语句》，暨南大学出版社1997年版。

刘丹青：《语序类型学与介词理论》，商务印书馆2003年版。

刘丹青：《语法调查研究手册》，上海教育出版社2008年版。

刘勋宁：《现代汉语研究》，北京语言文化大学出版社1998年版。

刘月华等著：《实用现代汉语语法》（增订本），商务印书馆 2001 年版。

卢甲文：《郑州方言志》，语文出版社 1992 年版。

卢甲文、胡曜汀、贾文：《河南方言资料》，河南人民出版社 1984 年版。

鲁允中：《轻声和儿化》，商务印书馆 2001 年版。

陆俭明、马真：《现代汉语虚词散论》（修订版），语文出版社 1999 年版。

罗杰瑞著：《汉语概说》，张惠英译，语文出版社 1995 年版。

吕叔湘：《汉语语法论文集》（增订本），商务印书馆 1984 年版。

吕叔湘：《中国文法要略》，《吕叔湘文集》第 1 卷，商务印书馆 1990 年版。

吕叔湘主编：《现代汉语八百词》，商务印书馆 1996 年版。

吕叔湘等著、马庆株编：《语法研究入门》，商务印书馆 1999 年版。

吕叔湘著，江蓝生补：《近代汉语指代词》，学林出版社 1985 年版。

马贝加：《近代汉语介词》，中华书局 2002 年版。

马庆株：《汉语语义语法范畴问题》，北京语言文化大学出版社 1998 年版。

马庆株：《著名中年语言学家自选集·马庆株卷》，安徽教育出版社 2002 年版。

马庆株：《汉语动词和动词性结构·一编》，北京大学出版社 2005 年版。

麦耘：《音韵与方言研究》，广东人民出版社 1995 年版。

孟琮、郑怀德、孟庆海、蔡文兰：《汉语动词用法词典》，商务印书馆 1999 年版。

莫超：《白龙江流域汉语方言语法研究》，中国社会科学出版社 2004 年版。

彭兰玉：《衡阳方言语法研究》，中国社会科学出版社 2005 年版。

齐沪扬：《语气词与语气系统》，安徽教育出版社 2002 年版。

齐沪扬、张谊生、陈昌来：《现代汉语虚词研究综述》，安徽教育出版社 2002 年版。

钱曾怡：《汉语方言研究的方法与实践》，商务印书馆 2002 年版。

钱奠香：《海南屯昌闽语语法研究》，云南大学出版社 2002 年版。

乔全生：《晋方言语法研究》，商务印书馆 2000 年版。

邵敬敏：《汉语语法的立体研究》，商务印书馆 2000 年版。

邵敬敏主编：《句法结构中的语义研究》，北京语言文化大学出版社 1998 年版。

邵文杰总纂：《河南省志·方言志》，河南人民出版社 1995 年版。

沈家煊：《不对称和标记论》，江西教育出版社 1999 年版。

沈家煊：《著名中年语言学家自选集·沈家煊卷》，安徽教育出版社 2002 年版。

沈家煊主编：《现代汉语语法的功能、语用、认知研究》，商务印书馆 2005 年版。

沈兴华：《黄河三角洲方言研究》，齐鲁书社 2005 年版。

施其生：《方言论稿》，广东人民出版社 1996 年版。

施其生：《汕头方言的动词谓语句》，《动词谓语句》，暨南大学出版社 1997 年版。

石毓智：《语法的认知语义基础》，江西教育出版社 2000 年版。

石毓智：《肯定和否定的对称与不对称》，北京语言文化大学出版社 2001a 年版。

石毓智：《现代汉语语法系统的建立》，北京语言大学出版社 2003 年版。

石毓智、李讷：《汉语语法化的历程》，京大学出版社 2001c 年版。

史有为主编：《从语义信息到类型比较》，北京语言文化大学出版社 2001 年版。

孙锡信：《近代汉语语气词》，语文出版社 1999 年版。

太田辰夫著：《中国语历史文法》（2 版），蒋绍愚、徐昌华译，北京大学出版社 2003 年版。

唐钰明：《著名中年语言学家自选集·唐钰明卷》，安徽教育出版社 2002 年版。

汪平：《方言平议》，华中科技大学出版社 2003 年版。

王还：《门外偶得集》，北京语言学院出版社 1994 年版。

王力:《汉语史稿》,中华书局1980年版,2001年第4次印刷。
王力:《中国现代语法》,商务印书馆1985年版。
王力:《汉语语法史》,商务印书馆2005年版。
王福堂:《汉语方言语音的演变和层次》,语文出版社1999年版。
王启龙:《现代汉语形容词计量研究》,北京语言大学出版社2003年版。
吴福祥、洪波主编:《语法化与语法研究》(一),商务印书馆2003年版
伍云姬主编:《湖南方言的动态助词》,湖南师范大学出版社1996年版。
伍云姬主编:《湖南方言的介词》,湖南师范大学出版社1998年版。
项梦冰:《连成客家话语法研究》,语文出版社1997年版。
邢福义:《语法问题思索集》,北京语言文化大学出版社1995年版。
邢福义主编:《汉语语法特点面面观》,北京语言文化大学出版社1999年版。
邢向东:《神木方言研究》,中华书局2002年版。
徐杰:《普遍语法原则与汉语语法现象》,北京大学出版社2001年版。
杨永龙:《〈朱子语类〉完成体研究》,河南大学出版社2001年版。
游汝杰:《汉语方言学导论》,上海教育出版社2000年版。
游汝杰:《著名中年语言学家自选集·游汝杰卷》,安徽教育出版社2003年版。
俞光中、植田均:《近代汉语语法研究》,学林出版社1999年版。
俞如珍、金顺德编著:《当代西方语法理论》,上海外语教育出版社1994年版。
袁晖、戴耀晶编:《三个平面:汉语语法研究的多维视野》,语文出版社1998年版。
袁家骅等著:《汉语方言概要》,语文出版社2001年版。
袁毓林:《汉语语法研究的认知视野》,商务印书馆2004年版。
詹伯慧主编:《汉语方言及方言调查》,湖北教育出版社2001年版。
张斌:《汉语语法学》,上海世纪出版集团、上海教育出版社2003

年版。

张赪：《汉语介词词组词序的历史演变》，北京语言文化大学出版社 2002 年版。

张伯江、方梅：《汉语功能语法研究》，江西教育出版社 1996 年版。

张惠英：《汉语方言代词研究》，语文出版社 2001 年版。

张启焕、陈天福、程仪：《河南方言研究》，河南大学出版社 1993 年版。

张双庆：《香港粤语的动词谓语句》，《动词谓语句》，暨南大学出版社 1997 年版。

张双庆：《香港粤语的代词》，《代词》，暨南大学出版社 1999 年版。

张双庆主编：《动词的体》，香港中文大学中国文化研究所吴多泰中国语文研究中心出版社 1996 年版。

张亚军：《副词与限定描状功能》，安徽教育出版社 2002 年版。

张一舟、张清源、邓英树：《成都方言语法研究》，巴蜀书社 2001 年版。

张谊生：《现代汉语副词研究》，学林出版社 2000 年版。

张谊生：《助词与相关格式》，安徽教育出版社 2002 年版。

张振兴：《著名中年语言学家自选集·张振兴卷》，安徽教育出版社 2002 年版。

赵元任：《北京口语语法》，商务印书馆 1979 年版。

周刚：《连词与相关问题》，安徽教育出版社 2002 年版。

朱德熙：《现代汉语语法研究》，商务印书馆 1980 年版。

朱德熙：《语法讲义》，商务印书馆 1982 年版。

朱德熙：《语法答问》，商务印书馆 1985 年版

朱德熙：《朱德熙文集》第 2、3 卷，商务印书馆 1999 年版。

# 附录1 常用子变韵例词

下面是子变韵母举例（子变韵母用上标"ᶻ"表示，零形式变韵用上标"⁰"表示，基本韵不标注以示区别），每个子变韵母另起一行，例字的基本韵母不同时，用竖线"｜"隔开。ər uɛ ʮə 韵所辖的字比较少，还没发现有相应的子变韵词，暂不列入。

[u]：胡⁰xu⁴² 谷⁰ku²⁴ 裤⁰k'u²¹³ 麸⁰fu²⁴ 肚⁰tu²¹³ 秃⁰t'u²⁴ 兔⁰t'u²¹³ 木梳⁰mu²⁴·ʂu 竹⁰tʂu²⁴ 炉⁰lu⁴²

[y]：钢锯⁰kaŋ²⁴tɕy²¹³ 曲⁰tɕ'y²⁴ 毛驴⁰mau⁴²ly⁴²

[ʅau]：小四ᶻau⁵⁵sʅau²¹³ 铁丝ᶻt'ie²⁴sʅau²⁴ 肉丝ᶻzou²¹³⁻²¹sʅau²⁴ 瓜子ᶻkua²⁴tsʅau⁵⁵ 菜籽ᶻts'ai²¹³⁻²¹tsʅau⁵⁵

[ʮau]：树枝ᶻʂʮ²¹³⁻²¹tʂʮau²⁴ 水池ᶻsuei⁵⁵tʂ'ʮau⁴² 狮ᶻsʮau²⁴ 柿ᶻsʮau²¹³ 面汁ᶻmian²¹³⁻²¹tʂʮau²⁴ 戒指ᶻtɕiɛ²¹³⁻²¹tʂʮau²⁴ 虱ᶻsʮau²⁴｜秃秃舌ᶻtu²⁴·tu sʮau⁴² 拉车ᶻla²⁴tʂ'ʮau²⁴

[ʯau]：柜橱ᶻkuei²¹³⁻²¹tʂ'ʯau⁴² 黍ᶻsʯau⁵⁵ 柱ᶻtʂʯau²¹³

[ɣau]：鸽ᶻkɣau²⁴ 纸盒ᶻtsʮ⁵⁵xɣau⁴² 炮壳ᶻp'au²¹³⁻²¹k'ɣau²⁴ 下巴颏ᶻɕia²¹³⁻²¹·pa k'ɣau²⁴ 毛克ᶻ（硬币）mau⁴²k'ɣau²⁴ 扑浪蛾ᶻpu²⁴·laŋ ɣau⁴² 个ᶻkɣau²¹³

[i:au]：鼻ᶻpi:au⁴² 秕ᶻpi:au⁵⁵ 箅ᶻpi:au²¹³ 梯ᶻt'i:au²⁴ 猪蹄ᶻtʂu²⁴t'i:au⁴² 鸡ᶻtɕi:au²⁴ 妮ᶻni:au²⁴ 刮头篦ᶻkua²⁴t'ou⁴²pi:au²⁴ 翻馍批ᶻfan²⁴muə⁴²p'i:au²⁴ 豆皮ᶻdou²¹³⁻²¹p'i:au⁴² 竹篾ᶻtʂu²⁴mi:au⁴² 椅ᶻi:au⁵⁵ 土坯ᶻt'u⁵⁵p'i:au²⁴ 鞋底ᶻɕiɛ⁴²ti:au⁵⁵ 李ᶻli:au⁵⁵ 衣裳里ᶻi²⁴·ʂaŋ li:au⁵⁵ 一季ᶻi²⁴⁻⁴²tɕi:au²¹³ 毛栗ᶻmau⁴²li:au²¹³ 面剂ᶻmian²¹³⁻²⁴tɕi:au²¹³ 席ᶻɕi:au⁴² 眭ᶻɕi:au²¹³ 胰ᶻ（肥皂）i:au⁴² 一滴ᶻ水i²⁴ti:au²⁴suei⁵⁵｜襟ᶻ（尿布）tɕi:au²¹³ 茄ᶻtɕ'i:au⁴² 镊ᶻni:au²⁴ 树

叶$^Z$ʂʅ$^{213-21}$ i:au$^{24}$ 蝴蝶$^Z$xu$^{24}$ti:au$^{42}$ 蝎$^Z$ɕi:au$^{24}$ 蝇拍$^Z$iəŋ$^{42}$p'i:au$^{24}$ 圪截$^Z$kɛ$^{24}$tɕi:au$^{42}$ 一截$^Z$i$^{24}$tɕi:au$^{42}$ | 楷$^Z$ pi:au$^{213}$ 一辈$^Z$i$^{24-42}$pi:au$^{213}$ 堤上$^Z$ti:au$^{24}$ʂæŋ$^{213}$

[uau]：木桌$^Z$mu$^{24}$tʂuau$^{24}$ 脖$^Z$ puau$^{42}$ 锉$^Z$（锉刀）ts'uau$^{24}$ 梭$^Z$suau$^{24}$ 手镯$^Z$ʂou$^{55}$tʂuau$^{42}$ 铁勺$^Z$t'iɛ$^{24}$ʂuau$^{42}$ 骡$^Z$luau$^{42}$一摞碗 i$^{24-42}$lu-au$^{213}$uan$^{55}$一撮$^Z$头发 i$^{24}$tsuau$^{55}$t'ou$^{42}$·fa 馃$^Z$ kuau$^{55}$白脖$^Z$（无知的人）pɛ$^{42}$puau$^{42}$ 老婆$^Z$lau$^{55}$p'uau$^{42}$ 锯末$^Z$tɕy$^{213-21}$muau$^{24}$ 黑雀$^Z$xɛ$^{24}$ts'uau$^{24}$水沫$^Z$ʂuei$^{55}$muau$^{24}$ 豁$^Z$xuau$^{24}$ 花朵$^Z$ xua$^{24}$tuau$^{55}$

[yau]：坐月$^Z$ tsuə$^{213-21}$ yau$^{24}$ 木橛$^Z$ mu$^{24}$tɕyau$^{42}$ 瘸$^Z$ tɕ'yau$^{42}$ | 豆角$^Z$ tou$^{213-21}$tɕyau$^{24}$ 菜角$^Z$ts'ai$^{213}$tɕyau$^{24}$发疟$^Z$ fa$^{24}$yau$^{24}$

[ɛu]：耳塞$^Z$ər$^{55}$ʂɛu$^{24}$ 色$^Z$ʂɛu$^{24}$ | 门台$^Z$mən$^{42}$t'ɛu$^{42}$ 束腰带$^Z$tʂ'u$^{24}$iau$^{24}$tɛu$^{213}$ 锅盖$^Z$ kuə$^{24}$kɛu$^{213}$ 小孩 au$^{24}$xɛu$^{42}$ 筛$^Z$ ʂɛu$^{24}$ 布袋$^Z$ pu$^{213-21}$tɛu$^{24}$ | 大妹$^Z$ta$^{213-24}$mɛu$^{213}$ 痱$^Z$fɛu$^{213}$

[uɛu]：拐$^Z$ kuɛu$^{55}$筷$^Z$ k'uɛu$^{213}$ | 玉蜀黍穗$^Z$ y$^{213-24}$ʂʅ$^{55-42}$·ʂʅ suɛu$^{213}$针锥$^Z$ tʂən$^{24}$tʂuɛu$^{213}$ 耳坠$^Z$ ər$^{55}$tʂuɛu$^{213}$ 扁嘴$^Z$pian$^{55}$ tsuɛu$^{213}$ 棒槌$^Z$paŋ$^{213-21}$ ·tʂ'uɛu

[ou]：豆$^0$ tou$^{213}$ 篓$^0$ lou$^{55}$ 钩$^0$ kou$^{24}$ 扣$^0$ k'ou$^{213}$猴$^0$ xou$^{42}$瘊$^0$ xou$^{42}$肘$^0$ tʂou$^{55}$

[iou]：袖$^0$ɕiou$^{213}$瘤$^0$ liou$^{42}$

[æ]：乒乓球案$^Z$p'iŋ$^{24}$p'aŋ$^{24}$tɕ'iou$^{42}$ɣæ$^{213}$ 尼姑庵$^Z$ni$^{42}$·ku ɣæ$^{24}$马鞍$^Z$ma$^{55}$ɣæ$^{24}$ 簪$^Z$tsæ$^{24}$ 床单$^Z$tʂ'uaŋ$^{42}$tæ$^{24}$ 毛毯$^Z$mau$^{24}$t'æ$^{55}$ 竹篮$^Z$tʂu$^{24}$læ$^{42}$ 大憨$^Z$ta$^{213-21}$xæ$^{24}$ 布衫$^Z$pu$^{213-21}$ʂæ$^{24}$ 鸡毛掸$^Z$tɕi$^{24}$mau$^{42}$t'æ$^{55}$ 猪肝$^Z$tʂu$^{24}$kæ$^{24}$ 电线杆$^Z$tian$^{213-24}$ɕian$^{213-21}$kæ$^{24}$ 甜秆$^Z$t'ian$^{42}$kæ$^{55}$ 铁蛋$^Z$t'iɛ$^{24}$tæ$^{213}$ 蒜瓣$^Z$suan$^{213-24}$pæ$^{213}$ 铁铲$^Z$t'iɛ$^{24}$tʂ'æ$^{55}$ 扳$^Z$pæ$^{24}$ 扇$^Z$ʂæ$^{213}$一大盘$^Z$i$^{24-42}$ta$^{213}$p'æ$^{42}$ 脚底板$^Z$tɕyə$^{24}$·ti pæ$^{55}$木头板$^Z$mu$^{24}$·t'ou pæ$^{55}$（棺材板）一扑滩$^Z$i$^{24}$p'u$^{24}$t'æ$^{55}$ 草苫$^Z$ts'au$^{55}$ʂæ$^{24}$ 算盘$^Z$su-an$^{213-21}$p'æ$^{24}$ 酒坛$^Z$tɕiou$^{55}$t'æ$^{42}$

[iæ]：冒尖$^Z$mau$^{213-21}$tɕiæ$^{24}$ 竹帘$^Z$tʂu$^{24}$liæ$^{42}$ 铁钳$^Z$ t'iɛ$^{24}$tɕ'iæ$^{42}$火焰$^Z$ xuə$^{55}$iæ$^{213}$ 一件$^Z$衣裳 i$^{24-42}$tɕiæ$^{213-21}$i$^{24}$·ʂaŋ 炮捻$^Z$ p'au$^{213-24}$niæ$^{213}$ 鞭$^Z$ piæ$^{24}$ 长辫$^Z$tʂ'aŋ$^{42}$piæ$^{213}$ 石碾$^Z$ʂʅ$^{42}$niæ$^{213}$ 剪$^Z$ tɕiæ$^{55}$ 毽$^Z$tɕiæ$^{213}$ 石灰面$^Z$ʂʅ$^{42}$xuei$^{24}$miæ$^{213}$ 毛线$^Z$ mau$^{42}$ɕiæ$^{213}$裤边$^Z$ k'u$^{213-21}$piæ$^{24}$

草垫^Z ts'au^55 tiæ^213　红薯片^Z xuəŋ^42 ʂʅ^213⁻²⁴ p'iæ^213　门帘^Z mən^42 liæ^42　铁链^Z t'iɛ^24 liæ^213　老虎钳^Z lau^42·xu tɕ'iæ^42　门槛^Z mən^42 tɕ'iæ^213　窟窿眼^Z k'u^24·luəŋ iæ^55　近视眼^Z tɕin^213⁻²¹·ʂʅ iæ^55　镰^Z liæ^55　黑烟^Z xɛ^24 iæ^24　房檐^Z faŋ^42 iæ^42

[uæ]: 丸^Z uæ^42　弯^Z uæ^24　缎^Z tuæ^213　线团^Z ɕian^213⁻²¹ t'uæ^42　瓦罐^Z ua^55 kuæ^213　水管^Z ʂuei^55⁻⁴² kuæ^55　橡^Z tʂ'uæ^42　一串^Z 柿饼 i^24⁻⁴² tʂ'uæ^213⁻²¹ ʂ'ʅ^213⁻²¹ piŋ^55　钢钻^Z kaŋ^24 tsuæ^213　捻捻转^Z nian^213⁻²⁴·nian tʂuæ^213

[yæ]: 饺子馅^Z tɕiau^55·tsʅ ɕyæ^213　榆钱^Z y^42 tɕ'yæ^213　花卷^Z xua^24 tɕyæ^55　一大圈^Z i^24⁻⁴² ta^213⁻²¹ tɕ'yæ^24　当院^Z taŋ^24 yæ^213　菜园^Z ts'ai^213⁻²¹ yæ^42

[æu]: 一脸麻^Z i^24 lian^55 mæu^42　煤渣^Z mei^42 tʂæu^24　树杈^Z ʂʅ^213⁻²⁴ tʂ'æu^213　饺子叉^Z tɕiau^55·tsʅ tʂ'æu^24　胡茬^Z xu^42 tʂ'æu^42　冇法^Z mau^24 fæu^24　裤衩^Z k'u^213⁻²¹ tʂ'æu^55　门插^Z mən^42 tʂ'æu^24　话把^Z xua^213⁻²⁴ pæu^213　一把 i^24 pæu^55　火把^Z xuə^55⁻⁴² pæu^55　马扎^Z ma^55 tʂæu^24　一口^Z 人（同辈人）i^24 fæu^42 zən^42　一耳巴^Z i^24 ər^55 pæu^24　一沓^Z 纸 i^24 tæu^213 tʂʅ^55　打靶^Z ta^55 pæu^55　笆^Z p'æu^42 捺^Z næu^213　｜　草帽^Z ts'au^55 mæu^213　剃头刀^Z t'i^213⁻²¹ t'ou^42 tæu^24　盖的套^Z kai^213⁻²¹·ti t'æu^213　脑^Z næu^55　羊羔^Z iaŋ^42 kæu^24　一道 i^24⁻⁴² tæu^213 铁鏊^Z（做饼的炊具）t'iɛ^24 yæu^213　糖包^Z t'aŋ^42 pæu^24 刨^Z pæu^213　后茅^Z（厕所）xou^213⁻²¹ mæu^42　花桃^Z xua^24 t'æu^42　灯罩^Z təŋ^24 tʂæu^213　衣胞^Z（胎衣）i^24 pæu^55

[iæu]: 衣裳夹^Z i^24·ʂaŋ tɕiæu^24　丝瓜架^Z sʅ^24·kua tɕiæu^213　豆芽^Z tou^213 iæu^42　一下 i^24⁻⁴² ɕiæu^213　瞎^Z ɕiæu^24　一家 i^24 tɕiæu^24　｜　小^Z（儿子）ɕiæu^55　水舀^Z ʂuei^55⁻⁴² iæu^55　一吊^Z i^24⁻⁴² tiæu^213 二半吊^Z ər^213⁻²¹ pan^213⁻²⁴ tiæu^213　面条^Z mian^213⁻²¹ t'iæu^42　檩条^Z lin^55 t'iæu^42　马唧了^Z（蝉）ma^55 tɕi^24 liæu^213　水瓢^Z ʂuei^55 p'iæu^42　树苗^Z ʂʅ^213⁻²¹ miæu^42　脚镣^Z tɕya^24 liæu^213　麻宜俏^Z（喜鹊）ma^42 i^213⁻²¹ tɕ'iæu^213　咕咕鹩^Z ku^24·ku miæu^55　材料^Z（对人的贬义词）ts'ai^42 liæu^213

[uæu]: 韭花^Z tɕ'iou^55 xuæu^24　汗褂^Z（衬衫）xuan^24 kuæu^213　刷^Z ʂuæu^24 尼龙袜^Z ni^42 luəŋ^42 uæu^24　鸡爪^Z tɕi^24 tʂuæu^55　牙花^Z（牙龈）ia^42 xuæu^24　凹^Z uæu^213　乡瓜^Z（乡巴老、土气）ɕiaŋ^24 kuæu^24　黑爪^Z xɛ²⁴ tʂuæu⁵⁵

[ən]：盆⁰ pʻən⁴² 婶⁰ ʂən⁵⁵ 坟⁰ fən⁴² 麻疹⁰ ma⁴² tʂən⁵⁵ 麦糁⁰ mɛ²⁴ ʂən²⁴

[in]：银⁰ in⁴² 窨⁰ in²¹³ 金⁰ tɕin²⁴ 妗⁰ tɕin²¹³ 药引⁰ yə²⁴ in⁵⁵

[uən]：蚊⁰ uən⁴² 草墩⁰ tsʻau⁵⁵ tuən²⁴ 一捆⁰ i²⁴ kʻuən⁵⁵ 村⁰ tsʻuən²⁴ 车轮⁰ tʂʻʅ²⁴ luən⁴² 棍 kuən²¹³ 石磙 ʂʅ⁴² kuən⁵⁵

[yən]：裙⁰ tɕʻyən⁴²

[æŋ]：鞋帮ᶻ ɕiɛ⁴² pæŋ²⁴ 白菜帮ᶻ pɛ⁴² tsʻai²¹³⁻²¹ pæŋ²⁴ 肉汤ᶻ ʐou²¹³⁻²¹ tʻæŋ²⁴ 堂ᶻ屋 tʻæŋ⁴² u²⁴ 一趟ᶻ i²⁴⁻⁴² tʻæŋ²¹³ 黄鼠狼ᶻ xuaŋ⁴² ʂʅ²¹³⁻²¹ læŋ²⁴ 屎壳郎ᶻ ʂʅ⁵⁵ ·kʻə læŋ²⁴ 大粗嗓ᶻ ta²¹³⁻²¹ tsʻu²⁴ sæŋ⁵⁵ 茶缸ᶻ tʂʻa⁴² kæŋ²⁴ 杠ᶻ kæŋ²¹³ 一行ᶻ i²⁴ xæŋ²¹³ 张ᶻ庄 tʂæŋ²⁴ ·tʂuaŋ 肠ᶻ tʂʻæŋ⁴² 上ᶻ午 ʂʻæŋ²¹³⁻²¹ ·u 半晌ᶻ pan²¹³⁻²¹ ʂʻæŋ⁵⁵ 瓜瓢ᶻ kua²⁴ zæŋ⁴² 一方ᶻ土 i²⁴ fæŋ²⁴ tʻu⁵⁵ 肩膀ᶻ tɕian⁴² pæŋ⁵⁵ 高圪挡ᶻ（高的土冈）kau²⁴ kɛ²⁴ tæŋ⁵⁵ 甜圪档ᶻ tʻian⁴² kɛ²⁴ tæŋ²¹³ 蚊帐ᶻ uən⁴² tʂæŋ²¹³ 拐杖ᶻ kuai⁵⁵ ·tʂæŋ 红薯秧ᶻ xuŋ⁴² ʂʅ²¹³⁻²¹ zæŋ²⁴

[iæŋ]：豆瓣儿酱ᶻ tou²¹³⁻²¹ por²¹³⁻²⁴ tɕiæŋ²¹³ 虹ᶻ tɕiæŋ²¹³ 泥瓦匠ᶻ ni⁴² ua⁵⁵ tɕiæŋ²¹³ 鞋样ᶻ ɕiɛ⁴² iæŋ²¹³ 纸箱ᶻ tʂʅ⁵⁵ ɕiæŋ²⁴ 浆ᶻ tɕiæŋ²⁴

[uæŋ]：老桩ᶻ lau⁵⁵ tʂuæŋ²⁴ 麦芒ᶻ mɛ²⁴ uæŋ⁴² 针线筐ᶻ tʂən²⁴ ɕian²¹³⁻²¹ kʻuæŋ²⁴ 眼眶ᶻ ian⁵⁵ kʻuæŋ²¹³ 一桄ᶻ线 i²⁴⁻⁴² kuæŋ²¹³⁻²¹ ɕian²¹³ 王ᶻ庄儿 uæŋ⁴² tʂuer²⁴ 天窗ᶻ tʻian⁴² tʂʻuæŋ²⁴ 鸡蛋黄ᶻ tɕi²⁴ ·tan xuæŋ⁴²

[əŋ]：木棚⁰ mu²⁴ pəŋ⁴² 凳⁰ təŋ²¹³ 绳⁰ ʂəŋ⁴² 衣撑⁰ i²⁴ tʂʻəŋ²⁴ 藤⁰ tʻəŋ⁴²

[iəŋ]：蝇⁰ iəŋ⁴² 饼⁰ piəŋ⁵⁵ 瓶⁰ pʻiəŋ⁴² 领⁰ liəŋ⁵⁵ 镜⁰ tɕiəŋ²¹³ 杏⁰ ɕiəŋ²¹³ 钉⁰ tiəŋ²⁴ 亭⁰ tʻiəŋ⁴²

[uəŋ]：洞⁰ tuəŋ²¹³ 笼⁰ luəŋ⁴² 虫⁰ tʂʻuəŋ⁴² 铳⁰ tʂʻuəŋ²¹³

[yəŋ]：蛹⁰ yəŋ⁵⁵ 粽⁰ tɕyəŋ²¹³

# 附录 2  D 变韵例词表

| 例词 | 基本韵 | D 变韵 | 例词 | 基本韵 | D 变韵 | 例词 | 基本韵 | D 变韵 |
|---|---|---|---|---|---|---|---|---|
| 挨 | ɣɛ$^{24}$ | ɣɛ$^{24}$ | 按 | ɣan$^{213}$ | ɣæ$^{213}$ | 掰 | pai$^{24}$ | pɛ$^{24}$ |
| 搬 | pan$^{24}$ | pæ$^{24}$ | 饱 | pau$^{55}$ | po$^{55}$ | 报 | pau$^{213}$ | po$^{213}$ |
| 抱 | pu$^{213}$ | puə$^{213}$ | 背 | pei$^{24}$ | pɛ$^{24}$ | 比 | pi$^{55}$ | piɛ$^{55}$ |
| 病 | piəŋ$^{213}$ | pio$^{213}$ | 蔡 | tsʻai$^{213}$ | tsʻɛ$^{213}$ | 长 | tʂaŋ$^{55}$ | tʂæŋ$^{55}$ |
| 唱 | tʂʻaŋ$^{213}$ | tʂʻæŋ$^{213}$ | 吵 | tʂʻau$^{55}$ | tʂʻo$^{55}$ | 炒 | tʂʻau$^{55}$ | tʂʻo$^{55}$ |
| 陈 | tʂʻən$^{42}$ | tʂʻɛ$^{42}$ | 趁 | tʂʻən$^{213}$ | tʂʻɛ$^{213}$ | 吃 | tʂʻʅ$^{24}$ | tʂʻʅə$^{24}$ |
| 除 | tʂʻʯ$^{42}$ | tʂʻʯə$^{42}$ | 穿 | tʂʻuan$^{24}$ | tʂʻuæ$^{24}$ | 打 | ta$^{55}$ | ta$^{55}$ |
| 带 | tai$^{213}$ | tɛ$^{213}$ | 戴 | tai$^{213}$ | tɛ$^{213}$ | 担 | tan$^{24}$ | tæ$^{24}$ |
| 当 | taŋ$^{24}$ | tæŋ$^{24}$ | 倒 | tau$^{213}$ | to$^{213}$ | 到 | tau$^{213}$ | to$^{213}$ |
| 等 | təŋ$^{55}$ | to$^{55}$ | 低 | ti$^{24}$ | tiɛ$^{24}$ | 叼 | tiau$^{24}$ | tio$^{24}$ |
| 掉 | tiau$^{213}$ | tio$^{213}$ | 定 | tiəŋ$^{213}$ | tio$^{213}$ | 冻 | tuəŋ$^{213}$ | tuo$^{213}$ |
| 端 | tuan$^{24}$ | tsuæ$^{24}$/tuæ$^{24}$ | 对 | tuei$^{213}$ | tuɛ$^{213}$ | 饿 | ɣə$^{213}$ | ɣə$^{213}$ |
| 翻 | fan$^{24}$ | fæ$^{24}$ | 放 | faŋ$^{213}$ | fæŋ$^{213}$ | 费 | fei$^{213}$ | fɛ$^{213}$ |
| 改 | kai$^{55}$ | kɛ$^{55}$ | 盖 | kai$^{213}$ | kɛ$^{213}$ | 干 | kan$^{24}$ | kæ$^{24}$ |
| 干 | kan$^{213}$ | kæ$^{213}$ | 赶 | kan$^{55}$ | kæ$^{55}$ | 高 | kau$^{24}$ | ko$^{24}$ |
| 搁 | kə$^{24}$ | kə$^{24}$ | 灌 | kuan$^{213}$ | kuæ$^{213}$ | 跪 | kuei$^{213}$ | kuɛ$^{213}$ |
| 给 | kei$^{55}$ | kɛ$^{55}$ | 跟 | kən$^{24}$ | kɛ$^{24}$ | 挂 | kua$^{213}$ | kua$^{213}$ |
| 拐 | kuai$^{55}$ | kuɛ$^{55}$ | 关 | kuan$^{24}$ | kuæ$^{24}$ | 管 | kuan$^{55}$ | kuæ$^{55}$ |
| 旱 | xan$^{213}$ | xæ$^{213}$ | 好 | xau$^{55}$ | xo$^{55}$ | 很 | xən$^{55}$ | xɛ$^{55}$ |
| 狠 | xən$^{55}$ | xɛ$^{55}$ | 坏 | xuai$^{213}$ | xuɛ$^{213}$ | 还 | xuan$^{42}$ | xuæ$^{42}$ |
| 换 | xuan$^{213}$ | xuæ$^{213}$ | 荒 | xuaŋ$^{24}$ | xuæŋ$^{24}$ | 毁 | xuei$^{55}$ | xuɛ$^{55}$ |
| 挤 | tɕi$^{55}$ | tɕiɛ$^{55}$ | 记 | tɕi$^{213}$ | tɕiɛ$^{213}$ | 奖 | tɕiaŋ$^{55}$ | tɕiæŋ$^{55}$ |
| 叫 | tɕiau$^{213}$ | tɕio$^{213}$ | 紧 | tɕin$^{55}$ | tɕiɛ$^{55}$ | 尽 | tɕin$^{55}$ | tɕiɛ$^{55}$ |
| 安置 | ɣan$^{24}$·tʂʅ | ɣan$^{24}$·tʂʅə | 毕业 | pi$^{42}$ iɛ$^{24}$ | piɛ$^{42}$ iɛ$^{24}$ | 待见 | tai$^{213}$·tɕian | tæ$^{213}$·tɕian* |

附录2　D变韵例词表

续表

| 例词 | 基本韵 | D变韵 | 例词 | 基本韵 | D变韵 | 例词 | 基本韵 | D变韵 |
|---|---|---|---|---|---|---|---|---|
| 干净 | kan$^{24}$ ·tɕiəŋ | kan$^{24}$ ·tɕio | 高兴 | kau$^{24}$ ɕiəŋ$^{213}$ | kau$^{24}$ ɕio$^{213}$ | 跍蹲 | ku$^{24}$ ·tsuən | ku$^{24}$ ·tsuɛ |
| 进 | tɕin$^{213}$ | tɕiɛ$^{213}$ | 净 | tɕiəŋ$^{213}$ | tɕio$^{213}$ | 开 | k'ai$^{24}$ | k'ɛ$^{24}$ |
| 看 | k'an$^{213}$ | k'æ$^{213}$ | 考 | k'au$^{55}$ | k'o$^{55}$ | 哭 | k'u$^{24}$ | k'uə$^{24}$ |
| 苦 | k'u$^{55}$ | k'uə$^{55}$ | 快 | k'uai$^{213}$ | k'uɛ$^{213}$ | 宽 | k'uan$^{24}$ | k'uæ$^{24}$ |
| 来 | lai$^{42}$ | lɛ$^{42}$ | 赖 | lai$^{213}$ | lɛ$^{213}$ | 烂 | lan$^{213}$ | læ$^{213}$ |
| 捞 | lau$^{42}$ | lo$^{42}$ | 老 | lau$^{55}$ | lo$^{55}$ | 冷 | ləŋ$^{55}$ | lo$^{55}$ |
| 离 | li$^{213}$ | liɛ$^{213}$ | 立 | li$^{24}$ | liɛ$^{24}$ | 利 | li$^{213}$ | liɛ$^{213}$ |
| 凉 | liaŋ$^{42}$ | liæŋ$^{42}$ | 亮 | liaŋ$^{213}$ | liæŋ$^{213}$ | 赵 | tʂau$^{213}$ | tʂo$^{213}$ |
| 领 | liəŋ$^{55}$ | lio$^{55}$ | 留 | liou$^{42}$ | lio$^{42}$ | 抢 | luən$^{42}$ | luɛ$^{42}$ |
| 捋 | ly$^{24}$ | lyɛ$^{24}$ | 买 | mai$^{55}$ | mɛ$^{55}$ | 满 | man$^{55}$ | mæ$^{55}$ |
| 慢 | man$^{213}$ | mæ$^{213}$ | 忙 | maŋ$^{42}$ | mæŋ$^{42}$ | 毛 | mau$^{42}$ | mo$^{42}$ |
| 冇 | mau$^{24}$ * | mæ$^{24}$ | 没 | m̩$^{42}$ | muə$^{42}$ | 拿 | na$^{42}$ | na$^{42}$ |
| 攮 | naŋ$^{55}$ | næŋ$^{55}$ | 撵 | nian$^{55}$ | niæ$^{55}$ | 弄 | nəŋ$^{213}$ | no$^{213}$ |
| 暖 | nuan$^{55}$ | nuæ$^{55}$ | 挪 | nuə$^{42}$ | nuə$^{42}$ | 胖 | p'aŋ$^{213}$ | p'æŋ$^{213}$ |
| 跑 | p'au$^{55}$ | p'o$^{55}$ | 凭 | p'iəŋ$^{42}$ | p'io$^{42}$ | 找 | tʂau$^{55}$ | tʂo$^{55}$ |
| 骑 | tɕ'i$^{42}$ | tɕ'iɛ$^{42}$ | 跷 | tɕ'iau$^{24}$ | tɕ'io$^{24}$ | 瞧 | tɕ'iau$^{42}$ | tɕ'io$^{42}$ |
| 切 | tɕ'iɛ$^{24}$ | tɕ'iɛ$^{24}$ | 轻 | tɕ'iəŋ$^{24}$ | tɕ'io$^{24}$ | 清 | tɕ'iəŋ$^{24}$ | tɕ'io$^{24}$ |
| 晴 | tɕ'iəŋ$^{42}$ | tɕ'io$^{42}$ | 请 | tɕ'iəŋ$^{55}$ | tɕ'io$^{55}$ | 取 | tɕ'y$^{55}$ | tɕ'yɛ$^{55}$ |
| 娶 | tɕ'y$^{55}$ | tɕ'yɛ$^{55}$ | 去 | tɕ'y$^{213}$ | tɕ'yɛ$^{213}$ | 扔 | zəŋ$^{24}$ | zo$^{24}$ |
| 上 | ʂaŋ$^{213}$ | ʂæŋ$^{213}$ | 捎 | ʂau$^{24}$ | ʂo$^{24}$ | 剩 | ʂəŋ$^{213}$ | ʂo$^{213}$ |
| 使 | ʂʅ$^{55}$ | ʂʅə$^{55}$ | 试 | ʂʅ$^{55}$ | ʂʅɛ$^{55}$ | 收 | ʂou$^{24}$ | ʂo$^{24}$ |
| 摔 | ʂuai$^{24}$ | ʂuɛ$^{24}$ | 拴 | ʂuan$^{24}$ | ʂuæ$^{24}$ | 睡 | ʂei$^{213}$ | ʂɛ$^{213}$ |
| 顺 | ʂuən$^{213}$ | ʂuɛ$^{213}$ | 撕 | sʅ$^{24}$ | sʅə$^{24}$ | 死 | sʅ$^{55}$ | sʅə$^{55}$ |
| 送 | suəŋ$^{213}$ | suo$^{213}$ | 随 | suei$^{42}$ | suɛ$^{42}$ | 碎 | suei$^{213}$ | suɛ$^{213}$ |
| 塌 | t'a$^{24}$ | t'a$^{24}$ | 贪 | t'an$^{24}$ | t'æ$^{24}$ | 躺 | t'aŋ$^{55}$ | t'æŋ$^{55}$ |
| 烫 | t'aŋ$^{55}$ | t'æŋ$^{55}$ | 套 | t'au$^{213}$ | t'o$^{213}$ | 提 | t'i$^{42}$ | t'iɛ$^{42}$ |
| 替 | t'i$^{213}$ | t'iɛ$^{213}$ | 田 | t'ian$^{42}$ | t'iæ$^{42}$ | 贴 | t'iɛ$^{24}$ | t'iɛ$^{24}$ |
| 听 | t'iəŋ$^{24}$ | t'io$^{24}$ | 停 | t'iəŋ$^{42}$ | t'io$^{42}$ | 偷 | t'ou$^{24}$ | t'o$^{24}$ |
| 推 | t'uei$^{24}$ | t'uɛ$^{24}$ | 脱 | t'uə$^{24}$ | t'uə$^{24}$ | 歪 | uai$^{24}$ | uɛ$^{24}$ |
| 完 | uan$^{42}$ | uæ$^{42}$ | 晚 | uan$^{55}$ | uæ$^{55}$ | 忘 | uaŋ$^{213}$ | uæŋ$^{213}$ |
| 为 | uei$^{213}$ | uɛ$^{213}$ | 问 | uən$^{213}$ | uɛ$^{213}$ | 洗 | ɕi$^{55}$ | ɕiɛ$^{55}$ |

续表

| 例词 | 基本韵 | D变韵 | 例词 | 基本韵 | D变韵 | 例词 | 基本韵 | D变韵 |
|---|---|---|---|---|---|---|---|---|
| 吓 | ɕia²¹³ | ɕia²¹³ | 小 | ɕiau⁵⁵ | ɕio⁵⁵ | 笑 | ɕiau²¹³ | ɕio²¹³ |
| 斜 | ɕiɛ⁴² | ɕiɛ⁴² | 修 | ɕiou²⁴ | ɕio²⁴ | 仰 | iaŋ⁴² | iæŋ⁴² |
| 养 | iaŋ⁵⁵ | iæŋ⁵⁵ | 依 | i²⁴ | iɛ²⁴ | 硬 | ɤaŋ²¹³ | ɤo²¹³ |
| 用 | yəŋ²¹³ | yo²¹³ | 有 | iou⁵⁵ | io⁵⁵ | 远 | yan⁵⁵ | yæ⁵⁵ |
| 晕 | yən²⁴ | yɛ²⁴ | 早 | tsau⁵⁵ | tso⁵⁵ | 摘 | tʂɛ²⁴ | tʂɛ²⁴ |
| 站 | tʂan²¹³ | tʂæ²¹³ | 张 | tʂaŋ²⁴ | tʂæŋ²⁴ | 掌 | tʂaŋ⁵⁵ | tʂæŋ⁵⁵ |
| 照 | tʂau²¹³ | tʂo²¹³ | 挣 | tʂəŋ²¹³ | tʂo²¹³ | 蒸 | tʂəŋ²⁴ | tʂo²⁴ |
| 直 | tʂʅ⁴² | tʂʅə⁴² | 指 | tʂʅ⁵⁵ | tʂʅə⁵⁵ | 中 | tʂuəŋ²¹³ | tʂuo²¹³ |
| 住 | tʂu²¹³ | tʂuə²¹³ | 拽 | tʂuai²¹³ | tʂuɛ²¹³ | 走 | tsou⁵⁵ | tso⁵⁵ |
| 坐 | tsuə²¹³ | tsuə²¹³ | 做 | tsu²¹³ | tsuə²¹³ | 多 | tuə²⁴ | tuə²⁴ |
| 灵验 | liəŋ⁴²·ian | liəŋ⁴²·iæ | 碰见 | pʻəŋ²¹³·tɕian | pʻəŋ²¹³·tɕiæ | 招呼 | tʂau²⁴·xu | tʂau²⁴·xuə |

\* 表中"待见"的"待"D变韵应该是 [tɛ²¹³]，但实际是 [tæ²¹³]，可能跟语流音变有关。"冇"D变韵应该是 [mo²⁴]，实际是 [mæ²⁴]，可能跟"冇"本身是"没有"合音有关。

# 附录3　发音合作人情况简表

（按音序排列）

| 陈 娟 | 女 | 22岁 | 大学 | 濮阳市 | 河南大学学生 |
|---|---|---|---|---|---|
| 陈明红 | 女 | 37岁 | 高中 | 浚县黎阳镇 | 浚县橡胶厂 |
| 冯 琦 | 女 | 22岁 | 大学 | 鹤壁市 | 河南大学学生 |
| 葛瑞敏 | 女 | 18岁 | 大学 | 内黄县县城 | 河南大学学生 |
| 耿玉贞 | 男 | 73岁 | 初中 | 浚县新镇西郭村 | 广播电视局书记 |
| 郭朝峰 | 男 | 32岁 | 大专 | 浚县王庄乡牛村 | 小学语文教师 |
| 郭自云 | 男 | 50岁 | 大专 | 浚县王庄乡郭村 | 小学语文教师 |
| 康希德 | 男 | 70岁 | 高小 | 浚县卫贤镇砖城村 | 人民银行退休 |
| 李静远 | 男 | 18岁 | 大学 | 延津县塔铺乡郭庄 | 河南大学学生 |
| 李明国 | 男 | 37岁 | 大专 | 浚县屯子镇西李村 | 屯子卫生院 |
| 李巧玲 | 女 | 36岁 | 大专 | 浚县善堂镇 | 小学语文教师 |
| 李志华 | 女 | 32岁 | 高中 | 浚县县城 | 小学教师 |
| 栗松岭 | 男 | 67岁 | 大专 | 浚县县城 | 档案局局长副研究员 |
| 林永霞 | 女 | 30岁 | 初中 | 浚县钜桥镇冢儿章村 | 浚县淀粉厂 |
| 刘继敏 | 女 | 35岁 | 高中 | 浚县白寺乡白寺村 | 广播电视局 |
| 刘希花 | 女 | 63岁 | 文盲 | 浚县县城 | 家庭主妇 |
| 马国彦 | 男 | 29岁 | 本科 | 延津县马庄乡马庄村 | 河南大学教师 |
| 裴会敏 | 女 | 21岁 | 大学 | 淇县北阳乡东裴屯村 | 河南大学学生 |
| 孙梅兰 | 女 | 70岁 | 大专 | 浚县小河镇郭渡 | 小学教师退休 |
| 腾海涛 | 男 | 23岁 | 大学 | 安阳市 | 河南大学学生 |
| 田 青 | 男 | 64岁 | 本科 | 浚县县城 | 县治办副编审 |
| 王红利 | 女 | 21岁 | 大学 | 内黄高堤乡南高堤村 | 河南大学学生 |
| 王丽丽 | 女 | 21岁 | 大学 | 汤阴县宜沟乡将城村 | 河南大学学生 |
| 王 琳 | 女 | 22岁 | 硕士 | 安阳市 | 中山大学研究生 |

续表

| 辛文明 | 男 | 60岁 | 小学 | 浚县县城 | 广播电视局退休 |
| 辛永军 | 男 | 34岁 | 大专 | 浚县县城 | 广播电视局 |
| 辛永莲 | 女 | 39岁 | 高中 | 浚县县城 | 善堂卫生院 |
| 辛永忠 | 男 | 37岁 | 大专 | 浚县县城 | 浚县橡胶厂 |
| 张海燕 | 女 | 23岁 | 大学 | 卫辉市郊区 | 河南大学学生 |
| 张振磊 | 男 | 21岁 | 大学 | 鹤壁市庞村镇 | 河南大学学生 |
| 赵书仁 | 男 | 69岁 | 初小 | 浚县黎阳镇 | 黎阳镇常务书记 |
| 周 娟 | 女 | 23岁 | 大学 | 滑县高平乡周谭村 | 河南大学学生 |

# 增订本后记

《浚县方言语法研究》2006年12月由中华书局出版至今已过去近15年。初版书稿是在我博士论文的基础上修改而成的，见证了我与方言的结缘以及最初走上方言语法研究之路的艰辛历程。正是这样的艰苦历练奠定了我继续前行的基础，也激励着我在方言语法研究的路上走得越来越扎实。

方言语法研究"成似容易实艰辛"（施其生原序语）。我的导师施其生先生在初版"序"中说道："方言语法的特点藏于活的口语之中，没有一定的理论素养，没有对汉语语法历史和对现在汉语共同语以及姐妹方言语法的了解，往往缺乏敏感，熟视无睹，难以发现；就算有所发现，但一开始它总是零星的，表面的，要把规律揭示出来，要搞清某个现象的本质，还必须下功夫去调查、分析、比较。而且，当我们只知道一个特点的时候，常常难以对它有很准确的或比较深刻的认识，就像瞎子在还没有摸遍整匹大象以前，哪怕把大象的一条腿都细细摸遍了，还是只能觉得它像一根柱子。必须从点到面，又从面到点；从零星特点到系统特点，又从系统特点出发看个别特点，不断反复地进行考察和探究，才能真正看清各个特点的本质。"

初版印行的《浚县方言语法研究》经历了以上艰辛的研究历程，虽然显得比较稚嫩，但承蒙学界同人和朋友的厚爱，对原书多有褒奖。初版之后的这十几年来，自己一直未敢停歇过追随方言语法研究的脚步，特别是对自己的家乡——浚县方言语法的研究情有独钟，先后在《中国语文》《方言》《语文研究》等期刊发表了几篇文章。我曾经有过再版或增订的想法，但因信心不足打消了这个念头。有一次在火车上巧遇令人敬仰的方言语法研究专家汪国胜老师，汪老师又恰巧问我有没有再版或增订的打算。这是何等的幸事啊！非常非常感谢汪老师！拙稿能纳入汪老师主编的《汉语方言语法研究丛书》我求之不得！于是就有了这次增订的机会。增订本保留了初版的书名和主要内容，但结构方面做了一些调整，增添了一部分新的研究成果。增订本的主要变化体现在以下几个方面：

一、调整了原书的结构。原书除了"绪论""结语"共计五章。增订本将"绪论""结语"纳入章节体例，并将原书第三章"附加"拆分为"副词""助词""介词""连词"四章，第八章改名为"句法结构"，共计十章。这样既与丛书中的其他书稿体例保持了基本一致，本增订本内部结构体例也比较完整自洽。

二、第五章"助词"增添了"不咋"一个小节（5.3"不咋"）。这是根据我2013年发表在《语文研究》第3期上的《豫北浚县方言句末语气词"不咋"》一文增订的，增订时体例上稍微做了改动。

三、第八章"句法结构"增添了"代词复指型处置式"一个小节[8.3.2 代词复指型处置式：（A/B）+VD+复指性代词+X]。这是根据我2011年发表在《中国语文》第2期上的《豫北浚县方言的代词复指型处置式》一文增订的，增订时体例和内容上都做了改动。

四、修正了个别错漏和标音错漏，例句的体例也做了调整。

增订本在修改过程中得到了汪国胜老师的悉心指导和大力帮助，汪老师提出了非常中肯的修改意见。我的学生王玉佩、柴畅对增订本的体例进行了整体修改，为书稿的完善付出了辛勤的汗水。书中增订的一部分内容已在《中国语文》《语文研究》等期刊上发表，得到过施其生、刘丹青、麦耘、汪化云、吴继章、邢向东、史秀菊等先生的慷慨赐教，在此一并向各位表示诚挚的感谢！

中国社会科学出版社的张林老师为本增订本的出版做了大量工作。张老师的细心、严谨和负责使本书的出版非常顺利，由衷地感谢张林老师！

本增订本的出版由教育部人文社会科学重点研究基地华中师范大学"语言与语言教育研究中心"筹划实施并组织编纂，中心还为本书的出版提供了优厚的资助。为此，我深表感谢！

本增订本的出版还要感谢河南大学文学院"双一流"学科建设的支持！

辛永芬
2021年12月6日于开封

# 《汉语方言语法研究丛书》书目

安陆方言语法研究
安阳方言语法研究
长阳方言语法研究
崇阳方言语法研究
大冶方言语法研究
丹江方言语法研究
高安方言语法研究
河洛方言语法研究
衡阳方言语法研究
辉县方言语法研究
吉安方言语法研究
浚县方言语法研究
罗田方言语法研究
宁波方言语法研究
武汉方言语法研究
宿松方言语法研究
汉语方言持续体比较研究
汉语方言完成体比较研究
汉语方言差比句比较研究
汉语方言物量词比较研究
汉语方言被动范畴比较研究
汉语方言处置范畴比较研究
汉语方言否定范畴比较研究
汉语方言可能范畴比较研究
汉语方言小称范畴比较研究
汉语方言疑问范畴比较研究